DataBase Programming

데이터베이스 프로그래밍

이론 및 실습

석상기 저

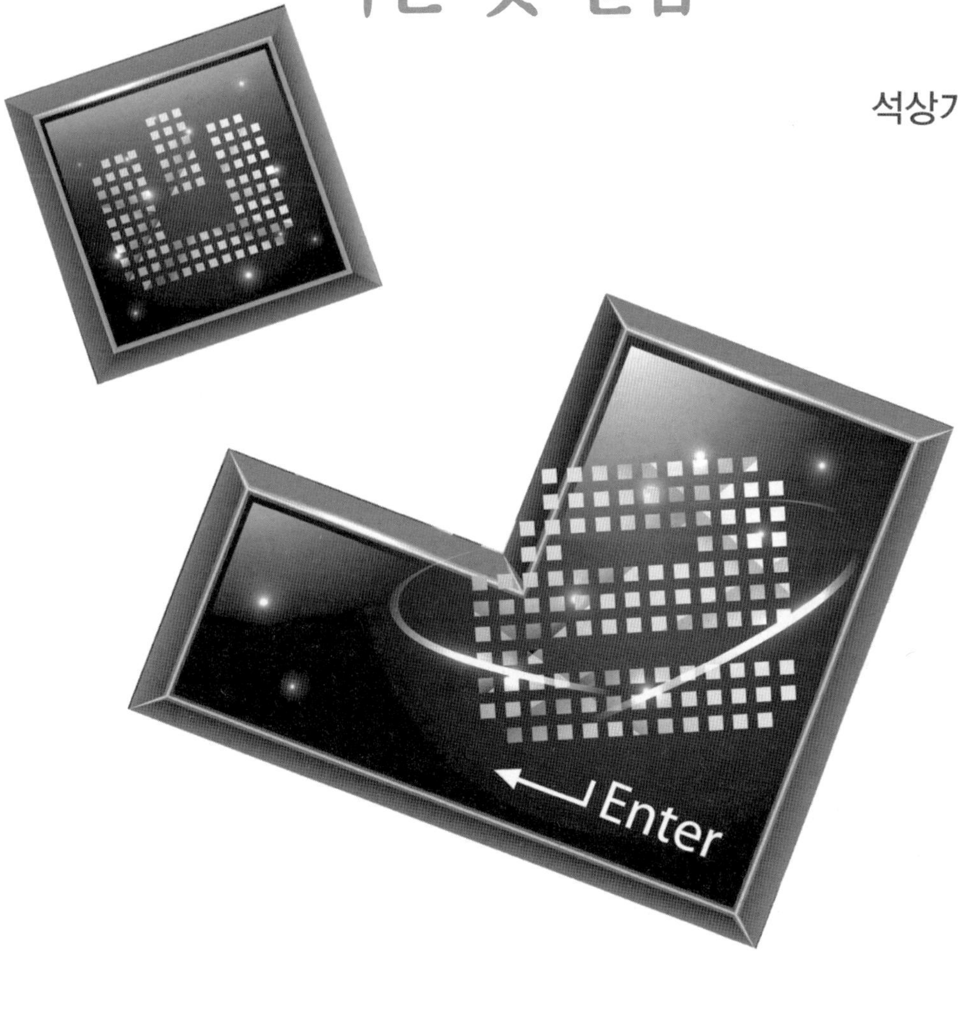

도서출판
학산미디어

저자 소개

석 상기
서울과학기술대학교 컴퓨터공학부

데이터베이스 프로그래밍
이론 및 실습

발행일	2013년07월01일
저자	석 상기
발행인	문 정임
발행처	학산미디어
기획 및 마케팅	이 덕선
편집	초심디자인
주소	서울시 노원구 상계동 1256 은빛아파트 202-401
전화	02-935-0670 / 010-3223-7340
팩스	02-932-0670
이메일	sorgento2000@hanmail.net
등록번호	제 25100-2011-000001호
ISBN	9788996621171 93560
정가	25,000원

국립중앙도서관 출판시도서목록(CIP)

데이터베이스 프로그래밍 = Database programming : 이론 및 실습 / 저자: 석상기. -- 서울 : 학산미디어, 2013
p. ; cm

ISBN 978-89-966211-7-1 93560 : ₩25000

데이터베이스[database]

005.75-KDC5
005.74-DDC21 CIP2013011018

차 례

1장 데이터베이스 시스템

2장 데이터 모델

3장 정규화

4장 오라클 서버

5장 프로젝트 분석 및 데이터베이스 설계

6장 데이터베이스 시동과 접속

7장 데이터베이스 정의

8장 데이터베이스 조작

9장 PL/SQL

머리말

본 서는 가상의 은행 업무를 예로써 데이터베이스를 설계하여 구축하고 활용하는 과정을 최소한의 이론적인 설명을 곁들이며 실제로 해보면서 익히는 실습 위주의 도서로서 대학에서는 한 학기 동안의 실습 교재로 적합하도록 꾸몄으며 이러한 목적을 달성하기 위하여 아래와 같은 장으로 구성하였다.

제 1장 데이터베이스 시스템

데이터베이스와 데이터베이스 관리 시스템으로 이루어진 데이터베이스 시스템의 개요를 다루었다.

제 2장 데이터 모델

주로 데이터베이스의 논리적인 구조를 설계하기 위한 도구인 데이터 모델에 관해 다루었다. 특히 개념적 데이터 모델링에 주로 사용되는 엔티티-관계 모델과 오늘날 관계형 데이터베이스의 원형인 관계형 데이터 모델에 관해 최소한의 이론을 중심으로 설명하였다.

제 3장 정규화

관계형 데이터베이스 설계의 근간인 정규화 이론에 대해 설명하였다.

제 4장 오라클 서버

본 서의 실습용 데이터베이스 엔진으로 선택한 오라클 11g 서버의 구조에 대해 설명하였다.

제 5장 프로젝트 분석 및 데이터베이스 설계

예제 프로젝트의 사용자 요구 사항을 분석하여 개념적 데이터베이스 설계를 거쳐 논리적 데이터베이스의 설계 과정을 설명하고 있다.

제 6장 데이터베이스 시동과 접속

데이터베이스 엔진을 기동시켜 데이터베이스에 접속하는 방법을 설명하고 있다. 특히 SQL*Plus 프로그램의 사용법을 설명하였다.

제 7장 데이터베이스 정의 및 제어(SQL/DDL, DCL)

오늘날 가장 광범위하게 사용되고 있는 데이터베이스 액세스 언어인 SQL DDL 기능을 이용하여 사용자가 데이터베이스의 구조를 정의하는 등의 방법과 DCL 기능으로 데이터베이스 관리자가 데이터베이스를 제어하는 방법을 설명하고 있다.

제 8장 데이터베이스 조작(SQL/DML)

데이터베이스의 구조 등이 정의되면 이제 데이터베이스에 데이터를 삽입, 삭제, 갱신 및 질의함으로써 데이터베이스를 조작할 수 있다. SQL/DML의 조작 및 다양한 질의 기능을 설명하고 있다.

제 9장 PL/SQL 프로그래밍

SQL 언어를 절차식 언어로 구성하여 복합 질의 처리가 가능하고 보다 강력한 기능을 제공하는 PL/SQL 언어로 데이터베이스에 액세스하는 프로그래밍 방법을 설명하고 있다.

제 10장 PRO*C 및 SQLJ 프로그래밍

C 언어와 JAVA 언어에 SQL 명령을 삽입하여 데이터베이스에 액세스하는 프로그래밍 방법을 설명하고 있다.

제 11장 JAVA 프로그래밍

JAVA 언어에서 JDBC를 경유하여 데이터베이스에 액세스하는 프로그래밍 방법을 설명하고 있다.

부록

부록은 3 부분으로 구성되어 있는데 그 내용은 다음과 같다.

1. 퍼스널 오라클 11g 설치

오라클 11g 서버 환경과 마찬가지의 효과를 얻으면서 퍼스널 컴퓨터에서 데이터베이스를 구축하고 조작하기 위해 필요한 퍼스널 오라클 11g의 설치 방법을 설명하고 있다. 본 서에서의 실습 환경은 이에 속한다.

2. 오라클 11g 클라이언트 설치

오라클 11g 클라이언트 설치 방법을 설명하고 있다.

3. 샘플 데이터 인스턴스

본 서의 프로젝트에서 사용하고 있는 각종 예제 프로그램에서 실제로 사용하고 있는 샘플 데이터 셋의 내용을 보이고 있다. 실습 결과의 정확성을 확인하기 위해서 이 샘플 데이터 셋을 공유하여 사용할 것을 권고한다.

끝으로 본 서가 데이터베이스 프로그래밍을 실습하는 학생들과 교수님들께 많은 도움이 되길 바라며, 부족한 부분은 지속적으로 보충하기를 약속드린다. 본 서를 집필하는데 헌신적으로 도움을 준 송임영 선생에게 무한한 감사를 드리며 본 서의 출간에 물심양면 도움을 주신 학산미디어 이덕선 대표께도 감사를 드린다. 어려운 가운데에도 꿋꿋이 학업에 정진함으로써 나에게 힘을 보태준 규리, 규홍 그리고 아내에게 또한 감사드리는 바이다.

2013년 월 일

불암산 기슭에서 저자 씀

1장 데이터베이스 시스템

컴퓨터 시스템을 잘 활용하기 위해서는 우선 데이터가 디스크와 같은 보조 기억 장치에 체계적으로 저장되고 이를 효율적으로 액세스할 수 있는 기능이 제공되어야 한다. 이와 같이 데이터를 체계적으로 저장하고 관리하는 방식에는 파일(file) 처리 방식과 데이터베이스(database) 처리 방식이 있다. 파일은 운영체제(operating system)가 다루는 유사한 성격을 갖는 데이터들의 모임체이고, 데이터베이스는 데이터베이스 관리 시스템(database management system : DBMS)이 다루는 상호 관련있는 데이터들의 모임체이다.

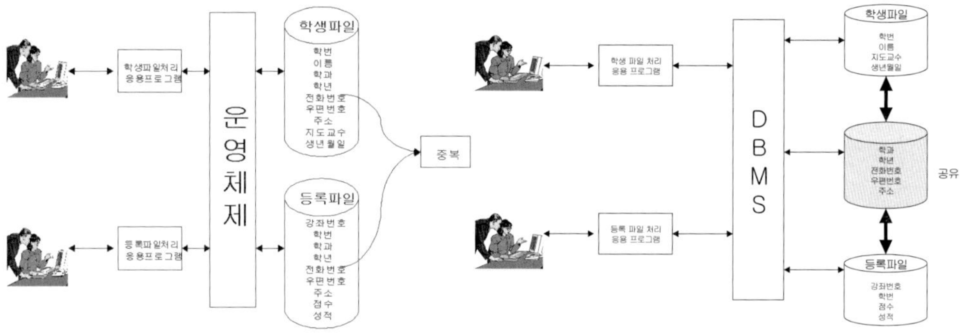

그림 1.1 파일과 데이터베이스

데이터베이스의 개념은 파일이 가지는 단점들을 보완하기 위하여 1960년대 초부터 도래하여 오늘에 이르기까지 발전을 거듭해 왔다. 오늘날에는 거의 모든 컴퓨터 활용 분야에서 데이터베이스가 다양하게 구축되어 활용되고 있기 때문에 데이터베이스라는 용어가 널리 알려지게 되면서 데이터베이스, 데이터베이스 관리 시스템, 데이터베이스 시스템 등의 용어를 서로 혼용해 사용하고 있는데 이들 용어를 정확히 구분지을 필요가 있다고 본다.

데이터베이스 시스템(database system)은 상호 관련있는 데이터들의 모임인 데이터베이스와 이 데이터베이스를 효율적으로 관리하고 운영하는데 필요한 제반 프로그램들의 집합인 데이터베이스 관리 시스템(DBMS) 및 사용자 등으로 구성된 포괄적인 시스템이다. 즉, 데이터베이스는 특정 사용자 그룹에 의해 사전에 식별된 적용 분야의 상호 관련있는 데이터들의 모임인 것이다.

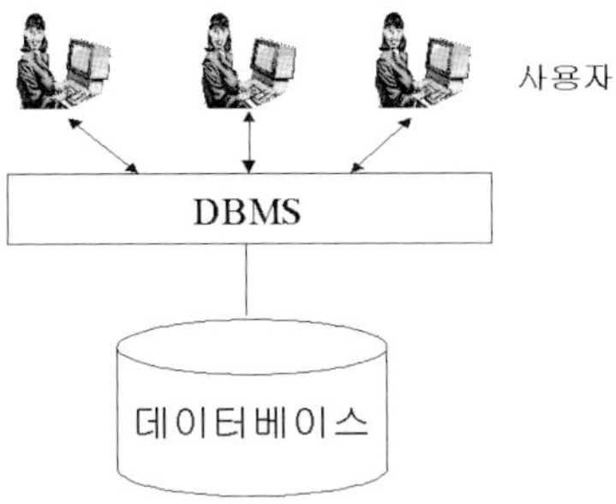

그림 1.2 데이터베이스 시스템

아래에서는 데이터베이스 시스템의 각 구성 요소에 대해 살펴보기로 한다.

1.1 데이터베이스

파일 처리 시스템이 갖는 문제점인 데이터의 종속성(data dependency)과 데이터의 중복성(data redundancy)을 배제한 데이터베이스 처리 시스템의 장단점은 다음과 같다.

1.1.1 데이터베이스의 장단점

데이터베이스의 장점은 다음과 같다.

1) 데이터 중복의 최소성

파일 시스템에서는 각 프로그램에 파일이 종속되어 있기 때문에 전체적인 업무의 틀에서 보면 굉장히 많은 양의 데이터들이 같은 내용을 중복적으로 표현하여 저장하고 있다. 그러나, 데이터베이스에서는 사전에 식별된 적용 분야의 데이터들이 통합해 구성되므로 이러한 중복 데이터들을 피할 수 있다. 물론, 이러한 데이터의 중복이 성능 향상 등의 이유로 인해 완전히 없어지는 것은 아니다. 이렇게 데이터의 중복을 가급적 통제한다고 하여 통제된 중복(controlled redundancy) 또는 최소 중복(minimal redundancy)이라고도 한다.

2) 데이터의 공용성

데이터베이스에 접근하기 위해서는 데이터베이스 관리 시스템(DBMS)이라는 시스템 소프트웨어를 경유해야만 하고, DBMS에서 제공하는 복잡하고 다양한 기능으로써 하나의 데이터베이스를 여러 가지 다른 형태의 구조로 접근할 수 있기 때문에 공용 데이터(shared data)로 이용할 수 있다. 즉, 데이터의 유지 관리를 DBMS에서 일괄적으로 부담하게 되므로 응용 프로그램의 부담이 경감되는 장점이 있다.

3) 데이터의 일관성

데이터가 중복되면 갱신이 이루어질 때 데이터 사본의 수만큼 이루어져야만 데이터의 일관성(consistency)을 유지할 수 있는데, 데이터베이스는 최소의 중복이 DBMS에 의해 통제된 상태로 관리되므로 데이터의 일관성을 유지하기가 쉽다.

4) 데이터의 무결성

파일 내의 데이터든 데이터베이스 내의 데이터든 그 내용은 현실 세계의 실제 값하고 일치해야만 한다. 이러한 파일 또는 데이터베이스의 정확성(accuracy)을 무결성(integrity)이라 하고 이러한 무결성을 지키기 위한 조건을 무결성 제약 조건(integrity constraints)이라 하는데, 파일 시스템에서는 무결성 제약 조건을 응용 프로그램 단위로 지정해 주는데 반해 데이터베이스 시스템에서는 무결성 제약 조건을 데이터베이스 설계 및 구축 단계에서 DBMS에 일괄적으로 지정해 주므로 무결성을 유지하기가 보다 쉽다.

5) 데이터의 보안성

파일 시스템에서는 응용 프로그램을 통해 파일에 접근하지만 데이터베이스 시스템에서는 DBMS를 통해 데이터베이스에 접근하게 된다. 즉, 파일 시스템에서는 파일을 중앙 집중적으로 통제하기가 어려운 반면, 데이터베이스는 중앙 집중적으로 통제할 수가 있기 때문에 DBMS에 적법한 사용자와 허용된 데이터베이스 연산 등을 등록하여 놓고 DBMS로 하여금 이들 적법성을 검사하게 함으로써 데이터의 보안(security)을 철저히 지킬 수가 있다.

6) 데이터의 통합성 및 표준화

데이터베이스는 특정한 조직의 모든 응용 시스템들이 필요로 하는 데이터들을 사전에 철저히 분석하고 조정하여 해당 조직에 가장 유용한 형태로 조직되고 가공된 통합 데이터(integrated data)이다. 이와 같이 사전 계획 하에 통합 조정되기 때문에 데이터의 기술 양식, 내용, 처리 방식 및 문서화 등에 관한 표준화(standardization)가 조직 전반에 걸쳐 이루어지기 쉽다.

데이터베이스를 구축함으로써 얻을 수 있는 장점이 있는 반면에 아래와 같은 단점도 있다.

1) 비용의 증대

위에 기술한 바와 같이 데이터베이스는 조직 전반에 걸친 통합된 공용 데이터이므로 데이터베이스를 구축하기 위해서는 많은 인력과 시간과 비용이 들게 되고, 구축된 데이터베이스의 운영을 위해서도 많은 비용이 들게 된다.

2) 시스템의 복잡성

데이터베이스는 상호 관련있는 데이터들의 모임이라고 전술한 바 있다. 즉, 데이터베이스에는 서로 다른 유형의 데이터들이 관계를 가지고 있는 복잡한 시스템이므로 응용 프로그램들은 어떤 제약 조건 하에서 개발이 되어야 할 필요도 있을 것이고 운영이 될 수도 있다. 즉, 시스템의 복잡성으로 인해 성능 저하를 야기할 수도 있다.

3) 복구의 복잡성

데이터베이스는 다수의 사용자가 이용하는 통합 공용 데이터로서 구조가 복잡하여 장애가 발생했을 때 그 정확한 원인과 상태를 파악하기가 어렵고 그에 따른 예비 조치(backup processing) 및 복구 절차(recovery procedure)를 수립하기가 어렵다.

4) 시스템의 취약성

데이터베이스는 통합 공용 시스템이기 때문에 그의 고장으로 인해 시스템 전체에 미치는 영향은 매우 크다. 즉, 데이터베이스의 의존도가 높은 조직에서 데이터베이스에 이상이 발생하면 신뢰성과 가용성을 크게 저하시키는 취약성(vulnerability) 시스템의 가능성이 있다.

1.1.2 데이터베이스의 3층 구조

데이터가 디스크 등과 같은 외부 기억 장치에 저장되는 구조는 매우 복잡하다. 그러므로, 사용자에게는 이러한 데이터의 물리적인 구조는 숨기고 사용자의 관점으로만 데이터를 처리할 수 있도록 - 이것이 데이터의 추상적인 관점이다 - 한다. 물론 그러한 처리가 자동으로 이루어지는 것은 아니다. 데이터의 사용자 관점(논리적 데이터)과 기계적인 관점(물리적 데이터) 사이의 변환을 담당하는 소프트웨어가 제공되는 것이다. [그림 1.3]에서는 데이터의 논리적인 관점과 물리적인 관점간의 차이점을 보이고 있다. 이러한 점에 있어서는 데이터베이스의 경우도 마찬가지이다.

전술한 바와 마찬가지로 데이터베이스는 어떤 조직 전체의 사용자들을 위한 통합 공용 시스템이므로 그의 논리적인 구조와 물리적인 구조가 매우 복잡할 것임은 자명한 사실이다. 그렇기 때문에 데이터베이스를 사용하는 사용자의 편의를 도모하기 위해서는 데이터베이스의 복잡한 구조(논리적이든 물리적이든)는 사용자에게 숨기고 이들 사이의 변환은 소프트웨어에게 위임할 필요가 있다.

1971년 미국의 CODASYL(Conference On DAta Systems Languages) DBTG(Data Base Task Group)에서는 데이터베이스의 구조를 추상적인 3 단계로 분류하여 제시하였으며 ANSI(American National Standards Institute)/SPARC(Standards Planning And Requirements Committee)에서는 이를 토대로 아래와 같은 데이터베이스의 3층 구조를 제안하였다. [그림 1.4]에서는 데이터베이스의 3층 구조를 보이고 있다.

데이터베이스는 보는 관점에 따라 논리적인 관점과 물리적인 관점으로 나눌 수 있다. 데이터베이스의 논리적인 관점이란 데이터베이스 내에 어떤 데이터들이 어떤 관계로 존재해 있는가(what)에 초점을 두는 것이고, 물리적인 관점이란 데이터베이스 내에 데이터들이 어떻게 존재해 있는가(how)에 초점을 두는 것이다. 이때 데이터베이스의 논리적인 구조와 물리적인 구조의 틀(template) 또는 정의(definition)를 스키마(schema)라 한다. 그런데 데이터베이스란 어떤 조직체의 모든 구성원들을 위한 통합 공용 데이터이므로 데이터베이스에 관련된 사용자 층은 매우 다양하다. 즉, 데이터베이스를 설계하고 구축하는 사람이 있는 반면에 단순히 데이터베이스를 쉽게 이용하려는 사람에 이르기까지 그 층이 다양하다는 것이다. 그러나, 데이터베이스의 3층 구조는 데이터베이스의 모든 사용자들에게 데이터베이스를 추상적인 관점으로만 보이게 할 뿐이다. 즉, 데이터베이스의 실제 물리적인 구조는 모든 사용자에게 철저하게 감추어진다. 아래에서는 데이터베이스의 각 층에 대해 설명하고 있다.

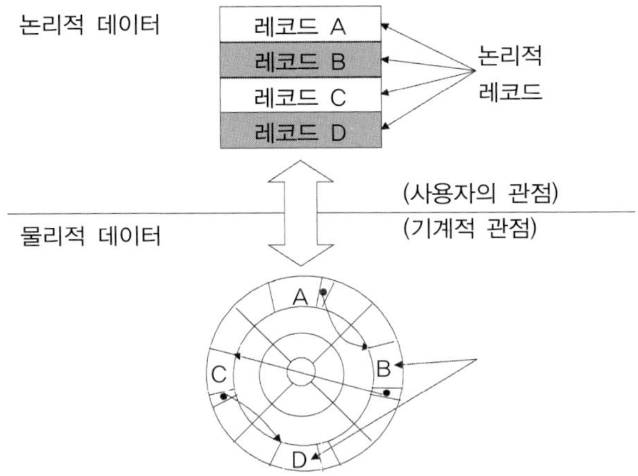

그림 1.3 논리적 데이터와 물리적 데이터의 차이

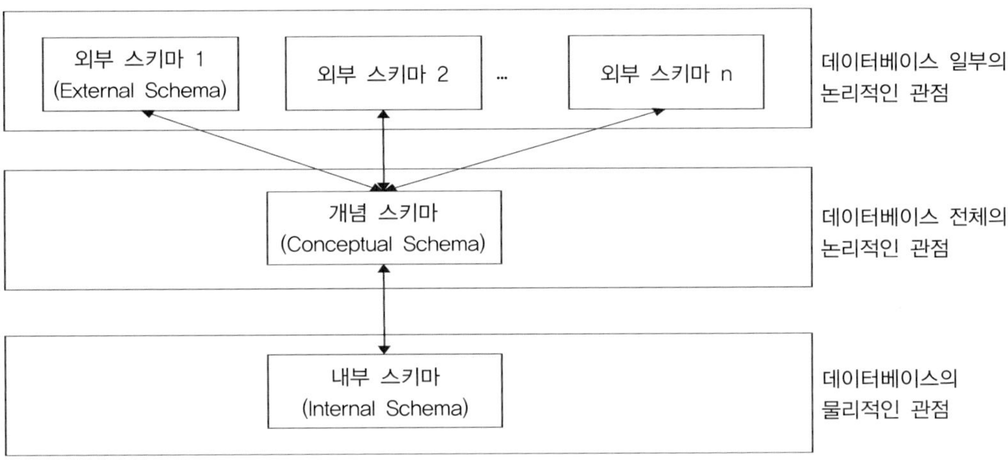

그림 1.4 데이터베이스의 3층 구조

1) 외부 스키마

외부 스키마(external schema)는 데이터베이스의 실 사용자들이 자신들이 관심있는 일부 데이터베이스의 논리적인 구조를 정의한 것이다. 즉, 특정 사용자나 응용에 관련된 데이터와 관계만이 외부 스키마에 속하게 된다. 외부 스키마는 데이터베이스 일부의 논리적인 관점이므로 하나의 데이터베이스에는 여러 개의 외부 스키마가 존재한다. 물론 하나의 외부 스키마를 여러 사용자 또는 응용 프로그램에서 공유할 수도 있다. 외부 스키마를 뷰(view), 서브스키마(subschema)라 하기도 한다.

2) 개념 스키마

개념 스키마(conceptual schema)는 데이터베이스 전체의 논리적인 구조를 정의한 것이다. 즉, 데이터베이스에 속하는 모든 데이터와 그들의 관계, 제약 조건 및 데이터베이스의 접근 권한 등이 기술되는 것이기 때문에 하나의 데이터베이스에는 하나의 개념 스키마만이 존재하게 된다. 이 개념 스키마를 기반으로 하여 모든 외부 스키마가 생성되는 것이기 때문에 개념 스키마의 설계 시에는 상당한 주의가 요구된다. 개념 스키마를 스키마(schema)라 하기도 한다.

3) 내부 스키마

내부 스키마(internal schema)는 데이터베이스의 물리적인 구조를 정의한 것이다. 즉, 개념 스키마가 데이터베이스 전체의 논리적인 구조를 정의한 것이라면 내부 스키마는 개념 스키마에 대한 저장 구조를 정의한 것이다. 그래서 내부 스키마에는 데이터의 내부 저장 구조 및 물리적인 데이터 접근 방법 등이 기술된다. 하나의 데이터베이스에는 하나의 내부 스키마가 존재한다. 내부 스키마를 물리 스키마(physical schema)라 하기도 한다.

이 내부 스키마가 데이터베이스의 물리적인 구조를 정의한 것이라 해도 사실상 사용자들에게는 여전히 추상적인 관점으로 보이는 것이다. 즉, 실제 데이터베이스는 디스크 등과 같은 물리적 저장 장치의 트랙이나 실린더에 물리적 레코드, 즉 블록이나 페이지의 형태로 구현되는 것인데 내부 스키마는 물리적인 구조를 사용자의 관점에서 정의한 것이기 때문이다. 다시 말해 내부 스키마 아래 층에 실제 데이터베이스가 존재하는 것이다. 이들 스키마 정보를 유지 관리하기 위해 데이터 사전(data dictionary)이라는 공간이 제공되는데 이를 시스템 카타로그(system catalog)라 하기도 한다. 그러니까 데이터 사전에는 데이터베이스의 논리적인 구조와 물리적인 구조에 관한 모든 정보를 내포하고 있는 시스템에서 사용하는 일종의 데이터베이스이다. 즉, 사용자의 데이터베이스에 관한 정보를 가진 데이터베이스인 셈이다. 그래서 데이터 사전에 가지고 있는 정보를 "데이터에 관한 데이터"라는 의미의 메타 데이터(metadata)라 부르기도 한다. 데이터 사전에는 이들 정보 이외에 서로 다른 층 간의 변환을 위한 매핑(mapping) 정보를 함께 가지고 있다. 그렇기 때문에 데이터베이스를 외부 스키마의 추상적인 관점으로 참조하고 있는 사용자가 실제 데이터베이스의 어떤 내용을 요구한다면 [그림 1.5]와 같은 매핑 과정을 거쳐 서비스되는 것이다.

이 데이터 사전의 내용은 사용자가 참조할 수 있는 부분이 있고, 데이터베이스에 접근하기 위해 시스템만이 사용할 수 있는 부분이 있다. 후자를 특히 데이터 디렉토리(data directory)라 한다. 이처럼 데이터 사전은 굉장히 중요한 역할을 하고 또한 데이터베이스 중에서도 가장 많이 참조되는 부분이다. 지금까지의 설명에서 알 수 있듯이 데이터 사전 영역은 사용자 데이터베이스의 생성 이전에 먼저 생성이 되어야 한다.

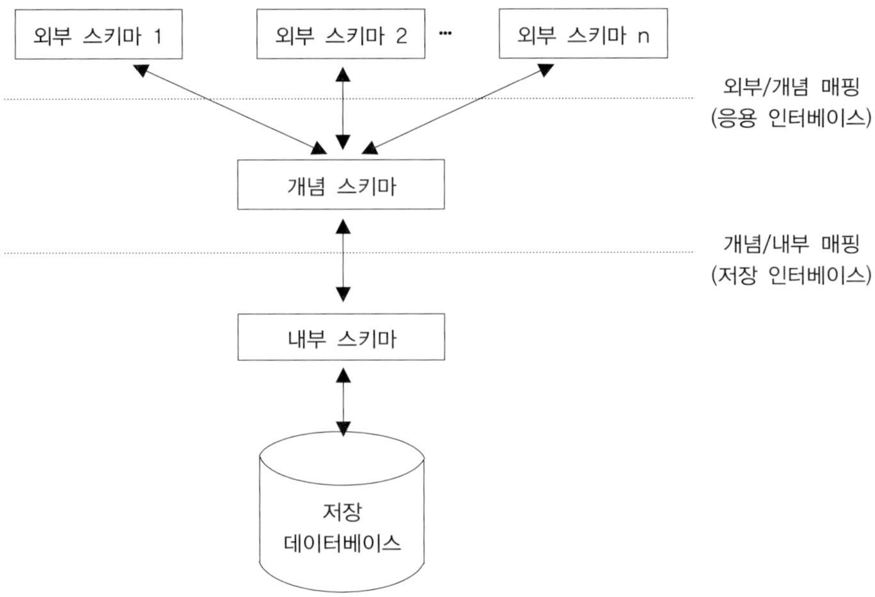

그림 1.5 매핑을 통한 데이터베이스 서비스

1.2 데이터베이스 관리 시스템

광의의 데이터베이스 관리 시스템(database management system : DBMS)은 사용자와 데이터베이스 사이에 위치해서 사용자의 요구 사항에 대해 효율적인 서비스를 수행하기 위해 제공되는 모든 소프트웨어의 모임을 말한다. DBMS는 여러 개의 모듈이 상호 작용하여 사용자의 요구 사항을 처리하므로 내부 구조가 매우 복잡하지만 여기서는 데이터베이스 액세스 프로그램이 작성되어 그 프로그램이 처리되는 과정에서 필요한 모듈에 한정시켜 설명하고자 한다.

1.2.1 데이터베이스 언어

사용자가 데이터베이스를 이용하기 위해서는 데이터베이스의 구조를 정의하고 데이터베이스에 액세스할 수 있는 언어가 필요하다. 이러한 언어를 데이터베이스 언어라 하며 아래에서는 3가지 데이터베이스 언어에 대해 설명하고 있다.

1) 데이터 정의어

데이터 정의어(data definition language : DDL)는 데이터베이스의 논리적인 구조와 물리적인 구조를 정의하는 언어이다. 즉, 개념 스키마, 외부 스키마 및 내부 스키마를 정의하는데 사용되는 것이다. DDL로 정의된 소스는 DDL 컴파일러(DDL compiler)라는 DBMS의 한 요소가 번역하여 그 결과가 앞에서 설명한 데이터 사전(data dictionary) 또는 데이터 디렉토리(data directory)라는 특별한 파일에 여러 개의 테이블로 저장되는 것이다. [그림 1.6]에 이 과정을 보이고 있다.

그림 1.6 DDL 컴파일러의 역할

데이터베이스 시스템에 의해 사용되는 저장 구조(storage structure)와 액세스 방법(access method)은 데이터 저장 및 정의 언어(data storage and definition language)라는 특별한 형태의 DDL로써 표현된 정의의 집합으로 지정된다. 이러한 정의들을 번역한 결과는 대체로 사용자에게는 보이지 않는 데이터베이스 스키마 구현상의 세부 사항을 지정하는 명령들이다.

2) 데이터 조작어

데이터 정의어로 데이터베이스의 구조를 정의하면 데이터베이스의 논리적인 틀과 물리적인 틀만이 형성되었을 뿐이지 실제 데이터베이스가 생성된 것은 아니다. 데이터 조작어(data manipulation language : DML)는 데이터베이스에 데이터를 삽입, 삭제, 갱신 및 검색하는데 사용되는 언어이다. 즉, DML은 이러한 데이터 처리를 명세할 수 있는 연산들을 포함하고 있는데 이 명세 방법에 따라 아래와 같은 두 가지 형태의 DML로 구분된다.

절차식(proceduaral) DML

어떠한(what) 데이터가 필요하며 그 데이터를 어떻게(how) 구하는지를 사용자가 명시한다.

비절차식(nonprocedural) DML

사용자는 어떠한(what) 데이터가 필요한지를 명시할 뿐, 어떻게(how) 구하는지를 명시할 필요는 없다.

절차식 DML은 초기의 데이터 조작어로서 사용자가 필요한 데이터를 얻기 위한 순서를 프로그램에서 모두 명시해 주어야만 하기 때문에 일반인들이 사용하기는 매우 어렵다. 그에 반해 오늘날 주로 사용되고 있는 비절차식 DML은 사용자의 관점에서 필요한 데이터만을 명시하면 되므로 절차식 DML 보다도 배우기가 쉽고 사용하기도 쉽다.

비절차식 DML은 사용의 용이성 때문에 독자적으로 데이터베이스를 액세스하는 대화형 언어(interactive language)로 주로 사용이 되며 이러한 형태의 언어를 흔히 질의어(query language)라 한다. 질의어라 해서 데이터베이스의 검색 기능만을 가진 것은 아니고 삽입, 삭제 및 갱신 기능을 모두 가지고 있다. 질의어로 작성된 프로그램을 목적 코드로 변환하기 위해 DBMS에는 DML 컴파일러(DML compiler)가 제공된다.

질의어만 가지고 독자적으로 데이터베이스 액세스 프로그램을 작성할 수도 있지만, 보다 정교한 처리를 할 목적으로 기존의 고급 언어(호스트 언어라 함)로 작성된 프로그램 내에 내포되어(embedded) 사용이 되기도 한다. 이 때에는 DML 선컴파일러(precompiler)가 필요하다. DML 선컴파일러는 프로그램에 내포된 DML 문장을 호스트 언어의 소스 형태로 변환시켜 주는 일을 한다. 그 후 호스트 언어의 컴파일러를 거치면 목적 코드가 생성이 된다. [그림 1.7]에 이러한 과정을 보이고 있다.

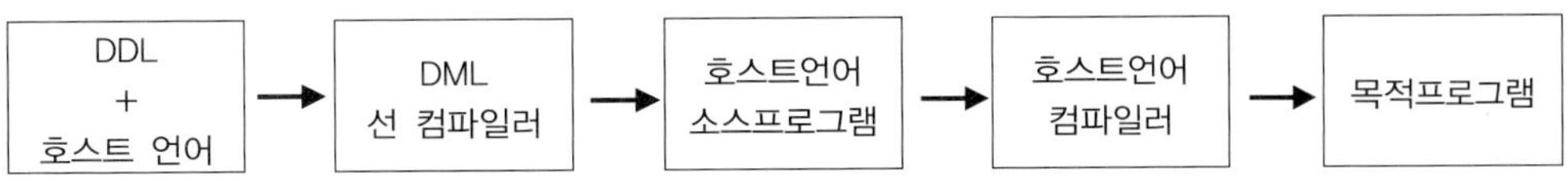

그림 1.7 내포 DML 프로그램의 컴파일 과정

질의 처리기 등을 거쳐 생성된 목적 코드를 실행시키는 DBMS의 모듈은 질의 처리엔진(query processing engine)이다.

3) 데이터 제어어

데이터베이스는 다수의 사용자가 공통으로 사용하는 데이터이기 때문에 올바르고 정확하게 유지하고 관리해야만 한다. 데이터 제어어(data control language : DCL)는 이러한 용도로 사용되는 언어로서 주로 데이터베이스 관리자가 사용한다. DCL은 DDL의 일부로서 취급되어 오다가 데이터의 제어 기능이 점차 강화됨에 따라 별도로 분리된 것이다.

다음과 같은 일을 하는 명령들이 DCL 내에 포함되어 있다.

- 데이터베이스를 적법하게 사용할 수 있는 권한을 가진 사용자의 생성
- 사용자의 데이터베이스 액세스 권한 생성 및 회수
- 데이터의 정확성을 위한 무결성 제약 조건(integrity constraint) 지정
- 시스템 장애시의 데이터베이스 복구(recovery)
- 데이터베이스의 동시 사용이 가능하도록 한 동시성 제어(concurrency control)

이상으로 데이터베이스 언어의 3 가지 기능을 살펴보았는데, 현실적으로는 이들 3 가지 언어가 독립적으로 존재하는 것은 아니고 하나의 통합된 언어에 기능적으로만 분리되어 있기 때문에 필요시 선택하여 사용하면 된다. 오늘날 대표적 데이터베이스 언어인 SQL이 이러한 구조를 가지고 있다.

1.2.2 저장 장치 관리

전형적으로 데이터베이스는 많은 양의 저장 공간을 필요로 한다. 공용 데이터베이스의 용량은 보통 GB(gigabyte)가 소요되고 대규모의 데이터베이스는 TB(terabyte)가 소요된다. 1 GB는 1000 MB(mega byte)이고, 1TB는 1000 GB(100만 MB)이다. 컴퓨터의 메인 메모리는 이렇게 많은 데이터를 저장할 수 없기 때문에 데이터는 디스크에 저장된다. 데이터는 필요에 따라 디스크 저장 장치와 메인 메모리 사이로 이동된다. 디스크로 또는 디스크로부터의 이동은 중앙 처리 장치의 속도에 비해 상대적으로 늦기 때문에, 데이터베이스 시스템은 디스크와 메인 메모리간의 데이터 이동을 최소화하도록 데이터를 구성해야 한다.

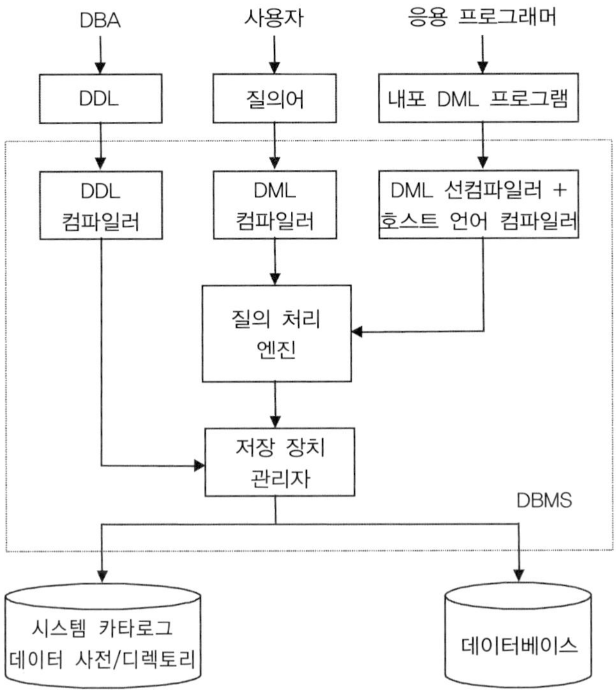

그림 1.8 DBMS의 구성 요소

DBMS의 목표는 데이터 액세스를 간단하고 손쉽게 하도록 하는 것이다. 데이터베이스의 3 층 구조상 상위 단계에서의 관점은 이러한 목표를 달성하는 데 도움을 준다. 시스템의 사용자는 시스템의 상세한 물리적 구현에 대한 부담을 가질 필요가 없다. 그럼에도 불구하고, 데이터베이스 사용자들의 주요 불만 요소는 시스템의 성능이다. 사용자의 요구에 대한 응답 시간이 너무 길면, 시스템의 가치가 감소된다. 시스템의 성능은 데이터베이스 내의 데이터를 표현하는 데 사용되는 데이터 구조의 효율성과 시스템이 이러한 데이터 구조에 대한 작업을 어떻게 효과적으로 하는가에 달려 있다.

저장 장치 관리자(storage manager)는 사용자의 요구 사항을 실행하는 질의 처리 엔진과 물리적인 데이터베이스 및 데이터 사전간의 인터페이스를 담당하여 실질적인 데이터베이스 입출력이 수행되도록 하는 모듈이다. 따라서, 저장 장치 관리자는 데이터베이스 내의 데이터를 저장하고, 검색하며, 갱신할 책임이 있다.

[그림 1.8]에 DBMS의 구성 요소를 보이고 있다.

1.3 데이터베이스 시스템 사용자

데이터베이스 시스템 환경 하에 여러 종류의 사용자들이 존재한다. 아래에서는 이들 사용자들에 대해 설명하고 있다.

1.3.1 데이터베이스 관리자

DBMS를 도입하는 중요한 이유 중의 하나는 데이터베이스와 이를 액세스하는 프로그램들에 대하여 중앙 통제를 가하자는 것이다. 시스템에 대하여 이러한 중앙 통제를 하는 사람이 데이터베이스 관리자(database administrator : DBA)이다. DBA는 다음과 같은 일을 한다.

스키마 정의

DBA는 최초의 데이터베이스 스키마를 생성하는데, 이는 일련의 정의를 DDL로 작성하여 DDL 컴파일러가 번역함으로써 생성되며, 데이터 사전에 테이블의 집합으로 영구 저장된다.

저장 구조와 액세스 방법의 정의

DBA는 데이터베이스의 저장 구조와 액세스 방법을 DDL의 일종인 데이터 저장 및 정의 언어로 기술해 정의한다.

스키마 및 물리 구조의 수정

DBA는 필요하면 스키마 또는 물리 구조를 수정할 수 있다. 그러나, 스키마를 수정하는 일은 매우 드물다.

데이터 액세스 권한의 인정

데이터베이스의 사용자에게 데이터 액세스를 위한 여러 가지 형태의 권한을 부여하는 것으로 DBA는 데이터베이스의 어느 부분을 어떤 사용자들이 액세스할 수 있는지에 대하여 조정한다. 권한 정보는 데이터 사전과 같은 구조에 저장되는데 이것은 시스템에서 데이터에 대한 액세스가 이루어질 때마다 참조된다.

무결성 제약 조건의 지정

DBA는 데이터베이스의 정확성을 유지하기 위한 일련의 무결성 제약 조건을 명시해야 한다. 이러한 무결성 제약 조건은 데이터 사전과 같은 구조에 저장이 되어 DBMS에 의해 항상 참조된다.

1.3.2 데이터베이스 사용자

데이터베이스 사용자들은 수준에 따라서 네 가지 유형으로 구분된다.

응용 프로그래머

컴퓨터 전문가로서 호스트 언어로 작성된 프로그램에 내포 DML 호출을 통해 시스템을 사용한다. 이러한 프로그램들을 응용 프로그램이라 하고, 응용 프로그램의 예에는 은행 시스템의 경우, 급여 명세를 생성하는 프로그램, 출금 프로그램, 입금 프로그램, 계좌 간의 자금 이체 프로그램 등이 있다.

능숙한 사용자

응용 프로그램을 작성하지 않고 시스템을 사용하는 사람이다. 그 대신 데이터베이스 질의어로 데이터베이스를 액세스한다. 데이터베이스 내의 데이터를 조사하기 위한 질의를 제시하는 분석가가 이런 부류에 속한다.

특수 사용자

전통적인 데이터 처리 방식과는 근본적으로 다른 데이터베이스 응용 프로그램을 작성하여 시스템을 사용하는 사람이다. 이러한 응용에는 컴퓨터 지원 설계 시스템(computer-aided design system), 지식-기반 시스템(knowledge-base system), 전문가 시스템(expert system) 등이 있다.

초보자

이미 작성되어 영구적으로 저장되어 있는 응용 프로그램을 불러서 시스템을 사용하는 시스템에 익숙하지 않은 사용자이다.

1.4 데이터베이스 설계 절차

데이터베이스는 특정 조직내의 사용자들이 공유해 사용하도록 사전에 식별된 응용 분야의 상호 관련있는 데이터의 모임이라고 정의한 바 있다. 즉, 데이터베이스를 구축한다는 것은 사전에 데이터베이스 적용 업무가 결정되어 있다는 뜻이다.

데이터베이스의 설계는 몇 개의 세부 작업 단위로 분류하여 설계를 진행하는 것이 일반적이다. 첫 번째 단계는 적용 업무에 관련된 조직내의 데이터베이스 사용자들로부터 그들의 요구 사항을 분석하는 단계이고, 두 번째 단계는 사용자의 요구 사항 분석 결과를 기반으로 개념적 스키마를 설계하는 단계이다. 세 번째는 개념적 스키마를 기반으로 논리적 스키마를 설계하는 단계이다. 네 번째는 논리적 스키마를 실제 물리적으로 구현할 수 있는 물리적 스키마를 설계하는 단계인데, 세 번째와 네 번째 단계에서는 데이터베이스를 개발하는데 실제 사용될 특정 DBMS를 염두에 두어 이에 맞는 논리적 스키마와 물리적 스키마가 설계되도록 해야 한다.

1.4.1 사용자 요구 사항 분석 설계

이는 데이터베이스 설계의 가장 초기 단계로서 데이터베이스를 적용할 업무와 관련된 사용자들을 대상으로 그들의 요구 사항과 요구 조건 등을 수집하고 분석하여 사용자 요구 사항의 명세서를 얻는 단계이다. 이 과정이 데이터베이스 설계 단계에서 가장 중요한 단계라 할 수 있는데, 그 이유는 최종적으로 구축되는 데이터베이스가 바로 이 사용자 요구 사항의 명세서에 기초하기 때문인 것이다.

DBA는 바로 이러한 이유 때문에 사용자들의 요구 사항이 데이터베이스에 올바르게 반영이 되도록 데이터베이스 사용자들과 항상 긴밀한 유대 관계를 가지고 그들의 요구 조건을 충분히 파악해야 한다.

1.4.2 개념적 스키마 설계 단계

현실 세계의 내용이 그대로 반영이 되어 있는 사용자 요구 사항 명세서를 기반으로 데이터베이스에 표현될 데이터, 그들 간의 관계, 데이터의 의미, 데이터의 제약 조건 등이 무엇인가를 추상적인 관점(사람의 관점)에서의 개념적 스키마(conceptual schema)를 설계한다.

여기서의 개념적 스키마는 데이터베이스 3 층 구조에서의 개념 스키마와는 의미가 다른 것으로, 특정 DBMS의 논리적인 구조나 물리적인 구조에 독립적인 데이터베이스에 표현될 정보의 추상적인 틀을 말하는 것이다. 개념적 스키마 설계에 가장 많이 사용되는 도구로서 ER 모델을 들 수 있는데, 이에 관해서는 2.1 절에서 설명하고 있다.

1.4.3 논리적 스키마 설계 단계

개념적 스키마는 추상적인 관점에서의 데이터베이스 구조이다(물론 논리적인 구조). 데이터베이스 설계의 목표는 컴퓨터에게 이러한 구조를 인식시켜 컴퓨터가 처리할 수 있도록 해야 하는데, 개념적 스키마를 변형하여 컴퓨터 처리에 적합한 형태의 논리적 스키마를 설계하는 단계이다. 논리적 스키마에는 데이터베이스에 어떤(what) 데이터가 존재할 것인가가 명시된다.

논리적 스키마 설계에 사용되는 데이터 모델에는 관계형 모델, 네트워크 모델, 계층 모델 등이 있으며, 요즈음은 객체-지향 모델과 관계형 모델이 결합한 객체-관계 모델이 제안되어 사용되고 있다. 본 서에서는 오늘날 가장 많이 이용되고 있는 관계형 모델을 2.2 절에서 설명하고 있다.

논리적 스키마 또한 특정 DBMS에 독립적인 데이터베이스의 구조이다. 즉, 관계형 모델을 기반으로 하는 DBMS에는 종류가 많은데(Oracle, MS-SQL, Sybase,....), 논리적 스키마는 이들 DBMS와는 여전히 독립적이라는 의미이다. 그러나, 현실적으로는 이미 이 과정부터는 DBMS를 염두에 두지 않을 수 없는 단계이다.

1.4.4 물리적 스키마 설계 단계

데이터베이스 설계의 마지막 단계로서 논리적 스키마에는 데이터베이스에 어떤 데이터가 실릴 것인가가 명시되는데 반해, 물리적 스키마에는 데이터베이스에 데이터가 어떻게(how) 위치할 것인가에 관한 물리적인 구조가 명시되는 것이다.

물리적 스키마는 특정 DBMS에 완전히 종속되는 것이기 때문에, 특정 DBMS의 물리적인 구조를 잘 파악하여 설계해야만 데이터베이스의 성능을 크게 향상시킬 수 있다. 데이터베이스 성능에 가장 큰 영향을 미치는 요인은 데이터베이스의 물리적 구조임을 명심해야 한다.

2장 데이터 모델

데이터 모델이란 데이터, 데이터의 관계, 데이터의 의미 및 일관성 제약 조건 등을 기술하기 위한 일체의 개념적인 도구들의 모임이다. 이들 도구를 이용해 데이터베이스의 구조를 기술하는 행위를 데이터 모델링(data modelling)이라 한다. 본 장에서는 개념적 데이터 모델링(conceptual data modelling)에 많이 사용되는 ER 모델과 논리적 데이터 모델링(logical data modelling)에 많이 사용되는 관계형 모델에 관해 설명하고 있다.

2.1 ER 모델

ER 모델은 1976년 P. Chen에 의해 발표된 의미 데이터 모델(semantic data model) 중의 하나로, 엔티티(entity)라는 기본 객체(object)와 이들 객체간의 관계(relationship) 집합으로 구성된 실세계의 인식에 기반을 두고 있다. ER 모델은 실세계 조직의 의미와 상호작용을 개념적 스키마로 대응시키는데 특히 유용하다. 이러한 이유로, 많은 데이터베이스 설계 도구들이 ER 모델의 개념에 기반을 두고 있다.

2.1.1 기본 개념

ER 모델에서는 세 가지 기본 개념을 사용하는데, 엔티티 집합(entity set), 관계 집합(relationship set) 및 애트리뷰트(attribute)가 그것이다.

1) 엔티티 집합

엔티티는 실세계의 유·무형의 사물로서 다른 객체와는 구별이 되는 것이다. 예를 들어, 어떤 회사의 개개인은 엔티티이다. 엔티티는 애트리뷰트들의 집합을 가지며, 애트리뷰트들 중 어떤 집합 내의 값은 엔티티를 유일하게 구분하기도 한다. 예를 들어, 주민등록번호 550303-1000931은 회사 내의 특정 개인을 유일하게 구분한다. 엔티티는 사람이나 책과 같이 구체적인 것일 수도 있고, 대출이나 휴일 또는 개념과 같이 추상적인 것일 수도 있다.

엔티티 집합은 같은 유형의 애트리뷰트를 공유하는 엔티티들의 모임이다. 예를 들어, 어떤 은행의 고객들은 엔티티 집합 '고객'으로 정의할 수 있다. 이와 비슷하게, 엔티티 집합 '대출'은 특정 은행에서 시행한 대출들의 집합을 나타낼 수 있다.

엔티티는 애트리뷰트의 집합으로 표현된다. 애트리뷰트는 엔티티 집합의 각 구성원이 가지고 있는 설명 속성이다. '고객' 엔티티 집합의 가능한 애트리뷰트는 고객명, 주민등록번호, 고객주소이다. '대출' 엔티티 집합의 가능한 애트리뷰트는 대출번호와 대출액이다. 각 애트리뷰트에 대해서는 허용되는 값의 집합이 존재하는데, 이를 그 애트리뷰트의 도메인(domain) 또는 값 집합(value set)이라 한다. 애트리뷰트 고객명의 도메인은 임의의 길이의 모든 문자열의 집합이 될 수 있다. 이와 비슷하게, 애트리뷰트 대출번호의 도메인은 모든 양수의 집합이 될 수 있다.

[그림 2.1]에서는 두 개의 엔티티 집합 '고객'과 '대출'로 구성된 은행 데이터베이스의 일부를 보이고 있다.

김수영	751212-1256001	동작구 상도동
이순주	620815-2123560	서초구 서초동
홍길동	550303-1000931	동작구 상도동
장기영	521016-1138065	성북구 길음동
김대성	700105-1093123	서초구 서초동
위정기	730525-1116571	도봉구 창동
안성희	701124-2385393	서대문구 서소문동

고객

L-17	10000000
L-23	20000000
L-15	15000000
L-14	15000000
L-93	5000000
L-11	9000000
L-16	13000000

대출

그림 2.1 엔티티 집합 '고객'과 '대출'

ER 모델에서 애트리뷰트는 다음과 같은 유형으로 분류할 수 있다.

단순 애트리뷰트와 복합 애트리뷰트

단순 애트리뷰트는 더 이상 작은 단위로 나누어지지 않는 것이다. 반면에, 복합 애트리뷰트(composite attribute)는 더 작은 단위(즉, 다른 애트리뷰트)로 나뉘어질 수 있다. 예를 들어, 고객명은 성과 이름으로 구성된 복합 애트리뷰트로 구성될 수 있다. 사용자가 경우에 따라, 어떤 경우에는 전체 애트리뷰트를 참조하고 어떤 경우에는 애트리뷰트의 일부만을 참조하고자 할 때 복합 애트리뷰트를 사용하면 좋다. '고객' 엔티티 집합에 대한 복합 애트리뷰트의 이러한 예를 [그림 2.2]에 보이고 있다.

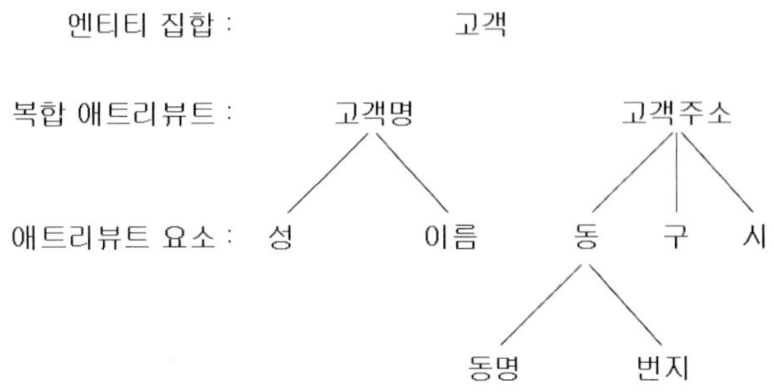

그림 2.2 복합 애트리뷰트 고객명과 고객주소

단일값 애트리뷰트와 다중값 애트리뷰트

특정 '대출' 엔티티에 있어 대출번호 애트리뷰트는 단지 하나의 대출 번호만을 가진다. 그러한 애트리뷰트를 단일값(single valued) 애트리뷰트라 한다. 특정 엔티티에 대해 집합값을 가지는 애트리뷰트가 있을 수 있다. 부양가족명 애트리뷰트를 가진 '직원' 엔티티 집합을 고려해 보자. 직원은 0명 이상의 부양 가족을 가질 수 있다. 그러므로, 엔티티 집합내의 '직원' 엔티티는 부양가족명 애트리뷰트에 대해 서로 다른 수의 값을 가지게 된다. 이러한 유형의 애트리뷰트를 다중값(multivalued) 애트리뷰트라 한다.

널 애트리뷰트

널(null) 값은 엔티티가 애트리뷰트에 값을 갖지 않을 때 사용된다. 예를 들어, 어떤 직원이 부양 가족이 없다면, 그 직원에 대한 부양가족명 값은 널이 될 것이며, 이것은 "해당사항 없음" 이라는 의미를 갖는 것이다. 널은 또한 애트리뷰트의 값이 알려지지 않은 경우도 지정할 수 있다. 알려지지 않은 값은 누락된 값(값은 있지만, 해당 정보를 가지지 않았을 때)일 수도 있고, 모르는 값(실제 값이 존재하는지 여부를 모를 때)일 수도 있다. 예를 들어, 어떤 고객의 주민등록번호 값이 널이라면, 그 값은 누락되었다고 추정한다. 왜냐하면, 주민등록번호가 없는 고객은 있을 수 없기 때문이다.

유도 애트리뷰트

유도 애트리뷰트(derived attribute)의 값은 다른 관련된 애트리뷰트나 엔티티의 값으로부터 유도될 수 있다. 예를 들어, '고객' 엔티티 집합에 그 고객이 은행으로부터 몇 건의 대출을 받고 있는지를 나타내는 대출건수 애트리뷰트가 있다고 하자. 이 애트리뷰트의 값은 그 고객과 연관된 대출 엔티티의 수를 계산해 봄으로써 알 수 있다. 또 다른 예로, '직원' 엔티티 집합에 은행에서의 최초 임용일과 은행에서의 근무 기간을 각각 나타내는 두 개의 애트리뷰트 입사일과 근무일수가 있다고 하자. 근무일수의 값은 입사일과 현재 날짜의 값에서 유도될 수 있다. 이런 경우, 입사일은 기본(base) 애트리뷰트 또는 저장(stored) 애트리뷰트라 하고 근무일수는 유도 애트리뷰트라 한다.

은행 데이터베이스에는 다양한 종류의 엔티티 집합을 가질 수 있다. 예를 들어, 은행에서는 고객과 대출에 관한 정보 외에도 예금에 관한 정보도 제공한다. 이러한 정보는 계좌번호와 잔고 애트리뷰트를 가진 '예금' 엔티티 집합으로 표현할 수 있다. 또한, 은행에 여러 지점이 있다면, 지점에 관한 정보도 제공한다. 각 '지점' 엔티티 집합은 지점명, 소재지 및 자산 애트리뷰트로 기술할 수 있다.

본 장에서는 여러 엔티티 집합을 다루게 될 것이다. 혼돈을 피하기 위해 유일한 애트리뷰트명을 사용하였다. 새로운 엔티티 집합은 필요시 정의한다.

2) 관계 집합

관계(relationship)는 여러 엔티티 간의 연관성(association)이다. 예를 들어, 고객 홍길동과 대출 L-15가 연관된 관계를 정의할 수 있다. 이 관계는 홍길동이 대출번호 L-15를 가진 고객임을 의미한다. 관계 집합(relationship set)은 같은 유형을 갖는 관계들의 집합이다.

[그림 2.1]의 두 개의 엔티티 집합 '고객'과 '대출'을 고려해 보자. 고객이 받은 대출과 고객 사이의 연관성을 나타내는 관계 집합 '대출자'를 정의할 수 있다. [그림 2.3]에 이 연관성을 나타내었다.

또 다른 예로, 두 개의 엔티티 집합 '대출'과 '지점'을 고려해 보자. 대출을 관리하는 지점과 대출 사이의 연관성을 나타내는 관계 집합 '대출-지점'을 정의할 수 있다.

엔티티 집합간의 연관성을 참가(participation)라 한다. 즉, 엔티티 집합 E_1, E_2, . . . , E_n은 관계 집합 R에 참가한다. ER 스키마 내의 관계 사례(instance)는 모델링하는 실세계 조직내의 명명된 엔티티 간에 연관성이 존재함을 나타낸다. 예를 들면, '대출자' 관계 사례 내에 주민등록번호가 550303-1000931인 한 고객 엔티티 홍길동과 대출 엔티티 L-15가 참가한다. 이 관계 사례는 실세계 조직 내의 주민등록번호가 550303-1000931인 홍길동이라는 사람이 대출 번호 L-15인 대출을 받고 있음을 의미한다.

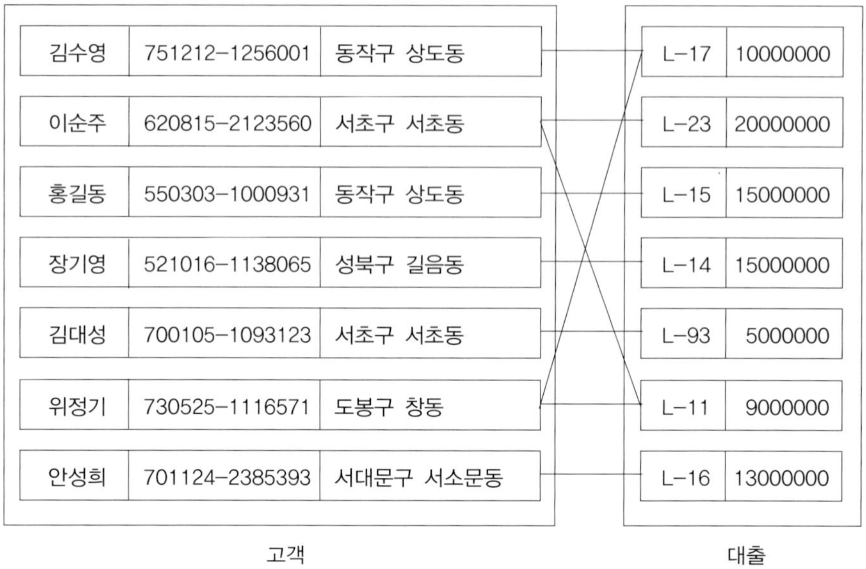

그림 2.3 관계 집합 '대출자'

관계 내에서 엔티티가 행하는 기능을 엔티티의 역할(role)이라 한다. 관계 집합에 참가하고 있는 엔티티 집합은 일반적으로 구분되기 때문에 역할은 묵시적이어서 특별히 지정할 필요는 없다. 그러나, 관계의 의미를 명확히 할 필요가 있을 때는 지정하는 것이 유용하다. 관계 집합 내의 엔티티 집합이 구분되지 않을 때가 그런 경우이다. 즉, 동일한 엔티티 집합이 관계 집합 내에 서로 다른 역할로 한 번 이상 참가할 때가 있다.

순환(recursive) 관계 집합이라고 하는 이러한 유형의 관계 집합에서는, 관계 사례 내에서 엔티티가 어떻게 참가하고 있는지를 나타내기 위해 명시적(explicit) 역할명이 필요하다. 예를 들어, 은행의 모든 직원에 관한 정보를 가지고 있는 엔티티 집합 '직원'을 고려해 보자. '직원' 엔티티의 순서 쌍으로 모델링되는 관계 집합 '상하역할'을 가질 수 있다. 한 쌍의 첫 번째 종업원은 관리자의 역할을 하고, 두 번째 종업원은 직원의 역할을 한다. 이러한 방법으로, '상하역할'의 모든 관계는 (관리자, 직원) 쌍으로 특징지을 수 있고 (직원, 관리자) 쌍은 포함되지 않는다.

관계는 또한 설명(descriptive) 애트리뷰트를 가질 수 있다. 엔티티 집합 '고객'과 '예금' 간의 관계 집합 '예금주'를 고려해 보자. 이 관계에 고객이 가장 최근에 예금 거래한 날짜를 나타내는 애트리뷰트인 '거래일'을 연관지을 수 있다. 고객 김갑돌과 예금 A-217 엔티티 간의 예금주 관계는 {(거래일, 23/05/2013)}으로 기술된다. 이것은 김갑돌이 예금 A-217을 최근에 거래한 날짜가 2013년 5월 23이었음을 의미한다.

관계 집합 '대출자'와 '대출-지점'은 두 엔티티 집합 간의 관계를 나타내는 이진(binary) 관계 집합의 예이다. 데이터베이스 시스템에서 대부분의 관계 집합은 이진 관계이다. 그러나, 때로는 세 개 이상의 엔티티 집합을 포함하는 관계 집합도 있다. 예를 들면, 관계 집합 '대출자'와 '대출-지점'을 결합하여 '고객', '대출' 및 '지점' 엔티티 집합을 포함하는 삼진(ternary) 관계 집합 CLB를 생성할 수도 있다. 따라서, 고객 홍길동과 대출 L-15 및 공릉 지점 엔티티 간의 삼진 관계는 고객 홍길동이 공릉 지점에 L-15 대출을 가지고 있음을 의미한다.

2.1.2 설계 논점

엔티티 집합과 관계 집합의 개념은 정확하지 않으며, 여러 가지 방법으로 엔티티 집합과 그들 간의 관계 집합을 정의할 수 있다. 본 절에서는 ER 데이터베이스 설계시의 기본적인 논점을 다루고자 한다.

1) 엔티티 집합을 사용할 것인가 애트리뷰트를 사용할 것인가

애트리뷰트 직원명과 전화번호를 가진 엔티티 집합 '직원'을 고려해 보자. 전화 자신이 전화번호와 위치(전화가 위치한 사무실) 애트리뷰트를 가진 엔티티가 될 수 있다고 항변할 수 있다. 이러한 관점에서 본다면, '직원' 엔티티 집합은 다음과 같이 재정의되어야 한다.

- 직원명 애트리뷰트를 가진 '직원' 엔티티 집합
- 전화번호와 위치 애트리뷰트를 가진 '전화' 엔티티 집합
- '직원'과 '전화' 간의 연관성을 나타내는 '직원-전화' 관계 집합

그러면, 직원에 관한 이 두 가지 정의 사이의 중요한 차이점은 무엇인가? 첫 번째 경우는, 각 직원이 정확히 한 대의 전화만을 가지고 있음을 의미한다. 그러나, 두 번째 경우는 각 직원이 여러 개의 전화 번호(물론 없을 수도 있음)를 가지고 있음을 의미한다. 따라서, 두 번째 정의가 첫 번째 정의보다 더 일반적이고 현실 세계의 상황을 보다 더 정확히 반영한다. 각 직원이 정확히 한 대의 전화만 가진다 하더라도, 한 대의 전화를 여러 종업원이 함께 사용한다면 두 번째 정의가 여전히 적합하다.

그러나, 직원명 애트리뷰트에 같은 기법을 적용하기에는 부적절하다. 직원명 그 자신이 엔티티라고 항변하기는 어렵다. 따라서, '직원' 엔티티 집합의 애트리뷰트로서 직원명을 가지는 것이 적합하다.

두가지 의문이 자연스럽게 생긴다. 어떤 것은 애트리뷰트로 구성하고, 어떤 것은 엔티티 집합으로 구성할 것인가? 불행히도, 이에 대한 답은 없다. 주된 구분은 모델링하고자 하는 실세계 조직의 구조와 해당 애트리뷰트에 관련된 의미에 따른다.

2) 엔티티 집합을 사용할 것인가 관계 집합을 사용할 것인가

객체를 엔티티 집합으로 표현하는 것이 최선인가, 관계 집합으로 표현하는 것이 최선인가는 항상 명확하지는 않다. 2.1.1 절의 1)에서는 은행 대출을 엔티티로 모델링하는 것으로 가정하였다. 이의 대안으로 대출을 엔티티가 아닌, 설명 애트리뷰트로 대출번호와 대출액을 가진 고객과 지점간의 관계로 모델링하는 것이다. 각 대출은 고객과 지점간의 관계로 표현된다.

각 대출이 한 명의 고객에게만 제공되고 한 지점에만 관련된다면, 대출을 관계로 표현한 설계가 만족스러움을 알 수 있다. 그러나, 이 설계로는 대출이 여러 고객에게 공동으로 제공되는 상황을 편리하게 나타낼 수 없다. 대출을 공동으로 받은 각 대출자마다 개개의 관계를 정의해야 한다. 그러면, 그러한 각 관계 내의 설명 애트리뷰트 대출번호와 대출액의 값이 중복되어야 한다. 그러한 각 관계의 설명 애트리뷰트 대출번호와 대출액의 값이 같아야 함은 물론이다. 중복의 결과로 발생하는 두가지 문제점은 다음과 같다.

- 데이터가 여러 번 저장되므로 저장 장소가 낭비된다.
- 데이터를 갱신할 때 두 개 이상의 관계에서 같은 값을 가져야 하는 애트리뷰트에 서로 다른 값을 가지게 갱신함으로써 데이터의 불일치를 초래할 가능성이 있다.

이러한 중복을 어떻게 피할 것인가 하는 문제는 3 장의 정규화(normalization)에서 다루고 있다. 2.1.1 절의 1)의 원래 설계에서는 대출이 엔티티 집합이기 때문에 대출번호와 대출액 애트리뷰트의 중복 문제는 나타나 있지 않다.

엔티티 집합을 사용할 것인가 관계 집합을 사용할 것인가를 정하는데 있어서 한 가지 가능한 지침은 엔티티 간에 발생하는 행위를 기술할 때는 관계 집합을 사용하라는 것이다.

3) 이진 관계 집합과 n-항 관계 집합

비이진(n-항, n > 2) 관계 집합을 여러 개의 이진 관계 집합으로 대치하는 것은 항상 가능하다. 간단한 설명을 위해, 세 개의 엔티티 집합 A, B 및 C가 관련된 추상적인 삼진 관계 집합 R을 고려해 보자. 관계 집합 R을 엔티티 집합 E로 대치하고 세 개의 관계 집합을 생성한다.

- E와 A가 관련된 RA
- E와 B가 관련된 RB
- E와 C가 관련된 RC

관계 집합 R에 애트리뷰트가 있으면 이들 애트리뷰트는 엔티티 집합 E에 배정되고, 애트리뷰트가 없으면 특별히 식별 가능한 애트리뷰트를 E에 대해 생성해야 한다. (왜냐하면, 모든 엔티티 집합에는 집합의 구성원을 구분할 수 있는 적어도 하나의 애트리뷰트가 있어야 하기 때문이다.) 관계 집합 R 내의 각각의 관계 (a_i, b_i, c_i)에 대해 엔티티 집합 E 내에 새로운 엔티티 e_i를 생성한다. 그리고, 세 개의 새로운 관계 집합의 각각에 아래와 같은 관계를 삽입한다.

- RA 내에 (e_i, a_i)
- RB 내에 (e_i, b_i)
- RC 내에 (e_i, c_i)

n-항 관계 집합에 이러한 절차를 직접적인 방법으로 일반화할 수 있다. 따라서, 개념적으로는 ER 모델에는 이진 관계 집합만을 포함하는 것으로 제한할 수 있다. 그러나, 이러한 제한이 항상 바람직한 것은 아니다.

- 관계 집합을 나타내기 위해 생성되는 엔티티 집합에 대해 식별 가능한 애트리뷰트가 생성되어야 한다. 필요한 여분의 관계 집합과 함께 이 애트리뷰트는 설계의 복잡성을 더하고 기억 장소를 더 필요로 한다.
- n-항 관계 집합은 하나의 관계에 참가하는 여러 엔티티를 보다 명확하게 보여 준다. n-항 관계를 이진 관계로 설계할 때, 이러한 참가 제약 조건을 실행하기가 보다 어렵다.

2.1.3 대응 제약 조건

ER 스키마에서는 데이터베이스가 준수해야 할 내용에 대한 어떤 제약 조건을 정의할 수 있다. 본 절에서는 두 가지 중요한 제약 조건인 대응 수와 존재 종속에 대해 알아보기로 한다.

1) 대응 수

대응 수(mapping cardinality)는 관계 집합을 통해 다른 엔티티와 연관될 수 있는 엔티티의 수를 나타낸다. 대응 수는 어떤 경우에는 세 개 이상의 엔티티 집합을 포함하는 관계 집합을 기술하는데도 도움이 되지만, 이진 관계 집합을 기술하는데 가장 유용하다. 본 절에서는 이진 관계 집합에 대해서만 보기로 한다.

엔티티 집합 A와 B 간의 이진 관계 집합 R에 대해, 대응 수는 다음 중 하나이어야 한다.

일 대 일

A의 한 엔티티는 B의 한 엔티티와 연관을 가지고, B의 한 엔티티는 A의 한 엔티티와 연관을 가진다([그림 2.4]a 참조).

일 대 다

A의 한 엔티티는 B의 여러 엔티티와 연관을 가진다. 그러나, B의 한 엔티티는 A의 한 엔티티와 연관을 가질 수 있다([그림 2.4]b 참조).

다 대 일

A의 한 엔티티는 B의 한 엔티티와 연관을 가진다. 그러나, B의 한 엔티티는 A의 여러 엔티티와 연관을 가질 수 있다([그림 2.5]a 참조).

다 대 다

A의 한 엔티티는 B의 여러 엔티티와 연관을 가지고, B의 한 엔티티는 A의 여러 엔티티와 연관을 가진다([그림 2.5]b 참조).

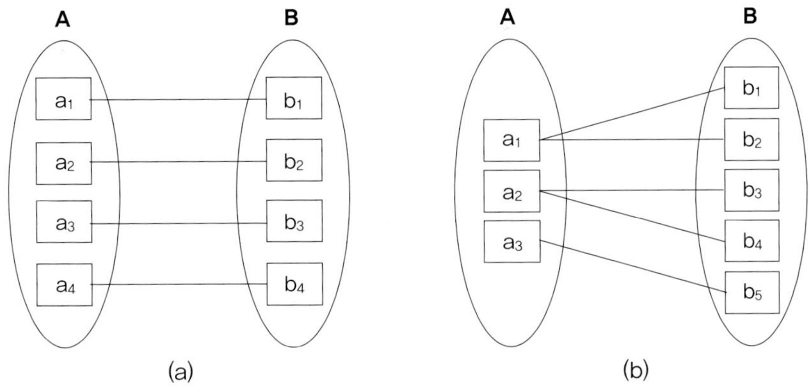

그림 2.4 대응 수 (a) 일 대 일 (b) 일 대 다

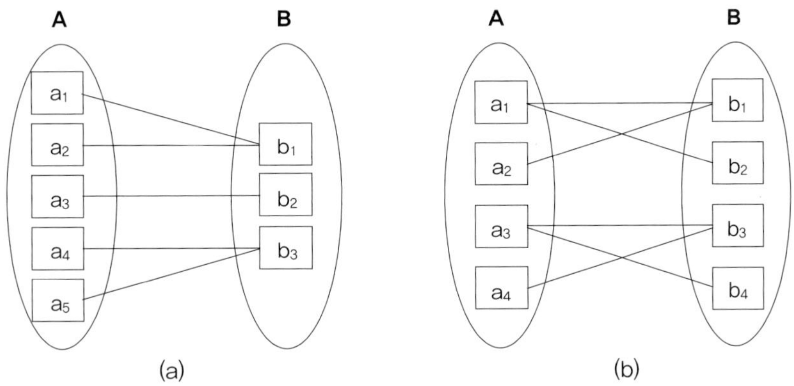

그림 2.5 대응 수 (a) 다 대 일 (b) 다 대 다

특정 관계 집합의 적합한 대응 수는 관계 집합으로 모델링되는 현실 상황에 따라야 한다. 예를 들어, '대출자' 관계 집합을 고려해 보자. 어느 은행에서 하나의 대출은 한 고객에게만 속할 수 있고 한 고객은 여러 개의 대출을 받을 수 있다면, '고객'으로부터 '대출'로의 관계 집합은 일 대 다이다. [그림 2.3]에 이러한 유형의 관계를 나타내었다. 하나의 대출이 여러 고객에게 속할 수 있다면(동업자가 공동으로 대출받는 경우), 관계 집합은 다 대 다이다.

관계의 대응 수는 관계 애트리뷰트의 배치에 영향을 줄 수 있다. 일 대 일 또는 일 대 다 관계 집합의 애트리뷰트들은 관계 집합이 아닌 참가하는 엔티티 집합 중의 하나와 연관될 수 있다. 예를 들어, '예금주'를 한 고객이 여러 계좌를 가질 수 있으나 한 계좌는 한 고객에게만 속하는 일 대 다 관계 집합으로 정의했다 하자. 이 경우, 애트리뷰트 거래일은 [그림 2.6]에 보이는 것처럼 '예금' 엔티티 집합과 연관될 수 있다. [그림

2.6]은 그림을 간단히 하기 위해 두 엔티티 집합의 일부 애트리뷰트만 보인 것이다. '예금' 엔티티 각각은 하나의 고객 사례를 가진 관계에 참가하기 때문에 위와 같은 애트리뷰트의 지정은 거래일을 '예금주' 관계 집합에 배치하는 것과 같은 의미를 갖는다.

일 대 다 관계 집합의 애트리뷰트들은 관계의 '다' 쪽의 엔티티 집합에만 재배치될 수 있다. 일 대 일 관계 집합에 있어서는 관계 애트리뷰트가 참가하는 어느 엔티티와도 연관될 수 있다.

그러한 경우 설명 애트리뷰트를 어디에 배치할 것인가 하는 설계상의 결정(관계 애트리뷰트로 할 것인가 엔티티 애트리뷰트로 할 것인가의 결정)은 모델링하고자 하는 조직의 특징을 반영해야 한다. 설계자는 거래일을 '예금주'의 애트리뷰트로 선택하여 액세스는 '고객'과 '예금' 엔티티 집합간의 상호 작용시에만 발생한다는 점을 명확히 표현할 수도 있다.

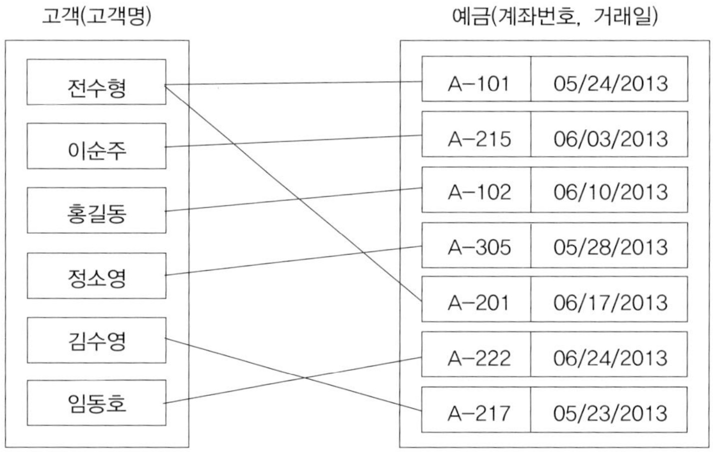

그림 2.6 '예금' 엔티티 집합의 애트리뷰트인 거래일

애트리뷰트 배치의 선택은 다 대 다 관계 집합인 경우 더욱 명백하다. 이전의 예로 되돌아 와서 '예금주'를 보다 현실의 경우에 맞게, 한 고객은 여러 계좌를 가질 수 있고 한 계좌를 여러 고객이 소유할 수 있는 다 대 다 관계 집합으로 정의했다 하자. 특정 고객이 특정 예금을 마지막으로 거래한 날짜를 표현하려 한다면, 거래일은 참가하는 엔티티 중의 어느 하나가 아닌 '예금주' 관계 집합의 애트리뷰트이어야만 한다. 예를 들어, 거래일이 예금의 애트리뷰트라면 어떤 고객이 공동 예금에 가장 최근 거래했는지를 알 수가 없다. 애트리뷰트가 분리된 어느 하나의 엔티티가 아닌 참가하는 엔티티 집합의 결합으로 결정될 때, 애트리뷰트는 다 대 다 관계 집합에 연관되어야 한다. 관계 애트리

뷰트로서의 거래일이 [그림 2.7]에 보이고 있다.

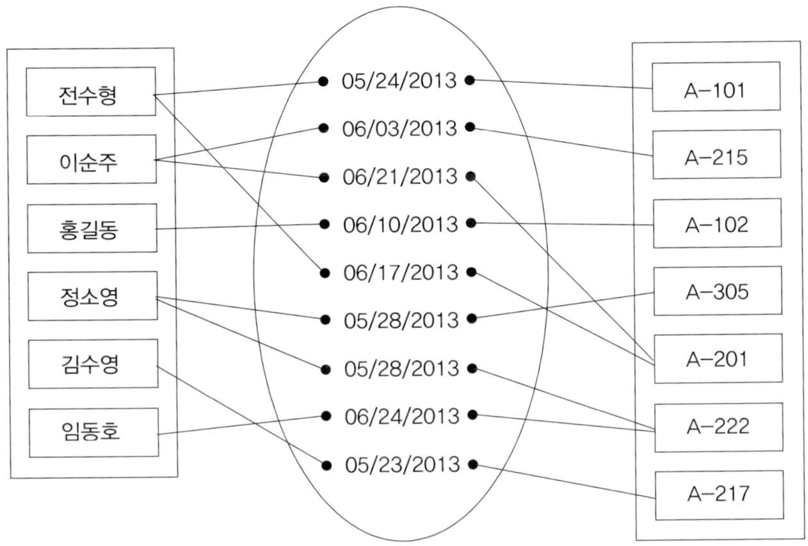

그림 2.7 '예금주' 관계 집합의 애트리뷰트인 거래일

2) 존재 종속

또 다른 중요한 제약 조건이 존재 종속(existence dependency)이다. 보다 명시적으로 말해, 엔티티 y가 존재해야만 엔티티 x가 존재한다면 x는 y에 대해 존재 종속되었다고 한다. 연산적으로는 y가 제거되면 x 또한 제거된다. 이때 엔티티 y를 지배(dominant) 엔티티라 하고 x를 종속(subordinate) 엔티티라 한다.

예를 들어, 엔티티 집합 '대출'과 특정 대출과 관련해 행해진 모든 지불에 관한 정보를 유지하고 있는 엔티티 집합 '지급'을 고려해 보자. 엔티티 집합 '지급'에는 애트리뷰트 지급번호, 지급일 및 지급액이 있다고 하자. 이 두 개의 엔티티 집합 간에 '대출'에서 '지급'으로 일 대 다의 관계 집합 '대출-지급'을 생성할 수 있다. 모든 '지급' 엔티티는 하나의 '대출' 엔티티와 연관되어야 한다. 하나의 '대출' 엔티티가 제거되면, 그에 연관된 모든 '지급' 엔티티 또한 제거되어야 한다. 이와는 대조적으로 '지급' 엔티티는 어떠한 '대출' 엔티티에 영향을 미치지 않고도 데이터베이스에서 제거될 수 있다. 그러므로, '대출-지급' 관계 집합에서 '대출' 엔티티 집합은 지배 엔티티이고 '지급' 엔티티 집합은 종속 엔티티이다.

엔티티 집합 E 내의 모든 엔티티가 관계 집합 R 내의 적어도 하나의 관계에 참가하고 있을 때, 전부(total) 참가 라 한다. 엔티티 집합 E의 일부 엔티티 만이 관계 집합 R 내의 관계에 참가하고 있을 때, 부분(partial) 참가라 한다. 전부 참가는 존재 종속과 밀접한 관계를 가지고 있다. 예를 들어, 모든 '지급' 엔티티는 '대출-지급' 관계에 의해 어떤 '대출' 엔티티와 연관을 가지기 때문에 관계 집합 '대출-지급'에서의 '지급'의 참가는 전부이다. 이와는 대조적으로, 어떤 개인은 은행에 대출을 받고 있던 그렇지 않던 은행의 고객이 될 수 있다. 따라서, '고객' 엔티티의 부분 집합 만이 '대출' 엔티티 집합과 연관될 수 있고, '대출자' 관계 집합에서의 '고객'의 참가는 부분 참가이다.

2.1.4 키

엔티티 집합 내의 엔티티와 관계 집합 내의 관계를 구분할 수 있는 방법을 지정하는 것이 중요하다. 개념적으로는 개개의 엔티티와 관계는 구분이 된다. 그러나, 데이터베이스 환경에서는 그들 간의 차이를 애트리뷰트라는 수단으로 표현해야 한다. 키(key)라는 개념으로 이를 가능하게 할 수 있다.

1) 엔티티 집합

수퍼 키(superkey)란 하나 이상의 애트리뷰트가 모여 엔티티 집합 내의 엔티티를 유일하게 식별할 수 있도록 하는 것이다. 예를 들어, 엔티티 집합 '고객'의 애트리뷰트 주민등록번호로 '고객' 엔티티를 충분히 구분한다. 따라서, 주민등록번호는 수퍼 키이다. 이와 유사하게, 고객명과 주민등록번호를 합친 것도 엔티티 집합 '고객' 의 수퍼 키이다. '고객'의 고객명 애트리뷰트는 동명이인이 있을 수 있기 때문에 수퍼 키가 아니다.

전술한 바와 같이 수퍼 키에는 쓸데없는 애트리뷰트를 내포할 수 있기 때문에 목적상 수퍼 키의 개념은 불충분하다. K가 수퍼 키이면 K의 어떤 초집합이 존재한다. 보통은 진부분 집합이 아닌 수퍼 키에 관심을 갖는다. 그러한 최소 길이의 수퍼 키를 후보 키(candidate key)라 한다.

여러 개의 애트리뷰트 집합이 후보 키가 될 수 있다. 고객명과 고객주소를 합쳐서 '고객' 엔티티 집합의 구성원을 구분할 수 있다고 가정하자. 그러면, {주민등록번호}와 {고객명, 고객주소}가 모두 후보 키이다. 주민등록번호와 고객명을 합쳐서도 '고객' 엔티티를 구분할 수는 있지만, 주민등록번호 만으로 후보 키가 되기 때문에 그것은 후보 키가 아니다.

후보 키 지정은 조심스럽게 해야 한다. 전술한대로, 동명이인이 있을 수 있기 때문에 사람의 이름은 분명히 후보 키가 될 수 없다.

데이터베이스 설계자가 엔티티 집합 내의 엔티티를 식별하기 위한 주된 수단으로 선택한 후보 키를 주 키(primary key)라 한다. 여러 개의 후보 키 중에서 주 키를 제외한 나머지를 대체 키(alternate key)라 한다. 키(주, 후보, 수퍼)란 엔티티 집합의 애트리뷰트이지 개개 엔티티의 애트리뷰트는 아니다. 집합 내의 어떤 두 엔티티가 키 애트리뷰트에 대해 동시에 같은 값을 가져서는 안된다. 키를 지정하는 것도 모델링하는 실세계에서의 제약 조건이다.

2) 관계 집합

엔티티 집합의 주 키로 집합 내의 엔티티를 구분할 수 있다. 관계 집합 내의 관계를 구분하기 위해서도 유사한 기법이 필요하다.

R을 엔티티 집합 $E_1, E_2, \ldots, E_n$을 내포한 관계 집합이라 하자. 주 키(E_i)를 엔티티 집합 E_i의 주 키를 형성하는 애트리뷰트라 하자. 모든 주 키의 애트리뷰트명은 유일하다고 가정한다(그렇지 않으면, 적당한 재명명 기법을 사용한다). 관계 집합의 주 키의 구성은 관계 집합 R에 연관된 애트리뷰트의 구조에 따른다.

관계 집합 R에 연관된 애트리뷰트가 없으면, 집합 R 내의 개개 관계는

$$\text{주 키}(E_1) \cup \text{주 키}(E_2) \cup \ldots \cup \text{주 키}(E_n)$$

으로 구한 애트리뷰트의 집합으로 나타낸다.

관계 집합 R에 연관된 애트리뷰트가 $a_1, a_2, \ldots, a_n$이면, 집합 R 내의 개개 관계는

$$\text{주 키}(E_1) \cup \text{주 키}(E_2) \cup \ldots \cup \text{주 키}(E_n) \cup \{a_1, a_2, \ldots, a_n\}$$

으로 구한 애트리뷰트의 집합으로 나타낸다.

위의 어느 경우에라도, 주 키(E_1) ∪ 주 키(E_2) ∪ . . . ∪ 주 키(E_n)으로 구한 애트리뷰트의 집합이 관계 집합 R의 수퍼 키이다.

관계 집합의 주 키의 구조는 관계 집합의 대응 수에 따른다. 예를 들어, 엔티티 집합 '고객'과 '직원' 및 은행 고객과 은행 직원간의 관계를 나타내는 관계 집합 '고객-직원'을 고려해 보자. 관계 집합은 다 대 다이고 관계의 성격을 나타내는 (대출 담당자인지 일반 업무 담당자인지) 애트리뷰트인 유형을 가지고 있다고 가정하자. 그러면, '고객-직원'의 주

키는 '고객'과 '직원'의 주 키의 합집합으로 구성된다. 그러나, 한 고객은 한 은행원과만 관계를 가질 수 있다면 즉, '고객-직원' 관계가 다 대 일이라면, '고객'의 주 키가 '고객-직원'의 주 키가 된다. 일 대 일 관계에서는 어느 쪽의 주 키도 사용될 수 있다.

2.1.5 ER도

데이터베이스 전체의 논리적인 구조를 ER도라는 도형으로 표현할 수 있다. 상대적으로 단순하고 도형의 명확성 때문에 ER 모델에서 널리 사용되고 있는 기법이다. ER도는 아래와 같은 주요 요소로 구성되어 있다.

- 사각형 : 엔티티 집합을 나타낸다.
- 타원 : 애트리뷰트를 나타낸다.
- 마름모 : 관계 집합을 나타낸다.
- 선 : 애트리뷰트와 엔티티 집합을 연결하고 엔티티 집합과 관계 집합을 연결한다.
- 이중 타원 : 다중값 애트리뷰트를 나타낸다.
- 점 타원 : 유도 애트리뷰트를 나타낸다.
- 이중 선 : 관계 집합 내에 엔티티의 전부 참가를 나타낸다.

[그림 2.8]에 보이는 것처럼, 주 키로 지정한 엔티티 집합의 애트리뷰트는 밑줄이 그어져 있다.

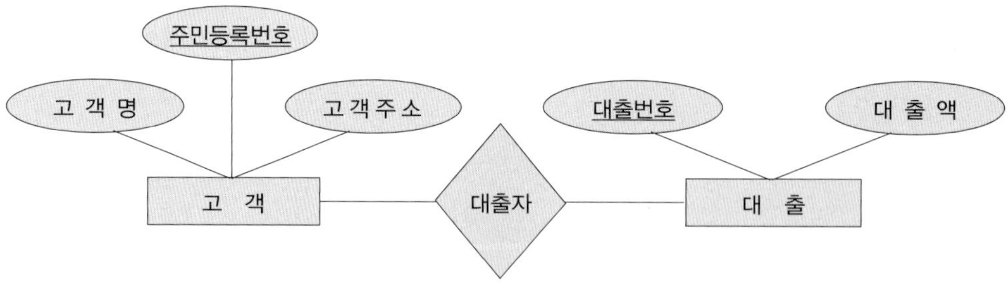

고객 2.8 고객과 대출에 상응하는 ER도

두 개의 엔티티 집합 '고객'과 '대출'이 이진 관계 집합 '대출자'를 통해 연관된 [그림 2.8]의 ER도를 고려해 보자. '고객'과 연관된 애트리뷰트는 고객명, 주민등록번호, 고객주소이고 '대출'과 연관된 애트리뷰트는 대출번호와 대출액이다.

관계 집합 '대출자'는 다 대 다, 일 대 다, 다 대 일 또는 일 대 일의 대응 수를 가질 수 있다. 이들 유형을 구분하기 위해 상황에 따라 관계 집합과 엔티티 집합간에 화살표나 선을 그린다.

- 관계 집합 '대출자'로부터 엔티티 집합 '대출'로의 화살표는 '대출자'가 '고객'에서 '대출'로의 일 대 일 또는 다 대 일 관계 집합임을 의미한다. '대출자'는 '고객'에서 '대출'로의 다 대 다 또는 일 대 다 관계 집합일 수 없다.
- 관계 집합 '대출자'로부터 엔티티 집합 '대출'로의 선은 '대출자'가 '고객'에서 '대출'로의 다 대 다 또는 일 대 다 관계 집합임을 의미한다.

[그림 2.8]에서 관계 집합 '대출자'는 다 대 다임을 알 수 있다. 관계 집합 '대출자'가 '고객'에서 '대출'로 일 대 다이라면, '대출자'에서 '고객' 쪽으로 화살표를 그린다 ([그림 2.9]a). 이와 유사하게, 관계 집합 '대출자'가 '고객'에서 '대출'로 다 대 일이라면, '대출자'에서 '대출' 쪽으로 화살표를 그린다([그림 2.9]b). 마지막으로, '대출자' 관계 집합이 일 대 일이라면, '대출자'에서 '대출' 엔티티 집합과 '고객' 엔티티 집합 양쪽으로 화살표를 그린다([그림 2.10]).

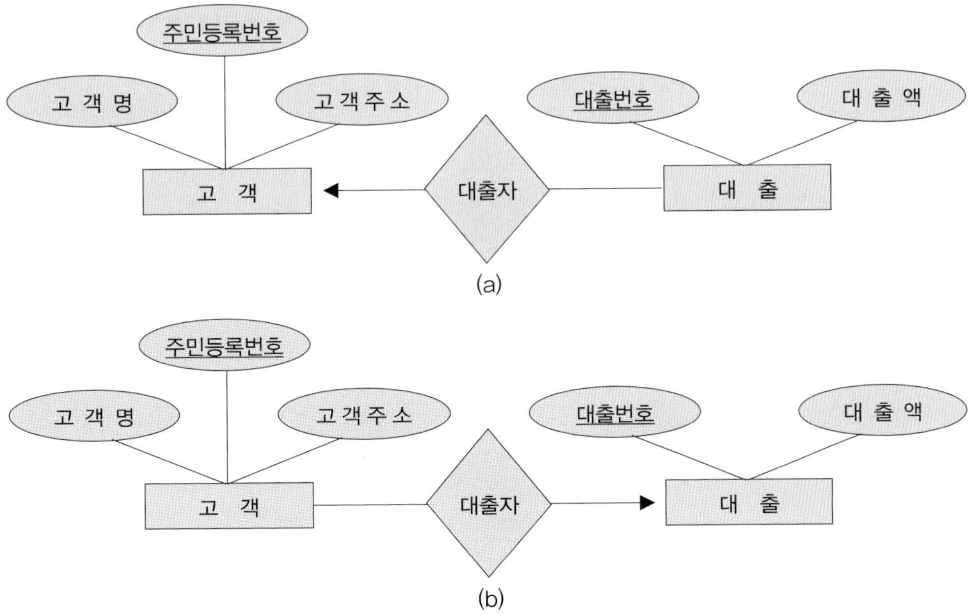

그림 2.9 관계 (a) 일 대 다 (b) 다 대 일

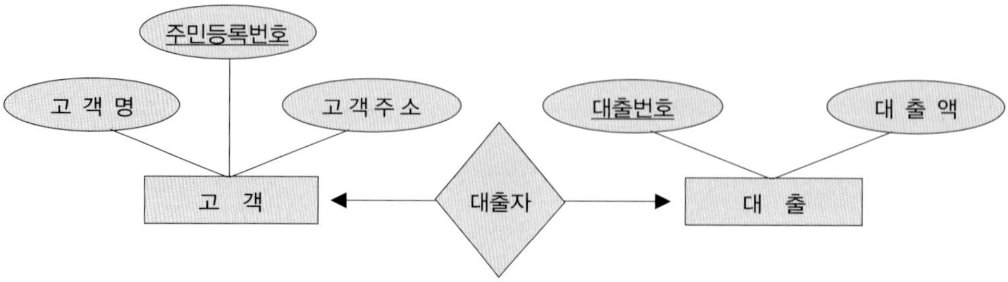

그림 2.10 일 대 일 관계

관계 집합에 어떤 애트리뷰트가 있다면, 이들 애트리뷰트를 관계 집합에 연결한다. 예를 들어, [그림 2.11]에서 관계 집합 '예금주'에 고객이 예금을 가장 최근에 거래한 날짜를 의미하는 설명 애트리뷰트 거래일을 연결하였다.

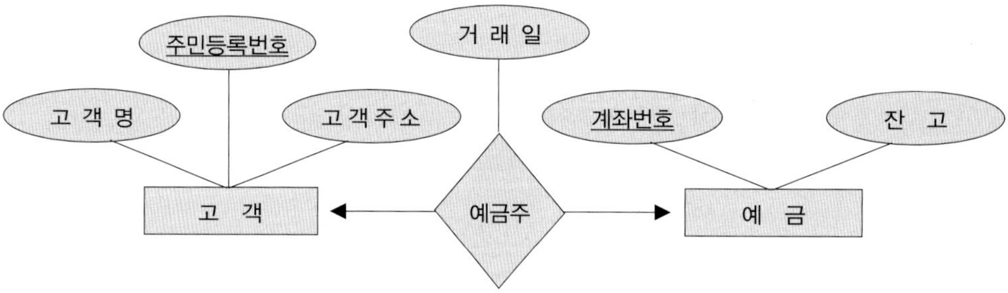

그림 2.11 관계 집합에 애트리뷰트를 가진 ER도

ER도에서는 마름모와 사각형을 연결하는 선 위에 표시를 하여 역할을 나타낸다. [그림 2.12]에서는 '직원' 엔티티 집합과 '상하역할' 관계 집합간의 역할 지시자(role indicator) 관리자와 직원을 보이고 있다.

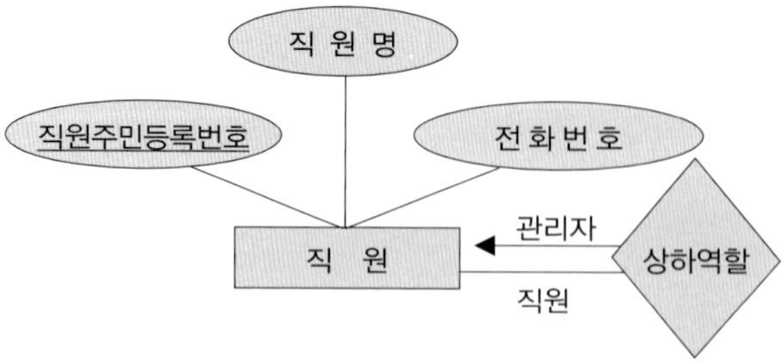

그림 2.12 역할 지시자를 가진 ER도

비이진 관계 집합도 ER도로 쉽게 표현할 수 있다. 세 개의 엔티티 집합 '고객', '대출' 및 '지점'이 관계 집합 CLB를 통해 연결된 모양이 [그림 2.13]에 보이고 있다. 이 그림은 한 고객이 여러 개의 대출을 가질 수 있고, 한 대출은 여러 고객에게 속할 수 있음을 나타낸다. 또한, '지점' 쪽으로 향하는 화살표는 고객-대출 각 쌍이 하나의 지점과 연관되었음을 나타낸다. 이 그림에서, '지점' 쪽으로 향하는 화살표 외에 '고객' 쪽으로 향하는 화살표가 있다면, 각 대출은 특정 고객과 특정 지점에 연관되었음을 의미하는 것이다.

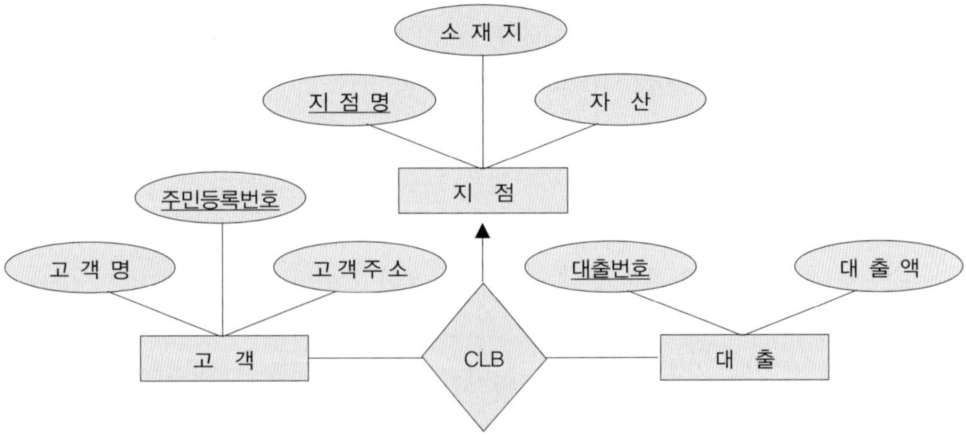

그림 2.13 삼진 관계를 가진 ER도

2.1.6 약 엔티티 집합

주 키를 형성하기에 충분치 못한 애트리뷰트를 가진 엔티티 집합이 있을 수 있다. 그러한 엔티티 집합을 약 엔티티 집합(weak entity set)이라 한다. 주 키를 가진 엔티티 집합을 강 엔티티 집합(strong entity set)이라 한다. 예를 들어, 세 개의 애트리뷰트 지급번호, 지급일 및 지급액을 가진 '지급' 엔티티 집합을 고려해 보자. 각 지급 엔티티는 구분이 되지만 서로 다른 대출에서의 지급은 같은 지급번호를 가질 수도 있다. 따라서, 이러한 엔티티 집합은 주 키를 갖지 않으므로 약 엔티티 집합이다. 약 엔티티 집합이 의미를 가지려면, 일 대 다 관계 집합의 일부가 되어야만 한다. 이러한 관계 집합은 어떠한 설명 애트리뷰트도 가져서는 안된다. 왜냐하면, 요구되는 어떠한 애트리뷰트도 약 엔티티 집합에 연관될 수 있기 때문이다(2.1.3 절의 1) 참조).

강 엔티티와 약 엔티티의 개념은 2.1.3 절의 2)에서 소개한 존재 종속과 관련이 있다. 강 엔티티 집합의 구성원은 지배 엔티티이고 약 엔티티 집합의 구성원은 종속 엔티티이다.

약 엔티티가 주 키를 갖지는 않지만, 하나의 특정 강 엔티티와 관계가 있는 엔티티 집합 내의 엔티티를 구분하기 위한 수단은 필요하다. 약 엔티티 집합의 구별자(discriminator)가 이러한 구분을 가능하게 하는 애트리뷰트의 집합이다. 예를 들어, 약 엔티티 집합 '지급'의 구별자는 애트리뷰트 지급번호가 되는데, 이것은 각 대출에 대한 하나 하나의 지급을 지급번호가 유일하게 식별하기 때문이다. 약 엔티티 집합의 구별자를 또한 엔티티 집합의 부분 키(partial key)라고도 한다.

약 엔티티 집합의 주 키는 존재 종속 관계에 강 엔티티 집합의 주 키와 약 엔티티 집합의 구별자를 합쳐서 만든다. 엔티티 집합 '지급'의 경우, 주 키는 {대출번호, 지급번호}인데, 대출번호는 '지급'의 지배 엔티티를 식별하고 지급번호는 같은 대출 내의 지급을 구분한다.

ER도에서 약 엔티티 집합은 이중 사각형으로 표현하고, 그에 상응하는 관계는 이중 마름모로 표현한다. [그림 2.14]에서, 약 엔티티 집합 '지급'은 관계 집합 '대출-지급'을 통해 강 엔티티 집합 '대출'에 종속 관계에 있음을 보이고 있다. 이 그림에서는 또한 전부 참가를 의미하는 이중 선을 사용하고 있는데, 이것은 모든 지불이 '대출-지급'을 통해 어떤 대출과 반드시 연관을 가져야 한다는 의미이다. 마지막으로, '대출-지급'에서 '대출'로의 화살표는 각 지불이 하나의 대출과만 대응한다는 의미이다. 또한 약 엔티티 집합의 구별자에 점선으로 밑줄이 그어져 있다.

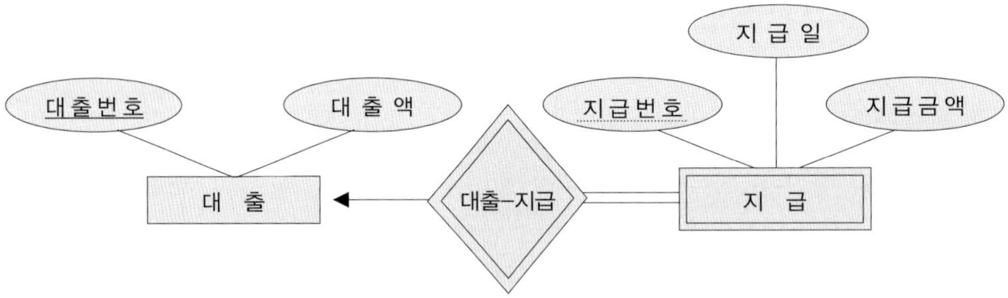

그림 2.14 약 엔티티 집합을 가진 ER도

2.1.7 ER 스키마의 테이블 변환

ER도로 작성된 개념적 스키마를 논리적 스키마로 변환함으로써 보다 구체화된 데이터베이스의 구조를 얻을 수 있고, 컴퓨터에 그 구조를 인식시키기가 쉽다. 논리적 스키마 설계에 가장 많이 사용되는 구조는 관계형 모델이고 관계형 모델에서는 데이터베이스를 테이블로 표현하고 있으므로 본 절에서는 ER 스키마를 테이블로 변환하는 방법에 대해 설명하고자 한다.

1) 강 엔티티 집합의 테이블 표현

E를 애트리뷰트 a_1, a_2, …, a_n을 가진 강 엔티티 집합이라 하자. 이 엔티티를 E의 애트리뷰트 각각과 대응하는 n개의 열을 가진 테이블 E로 표현한다. 이 테이블의 각 행은 엔티티 집합 E의 하나의 엔티티와 대응한다. 강 엔티티 집합의 주 키는 그대로 테이블의 주 키가 된다.

2) 약 엔티티 집합의 테이블 표현

A를 애트리뷰트 a_1, a_2, …, a_m을 가진 약 엔티티 집합이라 하자. B를 A가 종속된 강 엔티티 집합이라 하자. B의 주 키는 애트리뷰트 b_1, b_2, ….,b_n으로 구성되었다 하자. 엔티티 집합 A를 집합 $\{a_1, a_2, \ldots, a_m\} \cup \{b_1, b_2, \ldots, b_n\}$ 내의 애트리뷰트 각각과 대응하는 열을 가지는 A라는 이름의 테이블로 표현한다. 이 테이블의 주 키는 엔티티 집합 B의 주 키와 엔티티 집합 A의 구별자가 합쳐서 이루어진다.

3) 관계 집합의 테이블 표현

관계 집합이란 둘 이상의 엔티티 집합의 연관성이라 하였으며, 그 연관성은 매핑 수로 나타낸다 하였다. 관계 집합의 테이블 표현은 매핑 수에 따라 다르므로 구분해서 설명하기로 한다. 여기서는 이진 관계 집합의 경우로 한정하였다.

일 대 일 관계 집합의 테이블 표현

관계 집합에 참여하는 한 쪽 엔티티 집합의 애트리뷰트들과 대응하는 엔티티 집합의 주 키 애트리뷰트가 합쳐서 그에 대응하는 열로 구성된 엔티티 집합명의 테이블로 표현한다. 이때 관계 집합이 자기 자신의 설명 속성 애트리뷰트를 가지고 있으면, 생성되는 테이블에 이 애트리뷰트도 함께 표현되며, 원래 엔티티 집합의 주 키가 이 테이블의 주 키가 된다.

일 대 다 관계 집합의 테이블 표현

다 쪽에 대응하는 엔티티 집합의 애트리뷰트와 일 쪽에 대응하는 엔티티 집합의 주 키 애트리뷰트가 합쳐서 그에 대응하는 열로 구성된 다 쪽 엔티티 집합명의 테이블로 표현한다. 이때 관계 집합이 자기 자신의 설명 속성 애트리뷰트를 가지고 있으면, 생성되는 테이블에 이 애트리뷰트도 함께 표현되며, 다 쪽 엔티티 집합의 주 키가 이 테이블의 주 키가 된다.

다 대 다 관계 집합의 테이블 표현

양 쪽 엔티티 집합의 주 키 애트리뷰트와 자기 자신의 설명 속성 애트리뷰트가 합쳐 그에 대응하는 관계 집합명의 테이블로 표현한다. 양 쪽 엔티티 집합의 주 키가 합쳐서 이 테이블의 주 키가 된다.

2.2 관계형 모델

관계형 모델(relational model)은 1970년 E. F. Codd에 의해 제안된 논리적 데이터 모델로서 오늘날 가장 주요한 데이터 모델로 자리를 굳혔다. 초기의 DBMS들은 네트워크 모델(network model)이나 계층 모델(hierarchical model)을 기반으로 하였는데, 이들 모델이 데이터베이스의 물리적 구현에 매우 종속적인데 반하여 관계형 모델은 그렇지 않다.

관계형 데이터베이스에 대해서는 잘 정의된 수학적인 이론이 존재하며, 이 이론은 관계형 데이터베이스의 설계 및 사용자가 데이터베이스로부터 효율적으로 정보를 얻을 수 있도록 해 준다. 이러한 수학적인 이론이 관계형 모델이 다른 데이터 모델에 비해 우월한 점이라 할 수 있다.

2.2.1 관계형 데이터베이스의 구조

관계형 데이터베이스는 테이블(table)들의 모임으로 구성되며, 각 테이블은 고유한 이름을 가진다. 각 테이블은 2.1.7 절에서 설명한대로 ER 스키마를 변형하여 얻을 수 있다. 테이블의 한 행은 값들의 집합간의 관계를 표현한다. 테이블은 이러한 관계들의 모임이기 때문에, 테이블의 개념과 릴레이션(relation)이라는 수학적 개념은 밀접한 관련이 있고, 관계형 데이터 모델이란 이름을 부여한 것이다. 이제부터 릴레이션이라는 개념을 설명한다.

본 절에서는 관계형 데이터 모델을 이루는 여러 개념들을 설명하기 위해서 몇 개의 릴레이션을 사용한다. 이들 릴레이션들은 은행 조직의 일부를 표현한 [그림 2.15]의 ER

스키마를 변형하여 얻은 것이다. [그림 2.15]의 고객 엔티티의 주 키가 고객명으로 되어 있는데, 실제로는 동명이인이 있을 수 있어 주 키가 될 수 없으나, 여기서는 보다 명확한 뜻을 나타내기 위해 동명이인이 없다고 가정한 것이다.

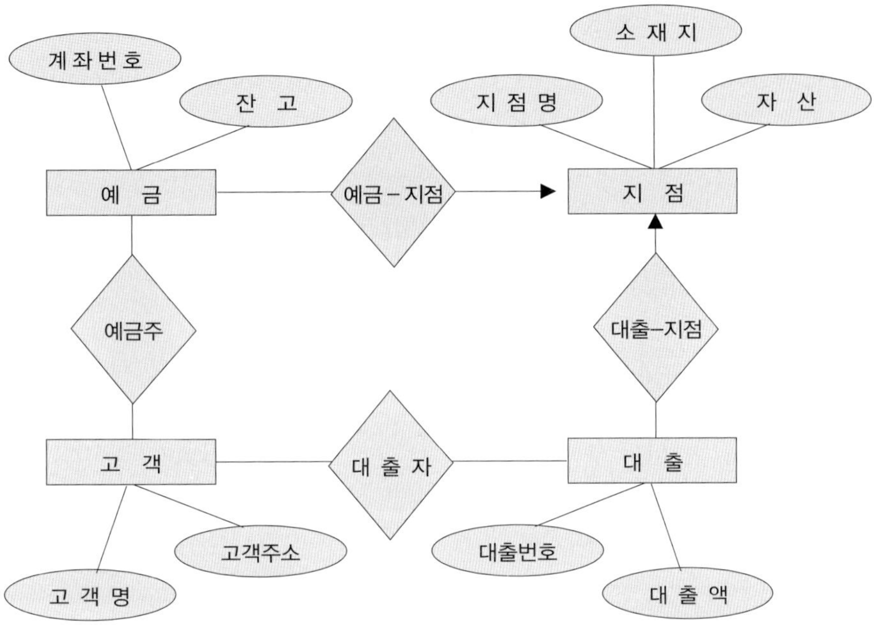

그림 2.15 은행을 위한 ER도

1) 기본 구조

[그림 2.16]의 예금 테이블을 고려해 보자. 이 테이블은 지점명, 계좌번호 및 잔고 이렇게 세 개의 열 제목을 가지고 있다. 관계형 모델의 용어로 이러한 제목을 애트리뷰트라고 한다(ER 모델과 마찬가지로). 각 애트리뷰트가 가지는 값들의 집합을 그 애트리뷰트의 도메인(domain)이라고 한다. 예를 들어, 애트리뷰트 지점명에 대한 도메인은 모든 지점들 이름의 집합이다. 이 집합을 D_1으로, 모든 계좌 번호의 집합을 D_2로, 모든 잔고의 집합을 D_3라 하자. 모든 행은 3-튜플(v_1,v_2,v_3)로 구성된다. 여기서 v_1은 지점명(v_1은 도메인 D_1에 존재)이고, v_2는 계좌번호(v_2는 도메인 D_2에 존재)이고, v_3는 잔고(v_3는 도메인 D_3에 존재)이다. 일반적으로, 예금은 모든 가능한 행의 집합 중 부분 집합만을 포함하게 된다. 그러므로 예금은

$$D_1 \times D_2 \times D_3$$

의 부분 집합이다. 일반적으로 n 애트리뷰트의 테이블은

$$D_1 \times D_2 \times \cdots\cdots \times D_{n-1} \times D_n$$

의 부분 집합이다.

수학자들은 릴레이션을 주어진 도메인들의 카티전 곱(cartesian product)의 부분 집합으로 정의한다. 이것은 테이블의 정의와 거의 일치한다. 단지 차이점이 있다면 수학자들은 도메인 리스트 중에서 첫 번째 도메인이 나타나는 애트리뷰트에 1, 두 번째 도메인이 나타나는 애트리뷰트에 2 등의 수치를 사용하는 반면, 테이블에서는 애트리뷰트에 이름을 부여한다는 것이다. 테이블은 본질적으로 릴레이션이기 때문에 테이블, 행이라는 용어 대신에 수학적 용어인 릴레이션, 튜플을 사용한다.

지점명	계좌번호	잔고
우이	A-101	5000000
종로	A-215	7000000
공릉	A-102	4000000
동대문	A-305	3500000
도봉	A-201	9000000
하계	A-222	7000000
도봉	A-217	7500000

그림 2.16 예금 릴레이션

[그림 2.16]의 예금 릴레이션에는 7 개의 튜플이 있다. 튜플 변수(tuple variable) t가 이 릴레이션의 첫 번째 튜플을 참조한다 하자. 지점명 애트리뷰트에 있는 t의 값을 지정하기 위해 기호 t[지점명]을 사용한다. 따라서 t[지점명]="우이"이고 t[잔고] = 5000000이다. 이와는 달리 첫 번째 애트리뷰트(지점명)에서의 튜플 t의 값을 나타내는데 t[1], 계좌번호를 나타내는데 t[2]를 사용할 수 있다. 릴레이션은 튜플들의 집합이므로 튜플 t가 릴레이션 r에 속한다는 것을 나타내기 위해 수학적 기호 $t \in r$을 사용한다.

모든 릴레이션 r에서, r의 모든 애트리뷰트들의 도메인은 원자적(atomic)이어야 한다. 도메인의 원소(element)들이 분해되지 않는 단위로 간주되면 원자적이다. 예를 들어, 정수(integer)의 집합은 원자적 도메인이지만, 정수로 이루어진 모든 집합들의 집합은 비원자적(nonatomic) 도메인이다.

여러 애트리뷰트들이 같은 도메인을 가진다는 것이 중요하다. 예를 들어, 세 개의 애

트리뷰트 고객명, 고객주소를 가지고 있는 '고객' 릴레이션과 애트리뷰트 직원명을 가지는 '직원' 릴레이션이 있다고 가정하자. 애트리뷰트 고객명과 직원명은 같은 도메인(모든 사람 이름들의 집합)일 수 있다. 반면에 잔고와 지점명의 도메인은 확실하게 구분된다. 매우 드물지만 고객명과 지점명이 같은 도메인을 가질 수도 있다. 물리적 단계에서는 고객명과 지점명이 모두 문자열이다. 그러나, 논리적 단계에서는 고객명과 지점명이 다른 도메인이기를 원할 것이다.

2) 데이터베이스 스키마

데이터베이스에 관해 말할 때, 데이터베이스의 논리적 설계를 의미하는 데이터베이스 스키마(database schema)와 데이터베이스 내에 들어있는 데이터의 일부를 의미하는 데이터베이스 사례(database instance)를 서로 구별해야 한다.

릴레이션의 개념은 프로그래밍 언어의 변수 개념에 대응하며, 릴레이션 스키마의 개념은 프로그래밍 언어의 형 정의(type definition) 개념에 대응한다. 주어진 형의 변수는 주어진 시간에 특정 값을 가진다. 그러므로, 프로그래밍 언어의 변수는 릴레이션 사례의 개념과 동등하다. 프로그래밍 언어의 형 정의에 이름을 붙이듯이, 릴레이션 스키마에도 이름을 붙이는 것이 편리하다. 다음은 예금-스키마가 릴레이션 예금에 대한 스키마임을 나타낸다.

예금_스키마 = (지점명, 계좌번호, 잔고)

예금이 예금_스키마에 대한 릴레이션이라는 사실은 다음과 같이 나타낸다.

예금(예금_스키마)

일반적으로, 릴레이션 스키마는 애트리뷰트와 그 애트리뷰트에 대응하는 도메인들의 리스트로 구성된다.

릴레이션 사례의 개념은 프로그래밍 언어에서 변수의 값에 대응한다. 주어진 변수의 값은 시간에 따라 변할 수 있다. 이와 유사하게 릴레이션이 변경됨에 따라 릴레이션 사례의 값도 변할 수 있다. 그러나, 종종 "릴레이션 사례"를 간단히 "릴레이션"이라고도 한다.

릴레이션 스키마를 릴레이션 내연(relation intension)이라 하고 릴레이션 사례를 릴레이션 외연(relation extension)이라고도 한다.

릴레이션 사례의 예로, [그림 2.17]의 '지점' 릴레이션을 고려해 보자. 이 릴레이션의 스키마는

지점_스키마 = (지점명, 소재지, 자산)

이다.

지점명	소재지	자산
우이	도봉구	9000000000
하계	노원구	2100000000
공릉	노원구	1700000000
종로	종로구	400000000
동대문	동대문구	8000000000
역삼	강남구	300000000
서초	서초구	3700000000
도봉	도봉구	7100000000

그림 2.17 지점 릴레이션

애트리뷰트 지점명은 지점_스키마와 예금_스키마 양 쪽에 공통적으로 나타나 있는데, 이것은 우연히 일어난 현상이 아니다. 서로 다른 릴레이션 스키마에 공통의 애트리뷰트를 사용하는 것은 두 릴레이션의 튜플들을 관련시키는 한 가지 방법이다. 예를 들어, 도봉구에 있는 지점들의 모든 계좌에 대한 정보를 알고 싶다 하자. 그러면, 먼저 '지점' 릴레이션에서 도봉구에 있는 모든 지점명을 찾아내야 할 것이다. 그런 후에 앞에서 찾아낸 각 지점에 대해 '예금' 릴레이션에서 그 지점에 있는 예금들의 정보를 찾아낸다. ER 모델의 용어를 사용하면 애트리뷰트 지점명은 양 쪽 릴레이션에서 같은 엔티티 집합을 표현한다고 말할 수 있다.

은행에 대한 예제를 계속해 보자. 고객에 대한 정보를 기술하는 릴레이션이 필요하며, 그 릴레이션 스키마는

고객_스키마 = (고객명, 고객주소)

이다.

릴레이션 고객(고객_스키마)는 [그림 2.18]과 같다.

고객명	고객주소
김수영	상도동
이순주	역삼동
홍길동	상도동
김대성	역삼동
인지영	정동
정소영	남가좌동
위정기	창동
안성희	서소문동
전수형	중계동
금성호	성북동
부창희	도봉동
노순식	신사동

그림 2.18 고객 릴레이션

고객과 계좌간의 관계를 나타내는 릴레이션도 필요하며, 이 릴레이션을 표현하면 다음과 같다.

예금주_스키마 = (고객명, 계좌번호)

릴레이션 예금주(예금주_스키마)는 [그림 2.19]와 같다.

고객명	계좌번호
전수형	A-101
이순주	A-215
홍길동	A-102
정소영	A-305
전수형	A-201
김수영	A-217
이지영	A-222

그림 2.19 예금주 릴레이션

지금까지의 은행 데이터베이스 예에서 여러 릴레이션 대신에 한 릴레이션만 가질 수 있는 듯 하다. 즉, 사용자가 생각하기에는 여러 릴레이션 스키마보다 한 릴레이션 스키마를 가지는 것이 더 쉬울 수 있다. 예를 들어, 다음과 같은 릴레이션 만을 가지고 있다 하자.

(지점명, 소재지, 자산, 고객명, 고객주소, 계좌번호, 잔고)

만약에 한 고객이 여러 개의 예금 계좌를 가지고 있다면, 각 계좌마다 그 고객의 주소를 열거해야 한다는 사실에 주목하라. 즉, 어떤 정보를 여러 번 반복해야 한다. 이러한 반복은 앞에서의 예처럼 여러 개의 릴레이션을 사용함으로써 피할 수 있다. 3장에서 이러한 문제를 다루고자 한다.

더구나 지점이 예금을 하나도 가지고 있지 않다면(새로 생긴 지점, 즉, 아직 고객이 없음), '고객'과 '예금'에 관련된 데이터가 아직 없기 때문에, 앞의 단일 릴레이션 상에 완전한 튜플을 만들 수 없다. 불완전한 튜플을 표현하기 위해서는 알려지지 않은 값 또는 존재하지 않는 값을 나타내는 널 값(null values)을 사용해야 한다. 따라서, 위의 예에서 고객명, 고객주소 등의 값은 널이어야 한다. 여러 개의 릴레이션을 사용하면 널 값을 사용하지 않고서도 고객이 없는 은행의 지점 정보를 나타낼 수 있다. 지점에 관한 정보를 나타내기 위해서는 간단히 지점_스키마에 한 튜플을 사용하며, 적합한 정보를 사용할 수 있을 때에만 다른 스키마 상에 튜플을 생성한다.

은행의 여러 지점의 대출에 대한 데이터를 기술하는 두 개의 릴레이션을 추가적으로 가정하면 다음과 같다.

대출_스키마 = (지점명, 대출번호, 대출액)

대출자_스키마 = (고객명, 대출번호)

예제 릴레이션인 대출(대출_스키마)과 대출자(대출자_스키마)는 각각 [그림 2.20]과 [그림 2.21]에 보이고 있다.

지점명	대출번호	대출액
우이	L-17	10000000
하계	L-23	20000000
공릉	L-15	15000000
우이	L-14	15000000
종로	L-93	5000000
동대문	L-11	9000000
공릉	L-16	13000000

그림 2.20 '대출' 릴레이션

고객명	대출번호
김수영	L–17
이순주	L–23
홍길동	L–15
장기영	L–14
김대성	L–93
이순주	L–11
위정기	L–17
안성희	L–16

그림 2.21 '대출자' 릴레이션

3) 키

2.1.4 절에서 설명한 수퍼 키(super key)와 후보 키(candidate key) 및 주 키(primary key)의 개념은 관계형 모델에서도 적용된다. 예를 들어, 지점_스키마에서 {지점명}과 {지점명, 소재지}는 둘 다 수퍼 키이다. 그러나, {지점명}이 {지점명, 소재지}에 포함되는 집합이고, {지점명} 자신이 수퍼 키이므로 {지점명, 소재지}는 후보 키가 아니다. 그렇지만, {지점명}은 후보 키이며 또 주 키로 사용될 수 있다. 같은 도시에 서로 다른 이름의 두 개의 지점이 있을 수 있기 때문에, 애트리뷰트 소재지는 수퍼 키가 아니다.

앞에서 어떤 릴레이션 스키마에는 그의 애트리뷰트들 중에 다른 스키마의 주 키를 내포하고 있음을 보았다. 이러한 키를 외래 키(foreign key)라 한다. 예를 들어, 예금_스키마 내의 애트리뷰트 지점명은 지점_스키마의 주 키이므로 외래 키이다.

4) 질의어

질의어는 절차식(procedural)과 비절차식(nonprocedural)으로 구분할 수 있다. 절차식 언어에서는 사용자가 원하는 결과를 얻기 위해 수행해야 할 연산들의 순서를 시스템에게 알려 준다. 비절차식 언어에서는 사용자가 정보를 얻기 위한 구체적 수행 과정을 제공하지 않고 원하는 정보만을 기술한다.

대부분의 상용 관계형 데이터베이스 시스템은 절차식과 비절차식 양 쪽의 요소들을 가지고 있는 질의어를 제공한다. 2.2.2 절에서는 관계형 모델에서 제안된 몇 가지 데이터베이스 연산에 관련된 언어 중 절차식 언어인 관계형 대수에 대하여 설명하고 있다.

5) 무결성 제약 조건

무결성 제약 조건(integrity constraints)이란 데이터베이스 내에 정확한 데이터를 유지하기 위해 지정하는 조건으로, 다음과 같은 제약 조건이 있다.

- **사용자 정의 무결성 제약 조건(user defined integrity constraints)**

사용자 프로그램 상에서 애트리뷰트 값의 범위를 지정하는 등의 제약 조건이다. 예를 들어, 나이 애트리뷰트는 0부터 200까지의 값이 들어가야 한다는 조건이 이에 속한다.

- **도메인 제약 조건(domain constraints)**

도메인이란 애트리뷰트가 가질 수 있는 값의 범위라 하였다. 즉, 문자열로 정의된 애트리뷰트에는 수치 값이 들어갈 수가 없다.

- **엔티티 무결성 제약 조건(entity integrity constraints)**

엔티티 무결성 제약 조건이란 주 키로 지정된 애트리뷰트에는 널 값을 가질 수 없다는 제약 조건이다. 널 값이란 알려지지 않은 값 또는 누락된 값을 나타내기 위해 도입한 특수한 값인데, 주 키의 애트리뷰트에 널 값을 가지게 되면 엔티티 식별의 수단인 주 키의 역할을 못하기 때문이다.

- **참조 무결성 제약 조건(referential integrity constraints)**

릴레이션 R1의 외래 키 값은 릴레이션 R2의 주 키 값하고 반드시 매칭되든지 아니면 널 값을 가져야 한다는 것이 참조 무결성 제약 조건이다. 이때 릴레이션 R1과 R2가 반드시 구분되는 릴레이션일 필요는 없다. 즉, 같은 릴레이션일 수도 있다.

2.2.2 관계형 대수

관계형 대수(relational algebra)는 절차식 질의어이다. 이것은 하나 이상의 릴레이션을 입력으로 받아 들여 새로운 릴레이션을 생성하는 연산들의 집합으로 구성된다. 관계형 대수의 기본 연산에는 선택(select), 추출(project), 합집합(union), 차집합(set difference), 카티전 곱(cartesian product), 재명명(rename) 등이 있다. 이러한 기본 연산 외에, 공통 집합(set intersection), 자연 죠인(natural join), 나누기(division) 및 배정(assignment) 연산이 있다. 이 연산들은 기본 연산들을 사용해 정의할 수 있다.

1) 기본 연산

선택, 추출 및 재명명 연산은 한 릴레이션에 대해 연산을 수행하므로 단항 연산(unary operation)이라 한다. 다른 세 연산은 한 쌍의 릴레이션에 대하여 연산을 수행하므로 이항 연산(binary operation)이라 한다.

선택 연산

선택 연산은 주어진 술어(predicate)를 만족하는 튜플들을 선택한다. 선택 연산자로 그리스 문자의 소문자 시그마(σ)를 사용한다. 술어는 σ의 아래 첨자로 나타낸다. 입력 릴레이션은 σ 뒤에 괄호로 묶어서 나타낸다. 그러므로, '대출' 릴레이션에서 지점이 "공릉"인 튜플들을 선택하기 위해서는 다음과 같이 쓴다.

$$\sigma_{\text{지점명} = \text{“공릉”}} (\text{대출})$$

만일 '대출' 릴레이션이 [그림 2.20]과 같다면 앞의 질의 결과에 대한 릴레이션은 [그림 2.22]와 같다.

질의 $\sigma_{\text{대출액} > 12000000}$ (대출)로 대출액이 12,000,000원보다 큰 모든 튜플들을 선택할 수 있다.

일반적으로, 선택 술어에서는 =, ≠, <, ≤, >, ≥ 등의 기호를 사용하여 비교 연산을 할 수 있다. 또한, and(∧)와 or(∨) 등의 연결자(connectives)를 사용하면 몇 개의 술어들을 하나의 술어로 결합할 수 있다. 그러므로, 공릉 지점에서 12,000,000원보다 큰 액수의 대출이 이루어진 튜플들을 얻기 위해서는 다음과 같이 쓴다.

$$\sigma_{\text{지점명} = \text{“공릉”} \wedge \text{대출액} > 12000000} (\text{대출})$$

이러한 질의로부터 얻어진 결과 릴레이션은 [그림 2.22]와 같다.

지점명	대출번호	대출액
공릉	L-15	15000000
공릉	L-16	13000000

그림 2.22 $\sigma_{\text{지점명} = \text{“공릉”}}$ (대출)의 결과

추출 연산

'대출' 릴레이션에서 지점에 관계없이 모든 대출 번호와 대출액만 원한다고 가정하자. 추출 연산은 입력 릴레이션의 어떤 열들을 삭제한 후 나머지 모두를 결과 릴레이션으로 돌려주는 단항 연산이다. 릴레이션은 집합이므로 어떠한 중복도 제거된다. 추출 연산자는 그리스 문자 파이(Π)로 나타낸다. 결과로 얻고자 하는 애트리뷰트들은 Π의 아래 첨자로 표시한다. 입력 릴레이션은 Π의 뒤에 괄호로 묶어 표시한다. 그러므로, '대출'에서 모든 대출 번호와 대출액의 리스트를 얻기 위한 질의는 다음과 같이 나타낼 수 있다.

$$\Pi_{\text{대출번호,대출액}} \text{ (대출)}$$

이러한 질의로부터 얻어진 결과 릴레이션은 [그림 2.23]과 같다.

대출번호	대출액
L-17	10000000
L-23	20000000
L-15	15000000
L-14	15000000
L-93	5000000
L-11	9000000
L-16	13000000

그림 2.23 '대출' 릴레이션의 대출 번호와 금액

합집합 연산

예금이나 대출 또는 둘 다 가지고 있는 은행 고객의 이름을 모두 찾는 질의를 고려해보자. 고객이 반드시 은행에 예금이나 대출이 있어야 하는 것은 아니기 때문에 '고객' 릴레이션에는 원하지 않는 정보도 가지고 있음에 유의하라. 이 질의에 답하기 위해서는 '예금주' 릴레이션([그림 2.19])과 '대출자' 릴레이션([그림 2.21])의 정보가 필요하다. 이미 알고 있듯이, 은행에서 대출한 모든 고객의 이름을 찾는 방법은 다음과 같다.

$$\Pi_{\text{고객명}} \text{ (대출자)}$$

은행에 예금을 가지고 있는 모든 고객의 이름을 찾는 방법은 다음과 같다.

$$\Pi_{\text{고객명}} \text{ (예금주)}$$

질의에 답하기 위해서는, 이 집합의 합집합이 필요하다. 즉, 두 릴레이션 중 어느 한 쪽에 또는 양 쪽 모두에 나타나는 고객을 구해야 한다. 이 작업은 합집합이라는 이항 연산에 의해 수행되며, 집합론에서와 마찬가지로 기호 "∪"로 나타낸다. 따라서, 앞의 예에 대한 표현식은 다음과 같다.

$$\Pi_{\text{고객명}}(\text{대출자}) \cup \Pi_{\text{고객명}}(\text{예금주})$$

이 질의에 대한 결과 릴레이션을 [그림 2.24]에 보이고 있다. 7 명의 대출자와 6 명의 예금주가 있지만, 질의의 결과 릴레이션에는 10개의 튜플이 존재함에 유의하라. 이는 이순주, 김수영 및 홍길동이 대출자인 동시에 예금주이기 때문이다. 릴레이션도 집합이기 때문에 중복된 값은 제거된다.

앞의 예에서, 양 쪽 모두 고객명 값으로 구성된 두 집합의 합집합을 선택한 점에 유의하기 바란다. 일반적으로, 합집합은 서로 양립할 수 있는(compatible) 릴레이션 간에 행해져야 한다. 예를 들어, '대출' 릴레이션과 '대출자' 릴레이션의 합집합을 구하는 것은 의미가 없는 것이다. 전자는 세 개의 애트리뷰트로 구성된 릴레이션이고, 후자는 두 개의 애트리뷰트로 구성된 릴레이션이다. 더구나, 고객명의 집합과 도시의 집합에 대한 합집합을 생각해 보라. 이러한 합집합은 대부분의 상황에서 아무 의미가 없는 것이다. 그러므로, 합집합 연산 r∪s가 가능하기 위해서는 다음의 두 조건을 만족할 필요가 있다.

고객명
전수형
이순주
홍길동
정소영
김수영
인지영
장기영
김대성
위정기
안성희

그림 2.24 대출이나 예금을 가지고 있는 모든 고객의 이름

- 릴레이션 r과 s는 같은 수의 애트리뷰트를 가져야 한다.
- 릴레이션 r의 i번째 애트리뷰트의 도메인과 릴레이션 s의 i번째 애트리뷰트의 도메인이 서로 같은 도메인이어야 한다.

일반적으로, r과 s는 관계형 대수식의 결과로 나타나는 임시 릴레이션일 수도 있음에 유의하라.

차집합 연산

기호 "-"로 나타내는 차집합 연산은 한 릴레이션에는 속하고 다른 릴레이션에는 속하지 않는 튜플들을 찾는 연산이다. 표현식 r - s는 릴레이션 r에는 속하나 s에는 속하지 않는 튜플들을 결과로 돌려 준다.

예금만 가지고 있고 대출은 받지 않은 모든 고객들을 찾기 위해서는 다음과 같이 쓴다.

$$\Pi_{\text{고객명}} (\text{ 예금주 }) - \Pi_{\text{고객명}} (\text{ 대출자 })$$

[그림 2.25]는 위 질의의 결과 릴레이션을 보이고 있다.

고객명
전수형
정소영
인지영

그림 2.25 예금만 가지고 있고 대출은 받지 않은 고객들

합집합 연산에서처럼 차집합 연산 또한 양립되는 릴레이션 간에 행해져야 한다. 그러므로, 차집합 연산 r - s가 타당하기 위해서는 릴레이션 r과 s가 같은 차수를 가져야 하며, r의 i번째 애트리뷰트와 s의 i번째 애트리뷰트의 도메인이 같아야 한다.

카티전 곱 연산

카티전 곱은 곱하기 기호(×)로 나타내며, 어떤 두 릴레이션의 결합된 정보를 얻는데 사용된다. 릴레이션 r_1과 r_2의 카티전 곱은 $r_1 \times r_2$로 표시한다.

릴레이션은 도메인 집합의 카티전 곱의 부분 집합으로 정의됨을 기억하라. 이 정의로부터 카티전 곱 연산의 정의도 어떤 의미인지 직관적으로 알 수 있을 것이다. 그러나, r_1과 r_2 모두에 같은 애트리뷰트명이 나타날 수 있기 때문에 이들 애트리뷰트들을 구별하기 위해 스키마명을 주는 방법이 필요하다. 그러므로, 여기서는 애트리뷰트 앞에 그 애트리뷰트가 속하는 릴레이션명을 붙여서 구별한다. 예를 들어, r = 대출자 × 대출에 대한 릴레이션 스키마는 다음과 같다.

(대출자.고객명, 대출자.대출번호, 대출.지점명, 대출.대출번호, 대출.대출액)

이 스키마에서는 대출자.대출번호와 대출.대출번호를 구별할 수 있다. 두 스키마중 하나에만 나타나는 애트리뷰트들은 보통 릴레이션명을 앞에 쓰지 않는다. 이렇게 간단하게 나타내도 혼동이 발생하지 않는다. 그러므로, r에 대한 릴레이션 스키마는 다음과 같이 쓸 수 있다.

(고객명, 대출자.대출번호, 지점명, 대출.대출번호, 대출액)

위와 같이 명명하려면 카티전 곱 연산의 매개 변수들이 모두 다른 이름을 가져야 한다. 이러한 요구 사항은 자신의 릴레이션과의 카티전 곱이 요구될 때 같은 몇몇 경우에 발생한다. 카티전 곱에서 관계형 대수식의 결과를 사용하고 있다면, 그 릴레이션의 애트리뷰트들을 참조할 수 있는 릴레이션명이 필요할 것이기 때문에 이와 유사한 문제가 발생한다. 뒤에서 설명할 재명명 연산을 사용함으로써 이러한 문제를 해결할 수 있다.

이제 r = 대출자 × 대출에 대한 릴레이션 스키마에 어떤 튜플들이 나타나야 하는지 알 수 있다. 이미 예상하였듯이, 모든 가능한 튜플들의 쌍으로 r을 구성한다. 하나는 '대출자' 릴레이션에서, 또 다른 하나는 '대출' 릴레이션에서 선택한다. 따라서, r은 [그림 2.26]에 나타난 것과 같다.

릴레이션 '대출자'에 n1 개, 릴레이션 '대출'에 n2 개의 튜플이 존재한다 하자. 그러면, 튜플들의 쌍을 선택하는 방법은 n1 * n2 가지가 존재하게 된다. 각 릴레이션에서 한 튜플씩 선택하며, 따라서 r에는 n1 * n2 개의 튜플이 존재하게 된다.

공릉 지점에 대출이 있는 모든 고객의 이름을 찾는다고 하자. 그러면, '대출' 릴레이션과 '대출자' 릴레이션 모두에 있는 정보가 필요하다. 다음과 같이 쓰면

$$\sigma_{\text{지점명 = “공릉”}} (\text{ 대출자} \times \text{대출 })$$

고객명	대출자.대출번호	지점명	대출.대출번호	대출액
김수영	L-17	우이	L-17	10000000
김수영	L-17	하계	L-23	20000000
김수영	L-17	공릉	L-15	15000000
김수영	L-17	우이	L-14	15000000
김수영	L-17	종로	L-93	5000000
김수영	L-17	동대문	L-11	9000000
김수영	L-17	공릉	L-16	13000000

이순주	L-23	우이	L-17	10000000
이순주	L-23	하계	L-23	20000000
이순주	L-23	공릉	L-15	15000000
이순주	L-23	우이	L-14	15000000
이순주	L-23	종로	L-93	5000000
이순주	L-23	동대문	L-11	9000000
이순주	L-23	공릉	L-16	13000000
홍길동	L-15	우이	L-17	10000000
홍길동	L-15	하계	L-23	20000000
홍길동	L-15	공릉	L-15	15000000
홍길동	L-15	우이	L-14	15000000
홍길동	L-15	종로	L-93	5000000
홍길동	L-15	동대문	L-11	9000000
홍길동	L-15	공릉	L-16	13000000
...	...	...	...	...
...	...	...	...	...
...	...	...	...	...
위정기	L-17	우이	L-17	10000000
위정기	L-17	하계	L-23	20000000
위정기	L-17	공릉	L-15	15000000
위정기	L-17	우이	L-14	15000000
위정기	L-17	종로	L-93	5000000
위정기	L-17	동대문	L-11	9000000
위정기	L-17	공릉	L-16	13000000
안성희	L-16	우이	L-17	10000000
안성희	L-16	하계	L-23	20000000
안성희	L-16	공릉	L-15	15000000
안성희	L-16	우이	L-14	15000000
안성희	L-16	종로	L-93	5000000
안성희	L-16	동대문	L-11	9000000
안성희	L-16	공릉	L-16	13000000

그림 2.26 대출자 × 대출의 결과

[그림 2.27]과 같은 결과 릴레이션을 얻는다. 공릉 지점에만 속한 릴레이션을 얻었다. 그러나, 고객명 열에는 공릉 지점에 대출이 없는 고객들을 포함할 수 있다(이 이유를 알지 못하면, 카티전 곱은 '대출자'의 한 튜플과 '대출'의 한 튜플의 모든 가능한 쌍을 생성함을 다시 한번 상기하기 바란다).

고객명	대출번호	지점명	대출번호	대출액
김수영	L-17	공릉	L-15	15000000
김수영	L-17	공릉	L-16	13000000
이순주	L-23	공릉	L-15	15000000
이순주	L-23	공릉	L-16	13000000

홍길동	L-15	공릉	L-15	15000000
홍길동	L-15	공릉	L-16	13000000
장기영	L-14	공릉	L-15	15000000
장기영	L-14	공릉	L-16	13000000
김대성	L-93	공릉	L-15	15000000
김대성	L-93	공릉	L-16	13000000
이순주	L-11	공릉	L-15	15000000
이순주	L-11	공릉	L-16	13000000
위정기	L-17	공릉	L-15	15000000
위정기	L-17	공릉	L-16	13000000
안성희	L-16	공릉	L-15	15000000
안성희	L-16	공릉	L-16	13000000

그림 2.27 $\sigma_{\text{지점명="공릉"}}$ (대출자 × 대출)의 결과

카티전 곱 연산은 '대출자'의 모든 튜플과 '대출'의 모든 튜플을 연관시키기 때문에, 어떤 고객이 공릉 지점에 대출이 있으면 대출자 × 대출에는 그 사람의 이름과 대출자.대출번호 = 대출.대출번호를 포함한 몇 개의 튜플이 생긴다는 것을 알고 있다. 따라서, 대출자 × 대출 로부터 공릉 지점에 대출이 있는 고객들만을 알아내기 위해서는 다음과 같이 쓴다.

$$\sigma_{\text{대출자.대출번호 = 대출.대출번호}}\ (\sigma_{\text{지점명="공릉"}}\ (\ \text{대출자} \times \text{대출}\ ))$$

마지막으로, 고객명 만을 원하기 때문에 다음과 같이 추출 연산을 수행한다.

$$\Pi_{\text{고객명}}(\sigma_{\text{대출자.대출번호=대출.대출번호}}\ (\sigma_{\text{지점명="공릉"}}\ (\ \text{대출자} \times \text{대출}\ )))$$

위 표현식의 결과가 [그림 2.28]에 보이고 있다.

고객명
홍길동
안성희

그림 2.28 $\Pi_{\text{고객명}}(\sigma_{\text{대출자.대출번호=대출.대출번호}}\ (\sigma_{\text{지점명="공릉"}}\ (\ \text{대출자} \times \text{대출}\ )))$의 결과

재명명 연산

데이터베이스에서와 달리 관계형 대수식의 결과는 그것을 참조할 수 있는 이름을 가지고 있지 않다. 재명명 연산은 관계형 대수식의 결과에 이름을 주는데 유용하며, 그리

스 소문자 ρ로 표기한다. 관계형 대수식

$$\rho_{x}(E)$$

는 식 E의 결과를 이름 x로 돌려준다.

릴레이션 r 자체도 (유일한) 관계형 대수식으로 고려될 수 있다. 그러므로, 어떤 릴레이션을 새로운 이름으로 참조할 수 있도록 릴레이션 r에 재명명 연산을 적용할 수 있다.

재명명 연산의 또 다른 형식은 다음과 같다. 관계형 대수식 E가 n 항이라고 하면,

$$\rho_{x(A_1, A_2, \ldots, A_n)}(E)$$

는 식 E의 결과를 이름 x로 돌려주고, $A_1, A_2, \ldots, A_n$로 재명명된 애트리뷰트들을 가진다.

릴레이션의 재명명 사용의 예로, "은행에서 가장 큰 잔고를 찾아라"라는 질의를 고려해 보자. 먼저 가장 큰 잔고를 가진다고 생각되지 않는 임시 릴레이션을 추출하고, 릴레이션 $\Pi_{잔고}$ (예금)과 앞서 추출한 임시 릴레이션의 차집합을 구하여 그 결과를 얻는다. 임시 릴레이션을 구하기 위해서는 모든 예금의 잔고를 비교해 보아야 한다. 이러한 비교는 카티전 곱 예금 × 예금을 계산하고 한 튜플에 나타나는 두 개의 잔고를 비교하여 수행한다. 먼저, 두 잔고 애트리뷰트를 구별하는 기법을 생각해야 한다. 예금 릴레이션을 참조하기 위해 재명명 연산을 사용할 것이므로, 혼동없이 두 개의 릴레이션을 참조할 수 있다.

가장 크지 않은 잔고로 구성된 임시 릴레이션은 다음과 같이 쓸 수 있다.

$$\Pi_{예금.잔고}(\sigma_{예금.잔고 < d.잔고}(예금 \times \rho_{d}(예금)))$$

이 식은 d로 재명명된 예금 릴레이션의 잔고가 예금 릴레이션의 잔고보다 더 큰 잔고들을 구해 준다. 결과는 가장 큰 잔고를 제외한 모든 잔고가 된다. 이 릴레이션을 [그림 2.29]에 보이고 있다. 은행에서 가장 큰 잔고를 찾는 질의는 다음과 같이 쓸 수 있다.

$$\Pi_{잔고}(예금) - \Pi_{예금.잔고}(\sigma_{예금.잔고 < d.잔고}(예금 \times \rho_{d}(예금)))$$

[그림 2.30]은 이 질의의 결과를 나타낸다.

잔고
5000000
7000000
4000000
3500000
7500000

그림 2.29 $\Pi_{예금.잔고}$ ($\sigma_{예금.잔고 < d.잔고}$ (예금 × ρ_d(예금)))의 결과 릴레이션

잔고
9000000

그림 2.30 은행에서 가장 큰 잔고

2) 기타 연산

관계형 대수의 기본 연산들만으로도 모든 관계형 대수의 질의를 표현하기에 충분하다. 그러나, 이 6 개의 기본 연산만으로 한정한다면, 흔히 사용되는 어떤 질의를 작성할 때 표현식이 상당히 길어지게 된다. 그러므로, 기타 연산을 정의하여 대수의 표현력을 증가시키지는 못하지만 흔히 사용되는 질의를 간단하게 표현할 수는 있다. 여기서 정의하는 각각의 새로운 연산에 대해서 기본 연산을 사용하여 작성한 동등한 표현식을 제공한다.

공통 집합 연산

먼저 정의할 기타 관계형 대수 연산은 공통 집합(∩)이다. 대출과 예금을 모두 가지고 있는 모든 고객을 찾는다고 하자. 공통 집합을 사용하면 다음과 같이 작성할 수 있다.

$$\Pi_{고객명} (대출자) \cap \Pi_{고객명} (예금주)$$

[그림 2.31]에 이 질의에 대한 결과 릴레이션을 보이고 있다.

공통 집합을 사용한 어떠한 관계형 대수식도 다음과 같은 한 쌍의 차집합 연산으로 대치할 수 있음에 유의하라.

$$r \cap s = r - (r - s)$$

따라서, 공통 집합은 기본 연산이 아니며 관계형 대수의 능력을 증가시키지도 않는다.

단지 r − (r − s)라고 쓰는 것 보다 r ∩ s라고 쓰는 것이 더 편리할 뿐이다.

고객명
홍길동
김수영
이순주

그림 2.31 은행에서 예금과 대출을 함께 가진 고객들

자연 죠인 연산

카티전 곱을 요구하는 어떤 질의들을 단순화하고자 할 때가 있다. 대표적으로, 카티전 곱의 결과에서 선택 연산을 포함하는 질의가 있을 수 있다. "은행에서 대출을 받은 모든 고객의 이름과 대출액을 찾아라"라는 질의를 고려해 보자. 먼저 릴레이션 '대출자'와 '대출'의 카티전 곱을 구한 후, 같은 대출번호를 가진 튜플들만 선택한 후에 고객명, 대출번호 및 대출액을 추출한다.

$$\Pi_{\text{고객명,대출.대출번호,대출액}}\ (\sigma_{\text{대출자.대출번호} = \text{대출.대출번호}}\ (\ \text{대출자} \times \text{대출}\ ))$$

자연 죠인은 선택과 카티전 곱을 하나로 결합한 이항 연산이다. 자연 죠인은 기호 ⋈로 나타낸다. 자연 죠인 연산은 먼저 두 입력 릴레이션의 카티전 곱을 구해, 두 릴레이션 스키마에서 나타나는 애트리뷰트들에서 같은 값을 가진 튜플들 만을 선택한 후, 마지막으로 중복 애트리뷰트 중 하나를 제거한다. 자연 죠인의 정의가 조금 복잡하지만 연산에 적용하기는 쉽다.

이를 설명하기 위해, 질의 "은행에서 대출을 받은 모든 고객의 이름과 대출액을 찾아라"에 대한 관계형 대수식을 자연 죠인을 사용하여 다음과 같이 작성한다.

$$\Pi_{\text{고객명,대출.대출번호,대출액}}\ (\ \text{대출자} \bowtie \text{대출}\ )$$

릴레이션 '대출자'와 '대출'의 스키마(즉, 대출자_스키마와 대출_스키마)는 애트리뷰트 대출번호를 공통으로 가지고 있기 때문에, 자연 죠인은 대출번호에 같은 값을 가지는 튜플의 쌍들만 선택하게 된다. 그런 후 그 튜플의 쌍들은 두 스키마의 합집합인 하나의 튜플(즉, 고객명, 지점명, 대출번호, 대출액)로 결합된다. [그림 2.32]는 추출 연산을 수행한 후의 결과 릴레이션을 보여주고 있다.

나누기 연산

÷로 나타내는 나누기 연산은 "모두에 대한"이라는 절을 포함하고 있는 질의에 적합하다. 예를 들어, 도봉구에 위치해 있는 모든 지점에 예금을 가지고 있는 고객을 찾는 질의를 살펴보자. 다음과 같은 표현식으로 도봉구에 위치해 있는 모든 지점을 얻을 수 있다.

$$r1 = \Pi_{지점명} (\sigma_{소재지="도봉구"} (지점))$$

이 표현식의 결과가 [그림 2.33]에 보이고 있다.

고객명	대출번호	대출액
김수영	L-17	10000000
이순주	L-23	20000000
홍길동	L-15	15000000
장기영	L-14	15000000
김태성	L-93	5000000
이순주	L-11	9000000
위정기	L-17	10000000
안성희	L-16	13000000

그림 2.32 $\Pi_{고객명, 대출번호, 대출액}$ (대출자 ⋈ 대출)의 결과

지점명
도봉
우이

그림 2.33 $\Pi_{지점명} (\sigma_{소재지="도봉구"}$ (지점))의 결과

고객명	지점명
전수형	우이
이순주	종로
홍길동	공릉
정소영	동대문
위정기	공릉
인지영	하계
전수형	도봉
김수영	도봉

그림 2.34 $\Pi_{고객명, 지점명}$ (예금주 ⋈ 예금)의 결과

다음의 표현식으로 어떤 지점에 예금을 가지고 있는 모든 고객에 대해 (고객명, 지점명)의 쌍을 얻을 수 있다.

$$r2 = \Pi_{고객명,\ 지점명}(예금주 \bowtie 예금)$$

[그림 2.34]에 위의 결과를 보이고 있다.

이제 r1의 모든 지점 이름을 가지는 r2 내의 고객을 찾아야 한다. 이러한 고객들을 찾아 주는 연산이 바로 나누기 연산이다. 이 질의의 형식은 다음과 같다.

$$\Pi_{고객명,\ 지점명}(예금주 \bowtie 예금) \div \Pi_{지점명}(\sigma_{소재지=\text{“도봉구”}}(지점))$$

이 표현식의 결과는 튜플 "전수형"을 내포한 "고객명" 스키마를 가진 릴레이션이다.

배정 연산

일시적인 릴레이션 변수에 배정 연산을 사용하는 것이 편리하다. ← 로 나타내는 배정 연산은 프로그래밍 언어에서의 배정과 비슷하다. 예를 들어, 위에서 설명한 나누기 연산 r ÷ s는 아래와 같이 쓸 수 있다.

$$temp1 \leftarrow \Pi_{R-S}(r)$$
$$temp2 \leftarrow \Pi_{R-S}((temp1 \times s) - r)$$
$$result = temp1 - temp2$$

배정의 평가는 사용자에게 디스플레이되는 어떤 릴레이션에 결과를 주는 것이 아니라, ← 기호의 오른쪽 표현식의 결과가 왼쪽 릴레이션 변수에 기억되는 것이다. 이 릴레이션 변수는 연속되는 표현식에 사용될 수 있다.

배정 연산으로 질의는 일련의 배정으로 구성된 순차 프로그램으로 작성될 수 있다. 관계형 대수 질의에 있어, 배정은 항상 일시적인 릴레이션 변수로 되어야 한다. 배정 연산은 관계형 대수에 더 이상의 부가적인 능력을 제공하는 것은 아니라는 사실에 유의하라. 그러나, 복잡한 질의를 표현하는데 효과적인 방법이다.

3) 확장 관계형 대수 연산

기본 관계형 대수 연산이 몇 가지 측면에서 확장되었다. 여기서는 추출 연산의 확장과 죠인 연산을 확장하여 널 값을 다루도록 한 외부 죠인 연산에 대해 설명하기로 한다.

일반화 추출

일반화 추출 연산은 추출 리스트에 산술 함수의 사용을 허용함으로써 추출 연산을 확장한다. 일반화 추출 연산은 다음과 같은 형식을 가진다.

$$\Pi_{F_1, F_2, \ldots, F_n}(E)$$

여기서 E는 관계형 대수식이고, F_1, F_2, ..., F_n은 E의 스키마 내의 상수와 애트리뷰트를 포함하는 산술식이다. 특별한 경우로, 산술식은 단순히 애트리뷰트 또는 상수일 수도 있다.

다음 예는 일반화 추출 연산의 기본적인 사용법을 설명하고 있다. [그림 2.35]에 나타낸 릴레이션 '신용정보'가 있다고 가정하자. 이 릴레이션은 신용 한도액과 지금까지의 사용액을 나타낸다. 각 사람이 얼마나 더 많은 금액을 사용할 수 있는지 알고 싶다면, 다음과 같은 식으로 쓴다.

$$\Pi_{고객명,\ 한도액 - 사용액}(신용정보)$$

고객명	한도액	사용액
김수영	60000000	7000000
이순주	20000000	4000000
홍길동	15000000	15000000
김대성	20000000	17500000

그림 2.35 '신용정보' 릴레이션

고객명	한도액 – 사용액
김수영	53000000
이순주	16000000
홍길동	0
김대성	2500000

그림 2.36 $\Pi_{고객명,\ 한도액 - 사용액}$ (신용정보)의 결과

[그림 2.36]은 위의 식을 [그림 2.35]의 릴레이션에 적용한 결과이다.

외부 조인

외부 조인(outer join) 연산은 누락된 정보를 다룰 수 있도록 조인 연산을 확장한 것이

다. 전일제 직원에 관한 데이터를 가지고 있는 다음과 같은 스키마의 릴레이션이 있다고 가정하자.

직원(직원명, 주소)

전일제직원(직원명, 지점명, 급여)

[그림 2.37]에 나타낸 '직원'과 '전일제직원' 릴레이션을 고려해 보자. 전일제 직원에 대한 모든 정보 (직원명, 주소, 지점명, 급여)를 가지는 하나의 릴레이션을 생성한다고 하자. 한가지 가능한 방법은 다음과 같은 자연 죠인 연산을 사용하는 것이다.

직원 ⋈ 전일제직원

이 식의 결과를 [그림 2.38]에 나타내었다. "이순주"에 대한 튜플이 '전일제직원' 릴레이션에 없기 때문에 "이순주"에 대한 주소 정보가 없다는 것에 주목하라. 이와 유사하게, "강영일"에 대한 튜플이 '직원' 릴레이션에 없기 때문에 강영일에 대한 지점명과 급여 정보도 없다.

이러한 정보의 누락을 피하기 위해 외부 죠인 연산을 사용할 수 있다. 이 연산에는 ⟕로 표기하는 좌측 외부 죠인(left outer join), ⟖로 표기하는 우측 외부 죠인(right outer join)및 ⟗로 표기하는 완전 외부 죠인(full outer join) 이렇게 세 가지 형태가 있다. 외부 죠인의 세 가지 형태는 모두 죠인을 수행하며, 죠인의 결과로 부가적인 튜플을 생성한다. 직원 ⟕ 전일제직원, 직원 ⟖ 전일제직원 및 직원 ⟗ 전일제직원의 결과를 각각 [그림 2.39], [그림 2.40] 및 [그림 2.41]에 나타내었다.

직원명	주소
공영기	신길동
나기동	신림동
이순주	봉천동
위정기	묵동

직원명	지점명	급여
공영기	성수	1500000
나기동	성수	1300000
강영일	청담	5300000
위정기	청담	1500000

그림 2.37 '직원'과 '전일제직원' 릴레이션

직원명	주소	지점명	급여
공영기	신길동	성수	1500000
나기동	신림동	성수	1300000
위정기	묵동	청담	1500000

그림 2.38 직원 ⋈ 전일제직원의 결과

직원명	주소	지점명	급여
공영기	신길동	성수	1500000
나기동	신림동	성수	1300000
위정기	묵동	청담	1500000
이순주	봉천동	null	null

그림 2.39 직원 ⟕ 전일제직원의 결과

직원명	주소	지점명	급여
공영기	신길동	성수	1500000
나기동	신림동	성수	1300000
위정기	묵동	청담	1500000
강영일	null	청담	5300000

그림 2.40 직원 ⟖ 전일제직원의 결과

직원명	주소	지점명	급여
공영기	신길동	성수	1500000
나기동	신림동	성수	1300000
위정기	묵동	청담	1500000
이순주	봉천동	null	null
강영일	null	청담	5300000

그림 2.41 직원 ⟗ 전일제직원의 결과

2.2.3 데이터베이스의 수정

이제까지는 데이터베이스로부터 정보를 추출하는 방법에 대해서만 설명하였다. 본 절에서는 데이터베이스에 삽입, 삭제, 또는 변경하는 방법에 대해서 설명한다. 데이터베이스 수정은 배정 연산자를 사용해 표현한다.

1) 삭제

삭제 요구는 질의와 비슷한 방법으로 표현된다. 그러나, 튜플들을 사용자에게 보여주지 않고, 선택된 튜플들을 데이터베이스로부터 제거한다. 오직 전체 튜플 단위로만 삭제할 수 있지, 특정 애트리뷰트의 값 만을 삭제할 수는 없다. 관계형 대수에서 삭제 연산은 다음과 같이 표현된다.

$$r \leftarrow r - E$$

여기서 r은 릴레이션이고 E는 관계형 대수 질의이다. 다음은 관계형 대수 삭제 요구의 예이다.

- 이순주의 모든 예금을 삭제하라.

$$\text{예금} \leftarrow \text{예금} - \sigma_{\text{고객명} = \text{"이순주"}}(\text{예금})$$

- 대출액이 0에서 5000000 사이에 있는 모든 대출을 삭제하라.

$$\text{대출} \leftarrow \text{대출} - \sigma_{\text{대출액} \geq 0 \text{ and } \text{대출액} \leq 5000000}(\text{대출})$$

2) 삽입

어떤 릴레이션에 데이터를 삽입하기 위해서 삽입할 튜플을 직접 기술하든지, 또는 삽입할 튜플들의 집합을 생성하는 질의를 작성한다. 물론, 삽입될 튜플들의 애트리뷰트 값들은 그 애트리뷰트의 도메인에 속해야 한다. 마찬가지로, 삽입될 튜플은 릴레이션과 같은 수의 애트리뷰트를 가져야 한다. 관계형 대수로, 삽입은 다음과 같이 표현된다.

$$r \leftarrow r \cup E$$

여기서 r은 릴레이션이고, E는 관계형 대수식이다. 단일 튜플의 삽입은 E를 하나의 튜플을 포함한 상수 릴레이션으로 함으로써 표현된다.

"이순주는 공릉 지점에 계좌 번호 A-973에 12,000,000원을 가지고 있다"는 사실을 삽입하고자 한다면 다음과 같이 쓴다.

$$\text{예금} \leftarrow \text{예금} \cup \{(\text{"공릉"}, \text{A-973}, 12000000)\}$$

$$\text{예금주} \leftarrow \text{예금주} \cup \{(\text{"이순주"}, \text{A-973})\}$$

3) 갱신

어떤 튜플의 전체 값을 변경하지 않고 튜플 내의 한 값만을 변경해야 할 상황이 있다. 이러한 작업을 수행하려면 일반화 추출 연산을 사용해야 한다.

$$r \leftarrow \Pi_{F1,F2,\ldots,Fn}\ (\ r\ )$$

여기서 F_i는 i번째 애트리뷰트가 변경되지 않는다면, r의 i번째 애트리뷰트이고, 이 애트리뷰트가 변경된다면, 상수와 r의 애트리뷰트만을 포함하는 식으로 이것은 그 애트리뷰트에 대해 새로운 값을 준다.

r로부터 몇몇 튜플들을 선택하여 변경하기를 원한다면, 다음 식을 사용할 수 있다. 여기서 P는 변경할 튜플을 선택하는 선택 조건을 나타낸다.

$$r \leftarrow \Pi_{F1,F2,\ldots,Fn}\ (\sigma_P(\ r\ )) \cup (\ r - \sigma_P\ (\ r\ ))$$

갱신 연산의 사용을 설명하기 위한 예로, 모든 잔고에 5%의 이자를 지급한다고 하자.

$$\text{예금} \leftarrow \Pi_{\text{지점명,계좌번호,잔고} \leftarrow \text{잔고}*1.05}\ (\ \text{예금}\ )$$

잔고가 10,000,000원을 초과하는 예금은 6%의 이자를 지급하고, 다른 예금은 모두 5%의 이자를 지급한다 하자. 이것은 다음과 같이 쓴다.

$$\text{예금} \leftarrow \Pi_{\text{지점명,계좌번호,잔고} \leftarrow \text{잔고}*1.06}\ (\sigma_{\text{잔고} > 10000000}\ (\ \text{예금}\ ))$$
$$\cup\ \Pi_{\text{지점명,계좌번호,잔고} \leftarrow \text{잔고}*1.05}\ (\sigma_{\text{잔고} \le 10000000}\ (\ \text{예금}\ ))$$

2.2.4 뷰

이제까지의 모든 예제들은 논리적 모델 계층에서 다루었다. 즉, 지금까지 다룬 릴레이션들의 모임은 데이터베이스 내에 저장되어 있는 실제 릴레이션들이라 가정하였다.

모든 사용자가 데이터베이스 전체의 논리적 모델을 보는 것은 바람직하지 않다. 보안상 특정 정보는 사용자에게 숨겨야 할 필요가 있다. 예를 들어, 고객의 대출 번호는 알 필요가 있으나, 대출액은 알 필요가 없는 사람이 있다 하자. 이 사람은 다음의 관계형 대수로 표현된 릴레이션을 보아야만 한다.

$$\Pi_{\text{고객명,대출번호}}\ (\ \text{대출자} \bowtie\ \text{대출}\ )$$

보안 요인 이외에도 논리적 모델보다 특정 사용자의 인식에 더 잘 부합하는 개인적인 릴레이션들의 모임을 생성할 필요가 있다. 예를 들어, 홍보부에 있는 직원은 그 은행에 예금이나 대출을 가지고 있는 고객들과 그들이 거래하고 있는 지점들로 구성된 릴레이션을 보고 싶어 할 것이다. 그러한 직원을 위해 다음과 같은 릴레이션을 만든다.

$$\Pi_{지점명,고객명}(\text{예금주} \bowtie \text{대출}) \cup \Pi_{지점명,고객명}(\text{대출자} \bowtie \text{대출})$$

논리적 모델의 일부로서가 아니고 가상적인 릴레이션(virtual relation)으로서 사용자에게 보이는 릴레이션을 뷰(view)라고 한다. 주어진 실제 릴레이션들 위에 많은 수의 뷰를 지원하는 것이 가능하다.

1) 뷰 정의

뷰는 create view 명령을 사용하여 정의한다. 뷰를 정의하기 위해, 뷰 이름과 그 뷰를 계산하는 질의를 기술해야 한다. create view 명령의 형태는 다음과 같다.

create view v as 〈질의 표현식〉

여기서 〈질의 표현식〉은 적법한 관계형 대수 질의 표현식이다. 뷰의 이름은 v로 나타내었다.

예를 들어, 지점과 그들의 고객들로 구성된 뷰를 고려해 보자. 이 뷰의 이름을 '모든고객'이라 하자. 이 뷰는 다음과 같이 정의한다.

create view 모든고객 as $\Pi_{지점명,고객명}(\text{예금주} \bowtie \text{대출}) \cup \Pi_{지점명,고객명}(\text{대출자} \bowtie \text{대출})$

일단 어떤 뷰를 정의하고 나면, 이 뷰가 생성하는 가상적인 릴레이션을 참조하기 위해 뷰 이름을 사용할 수 있다. 뷰 '모든고객'을 사용해 공릉 지점의 모든 고객은 다음과 같은 식으로 찾을 수 있다.

$$\Pi_{고객명}(\sigma_{지점명 = \text{“공릉”}}(\text{모든고객}))$$

뷰 이름은 이 뷰에 대해 갱신 연산이 수행되지 않는 한 릴레이션 이름이 나타날 수 있는 곳에는 어디든지 나타날 수 있다.

뷰 정의는 관계형 대수 배정 연산과 다르다. 릴레이션 r1을 다음과 같이 정의한다고 하자.

$$r1 \leftarrow \Pi_{\text{지점명,고객명}} (\text{예금주} \bowtie \text{대출}) \cup \Pi_{\text{지점명,고객명}} (\text{대출자} \bowtie \text{대출})$$

일단 배정 연산이 수행되고 나면, 릴레이션 '예금주', '예금', '대출' 또는 '대출자'가 변경될 때 r1은 변경되지 않는다. 반대로, 이들 릴레이션에 대해 어떠한 변경이 일어난다면, 뷰 '모든고객' 내의 튜플들의 집합은 그 당시 뷰를 정의한 질의 표현식의 결과에 따라 정의된다.

따라서, 뷰 릴레이션이 계산되고 저장되면, 정의된 릴레이션이 수정되는 경우 뷰는 최신 상태가 아닐 수 있다. 대신, 뷰는 일반적으로 다음과 같이 수행된다. 뷰가 정의될 때, 데이터베이스 시스템은 그 뷰를 정의하는 관계형 대수식의 평가 결과를 저장하는 대신 뷰 정의 자체를 데이터 사전에 저장한다. 뷰 릴레이션이 질의에 사용될 때마다, 저장된 질의 표현식으로 대치된다. 따라서, 질의가 평가될 때마다 뷰 릴레이션이 재계산된다.

어떤 데이터베이스 시스템은 뷰 릴레이션이 저장되도록 허용하지만, 이러한 시스템들은 뷰 정의에 사용된 실제 릴레이션들이 변경되면, 그 뷰가 최신의 상태가 되도록 보장한다. 이러한 뷰를 실질적 뷰(materialized view)라고 한다. 특정 뷰에 근거한 질의의 응답 시간이 아주 중요한 어플리케이션에 실질적 뷰를 사용하면 이득이 된다. 질의 처리 시 뷰를 실질화함으로써 얻는 이익과 저장 비용 및 변경시 가해지는 비용을 비교해 보아야 한다.

2) 뷰와 널 값을 통한 갱신

뷰는 질의에 유용한 도구이지만 갱신, 삽입 및 삭제 등의 연산을 뷰를 사용하여 표현할 때는 많은 문제점이 존재한다. 뷰를 사용해서 표현된 데이터베이스에 대한 수정은 그 데이터베이스의 논리적 모델 내의 실제 릴레이션들에 대한 수정으로 변환해야 하는데, 이 변환 과정이 문제이다.

이 문제를 설명하기 위해 '대출' 릴레이션에서 대출액을 제외한 데이터 만이 필요한 행원을 고려해 보자. '지점_대출'이라는 이름으로 행원에게 뷰가 제공된다면, 이 뷰는 다음과 같이 정의된다.

$$\text{create view '지점\_대출' as } \Pi_{\text{지점명,대출번호}} (\text{대출})$$

릴레이션명이 나타날 수 있는 곳이면 어디든지 뷰명이 나타날 수 있으므로 이 행원은 다음과 같이 쓸 수 있다.

$$\text{지점\_대출} \leftarrow \text{지점\_대출} \cup \{(\text{“공릉”}, \text{L-37})\}$$

뷰 ‘지점_대출’이 추출되는 실제 릴레이션은 ‘대출’이기 때문에 위의 삽입 표현식은 릴레이션 ‘대출’에 대한 삽입으로 표현되어야 한다. 그러나, ‘대출’에 하나의 튜플을 삽입하기 위해서는 대출액에 대한 값을 알아야 한다. 이 삽입을 처리하는 데는 두지의 방법이 있다.

- 이 삽입을 거부하고 사용자에게 오류 메시지를 돌려준다.
- 튜플 (“공릉”, L-37, null)을 ‘대출’ 릴레이션에 삽입한다.

뷰를 통해 데이터베이스를 수정할 때 발생하는 다른 문제를 살펴 보자.

$$\text{create view 대출정보 as } \Pi_{\text{고객명},\text{대출액}} (\text{대출자} \bowtie \text{대출})$$

이 뷰는 은행에 대출이 있는 고객과 대출액을 나열한다. 이 뷰를 통한 다음 삽입 명령을 살펴보자:

$$\text{대출정보} \leftarrow \text{대출정보} \cup \{(\text{“전수형”}, 19000000)\}$$

‘대출자’와 ‘대출’ 릴레이션에 튜플들을 삽입하는 유일한 방법은 ‘대출자’에 (“전수형”, null)을, ‘대출’에 (null, null, 19000000)을 삽입하는 것이다. 그러면 [그림 2.42]와 같은 릴레이션을 가지게 된다. 그러나, 뷰 릴레이션 ‘대출정보’는 여전히 튜플 (“전수형”, 19000000)을 포함하지 않으므로, 이러한 갱신은 원하는 결과를 얻을 수 없다(null을 포함하는 모든 비교는 거짓으로 판단되므로, ‘대출자’와 ‘대출’의 자연 조인은 원하는 튜플을 가지지 않음을 상기하라). 따라서, ‘대출정보’에 대해 원하는 갱신을 하기 위해 널을 사용하여 릴레이션 ‘대출자’와 ‘대출’을 변경할 수는 없다.

지점명	대출번호	대출액
우이	L-17	10000000
하계	L-23	20000000
공릉	L-15	15000000
우이	L-14	15000000
종로	L-93	5000000
동대문	L-11	9000000
공릉	L-16	13000000
	null	19000000

고객명	대출번호
김수영	L-17
이순주	L-23
홍길동	L-15
장기영	L-14
김대성	L-93
이순주	L-11
위정기	L-17
안성희	L-16
전수형	null

그림 2.42 '대출'과 '대출자'에 삽입된 튜플들

이러한 문제 때문에, 일부 경우를 제외하고는 일반적으로 뷰 릴레이션에 대한 변경은 허용되지 않는다. 뷰를 통한 일반적인 데이터베이스 수정 문제는 현재 연구가 진행되고 있는 주제이다.

3장 정규화

관계형 데이터베이스 설계에서 중요한 사항은 현실 세계를 정확하게 표현하기 위해 어떤 릴레이션들이 필요하고, 또 그 릴레이션들은 어떤 애트리뷰트들로 구성해야 하는가를 결정하는 문제가 중요하다. 이것이 곧 관계 스키마(relation schema)의 설계이며, 이때의 기본 원칙은 중복 데이터를 가급적 없이 한다는 것이다. 관계형 스키마의 설계가 잘못되면 무엇보다도 데이터가 불필요하게 중복되며, 이 데이터의 중복은 데이터 관리상의 여러 가지 문제를 일으킨다.

데이터베이스의 설계가 잘못되어 데이터베이스에 데이터를 삽입하거나 삭제 또는 갱신할 때의 문제를 이상(anomaly) 현상이라 하며, 각각을 삽입 이상, 삭제 이상, 갱신 이상이라 한다. 이러한 이상 현상을 제거하는 알고리즘이 정규화(normalization) 이론이다. 정규형 이론에 따른 정규화 과정을 설명하기 전에 함수 종속의 개념을 먼저 설명하기로 한다.

3.1 함수 종속

함수 종속(functional dependency : FD)이란 수퍼 키의 개념을 일반화 한 것으로 이에 대한 정의는 아래와 같다.

- 함수 종속 : 어떤 릴레이션 R에서 X와 Y를 각각 R의 애트리뷰트 집합의 부분 집합이라 하자. 애트리뷰트 X의 값 각각에 대해 항상 애트리뷰트 Y의 값이 오직 하나만 연관되어 있을 때 Y는 X에 함수 종속이라 하고 X → Y로 표기한다. 이때 X를 결정자(determinant)라 하고 Y를 종속자(dependent)라 한다. 이 함수 종속의 관계는 시간이 경과하여도 불변이다.

[그림 3.1]의 '학생' 릴레이션을 고려해 보자.

학생

학번	이름	학년	학과
98023	황현미	4	전산과
99006	김수농	3	전자과
00153	박수근	2	전산과
01013	김수동	1	전자과
98111	홍순길	4	전기과

그림 3.1 '학생' 릴레이션

'학생' 릴레이션에 속해 있는 애트리뷰트 즉, 이름, 학년, 학과는 애트리뷰트 학번에 각각 함수 종속이다. 왜냐하면, 어떤 학생의 학번이 정해지면, 그 학번에 대응하는 이름, 학년 및 학과의 값은 오직 하나만 있기 때문이다. 이것을 기호로 표시하면,

학번 → 이름

학번 → 학년

학번 → 학과

이고 간단하게 줄여서

학번 → (이름, 학년, 학과)

라고 표현할 수 있다.

이 함수 종속은 그 릴레이션 자체의 성질을 나타내는 것이지 어느 한 시점에 값으로 나타난 애트리뷰트 값들 간의 관계만을 뜻하는 것은 아니다. 한 가지 유의할 것은 X가 만일 어떤 릴레이션 R의 후보 키, 특히 주 키라면 릴레이션 R의 모든 애트리뷰트 Y는 반드시 X에 함수 종속이어야 한다. 이것은 후보 키의 정의에 따라 당연히 귀착되는 결과이다.

'학생' 릴레이션을 살펴보면 이 점을 명확하게 이해할 수 있다. 그러나 이 함수 종속(X → Y)의 정의 자체는 애트리뷰트 X가 반드시 릴레이션 R의 후보 키가 되어야 한다는 것을 요건으로 하고 있지는 않다. 즉, 함수 종속 정의에서는 애트리뷰트 X의 값들이 릴레이션 R의 각 튜플마다 모두 달라야 된다는 것을 의미하는 것은 아니다. 다만 R의 두 튜플에서 애트리뷰트 X의 값이 같으면 이들에 연관된 애트리뷰트 Y의 값도 반드시 같아야 된다는 것을 요구하고 있다. 따라서, 릴레이션 R에서 애트리뷰트 Y가 애트리뷰트 X에 함수 종속(X → Y)이라는 의미는 애트리뷰트 X가 애트리뷰트 Y를 함수적으로 결정한다는 의미와 동등하다. 이런 뜻에서 X → Y의 관계를 갖는 X를 결정자(determinant)라고 하고 Y는 종속자(dependent)라고도 한다.

함수 종속 관계에서 결정자와 종속자가 같거나 결정자가 종속자를 포함하는 경우는 함수 종속이 당연한(trivial) 것이 된다. 예를 들어, 학생 릴레이션에서 학번 → 학번, {학번, 이름} → {이름}은 모두 당연 종속이 된다. 통상적으로 함수 종속은 이러한 당연 종속을 제외한 비당연(nontrivial) 함수 종속만을 대상으로 한다.

릴레이션 내의 애트리뷰트들 간의 복잡한 함수 종속 관계를 쉽게 이해하기 위해 도식

으로 표현할 수 있는데, 이것을 함수 종속도(functional dependency diagram)라고 한다.

[그림 3.2]의 '수강' 릴레이션에 대한 함수 종속도를 [그림 3.3]에 나타내었다.

수강

학번	과목코드	성적	학년
98023	C413	A	4
98023	E412	A	4
99006	C123	B	3
01013	C312	A	1
01013	C324	C	1
01013	C413	A	1
98111	C312	A	4
98111	C324	A	4
98111	C413	B	4
98111	E412	C	4
00153	C312	B	2

그림 3.2 '수강' 릴레이션

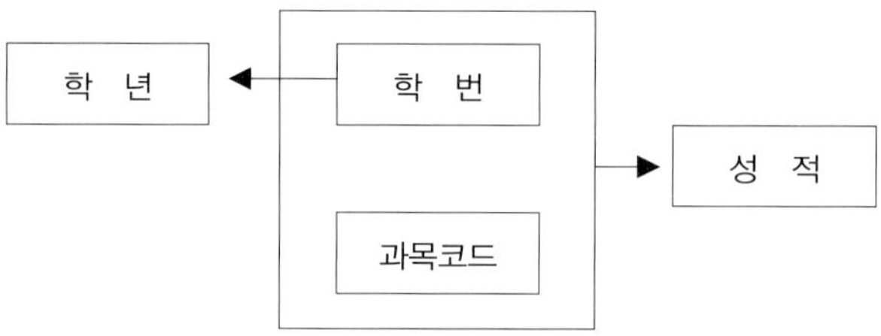

그림 3.3 '수강' 릴레이션의 함수 종속도

[그림 3.3]의 함수 종속도가 표현하는 것과 같이 '수강' 릴레이션은 다음과 같은 두 개의 함수 종속을 가지고 있다.

{학번, 과목코드} → 성적

학번 → 학년

즉, 성적 애트리뷰트는 복합 애트리뷰트 {학번, 과목코드}에 함수 종속이 되고 학년 애트리뷰트는 학번 애트리뷰트에만 함수 종속되고 있다. 물론 학년 애트리뷰트가 복합 애트리뷰트 {학번, 과목번호}에 종속되는 것은 당연하다.

{학번, 과목코드} → 학년

이러한 경우에 애트리뷰트 성적은 복합 애트리뷰트 {학번, 과목코드}에 완전 함수 종속(full functional dependency)이라고 한다. 반면에 애트리뷰트 학년은 애트리뷰트 학번에는 완전 함수 종속이지만 복합 애트리뷰트 {학번, 과목코드}에는 완전 함수 종속이 아니라 부분 함수 종속(partial functional dependency)이라고 한다.

일반적으로 릴레이션 R의 어떤 애트리뷰트 Y가 다른 복합 애트리뷰트 X에 함수 종속이면서 X의 진부분 집합에는 함수 종속이 아닐 때 Y는 X에 완전 함수 종속이라고 한다. 한 가지 유의할 것은 완전 함수 종속의 문제는 복합 애트리뷰트에서만 일어날 수 있다는 것이다. 즉, 만일 애트리뷰트 Y가 X에 함수 종속이지만 완전 함수 종속이 아니라고 한다면 애트리뷰트 X는 반드시 복합 애트리뷰트이다. 이제부터 함수 종속이라 하면 완전 함수 종속을 의미하고 이 완전 함수 종속을 간단히 (완전) 종속이라 표현한다.

그런데, 주어진 어떤 릴레이션 R에 존재하는 함수 종속에 대해 다음과 같은 추론 규칙이 성립된다는 것을 암스트롱(Armstrong)이라는 사람이 증명을 하였고 이를 암스트롱의 공리라 한다.

- 재귀 규칙(reflexivity rule) : $A \supseteq B$이면 $A \rightarrow B$이다.
- 첨가 규칙(augmentation rule) : $A \rightarrow B$이면 $AC \rightarrow BC$이다.
- 이행 규칙(transitivity rule) : $A \rightarrow B$이고 $B \rightarrow C$이면 $A \rightarrow C$이다.
- 연합 규칙(union rule) : $A \rightarrow B$이고 $A \rightarrow C$이면 $A \rightarrow BC$이다.
- 분해 규칙(decomposition rule) : $A \rightarrow BC$이면 $A \rightarrow B$이고 $A \rightarrow C$이다.
- 가이행 규칙(pseudotransitivity rule) : $A \rightarrow B$이고 $CB \rightarrow D$이면 $AC \rightarrow D$이다.

함수 종속은 데이터의 의미(data semantics)를 표현하는 것이다. 즉, 학년이 학번에 종속되어 있다는 것은 학생은 하나의 학년에만 속한다는 뜻이다. 그렇기 때문에 만일 데이터베이스에서 어느 한 학생이 두 가지 학년의 값으로 나타나 있다면, 이 데이터베이스는 함수성을 위반한 것이 되고 결과적으로 현실 세계를 잘못 표현한 것이 된다.

따라서, 데이터 요소간의 함수 종속을 인식한다는 것은 데이터가 가지고 있는 의미를 이해하는 과정의 일부가 된다. 그렇기 때문에 이 함수 종속은 데이터베이스가 현실 세계를 표현하는 제약 조건이 되는 동시에 데이터베이스가 항상 유지해야 될 조건이 되는 것이다. 이 함수 종속을 유지하기 위해서 데이터베이스 시스템은 함수 종속을 스키마에 적절히 명세하는 방법과 DBMS가 항상 이를 보장하도록 하여야 한다.

3.2 기본 정규형

정규화 이론의 기본적인 아이디어는 서로 관련이 없는 내용들은 별개의 릴레이션으로 표현해야 한다는 것이다. 이렇게 표현된 릴레이션이 어떤 특정 제약 조건(constraints)을 만족할 때 그 제약 조건을 요건으로 하는 정규형(normal form)에 속한다고 말한다. 현재 정규형에는 제 1 정규형에서부터 제 5 정규형까지 있다. 이 정규형들은 차수가 높아질수록 만족시켜야 할 제약 조건이 가중된다. 본 절에서는 제 1 정규형부터 보이스-코드 정규형까지의 기본 정규형을 살펴보고 제 4 정규형과 제 5 정규형은 다음 절에서 다루기로 한다.

3.2.1 제 1 정규형(1NF : First Normal Form)

제 1 정규형(1NF)의 정의는 다음과 같다.

- 제 1 정규형(1NF) : 어떤 릴레이션 R에 속한 모든 도메인이 원자 값(atomic value)으로만 이루어져 있다면 제 1 정규형(1NF)에 속한다.

이 정의는 단순히 어떤 릴레이션이 원자 값만 포함하면, 즉 정규화(nomalized)만 되어 있으면, 1NF이라고 선언한 것이다. 따라서, 모든 정규화 릴레이션은 제 1 정규형에 속한다. 이것은 관계형 데이터베이스에서 기본적인 가정이므로, 별도의 언급이 없어도 관계형 데이터베이스에서 다루는 릴레이션은 반드시 1NF은 만족한다. 그러나, 1NF에만 속해 있는 릴레이션이 여러 가지 이유에서 바람직하지 않은 구조가 될 수 있다. 그 이유를 살펴보기 위해 [그림 3.4]와 같은 '재고정보' 릴레이션을 고려해 보자.

[그림 3.4] '재고정보' 릴레이션의 주 키는 복합 애트리뷰트 {생산자코드, 부품코드}이고, 주 키와 다른 애트리뷰트들 간의 함수 종속 관계를 나타낸 함수 종속도를 [그림 3.5]에 나타내었다.

재고정보

생산자코드	부품수준	주소	부품코드	수량
S1	20	대구	P1	300
S1	20	대구	P2	200
S1	20	대구	P3	400
S1	20	대구	P4	200
S1	20	대구	P5	100
S1	20	대구	P6	100
S2	10	부산	P1	300
S2	10	부산	P2	400
S3	10	부산	P2	200
S4	20	대구	P2	200
S4	20	대구	P4	300
S4	20	대구	P5	400

그림 3.4 '재고정보' 릴레이션

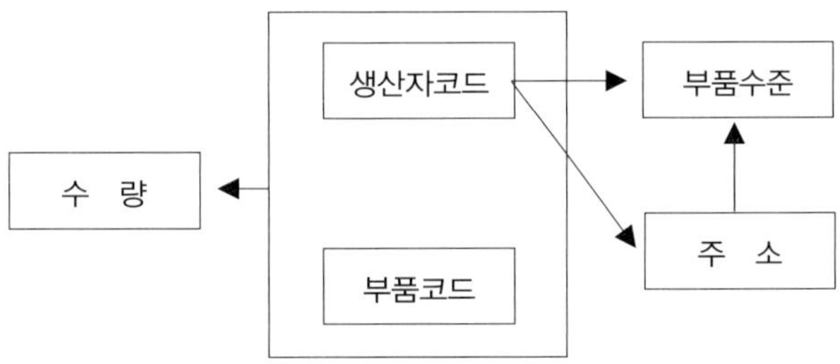

그림 3.5 '재고정보' 릴레이션의 함수 종속도

이 '재고정보' 릴레이션에 어떤 이상이 있는지를 살펴보고, 그 이유를 파악한 다음 이를 해결하는 방법에 대해 설명하고자 한다.

1) 삽입 이상

이 릴레이션에 어떤 생산자의 주소 정보만을 삽입할 수 없다. 예를 들어, S5라는 어떤 생산자가 제주에 거주하고 있다는 정보를 삽입할 수 없다. 왜냐하면 '재고정보' 릴레이션의 주 키는 {생산자코드, 부품코드}이기 때문에 위의 정보만을 가지고 입력하게 되면 주 키의 일부를 이루고 있는 부품코드에 널 값이 들어가게 되어 엔티티 무결성 제약 조건을 위배하기 때문이다.

2) 삭제 이상

이 릴레이션에서 주 키가 {S3, P2}인 튜플을 삭제하게 되면, S3라는 생산자의 주소가 부산이라는 정보를 함께 잃게 된다. 이 정보를 삭제하려고 했던 것은 아니지 않은가.

3) 갱신 이상

S1이라는 생산자의 주소 정보를 대구에서 안양으로 변경할 때, 정보의 중복으로 인한 문제가 발생한다. 즉, 여러 번의 갱신 행위로 인해 성능이 저하되고, 일부 내용만이 변경됨으로 인해 데이터의 일관성(data consistency)을 잃게 될 수도 있다.

이러한 문제가 발행하는 원인은 '재고정보' 릴레이션에서 키가 아닌 애트리뷰트들이 주 키에 완전 함수 종속되지 못하고 부분 함수 종속이 되기 때문이다. 따라서, 이러한 문제들에 대한 해결은 '재고정보' 릴레이션을 다음과 같은 두 개의 릴레이션으로 분할하여 부분 함수 종속을 제거하는 것이다.

- 생산자(생산자코드, 부품수준, 주소)
  - 주 키 : {생산자코드}
- 재고(생산자코드, 부품코드, 수량)
  - 주 키 : {생산자코드, 부품코드}
  - 외래 키 : {생산자코드} 참조 : 생산자

이 두 릴레이션에 대한 함수 종속도와 릴레이션 사례를 [그림 3.6]과 [그림 3.7]에 각각 보이고 있다.

그림 3.6 '생산자' 릴레이션과 '재고' 릴레이션의 함수 종속도

[그림 3.4]와 [그림 3.7]을 비교해 보면 결국 부분 함수 종속을 제거하기 위해 릴레이션을 재구성하였고, 또 그렇게 함으로써 문제를 해결하였다. 한 릴레이션에 부분 함수 종속이 존재한다는 것은 주 키로 식별되는 엔티티와 무관한 애트리뷰트가 있다는 것이다. 바꾸어 말하면, 이러한 릴레이션은 두 가지 종류의 정보를 하나의 릴레이션에 혼합시켜 놓은 것이 되고 이것이 이상 현상의 원인이 되는 것이다.

생산자

생산자코드	부품수준	주소
S1	20	대구
S2	10	부산
S3	10	부산
S4	20	대구
S5	30	제주

재고

생산자코드	부품코드	수량
S1	P1	300
S1	P2	200
S1	P3	400
S1	P4	200
S1	P5	100
S1	P6	100
S2	P1	300
S2	P2	400
S3	P2	200
S4	P2	200
S4	P4	300
S4	P5	400

그림 3.7 '생산자' 릴레이션과 '재고' 릴레이션

3.2.2 제 2 정규형(2NF : Second Normal Form)

제 2 정규형(2NF)의 정의는 다음과 같다.

- 제 2 정규형(2NF) : 어떤 릴레이션 R이 1NF이고 주 키에 속하지 않은 애트리뷰트 모두가 주 키에 완전 함수 종속이면, 제 2 정규형(2NF)에 속한다.

[그림 3.7]의 '생산자' 릴레이션과 '재고' 릴레이션은 모두 2NF에 속한다. 1NF이면서 2NF이 아닌 릴레이션은 언제나 올바른 추출(projection)을 통해 의미상으로 동등한 두 개의 2NF인 릴레이션으로 분해할 수 있고, 또한 이렇게 분해된 2NF의 릴레이션들을 자연 죠인(natural join)시키면 다시 원래의 릴레이션으로 아무런 손실없이 복귀된다는 점이다. 즉, 이 과정은 추출과 죠인을 통해 서로 역이 성립된다는 것이다.

위에서 예를 든 '생산자' 릴레이션과 '재고' 릴레이션은 '재고정보' 릴레이션의 추출이고 이 '재고정보' 릴레이션은 '생산자' 릴레이션과 '재고' 릴레이션의 죠인이다. 이렇게 하나의 릴레이션을 아무런 정보 손실없이 동등한 릴레이션들로 분해하는 것을 무손실 죠인 분해(nonloss join decomposition) 또는 간단히 무손실 분해라 한다.

무손실 분해 여부는 다음과 같이 검증할 수 있다. 분해된 두 릴레이션의 공통 애트리뷰트가 어느 한 쪽 릴레이션에서 후보 키의 역할을 하고 있으면 무손실 분해이다. 위의 예에서 '생산자' 릴레이션과 '재고' 릴레이션의 공통 애트리뷰트는 생산자코드이고, 이 애트리뷰트는 '생산자' 릴레이션에서 후보 키이므로 무손실 분해임을 알 수 있다. 정규화

란 결국 서로 관련없는 애트리뷰트들을 분리하여 별개의 릴레이션으로 만드는 과정인 것이며, 이때 무손실 분해는 반드시 만족해야 할 속성이다.

정규화 과정에서 만족해야 할 또 다른 속성중의 하나는 종속성 보존(dependency preservation)이다. 종속성 보존이란 분해되기 전의 릴레이션에 가지고 있던 모든 함수 종속이 분해된 릴레이션들의 함수 종속으로부터 유도되어야 한다는 것이다.

[그림 3.7]의 릴레이션들이 [그림 3.4]에 가지고 있던 함수 종속을 모두 유도하고 있는가를 알아보자. [그림 3.4]의 '재고정보' 릴레이션에 가지고 있는 함수 종속은 다음과 같다.

{생산자코드, 부품코드} → 수량
생산자코드 → 주소
주소 → 부품수준
생산자코드 → 부품수준

[그림 3.7]의 '생산자' 릴레이션에 가지고 있는 함수 종속은 다음과 같고,

생산자코드 → 주소
주소 → 부품수준
생산자코드 → 부품수준

'재고' 릴레이션에 가지고 있는 함수 종속은 {생산자코드, 부품코드} → 수량 이다. 그러므로, 종속성 보존의 속성을 만족한다. 위의 분해는 무손실 분해이며 종속성 보존이 되는 올바른 분해인 것을 알 수 있다. 그러나, 2NF으로 문제가 해결된 것은 아니다.

[그림 3.6]의 함수 종속도를 살펴보면, '재고' 릴레이션은 간단한 구조로서 더 이상 문제점이 없지만, '생산자' 릴레이션은 복잡한 상호 함수 종속 관계를 나타내고 있다. 부품수준은 생산자코드에 함수 종속이면서 주소를 통해 이행적(transitive) 함수 종속이 되고 있다. 즉, 생산자코드는 주소를 결정하고 다시 이 주소는 부품수준을 결정한다. 암스트롱의 이행 규칙에 의하면, 함수 종속 관계 A → B와 B → C가 성립되면 논리적 결과로 A → C가 성립한다. 이때 애트리뷰트 C는 A에 이행적 함수 종속(transitive functional dependency)이라고 한다. 바로 이 이행적 함수 종속이 데이터 변경 이상의 원인이 된다. 위의 이행적 함수 종속을 가진 '생산자' 릴레이션에 어떤 이상이 있는지를 살펴보자.

1) 삽입 이상

이 릴레이션에 특정 지역의 부품수준 정보만을 가지고 삽입할 수 없다. 이러한 정보를 삽입하려면, 주 키에 해당하는 생산자코드에 널 값이 들어가야 하는데 이는 엔티티 무결성 제약 조건을 위배하는 것이다.

2) 삭제 이상

이 릴레이션에서 S5를 삭제하면 제주 지역의 부품수준 정보가 함께 없어진다. 이것은 원하는 결과가 아니다.

3) 갱신 이상

특정 지역의 부품수준 정보를 변경하려 할 때 데이터의 중복으로 인한 문제가 발생한다. 즉, 대구 지역의 부품수준 정보를 변경하려 할 때 이러한 문제가 생긴다.

이러한 이상은 결국 두 개의 상이한 정보(종속성)를 하나의 릴레이션으로 혼합해서 표현하려고 하는데서 생기고 있다. 즉, 생산자의 주소와 그 지역에서 생산되는 부품수준의 정보가 함께 들어 있는데, 사실 생산자와 부품수준 정보는 아무런 관련이 없다. 따라서, 문제의 해결은 이 이행적 함수 종속을 제거하여 두 개의 릴레이션으로 분해하는 것이 된다.

'생산자' 릴레이션은 추출 연산을 통해서 다음과 같이 '생산자주소' 릴레이션과 '지역부품정보' 릴레이션으로 나눌 수 있다.

- 생산자주소(생산자코드, 주소)
  - 주 키 : {생산자코드}
  - 외래 키 : {주소} 참조 : 지역부품정보
- 지역부품정보(주소, 부품수준)
  - 주 키 : {주소}

이 분해된 릴레이션들의 함수 종속도와 릴레이션 사례를 [그림 3.8]과 [그림 3.9]에 각각 보이고 있다.

그림 3.8 '생산자주소' 릴레이션과 '지역부품정보' 릴레이션의 함수 종속도

생산자 주소

생산자코드	주소
S1	대구
S2	부산
S3	부산
S4	대구
S5	제주

지역부품정보

주소	부품수준
제주	30
대구	20
부산	10

그림 3.9 '생산자주소' 릴레이션과 '지역부품정보' 릴레이션

이때 주의할 것은 분할 방법이다. 이 '생산자' 릴레이션을 생산자주소(생산자코드, 주소)와 생산자부품수준(생산자코드, 부품수준)으로도 분할할 수 있을 것이다. 그러나, 이렇게 분할했을 경우에는 문제가 계속 남아 있게 된다. 즉, 특정 지역의 부품 수준 정보에 관한 사실을 삽입할 수 없다. 그 이유는 주소 → 부품수준 이라는 함수 종속을 잃게 되기 때문이다. 즉, 위와 같이 분해를 하면 무손실 분해의 속성은 만족하지만, 종속성 보존의 속성을 만족시키지 못한다. 따라서, 이런 방법으로 분할해서는 안된다.

일반적으로 R = (A, B, C)로 이루어지고 A → B, B → C인 함수 종속을 가진 릴레이션은 {A, B}, {B, C}로 분해하는 것이 올바른 분해이다.

3.2.3 제 3 정규형(3NF : Third Normal Form)

제 3 정규형(3NF)의 정의는 다음과 같다.

- 제 3 정규형(3NF) : 어떤 릴레이션 R이 2NF이고 주 키에 속하지 않은 모든 애트리뷰트들이 주 키에 이행적 함수 종속이 아닐 때 제 3 정규형(3NF)에 속한다.

이제 '생산자주소' 릴레이션과 '지역부품정보' 릴레이션은 3NF이다. 어떤 릴레이션이 2NF이면서 3NF이 아닐 때 정보의 손실없이 동등한 3NF 릴레이션들로 항상 분해할 수 있다. 또 이 과정은 추출과 죠인을 통해 역이 된다는 사실은 앞에서 언급한 바 있다. 또한, 3NF은 2NF보다 현실 세계를 보다 잘 나타낼 수 있는 형태라고 볼 수 있다.

다음과 같은 제약 조건이 가해지는 [그림 3.10]과 같은 '수강현황' 릴레이션을 고려해 보자.

- 각 과목에 대해 한 학생은 한 교수의 강의만 수강한다.
- 교수는 한 과목만 강의한다.

- 어떤 과목은 여러 교수가 강의할 수 있다.

'수강현황' 릴레이션의 교수명 애트리뷰트의 값에 동명이인은 없는 것으로 가정한다. 이러한 제약 조건을 만족하는 함수 종속도를 [그림 3.11]에 나타내었다

[그림 3.11]의 함수 종속도에서 보는 바와 같이 '수강현황' 릴레이션의 주 키는 {학번, 과목}이고 주 키가 아닌 교수가 주 키에 이행적 함수 종속이 아니므로 분명히 3NF이다. 교수가 주 키의 일부인 과목의 결정자인 것이 이행 종속의 형태를 보이고 있으나 3NF의 정의를 위배하는 것은 아니다. 그러나, 이러한 이행 종속의 형태를 가지고 있기 때문에 '수강현황' 릴레이션에 다음과 같은 이상이 발생하고 있다.

수강현황

학번	과목	교수
100	데이터통신	정기동
100	객체지향언어	이한필
150	객체지향언어	이한필
175	C++	조항구
175	데이터통신	황선영
200	C++	조항구
200	객체지향언어	김순동

그림 3.10 '수강현황' 릴레이션

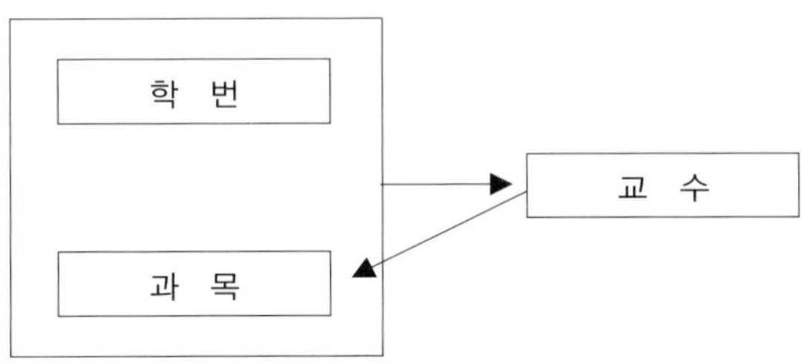

그림 3.11 '수강현황' 릴레이션의 함수 종속도

1) 삽입 이상

이 릴레이션에 특정 과목의 담당 교수명 정보를 삽입할 수 없다. 즉, "전희배" 교수가 인공지능 담당 교수라는 사실을 삽입할 수 없다. 이 정보를 입력하려면 학번에 널 값이 들어가야 하는데, 학번이 주 키의 일부이기 때문에 엔티티 무결성 제약 조건에 위배된

다. 학번에 널 값이 안 들어가게 하려면 어떤 학생이든 "전희배" 교수의 인공지능을 수강해야만 가능한 상황이다.

2) 삭제 이상

이 릴레이션에서 100 학번의 학생이 "정기동" 교수 과목을 삭제하면, "정" 교수가 데이터 통신 담당 교수라는 정보가 함께 삭제된다.

3) 갱신 이상

"조항구" 교수의 C++ 과목을 다른 교수가 강의하게 되어 갱신하고자 할 때 데이터의 중복으로 인한 문제가 발생하고 있다.

이러한 이상이 발생하는 이유는 주 키가 아닌 애트리뷰트가 주 키의 일부 애트리뷰트를 결정하는 이행적 함수 종속을 가지고 있기 때문이다. 그러면 '수강현황' 릴레이션을 어떻게 분해하여 정규화 할까? 결론부터 말하자면 이 릴레이션은 더 이상 분해할 수 없는 원자적 릴레이션(atomic relation)이다. 분해할 수 있는 경우의 수는 다음과 같다.

- 학생과목(학번, 과목)
  - 주 키 : {학번, 과목}
- 교수과목(교수, 과목)
  - 주 키 : {교수}
  - 외래 키 : {과목} 참조 : 학생과목
- 학생교수(학번, 교수)
  - 주 키 : {학번, 교수}
  - 외래 키 : {교수} 참조 : 교수과목
- 교수과목(교수, 과목)
  - 주 키 : {교수}

위의 어떤 분해이든 무손실 분해의 속성과 종속성 보존의 속성을 만족해야 하는데, 어느 경우건 이 속성들을 전부 만족하는 경우는 없다. 그래서 '수강현황' 릴레이션은 원자적 릴레이션인 것이다. 이러한 속성을 만족하지 않는 이러한 분해가 가지는 또 다른 문제는 독자들이 생각해 보기 바란다.

그러면 분명히 '수강현황' 릴레이션이 이상이 발생하고 있는데, 그대로 둘 수는 없다.

어떻게 할까? '수강현황' 릴레이션은 그대로 두고 교수와 과목으로 이루어진 릴레이션 '교수과목'을 따로 구축한다. 이 릴레이션에서는 교수 애트리뷰트가 과목 애트리뷰트의 결정자가 아닌 후보 키가 되게 함으로써 사실상 이 두 개의 애트리뷰트와는 관계가 없는 학번 애트리뷰트와 분리된 릴레이션을 가짐으로써 이상을 제거할 수 있다.

3.2.4 보이스/코드 정규형(BCNF : Boyce/Codd Normal Form)

지금까지 설명한 정규형들은 모두 하나의 후보 키, 즉 하나의 주 키만 가진 것으로 가정하였다. 즉, 앞에서 설명한 제 3 정규형의 정의는 릴레이션이 여러 개의 후보 키를 가지고 있고, 후보 키들이 복합 애트리뷰트들로 구성되고, 후보 키들이 서로 중첩되는 경우에는 적용할 수가 없는 일반성이 부족하였다.

따라서, 이러한 일반적인 경우를 위하여 보이스/코드 정규형(Boyce/Codd Normal Form : BCNF)이 제안되었다. 이 BCNF에 속하는 릴레이션은 모두 3NF에 속한다. 그러나, 역으로 3NF에 속하는 릴레이션이 모두 BCNF에 속하지는 않는다. 그런 의미에서 BCNF는 3NF보다 강력하다고 볼 수 있고, 그래서 이 BCNF를 "강한 제 3 정규형"이라고도 한다. 그러면 이 BCNF의 정의부터 살펴보자.

- 보이스/코드 정규형(BCNF) : 릴레이션 R의 모든 결정자가 후보 키이면 릴레이션 R은 보이스/코드 정규형(BCNF)에 속한다.

이 BCNF의 정의는 1NF이나 2NF을 참조하지 않고 직접 후보 키를 이용해 정의하였다. 그러면 3NF이지만 BCNF가 아닌 릴레이션을 살펴보고 왜 문제가 되는지 알아보자.

[그림 3.12]의 '재고현황' 릴레이션을 고려해 보자. 이 릴레이션이 3NF이 되도록 하기 위하여 생산자이름 애트리뷰트에 동명이인이 없다고 가정하였다. 그러면 이 릴레이션에는 두 개의 후보 키가 있게 된다. 즉, (생산자코드, 부품코드)와 (생산자성명, 부품코드)가 후보 키이다. 이 중 하나를 주 키로 지정하면 릴레이션 '재고현황'은 3NF의 정의를 만족한다.

재고현황

생산자코드	생산자 성명	부품코드	수량
S1	홍길동	P1	300
S1	홍길동	P2	200
S1	홍길동	P3	400
S1	홍길동	P4	200
S1	홍길동	P5	100
S1	홍길동	P6	100
S2	박수근	P3	500
S3	김신영	P2	400
S3	김신영	P4	300
S3	김신영	P6	100

그림 3.12 '재고현황' 릴레이션

이 릴레이션에 어떤 이상 현상이 있는가를 살펴보자. 예를 들어, 생산자코드 또는 생산자성명을 갱신하고자 할 때 데이터의 중복으로 인한 갱신 이상(update anomaly)이 있음을 알 수 있다. 이러한 문제가 발생한 이유를 설명하기 위해 [그림 3.13]의 '재고현황' 릴레이션의 함수 종속도를 고려해 보자.

이 함수 종속도에서 생산자코드와 생산자성명 애트리뷰트는 서로가 결정자인 것을 볼 수가 있다. 이러한 요인에 의해 데이터의 중복이 발생하는 것을 쉽게 알 수 있다. 이러한 문제는 다음과 같이 두 개의 릴레이션으로 분리해 해결할 수 있다.

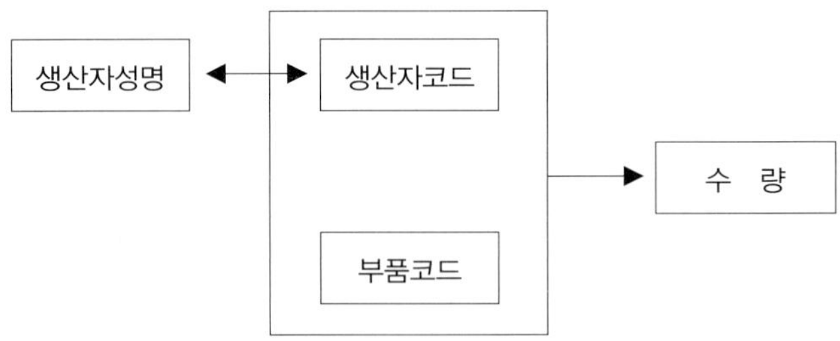

그림 3.13 '재고현황' 릴레이션의 함수 종속도

- 생산자코드성명(생산자코드, 생산자성명)
  - 주 키 : {생산자코드} 또는 {생산자성명}
  - 외래 키 : {생산자성명} 참조 : 생산자부품(주 키가 {생산자코드}일 때) 또는
    {생산자코드} 참조 : 생산자부품(주 키가 {생산자성명}일 때)
- 생산자부품(생산자코드, 부품코드, 수량) 또는 생산자부품(생산자성명, 부품코드, 수량)

- 주 키 : {생산자코드, 부품코드} 또는 {생산자성명, 부품코드}

위의 '생산자코드성명'과 '생산자부품' 릴레이션은 BCNF에 속한다. 이 BCNF는 3NF에서 일어날 수 있는 갱신 이상의 문제들을 제거할 수 있다는 것을 알았다. 더욱이 이 BCNF는 1NF, 2NF, 주 키, 이행 종속 등의 개념을 이용하지 않고 정의될 수 있기 때문에 개념적으로 3NF보다 간단하다. 물론 BCNF에서 사용한 후보 키 개념은 기본 함수 종속 개념을 이용해서 대체시킬 수도 있다. 그러나, 주 키라든가 이행 종속 등의 개념은 실제 어떤 임의의 릴레이션에서 BCNF로 변환하는 과정에서 데이터베이스 설계자에게 단계적 아이디어를 제공하는 면에서 상당히 유용하다.

3.3 고급 정규형

3.3.1 제 4 정규형(4NF : Fourth Normal Form)

[그림 3.14]와 같이 세 개의 애트리뷰트 과목, 교수 및 교재로 구성된 비정규 릴레이션 '과목교수교재'가 있다고 하자. 원래 관계형 데이터베이스에서는 애트리뷰트의 값으로 반복 그룹(repeating group)이 허용되지 않지만 이해를 돕기 위해 이렇게 표현한 것이다.

과목	교수	교재
포트란	{정기동 황수연}	{전산개론 포트란 77}
파스칼	정기동	{전산개론 자료구조론 파스칼 프로그램}

그림 3.14 비정규 '과목교수교재' 릴레이션

이 릴레이션은 각 과목에 대해 몇 명의 담당 교수와 몇 개의 교재가 있다는 것을 나타내고 있다. 그러나, 각 과목은 명세된 교수 중에서 어떤 교수도 가르칠 수 있으며, 명세된 교과서 모두를 참고서로 사용한다는 의미를 나타내려고 한 것이다. 또한, 어떤 과목에 대해서도 임의의 수의 담당 교수와 임의의 수의 교재가 있을 수 있다고 가정한다. 그러나, 교수와 교재 사이에는 아무런 관계가 없다. 즉, 특정 과목을 어떤 교수가 담당하더라도 교재는 똑 같다. 교수와 교재는 각각 몇 개의 교과목도 관련될 수 있다.

이 비정규 릴레이션을 동등한 정규 릴레이션으로 변환시키면 [그림 3.15]와 같은 릴레이션으로 표현할 수 있다. 이 릴레이션은 특별히 아무런 함수 종속 관계를 가지고 있지 않다. 이 정규화된 릴레이션 '과목교수교재'가 갖는 의미는 다음과 같다.

만일 과목 c를 교수 p가 가르치고 교재로서 t를 사용한다면 튜플(c, p, t)는 '과목교수교재' 릴레이션 속에 포함되어 있다. 여기서 한 가지 유의할 것은 어떤 교과목에 대해서도 모든 가능한 교수와 교재 조합이 전부 나타나 있어야 된다는 것이다. 즉, 이 '과목교수교재' 릴레이션은 다음과 같은 제약 조건을 만족해야 한다.

과목교수교재

과목	교수	교재
포트란	정기동	전산개론
포트란	정기동	포트란77
포트란	황수연	전산개론
포트란	황수연	포트란77
파스칼	정기동	전산개론
파스칼	정기동	자료구조론
파스칼	정기동	파스칼 프로그램

그림 3.15 정규화된 '과목교수교재' 릴레이션

과목교수

과목	교수
포트란	정기동
포트란	황수연
파스칼	정기동

과목교재

과목	교재
포트란	전산개론
포트란	포트란77
파스칼	전산개론
파스칼	자료구조론
파스칼	파스칼프로그램

그림 3.16 '과목교수' 릴레이션과 '과목교재' 릴레이션

'만일 이 릴레이션에 두 개의 튜플 〈c1, p1, t1〉과 〈c1, p2, t2〉가 포함되어 있다면 또 다른 두 개의 튜플 〈c1, p1, t2〉와 〈c1, p2, t1〉도 포함되어야 한다.'

예를 들어, 포트란 과목의 담당 교수가 정기동과 황수연이고 교재는 전산개론과 포트란77이라고 하면 4개의 튜플이 모두 이 '과목교수교재' 릴레이션에 포함되어야 한다. 그러나, 이러한 제약 조건은 이 '과목교수교재' 릴레이션에 상당한 데이터의 중복을 초래하게 하여 결과적으로 앞에서 살펴 본 갱신 이상의 문제를 발생시킨다.

예를 들어, 파스칼 과목을 새로운 박순동 교수가 담당한다는 정보를 추가하려 한다면, 파스칼 과목의 각 교재에 대해 튜플 하나씩 모두 3개의 새로운 튜플을 삽입해야만 하는 문제가 생긴다. 그럼에도 불구하고, 이 '과목교수교재' 릴레이션은 BCNF에 속한다. 왜냐하면 이 릴레이션의 주 키는 {과목, 교수, 교재}가 되고 여기에 속하지 않는 어떤 결정자 애트리뷰트도 없기 때문이다.

이 BCNF에 속하는 '과목교수교재' 릴레이션에 발생하는 갱신 이상을 분석해 보면 사실상 교수와 교재가 서로 무관한 것을 한 릴레이션으로 묶어서 표현한데 원인이 있다는 것을 알 수있다. 직관적으로 이 '과목교수교재' 릴레이션에서 일어나는 문제는 [그림 3.16]과 같이 과목교수(과목, 교수) 릴레이션과 과목교재(과목, 교재) 릴레이션으로 분해하면 모두 해결된다.

분할된 두 개의 릴레이션은 모두 키만 포함하고 있기 때문에 모두 BCNF에 속한다. 또한, 이 '과목교수' 릴레이션과 '과목교재' 릴레이션을 죠인하면 원래의 '과목교수교재' 릴레이션으로 복귀될 수 있다. 따라서, 이 분해는 무손실 분해이다. 그러나, '과목교수교재' 릴레이션에는 함수 종속(FD)이 없기 때문에 이 분해의 기초는 종래의 함수 종속이 아니라 새로운 유형의 종속인 다중값 종속(multi valued dependency : MVD)으로 Fagin에 의해 처음으로 정의되고 소개되었다.

다중값 종속을 가진 릴레이션이 무손실 분해가 됨을 일일이 분해된 릴레이션을 죠인해 확인해 볼 수는 없다. 대신, 분할된 두 릴레이션의 공통 애트리뷰트가 어느 한 쪽 릴레이션에서 다중 결정자(multi determinant)가 되면 무손실 분해이다. [그림 3.16]의 두 릴레이션 모두에서 애트리뷰트 과목이 다중 결정자이므로 이들 릴레이션은 무손실 분해이다.

지금까지 살펴본 함수 종속은 모두 이 다중값 종속이 된다는 점에서 다중값 종속(MVD)은 함수 종속의 일반형이라 할 수 있다. 이 다중값 종속은 특별히 $\twoheadrightarrow$로 표기한다. '과목교수교재' 릴레이션은 다음과 같은 두 가지 MVD를 가지고 있다.

$$\text{과목} \twoheadrightarrow \text{교수},$$
$$\text{과목} \twoheadrightarrow \text{교재}$$

일반적으로 $A \twoheadrightarrow B$일 때 애트리뷰트 B는 애트리뷰트 A에 다중값 종속(multi-dependent)된다고 읽거나 A는 B를 다중 결정(multi determine)한다고 읽는다.

MVD 과목 $\twoheadrightarrow$ 교수의 의미는 과목 애트리뷰트가 교수 애트리뷰트의 값 하나를 결정하는 것이 아니라 몇 개의 값, 즉 값의 집합(set of values)을 결정한다는 것이다.

즉, 과목 ↠ 교수에서 과목 포트란은 교수 애트리뷰트 값의 집합 {정기동, 황수연}과 대응하고 과목 ↠ 교재에서 과목 포트란은 교재 애트리뷰트 값의 집합 {전산개론, 포트란77}과 대응한다.

여기서 한 가지 유의할 점은 교수와 교재 애트리뷰트는 사실상 서로 독립적이라는 것이다. 그러면 이제 MVD의 정의를 살펴보자.

- 다중값 종속(MVD) : A, B, C 세 개의 애트리뷰트(부분 집합)를 가진 릴레이션 R에서 애 트리뷰트 쌍 (A, C)-값에 대응하는 B-값의 집합이 A-값에만 종속되고 C-값에는 독립이면 B는 A에 다중값 종속된다고 하고 A ↠ B 로 표기한다.

이 정의에 따르면 MVD는 애트리뷰트가 적어도 3개 이상인 릴레이션에서만 존재할 수 있다. 또 릴레이션 R(A, B, C)에서 MVD A ↠ B가 성립하면 A ↠ C도 동시에 성립한다는 것도 쉽게 증명할 수 있다. 그래서 한 릴레이션의 MVD를 보통 A ↠ B | C로 한꺼번에 표현한다.

따라서, '과목교수교재' 릴레이션에 있는 다중값 종속은

과목 ↠ 교수 | 교재

로 표현할 수 있다.

앞에서 언급했듯이 모든 함수 종속(FD)은 모두 다중값 종속이라는 의미에서 다중값 종속(MVD)은 함수 종속(FD)의 일반형이라고 하였다. 즉, FD는 종속값 집합의 원소의 수가 언제나 하나(즉, 단일값)인 특수한 MVD인 것이다. 그러나, 이 역은 성립하지 않는다.

다시 정규화 문제로 되돌아가서, '과목교수교재'와 같은 릴레이션에서 일어나는 문제는 사실상 함수 종속(FD)이 아닌 MVD를 갖고 있기 때문이다. 분할된 '과목교수'와 '과목교재' 릴레이션은 어떤 MVD도 가지고 있지 않기 때문에 원래의 릴레이션보다 개선된 표현이 된 것이다. 일반적으로 MVD를 가진 릴레이션은 문제 해결을 위해 추출을 통해 분해한다. 릴레이션 R(A, B, C)에 MVD A ↠ B | C가 존재하기만 하면 두 개의 릴레이션 R1(A, B)와 R2(A, C)로 무손실 분해될 수 있음을 Fagin이 증명하였다.

제 4 정규형의 정의를 살펴보기 전에 당연한 다중값 종속(trivial MVD)에 대해 설명하기로 한다. X ↠ Y가 당연한 MVD가 되는 조건은 다음 둘 중의 하나를 만족할 때이다.

- X ⊇ Y이거나
- X ∪ Y가 곧 릴레이션 R이 될 때이다.

이러한 분해는 곧 제 4 정규형(4th normal form : 4NF)을 의미한다. 이제 제 4 정규형의 정의를 살펴보자.

- 제 4 정규형(4NF) : 릴레이션 R에 비당연 MVD A ↠ B가 존재할 때 R의 모든 애트리뷰트들도 또한 A에 함수 종속(즉, R의 모든 애트리뷰트 X에 대해 A → X이고 A가 후보키)이면 릴레이션 R은 4NF에 속한다.

이 4NF을 BCNF의 개념을 이용하여 정의하더라도 위와 똑같은 의미를 갖게 된다. 즉, 릴레이션 R이 BCNF에 속하고 모든 MVD가 함수 종속(FD)이면 릴레이션 R은 4NF에 속한다.

이것은 어떤 릴레이션이 4NF이라면 MVD가 없거나 MVD A ↠ B | C가 있을 경우 A에 대응되는 B와 C의 값은 각각 하나씩이고 이때 A는 후보 키라는 것을 의미한다.

[그림 3.15]의 '과목교수교재' 릴레이션은 전혀 함수 종속 관계가 아닌 MVD를 가지고 있기 때문에 4NF이 아니다. 그러나, 이 릴레이션을 분할해 만들어진 '과목교수' 릴레이션과 '과목교재' 릴레이션([그림 3.16])은 모두 각각 두 개의 애트리뷰트 만으로 되어 있고, MVD가 없으므로 4NF이다.

일반적으로 모든 릴레이션은 의미상으로 동등한 4NF 릴레이션으로 무손실 분해를 할 수 있다고 증명되었다. 물론 이때 그 결과가 실제 응용상 유용한 것이냐 하는 것은 별개의 문제이다.

3.3.2 제 5정규형(5NF : Fifth Normal Form)

지금까지는 문제가 있는 릴레이션을 추출을 통해 동등한 두 개의 릴레이션으로 대체하여 해결하는 정보 무손실 분해만 생각해 왔다. 특히 4NF까지는 이러한 방법이 성공적이었다. 그러나, 어떤 릴레이션은 두 개의 릴레이션이 아니고 세 개 또는 그 이상의 릴레이션으로 분해하여야만 정보 무손실 분해가 된다는 것이 밝혀졌다.

일반적으로 n개 이상의 릴레이션으로 분해하여야만 정보 무손실 분해가 되는 이러한 릴레이션을 n-분해(n-decomposable) 릴레이션이라 한다. 이러한 릴레이션은 n개의 추출로만 무손실 분해될 수 있지, m(m 〈 n)개의 추출로는 무손실 분해를 할 수 없는 특성을 가지고 있다. 이러한 정의에 따르면 지금까지 보아온 것과 같이 두 개의 추출로 무손실 분해될 수 있는 릴레이션은 2-분해 릴레이션인 것이다.

예로서 [그림 3.17]의 릴레이션 SPJ를 살펴보자. 이 릴레이션은 애트리뷰트가 모두 주키에 속하고 있고 또 어떤 함수 종속(FD)이나 다중값 종속(MVD)도 없기 때문에 당연히 4NF이다. 이 그림은 릴레이션 SPJ의 추출로 만들어진 세 개의 릴레이션 SP(SK, PK), PJ(PK, JK), JS(JK, SK)를 보여주고 있으며, 또 SP와 PJ를 죠인하고 그 결과를 다시 JS와 죠인한 결과를 보여주고 있다. 여기서 주의할 것은 첫 번째 죠인의 결과는 원래의 SPJ 릴레이션에 없는 하나의 부당 튜플 〈S2, P1, J2〉가 추가로 생성되었다가 두 번째 죠인으로 이 부당 튜플이 제거되어 다시 원래의 릴레이션 SPJ로 복귀될 수 있다. 이러한 현상은 세 추출을 어떤 조합으로 죠인하더라도 중간 과정에 생성되는 부당 튜플만 다르지 하나의 부당 튜플이 추가로 생성되고 다시 두 번째 죠인을 해야만 원래의 릴레이션으로 되돌아 간다는 것은 모두 같다. 이것은 곧 SPJ 릴레이션을 두 개의 릴레이션으로 분해해서는 정보 무손실이 되지 않고 세 개의 릴레이션으로 분해해야 되는 3-분해 릴레이션이라는 것을 보여주고 있다.

[그림 3.17]이 보여주고 있는 추출과 죠인과의 관계는 물론 어떤 특정 시간에 존재하는 특정 데이터 값으로 설명하고 있다. 그러나, 중요한 것은 SPJ가 3-분해 릴레이션이라고 하면 이 릴레이션의 모든 데이터 값들이 시간과 무관해서 항상 만족해야 될 어떤 기본적인 제약 조건이 있다는 것이다.

그러면 이 제약 조건이 어떤 것이어야 하는지 알아보자. 릴레이션 SPJ가 세 개의 추출 SP, PJ, JS를 죠인한 결과와 같다는 것은 만일 SP가 〈S1, P1〉, PJ가 〈P1, J1〉, JS가 〈J1, S1〉을 포함한다면 SPJ는 〈S1, P1, J1〉을 포함해야 한다는 것과 동등하다. 왜냐하면〈S1, P1, J1〉은 분명히 SP, PJ, JS를 죠인한 결과에 나타나기 때문이다. 또 임의의 J2, S2, P2에 대해 〈S1, P1, J2〉, 〈S2, P1, J1〉, 〈S1, P2, J1〉이 SPJ에 있다면 〈S1, P1〉, 〈P1, J1〉, 〈J1, S1〉도 추출 SP, PJ, JS에 각각 있어야 된다. 이것을 종합하면 다음과 같은 SPJ에 대한 제약 조건으로 표현할 수 있다.

'만일 〈S1, P1, J2〉,〈S2, P1, J1〉, 〈S1, P2, J1〉이 SPJ에 포함되어 있으면, 〈S1, P1, J1〉도 또한 SPJ에 포함되어 있어야 한다.'

이러한 제약 조건이 합법적인 모든 데이터 값들에 항상 적용되면 이것이 바로 시간에 독립적인 SPJ의 제약 조건인 것이다. 이 제약 조건의 특징은 순환적 성질이다.

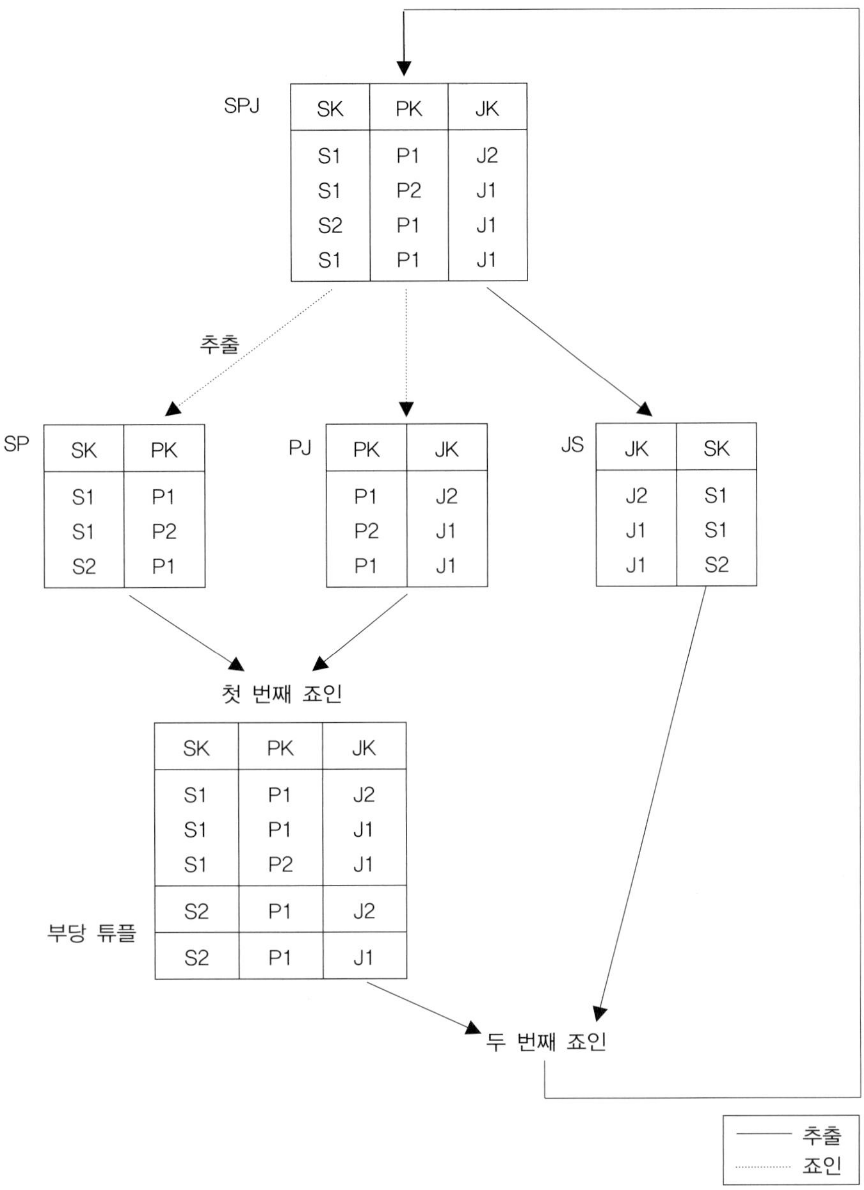

그림 3.17 추출과 조인

예를 들어, S1이 P1과 연결되어 있고, P1은 J1과 연결되고 J1은 다시 S1과 연결되면 S1, P1, J1은 모두 같은 튜플에 속해 있어야 한다. 어떤 릴레이션이 이와 같은 순환적 성질의 제약 조건을 만족하면 그 릴레이션은 n-분해(n 〉 2) 릴레이션들을 조인한 결과와 똑같아야 한다고 할 때 이 제약 조건을 조인 종속(join dependency : JD)이라 한다. 이 조인 종속도 함수 종속이나 다중값 종속과 같이 릴레이션에 관련된 제약 조건이다.

그러면 이 죠인 종속의 정의를 살펴보자.

- 죠인 종속(JD) : 어떤 릴레이션 R의 애트리뷰트의 부분 집합을 A, B, ..., Z라 하자. 이때 만일 릴레이션 R이 그의 추출 A, B, ..., Z를 죠인한 것과 똑같다면 R은 죠인 종속 *(A, B, ..., Z)를 만족시킨다고 한다.

위에서 SPJ 릴레이션은 죠인 종속 *(SP, PJ, JS)를 만족하고 있고 또 3-분해 릴레이션이라는 것을 알 수 있다.

그러면 이 릴레이션을 3-분해하지 않을 경우에 일어나는 갱신 이상을 살펴보자. 예를 들어, SPJ가 [그림 3.18] (a)와 같을 때 튜플 〈S2, P1, J1〉을 삽입하려면 본의 아니게 튜플 〈S1, P1, J1〉도 함께 삽입해야만 된다. 물론 그 역은 성립하지 않는다. 또 SPJ가 [그림 3.18] (b)와 같을 때 〈S1, P1, J1〉을 삭제하려면 적어도 다른 나머지 튜플 중의 어느 하나를 함께 삭제해야만 된다. 그러나, 튜플 〈S2, P1, J1〉을 삭제한다면 아무런 문제가 없다. 이러한 갱신 이상은 이 릴레이션을 3-분해하면 제거된다.

SPJ

SK	PK	JK
S1	P1	J2
S1	P2	J1

(a)

SPJ

SK	PK	JK
S1	P1	J2
S1	P2	J1
S2	P1	J1
S1	P1	J1

(b)

그림 3.18 릴레이션 SPJ의 갱신 문제점

죠인 종속과 다중값 종속 관계는 앞에서 설명한 Fagin의 정리를 다음과 같이 기술하면 명확해진다.

릴레이션 R(A, B, C)가 죠인 종속 *(AB, AC)를 만족하기만 하면 릴레이션 R은 두 개의 다중값 종속(MVD) $A \twoheadrightarrow B \mid C$를 만족한다.

위의 정리는 다중값 종속의 정의로 볼 수 있는데, 그렇다면 다중값 종속은 죠인 종속의 특별한 경우(2-분해)가 되어 결과적으로 죠인 종속은 다중값 종속의 일반형이 되는 것이다. 더구나 다중값 종속은 함수 종속의 일반형이기 때문에 이 죠인 종속은 가능한 종속 중에서 가장 일반형이라는 것을 알 수 있다.

SPJ 릴레이션에서 나타난 문제들은 SPJ가 MVD가 아닌 (따라서 FD도 아닌) JD를 갖고 있기 때문이라는 것을 알 수 있다. 또 이러한 릴레이션은 보다 작은 릴레이션, 즉 죠인 종속으로 명세될 수 있는 추출로 분해할 수 있고 또 그렇게 하는 것이 바람직하다는 것도 보았다. 사실상 이 분해는 모든 결과 릴레이션이 제 5 정규형이 될 때까지 계속할 수 있다.

그러면 제 5 정규형(5th normal form : 5NF)의 정의를 살펴보자.

- 제 5 정규형(5NF) : 릴레이션 R에 존재하는 모든 죠인 종속(JD)이 릴레이션 R의 후보 키 를 통해서만 성립된다면 릴레이션 R은 제 5 정규형(5NF) 또는 PJ/NF(projection-join normal form)에 속한다.

릴레이션 SPJ는 5NF이 아니다. 왜냐하면 이것은 죠인 종속을 가지고 있는데 이 죠인 종속은 후보 키인 (SK, PK, JK)만을 통해서 성립하는 것이 아니고 후보 키가 아닌 (SK, PK), (PK, JK), (JK, SK)를 통해서 죠인 종속이 성립하기 때문이다. 반면에 추출 후에 만들어진 세 릴레이션 SP, PJ, JS는 어떤 죠인 종속도 전혀 없기 때문에 모두 5NF에 속한다. 5NF에 속하는 모든 릴레이션은 당연히 4NF에 속한다. 왜냐하면 MVD는 JD의 특수한 경우이기 때문이다. 실제로 후보 키를 통한 MVD는 그 후보 키가 결정자가 되는 FD라는 것이 증명되었다. 또한 어떤 릴레이션도 제 5 정규형으로 될 수 있다.

그러면 5NF 정의에서 죠인 종속(JD)이 후보 키를 통한다는 뜻을 예로써 설명해 보자.

릴레이션 학생(학번, 이름, 학과, 학년)이 두 개의 후보 키 학번과 이름을 가지고 있다고 하자. 그러면 이 '학생' 릴레이션은 여러 죠인 종속을 만족하는데 그 중에 다음과 같은 죠인 종속도 만족한다.

*((학번, 이름, 학과), (학번, 학년))

즉, '학생' 릴레이션은 두 추출 (학번, 이름, 학과)와 (학번, 학년)의 죠인과 같다. 따라서, 이 두 추출로 무손실 분해할 수 있다. 그렇다고 반드시 분해를 해야 된다는 것을 의미하는 것은 아니다. 이 죠인 종속은 학번이라는 후보 키를 통한 것이다. 마찬가지로 이 '학생' 릴레이션은 다음과 같은 죠인 종속도 또한 만족한다.

*((학번, 이름), (학번, 학년), (이름, 학과))

이 죠인 종속도 두 후보 키 학번과 이름을 통한 것이다.

일반적으로 어떤 릴레이션의 한 죠인 종속과 모든 후보 키를 알면 그 죠인 종속이 후보 키를 통한 것인지를 판단하는 알고리즘이 있다. 따라서, 주어진 릴레이션에서 모든 죠인 종속과 모든 후보 키를 알면 그 릴레이션이 5NF에 속하는지 결정할 수 있다. 그러나, 어떤 릴레이션의 죠인 종속을 전부 알아내는 것은 그 자체가 어려운 문제가 될 수 있다. 즉, FD나 MVD를 찾아내는 것은 비교적 쉽지만 MVD도 아니고 FD도 아닌 JD를 찾아내는 것은 어렵다. 왜냐하면 FD나 MVD는 현실 세계의 의미와 직결되지만 JD는 그 의미가 직감적이지 못하기 때문이다. 따라서, 어떤 릴레이션이 4NF이면서 5NF이 아닐 때 그것을 분해한다는 것이 유익한지는 아직도 분명하지 않다.

결과적으로 5NF은 PJ/NF가 의미하듯이 추출과 죠인에 관해서는 궁극적인 정규형이 된다. 즉, 5NF에 속하는 릴레이션은 추출이나 죠인으로 해결될 수 있는 이상 문제는 없다는 것이 보장된다. 왜냐하면 한 릴레이션이 5NF에 있으면 후보 키를 통한 JD만 존재하게 되고 분해를 한다면 후보 키를 기초로 해서만 무손실 분해가 되기 때문이다. 따라서, 위의 '학생' 릴레이션은 5NF이다. 그래서 이 릴레이션은 여러 가지 방향으로 무손실 분해할 수 있지만 이때 각 추출은 원래의 후보 키를 하나씩 포함하게 되기 때문에 이러한 분해가 어떤 별다른 이점을 가지고 있는 것 같지는 않다.

지금까지 1NF부터 5NF까지의 정규화 과정에 대해 살펴보았다. 5NF까지만 가면 별다른 문제가 없다는 것은 지금까지 설명한 대로이다. 그러나, 완전한 정규화만이 제일 좋은 것이 아니라는 예를 들어보자.

릴레이션 학생주소(학번, 이름, 주소, 전화번호)가 있다고 할 때 후보 키는 주 키인 학번만 있고 함수 종속은 이 학번에 연관된 함수 종속 이외에 다음과 같은 함수 종속이 하나 더 있다고 하자.

$$\text{전화번호} \rightarrow \text{주소}$$

이렇게 되면 '학생주소' 릴레이션은 당연히 5NF이 아니다. 따라서, 정규화 이론에 따라 다음과 같은 두 개의 릴레이션으로 분해할 수 있다.

학생전화(학번, 이름, 전화번호)

전화주소(전화번호, 주소)

학번과 전화번호는 각각 '학생전화' 릴레이션과 '전화주소' 릴레이션의 주 키가 된다. 그러나, 이름과 (전화번호, 주소)는 보통 분리하지 않고 다 함께 사용하는 것이 편리하기 때문에 이런 분해는 실제 응용 면에서 도움이 안 된다는 것을 알 수 있다.

4장 오라클 서버

오라클 서버의 주요 구성 요소는 데이터베이스와 인스턴스(instance)이다. 그리고 사용자 관리, 네트워크 관리, 데이터 복구, 보안 등 많은 부분들이 서버 기능에 속한다. 본 장에서는 이들의 내용에 대해 설명하고자 한다.

4.1 데이터베이스의 구조

오라클 데이터베이스는 물리적인 데이터베이스와 논리적인 데이터베이스의 구조로 구성되며 이는 서로간의 독립성을 최대한 보장해 주고 있다. 즉, 물리적(physical) 데이터베이스의 구조가 변경된다고 해서 논리적(logical)인 데이터베이스의 구조를 변경할 필요가 없다.

물리적 데이터베이스 구조

오라클의 물리적 데이터베이스 구조는 각 시스템의 운영체제에 따라서 파일 구조가 결정된다. 그러나, 반드시 하나 이상의 데이터 파일(data file)과 두 개 이상의 리두 로그 파일(redo log file) 및 하나 이상의 컨트롤 파일(control file)이 있어야 한다. 데이터 파일은 실제 데이터들이 저장되는 파일을 말하며, 리두 로그 파일은 데이터의 변경 내용들을 기록했다가 복구시 사용하기 위한 파일이다. 그리고 컨트롤 파일은 데이터 파일이나 리두 로그 파일 등 오라클 서버가 사용하는 파일들에 대한 정보를 기록하는 파일이다.

논리적 데이터베이스 구조

논리적 데이터베이스 구조는 테이블스페이스(tablespace)와 이를 사용하는 테이블(table), 뷰(view), 인덱스(index) 등에 의해서 결정되며, 이들을 어떻게 사용하느냐에 따라서 데이터베이스의 성능과 프로그래밍에 큰 영향을 주기 때문에 아래에서 상세히 설명하기로 한다.

아래 [그림 4.1]에서는 오라클 데이터베이스의 구조를 보이고 있다.

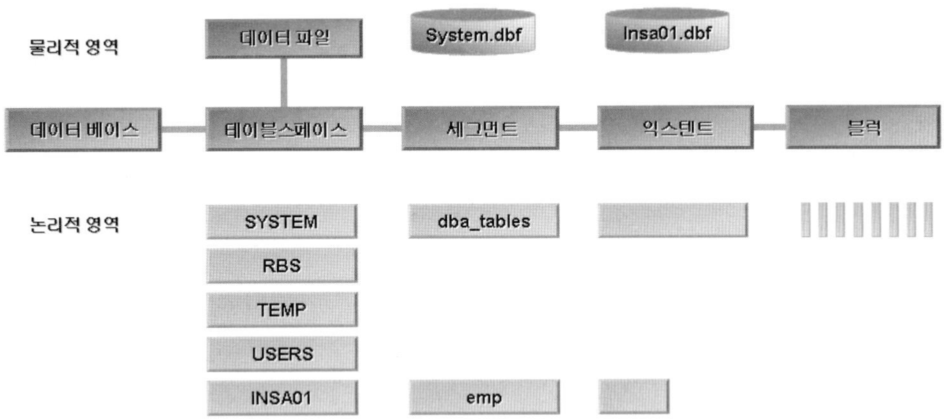

그림 4.1 물리적 데이터베이스 구성 요소

참고

- 데이터 파일 : 디스크에 존재하는 실제 파일이며 하나 이상의 데이터 파일이 모여서 테이블스페이스를 구성하게 된다.
- 데이터베이스 : 테이블스페이스들의 모임을 데이터베이스라 한다.
- 테이블스페이스 : 세그먼트들을 저장하는 공간으로 하나의 테이블 및 인덱스 등이 세그먼트에 해당된다.
- 세그먼트 : 하나 이상의 익스텐트로 구성되며 테이블 및 인덱스 등이 세그먼트에 해당된다.
- 익스텐트 : 하나 이상의 연속된 데이터 블록의 모임이며 세그먼트에 공간을 할당하는 단위가 된다.
- 데이터 블록 : 익스텐트를 구성하는 구성 요소로 오라클 저장 구조 중 가장 작은 입출력 단위이다. 즉, 데이터를 읽을 때 한 번에 읽을 수 있는 데이터의 크기를 의미한다.

오라클은 물리적인 데이터 파일들이 있고 이를 사용하는 테이블스페이스들이 있다. 그리고 이 테이블스페이스를 사용하는 테이블, 인덱스 등이 있다. 아래에서는 데이터 파일과 테이블스페이스에 대하여 설명하고 있다.

4.1.1 테이블스페이스

테이블스페이스는 용도에 따라 시스템 테이블스페이스와 비시스템용 테이블스페이스로 분류할 수 있다. 시스템 테이블스페이스에는 SYSTEM 테이블스페이스와 SYSAUX 테이블스페이스 등 2가지가 존재하고 비시스템용 테이블스페이스는 일반 테이블스페이스, 임시 테이블스페이스 그리고 롤백(언두) 테이블스페이스 등이 있다. 또한, 익스텐트 관리 방식에 따라 딕셔너리 관리 테이블스페이스와 지역 관리 테이블스페이스로 구분할 수 있다. 마지막으로 테이블스페이스에 저장된 세그먼트의 공간 관리 방식에 따라 자동 세그먼트 공간 관리 테이블스페이스와 수동 세그먼트 공간 관리 테이블스페이스로 구분할 수 있다. 이제부터 각 분류에 따른 테이블스페이스의 특징과 사용 용도에 대해 알아보도록 하자.

1) 용도에 따른 구분

시스템용 테이블스페이스는 오라클이 데이터베이스 운영을 위해 사용하는 영역이며 특징은 다음과 같다.

- 데이터베이스 운영에 필요한 데이터 저장
- 데이터베이스 생성시 반드시 생성해야 하며 생성 후 삭제 불가
- 테이블스페이스 상태 변경 불가

시스템용 테이블스페이스 중 SYSAUX 테이블스페이스는 데이터 파일 추가 및 오프라인으로 변경은 가능하다.

SYSTEM 테이블스페이스

SYSTEM 테이블스페이스는 오라클에서 사용하는 기본적인 테이블스페이스이다. 즉, 데이터베이스를 생성하면 자동으로 생기는 테이블스페이스이다. 이곳에는 데이터베이스를 위한 데이터 사전(data dictionary)과 데이터베이스에서 기본으로 제공하는 PL/SQL 프로그램 단위(unit)가 저장된다. 그리고 데이터베이스 정보와 객체 정보의 변경에 대한 롤백 데이터를 저장하는 시스템 롤백 세그먼트를 포함한다. 또한 SYSTEM 테이블스페이스가 지역 관리 방식으로 생성되면 이후 모든 테이블스페이스는 지역 관리 방식으로만 생성 가능하다.

SYSAUX 테이블스페이스

SYSAUX 테이블스페이스는 오라클 10g에서 새로 추가된 필수 테이블스페이스이다. 데이터 마이닝, Enterprise Manager 저장소, 인터미디어와 Spatial 등 오라클 추가 기능에 관련된 데이터를 오라클 10g부터는 기본적으로 SYSAUX 테이블스페이스에 저장한다. 이와 같이 오라클 10g 이전에 다양한 테이블스페이스에 저장되었던 데이터가 오라클 10g부터는 SYSAUX 테이블스페이스에 저장되므로 데이터베이스 관리자가 관리해야 할 테이블스페이스의 개수가 감소하게 되었다. 따라서, SYSTEM 테이블스페이스의 사용량과 부하를 감소시키며 기능 추가 및 삭제에 따른 SYSTEM 테이블스페이스의 단편화

현상을 감소시킨다.

비시스템용 테이블스페이스는 사용자가 데이터 저장 및 업무적인 활용을 위해 사용하는 영역이다.

롤백(언두) 테이블스페이스

사용자들이 SQL문 또는 PL/SQL문을 실행한 후 트랜잭션을 취소하려면 롤백(rollback)문을 실행하게 되는데, 이때 변경 이전의 데이터로 복구하기 위해 롤백 테이블스페이스에 변경 이전의 데이터를 저장하게 된다.

Temporary 테이블스페이스

사용자들이 SQL문을 작성할 때 GROUP BY, ORDER BY, HAVING, START WITH 절을 사용하면 실행될 때 데이터베이스 내부에서 분류 작업이 일어나는데, 이때 사용하는 저장 공간이 Temporary 테이블스페이스이다.

Users 테이블스페이스

Users 테이블스페이스는 데이터베이스를 설치하면 기본적으로 생성되는데 사용자가 테스트할 수 있는 저장 공간이다. 사용자가 이 공간을 사용하지 않을 수도 있으며, 일반적으로 별도의 테이블스페이스를 만들어 사용하게 된다.

2) 익스텐트 관리 방법에 따른 구분

테이블스페이스 공간 관리 방법에 따라 딕셔너리 관리 테이블스페이스와 지역 관리 테이블스페이스로 구분할 수 있다.

딕셔너리 관리 테이블스페이스

해당 테이블스페이스의 익스텐트 정보를 시스템 테이블스페이스에 저장된 데이터 딕셔너리 테이블에서 관리하는 방식을 딕셔너리 관리 테이블스페이스라고 한다. 특징은 해당 테이블스페이스에 존재하는 세그먼트가 사용하는 익스텐트의 정보가 변경될 때마다 관련 데이터 딕셔너리 테이블에 해당 익스텐트 정보를 갱신하고 세그먼트마다 각기 다른 익스텐트 크기 설정이 가능하다.

지역 관리 테이블스페이스

지역 관리 테이블스페이스는 익스텐트 정보를 확인하기 위해 SYSTEM 테이블스페이스에 있는 데이터 딕셔너리 테이블을 참조하지 않고 테이블스페이스를 구성하는 데이터 파일의 헤더에 존재하는 비트맵 정보를 활용해서 자체적으로 해결한다. 비트맵은 0과 1을 의미하며 사용한 익스텐트는 1로 표시하고 사용 가능한 익스텐트는 0으로 표시하여 맵과 같이 관리하는 것을 뜻한다. 특징은 데이터 딕셔너리 테이블을 갱신하거나 참조하지 않고 데이터 딕셔너리 테이블 갱신에 따른 언두 정보도 불필요하다. 따라서 데이터 딕셔너리 테이블을 갱신하거나 참조하지 않기 때문에 데이터 딕셔너리 테이블과 SYSTEM 테이블스페이스에 대한 경합이 감소하게 된다. 그러므로 변경에 따른 데이터 딕셔너리 테이블의 언두 정보를 발생시키지 않게 된다.

지역 관리 테이블스페이스가 딕셔너리 관리 테이블스페이스보다 성능 및 관리 면에서 많은 장점을 가지고 있다. 이러한 장점 때문에 가급적 지역 관리 테이블스페이스의 사용을 권장한다.

3) 세그먼트 공간 관리 방법에 따른 구분

세그먼트 공간 관리 방법에 따른 테이블스페이스는 자동 세그먼트 공간 관리 방식과 수동 세그먼트 공간 관리 방식이 있다.

자동 세그먼트 공간 관리 방식

세그먼트를 구성하는 각 익스텐트의 첫 번째 데이터 블록인 익스텐트 헤더에서 비트맵으로 여유 공간을 가지는 데이터 블록을 관리하는 방식이다. 자동 세그먼트 관리 방식을 사용하면 공간 사용 효율성이 향상되고 동시 Insert 작업에 대한 성능이 향상된다.

수동 세그먼트 공간 관리 방식

세그먼트를 구성하는 익스텐트 중 첫 번째 익스텐트의 첫 번째 데이터 블록인 세그먼트 헤더에서 사용 가능 리스트로 여유 공간을 가지는 데이터 블록을 관리하는 방식이다.

자동 세그먼트 공간 관리를 적용하지 않으면 온라인 세그먼트 축소 등 사용하지 못하는 오라클의 새로운 기능이 많이 존재하므로 가급적 자동 세그먼트 공간 관리 방식을 사용하여 테이블스페이스를 생성하도록 하는 것이 좋다.

4.1.2 데이터 파일

테이블스페이스는 하나 이상의 데이터 파일로 구성된다. 오라클에서 데이터 파일을 생성할 때에 시스템의 운영체제는 디스크에 오라클이 사용할 수 있는 상태로 만들어 준다. 데이터베이스 스키마 객체(schema object)인 테이블, 뷰 및 인덱스 등은 하나 이상의 테이블스페이스 영역을 사용하고, 이 테이블스페이스는 하나 이상의 데이터 파일을 사용한다. 데이터베이스 스키마 객체의 데이터들이 늘어나면 데이터 파일은 자동으로 필요한 영역을 확장시키는 특성을 가지고 있다. 또한 다른 특성을 가지고 있는데, 하나의 데이터 파일은 오직 하나의 데이터베이스와만 관련이 있다. 데이터 파일에는 일반 데이터들을 저장하는 데이터 파일과 패러미터 파일(parameter file), 리두 로그 파일(redo log file) 및 컨트롤 파일(control file) 등이 있다.

컨트롤 파일

컨트롤 파일은 데이터베이스 이름, 데이터 파일 및 리두 로그 파일의 이름과 위치 정보 등을 가지고 있는 파일이다. 오라클 서버가 기동될 때 반드시 필요한 파일이고, 이 파일이 없으면 데이터베이스를 오픈할 수 없다. 오라클 서버에서는 같은 내용을 담고 있는 여러 개의 컨트롤 파일을 둘 수 있게 하고 있다. 또한 데이터 파일의 위치와 이름이 변경되면 이를 자동으로 컨트롤 파일에 기록하여 데이터베이스 오픈에 문제가 생기지 않게 한다.

컨트롤 파일이 기록하고 관리하는 데이터베이스 상태 정보는 데이터베이스 이름, 데이터베이스 생성시 타임스탬프, 현재 리두 로그 파일 번호, 체크포인트 정보 및 테이블스페이스 정보 등이 있다.

리두 로그 파일

리두 로그 버퍼는 데이터베이스 장애시 복구를 수행하기 위해 모든 DML에 대한 로그를 기록하는 버퍼이다. 하지만 리두 로그 버퍼는 메모리 영역으로 무제한의 변경 내용을 기록할 수는 없다. 이런 이유에서 리두 로그 버퍼는 재활용을 하며 리두 로그 버퍼가 다 사용되면 다시 그 위에 겹쳐서 로그를 기록하게 되는데 그렇기 때문에 모든 변경에 대한 로그를 로그 버퍼에서 확인할 수 없게 된다. 이와 같기 때문에 변경된 기록이 겹쳐 기록되기 전에 로그 기록을 LGWR 백그라운드 프로세스에 의해 디스크의 리두 로그 파일에 기록하게 된다.

하나의 데이터베이스 인스턴스에는 반드시 두 개 이상의 리두 로그 파일이 있어야 한다. 이 파일에는 리두 로그 엔트리가 기록되어 있는데, 이는 변경된 데이터베이스 하나하나의 데이터들에 대한 정보를 가지고 있다. 이들은 데이터베이스를 사용하는 동안 완료된 트랜잭션들로 인하여 변경된 데이터들을 손실로부터 보호하기 위함이다.

패러미터 파일

패러미터 파일은 오라클 환경을 구성하는 패러미터에 대한 설정 값을 저장하는 파일이며 패러미터 파일에 설정되지 않는 패러미터의 설정 값은 기본 값으로 설정된다. 오라클은 수많은 패러미터를 설정할 수 있으며 데이터베이스 관리자는 데이터베이스가 운영되는 업무의 특성에 따라 각 패러미터들의 값을 설정해야 한다. 오라클은 패러미터 설정 값을 패러미터 파일로 저장하고 데이터베이스가 기동될 때 해당 패러미터 파일을 데이터베이스에 적용하게 된다.

패러미터의 종류는 정적 패러미터와 동적 패러미터로 나눌 수 있는데 동적 패러미터는 데이터베이스의 재기동 없이 ALTER SYSTEM SET 명령어로 변경 사항을 적용할 수 있는 패러미터이며 정적 패러미터는 변경하기 위해 반드시 재기동이 필요한 패러미터이다.

4.2 오라클 인스턴스

오라클 인스턴스는 백그라운드 프로세스(background process)와 SGA(system global area)라는 메모리 영역으로 이루어지는데 이들 각각에 대해서는 아래에서 설명하고 있다.

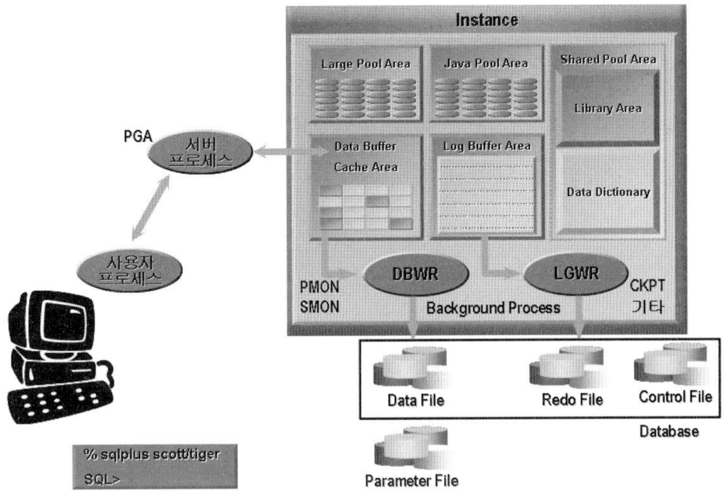

그림 4.2 오라클 인스턴스

4.2.1 메모리 구조

메모리 영역은 오라클 데이터베이스에서 가장 중요한 데이터베이스의 크기를 결정하는 척도이며 데이터베이스 전체의 실행 속도를 향상시키기 위한 튜닝(tuning)의 대상이 되기도 한다. 그리고, 데이터베이스에 접속하는 모든 사용자들이 공유하는 영역이다. RDBMS가 시스템의 메모리를 사용하는 목적은 단순하게 데이터를 입력하고 출력하기 위해서 뿐만 아니라 동시 사용자를 지원하거나 서로 다른 응용 프로그램 또는 같은 응용 프로그램들을 서로 문제없이 수행하기 위해서이다. 오라클 서버는 수행해야 할 응용 프로그램의 소스 코드(source code)를 저장하거나, 많은 사용자들이 요구하는 데이터를 제공하기 위해서 시스템 메모리의 특정 부분에 필요한 메모리 영역을 확보하고 사용한다. 이런 메모리 영역은 오라클 서버 프로세스나 다른 프로세스 소개에서 상세히 설명하기로 한다. 오라클 메모리는 크게 두 부분으로 이루어지는데 데이터 버퍼(data buffer), 리두 로그 버퍼(redo log buffer) 및 공유 풀(shared pool)로 이루어진 SGA(system global area)와 PGA(program global area)가 그것이다.

1) SGA

오라클은 필요한 데이터를 디스크에서 읽어 메모리에 저장한 후 메모리에 저장된 데이터를 읽거나 변경을 수행한다. 이러한 일련의 작업에서 사용되는 공용 메모리 영역을 SGA라고 한다. SGA는 오라클 내에 있는 두 가지 중요한 메모리 구조 중의 하나로 오라클 인스턴스가 시작될 때 시스템 메모리에서 할당받으며 종료될 때 다시 시스템 메모리 영역으로 반환되며 공용 메모리 영역이므로 동일 데이터베이스에 접속하는 모든 사용자는 동일 SGA를 사용하게 된다. 데이터 입·출력을 최소화하려면 SGA를 되도록 크게 잡는 것이 좋다. SGA에 속하는 요소는 다음과 같다.

데이터 버퍼 캐시

데이터 버퍼 캐시(data buffer cache)는 데이터베이스의 데이터를 위한 캐시이다. 디스크에 보관되어 있는 데이터들은 사용자가 요구하면 이 캐시를 거쳐 사용자들에게 보여지고, 이전에 사용된 데이터들은 캐시 영역이 부족하면 다시 디스크로 돌아가게 된다. 그리고 이 캐시의 중요한 기능은 가장 최근에 많이 사용된 데이터들을 보관하고 있다가 이를 다시 요구할 때에 빠르게 대응할 수 있도록 되어 있다. 즉, 데이터 버터 캐시는 오라클이 데이터를 읽고 수정하기 위해 디스크에 존재하는 데이터를 읽어 저장하는 메모리 공간이다.

데이터 버퍼 캐시를 구성하는 버퍼의 종류는 변경이 완료되었지만 디스크에 기록되지 않은 버퍼인 더티 버퍼(dirty buffer), 변경중인 버퍼인 사용중 버퍼(pinned buffer) 및 변경이 완료된 후 디스크에 기록된 버퍼인 사용가능 버퍼(free buffer)가 있다.

데이터 버퍼 캐시를 사용하는 프로세스들은 서버 프로세스와 DBWR(Database Writer) 백그라운드 프로세스가 있는데 서버 프로세스는 디스크로부터 필요한 데이터 블록을 읽어 데이터 버퍼 캐시에 저장하는 프로세스이며 DBWR 프로세스는 데이터 버퍼 캐쉬에 저장되어 있는 데이터 블록 중 변경된 데이터 블록의 내용을 디스크로 저장하는 프로세스이다.

리두 로그 버퍼

리두 로그 버퍼(redo log buffer)는 데이터베이스 내 데이터의 변경에 대한 내용을 담고 있는 리두 로그 엔트리를 보관하는 장소이다. 해당 로그들은 서버 프로세스에 의해 리두 로그 버퍼에 기록된 후 백그라운드 프로세스인 LGWR 프로세스에 의해 오라클의 물리적 데이터 구조에 속하는 리두 로그 파일에 기록되어 보관되며, 이들은 모두 데이터베이스 복구에 사용된다.

공유 풀

SGA를 관리하는 메커니즘, 패러미터 정보, 실행되는 SQL, SQL 분석 · 실행 정보 및 오라클 객체 정보를 저장하는 메모리 영역이다.

공유 풀은 고정 영역과 동적 영역으로 구분된다.

- 고정 영역 : 오라클이 SGA를 관리하는 메커니즘 및 오라클 패러미터 정보가 저장되며 고정 영역의 크기는 SQL*Plus에서 show sga 명령으로 확인이 가능하다. 해당 명령어로부터 추출되는 값 중 Fixed Size의 값이 고정 영역의 크기이다. 고정 영역의 크기는 패러미터 설정 값 등을 고려하여 자동으로 할당되며 사용자가 지정할 수 없다.
- 동적 영역 : 해당 영역은 라이브러리 캐시와 데이터 딕셔너리 캐시로 구분되며, 동적 영역의 크기는 SHARED_POOL_SIZE 패러미터를 사용하여 지정할 수 있다.
  - 라이브러리 캐시 : 데이터베이스에 접속한 사용자가 실행한 SQL, 오라클이 내부적으로 사용하는 SQL, SQL에 대한 분석 정보 및 실행 계획이 저장된다.
  - 데이터 딕셔너리 캐시 : 데이터 딕셔너리 캐시는 Row Cache라고도 한다. 데이터 딕셔너리 캐시에는 테이블, 인덱스, 함수 및 트리거 등 오라클 객체 정보 및 권한 등의 정보가 저장된다.

라지(large pool) 풀

라지 풀(large pool) 영역은 공유 풀, 데이터 버퍼 캐시 및 리두 로그 버퍼가 필수 SGA 영역인 반면, 라지 풀은 반드시 지정해야 할 SGA 영역은 아니다. 라지 풀을 지정하게 되면 공유 풀의 부하를 감소시키게 되는데 오라클 8.x 버전부터 추가된 복구 관리자(recovery manager)에 의해 백업과 복구 작업이 실행되거나, 백그라운드 프로세스(DBWR, LGWR)의 입·출력 작업 및 MTS(multi-thread server) 환경의 사용자 접속 정보 등을 저장하는 메모리 영역이다.

자바(java pool) 풀

자바 풀(java pool) 영역은 라지 풀과 마찬가지로 필요에 따라 지정해서 사용하는 SGA 영역이다. 자바 저장 프로시저(java stored procedure), SQLJ 등과 같이 자바 언어를 사용해 데이터베이스에 접속하여 일련의 작업을 처리하는 경우 사용하는 메모리 영역으로 자바 명령을 구문 분석할 경우 사용하는 메모리 공간이므로 자바를 설치하고 사용할 경우 지정해 주어야 한다.

2) PGA

데이터베이스에 접속하기 위해서는 많은 프로그램을 사용하게 된다. 데이터베이스에 접속하기 위해 해당 프로그램을 실행하게 되면 내부적으로 사용자 프로세스가 생성되며 해당 사용자 프로세스는 데이터베이스에 접속하는 순간 모든 정보를 서버 프로세스에게 전달하게 된다. 해당 사용자 프로세스에서 특정 SQL을 수행했다고 하면 사용자 프로세스는 해당 SQL과 기타 정보를 서버 프로세스에게 전달해 주고 답변을 대기하는 역할을 하게 된다. 사용자 프로세스로부터 요청받은 내용을 수행하기 위해서 서버 프로세스가 필요한 모든 작업을 수행하게 된다. 이때 요청받은 내용 및 기타 정보를 저장하기 위해 서버 프로세서는 자신만의 메모리 공간인 PGA를 이용하게 된다. 따라서 PGA는 하나의 서버 프로세스 또는 백그라운드 프로세스에서 사용하는 데이터와 제어 정보를 가지는 메모리 영역으로 SGA처럼 여러 개의 프로세스가 공유하는 것이 아니라 한 프로세스만이 사용하는 영역이다. 전용 서버 모드(dedicated server mode) 환경 하에서 PGA에는 다음과 같은 내용들이 포함된다.

정렬 공간(sort area)

Order By 또는 Group By 등의 정렬을 수행하기 위한 공간이며 해당 공간에서만 정렬이 완료된다면 이를 메모리 정렬이라 한다. 해당 정렬 메모리 공간이 부족하다면 디스크를 이용하게 된다.

세션 정보(session information)

서버 프로세스에 의해 추출된 결과 값을 전달하기 위해 필요한 사용자 프로세스의 세션 정보를 저장한다.

커서 상태 정보(cursor status)

해당 SQL의 파싱(parsing) 정보가 저장되어 있는 주소를 저장한다.

변수 저장 공간(stack space)

SQL 문장에 바인드 변수를 사용했을 경우 해당 바인드 변수를 저장하는 공간이다.

이와 같이 PGA는 사용자 프로세스가 요청한 작업을 수행하기 위해서 필요한 영역으로 구성된다. 하나의 사용자 프로세스에 하나의 서버 프로세스가 할당되며, 또한 하나의 서버 프로세스는 하나의 PGA를 생성하게 된다.

4.2.2 프로세스

프로세스(process)는 간단히 말해서 프로그램의 일부를 수행하는 것을 말한다. 즉 오라클 서버 프로세스라고 하는 것은 오라클 서버라는 거대한 프로그램의 일부를 수행하는 것을 말한다. 이들을 실제로 실행시켜 주는 것은 우리가 흔히 말하는 CPU 또는 프로세서(processor)이다. 오라클에서는 프로세스를 크게 사용자 프로세스와 오라클 프로세스로 나눌 수 있다. 사용자 프로세스는 데이터베이스 사용자들이 오라클 Pro*C나 자바 등을 이용해서 작성하는 응용 프로그램을 말하고, 오라클 프로세스는 사용자 프로세스의 요구에 응하고 데이터베이스를 관리하는 일을 하는 프로세스로 오라클 서버 프로세스와 오라클 백그라운드 프로세스로 나눌 수 있다.

1) 사용자 프로세스

특정 SQL을 수행하여 원하는 내용을 추출하고 싶다면 데이터베이스에 접속해야 한다. 이때 SQL*Plus를 사용하여 접속하였다면 해당 SQL*Plus는 사용자 프로세스를 생성하게 된다. 사용자 프로세스는 해당 세션의 정보와 수행하고자 하는 SQL 정보를 데이터베이스 서버로 전달하게 된다.

2) 서버 프로세스

사용자 프로세스가 수행이 필요한 SQL과 해당 세션 정보를 가지고 데이터베이스에 요청하게 되면 데이터베이스로부터 하나의 프로세스를 할당받게 된다. 해당 프로세스는 사용자 프로세스로부터 요청받은 사항을 수행하게 되며 이를 서버 프로세스라고 한다. 즉 오라클 서버 프로세스(server process)는 사용자 프로세스로부터 들어오는 요구를 오라클에 연결해 주고 이를 오라클 백그라운드 프로세스들이 필요에 따라서 분담하여 처리해 준다. 그리고 서버 프로세스는 사용자가 원하는 데이터가 데이터 버퍼 캐시에 없는 경우 직접 오라클 데이터 파일을 읽어서 사용자에게 전달하는 역할을 한다.

3) 백그라운드 프로세스

오라클 메모리 구조인 SGA 관리 등의 내부적인 작업 수행을 위해 필요한 프로세스이다. 그렇기 때문에 오라클이 기동과 동시에 해당 프로세스 중 필수 프로세스는 반드시 기동되어야 한다. 또한, 다른 특정 기능을 사용하기 위해서는 해당 기능을 지원하는 프로세스를 미리 기동시켜야 한다. 이렇듯 서비스 중에는 계속적으로 프로세스가 기동되어 있어야 하기 때문에 이를 백그라운드 프로세스라고 한다. 백그라운드 프로세스에는 데이터베이스가 시작될 때 꼭 필요한 DBWR(database writer), LGWR(log writer), SMON (system monitor), PMON(process monitor) 등이 있다. 이 4개의 백그라운드 프로세스 중 하나라도 존재하지 않는다면 데이터베이스는 더 이상 사용할 수가 없다. 그리고 이 4개의 프로세스를 필수 백그라운드 프로세스라고 한다.

DBWR(Database Writer)

DBWR은 사용자가 실행한 SQL문에 의해 변경된 데이터의 변경 내역(입력, 수정, 삭제)을 데이터 파일에 저장하는 작업을 수행한다. 메모리에서 변경이 생긴 버퍼의 변경 내용은 언젠가는 디스크로 저장되어야 하며 디스크로 저장되어야만 비로소 시스템 또는 데이터베이스의 장애 발생시 데이터를 유실하지 않게 된다. DBWR은 변경이 발생하였으나 디스크로 저장되지 않은 버퍼인 더티 버퍼를 디스크에 기록하는 역할을 수행한다. DBWR에 의해 디스크로 기록된 버퍼는 사용가능 버퍼(free buffer)로 상태가 변경된다. 예를 들어, 사용자가 UPDATE문을 실행하고 COMMIT문을 실행할 때 테이블에 데이터를 저장하는 작업을 DBWR이 처리한다.

LGWR(Log Writer)

데이터 버퍼 캐시의 변경된 데이터 블록은 DBWR에 의해 디스크로 저장되는데 변경된 데이터 블록만 디스크에 기록한다고 종료되는 것이 아니다. 리두 로그는 선 로그 기법을 사용하기 때문에 리두 로그 버퍼에 변경 작업에 대한 기록이 수행될 것이고, 또한 빠른 커밋을 지원하기 때문에 리두 로그 버퍼에 있는 변경 내용을 디스크로 저장해야 할 것이다. 즉 리두 로그 버퍼에 있는 변경 데이터를 디스크로 저장하는 또 다른 프로세스가 필요한데 이런 역할을 수행해 주는 프로세스가 LGWR(log writer)이다. LGWR은 SGA 영역에 있는 로그 버퍼의 리두 로그 엔트리(redo log entry)들을 온라인 리두 로그 파일(on-line redo log file)에 기록한다.

SMON(System Monitor)

데이터베이스 메모리가 비정상 종료되면 DBWR에 의해 메모리에서 디스크의 데이터 파일로 저장되지 않은 데이터는 불일치 상태에 있게 된다. SMON 프로세스는 데이터베이스 비정상 종료 후 재가동될 때 리두 로그 파일의 로그 정보를 읽어서 데이터 파일에 기록되지 않은 이전에 커밋된 데이터를 복구해 주게 된다. 이를 인스턴스 복구라 한다. 즉 백그라운드 프로세스 메모리 영역의 상태를 감시하며 데이터베이스가 다운된 후 재가동될 때 자동적인 복구 작업을 수행한다.

PMON(Process Monitor)

PMON 프로세스는 사용자 프로세스들이 죽은 경우 이들이 사용한 시스템 자원들을 처리하는 역할을 하고, 오라클 서버 프로세스들이 죽은 경우 이를 복구한다. 예를 들어, 하나의 테이블을 UPDATE하는 명령을 수행하다가 서버 프로세스에 문제가 발생하여 비정상 종료가 되었다고 가정하자. 데이터베이스에서 수행중인 작업이 비정상 종료하게 되면 PMON 백그라운드 프로세스가 활동을 시작하여 비정상 종료된 서버 프로세스가 수행하던 트랜잭션에 의해 변경된 테이블의 행을 롤백하게 된다. 또한 해당 서버 프로세스가 할당받은 PGA와 잠금(lock) 등 해당 서버 프로세스가 사용하던 자원의 할당을 해제하게 된다.

기타 백그라운드 프로세스

4개의 필수 백그라운드 프로세스 뿐만 아니라 경우에 따라 사용할 수 있는 ARCH (archiver), CKPT(checkpoint process), RECO(recoverer), LCK(lock) 등의 기타 백그라운드 프로세스도 있다. ARCH 프로세스는 데이터베이스를 복구 모드로 운영할 때 사용하며 CKPT 프로세스는 DBWR과 LGWR 프로세스의 동기화를 수행할 때 사용하고 RECO 프로세스는 분산 데이터베이스 환경에서 사용한다. LCK 프로세스는 병렬 서버 환경에서 테이블의 잠금과 관련된 백그라운드 프로세스이다. 이와 같은 프로세스는 경우에 따라 설정하게 된다.

5장 프로젝트 분석 및 데이터베이스 설계

본 서의 예제로 사용하는 프로젝트는 FirstBank라는 가상 은행의 업무를 데이터베이스화하는 일이다. 본 장에서는 FirstBank의 사용자 요구 사항을 먼저 분석한 후 엔티티-관계 모델로 개념적 설계를 하고 이를 테이블로 변환하는 과정에 대해 순차적으로 설명하고자 한다.

5.1 사용자 요구 사항 분석

일반적으로 데이터베이스를 사용하는 사람과 개발하는 사람이 다르다. 그렇기 때문에 데이터베이스 설계자는 사용자의 요구 사항을 데이터베이스 설계에 돌입하기 전에 면밀히 분석을 해야만 한다. 사용자 요구 사항 분석은 여러 가지 방법으로 수행하나 일반적으로는 면담 기법을 많이 사용한다. 아래에서는 데이터베이스 설계자와 은행 관계자와의 면담 내용을 기록한 것이다. 본 서의 계속되는 장에서는 이 사용자 요구 사항의 분석 결과를 토대로 서술되는 것임에 유의하기 바란다.

면담 내용

문 : FirstBank 은행 업무에 대하여 간단히 말씀해 주시겠습니까?
답 : 예, 우리 FirstBank는 전국을 대상으로 200개의 지점을 가지고 있으며 전체 1500여명의 직원이 근무하고 있습니다. 현재 은행 예금 및 대출 업무의 대부분이 수 작업으로 처리되고 있는 관계로 은행 운영에 있어 많은 비용과 시간이 소요되고 있기 때문에 올해 연말까지 예금 및 대출 업무 전산화 사업을 계획 중에 있습니다. 이번 전산화 사업이 완료되면 고객 서비스 만족을 위하여 새로운 지평을 열 수 있을 것으로 기대하고 있습니다.

문 : 그럼 현재 FirstBank의 고객은 얼마나 있습니까?
답 : 예, 지난해 연말까지의 통계 결과 개인 고객은 3만명 정도 있으며, 기업 고객은 A 상사, B 주식회사와 C 벤처 등 20개의 상사 및 주식회사의 주거래 은행으로 있습니다.

문 : FirstBank에서 개인 고객을 대상으로 하는 상품에 대해 말씀해 주시겠습니까?
답 : 우리 은행에서는 개인 고객을 대상으로 하는 상품은 크게 두 가지로 요약할 수 있습니다. 첫째, 예금 상품으로는 자유 저축예금, 정기예금, 장기 주택마련저축 등이 있으며 둘째, 대출 상품으로 예금 담보대출, 단골고객 신용대출, 부동산 담보대출 등이 있습니다.

문 : 그럼, 기업을 대상으로 하는 상품은 개인 고객과는 그 규모나 상품의 종류가 틀릴 것 같은데 기업을 대상으로 한 상품에 대해 간략히 소개해 주시겠습니까?
답 : 예, 우리 FirstBank에서는 기업을 대상으로 단기적인 신탁 상품과 장기적 여유 자금을 이용한 정기적금이 있습니다. 그리고 대출 상품으로는 종합통장대출이 있습니다.

문 : 그럼 개인을 대상으로 한 예금 상품에서 각 예금의 특징을 설명해 주시겠습니까?
답 : 예, 자유저축예금은 한도가 없으며 이자율은 연 2%이며 정기예금의 대상은 개인 및 개인 사업자를

포함하며 한도 금액은 없습니다. 계약 기간은 6개월 이상 5년 미만 일 또는 월 단위로 하며 적립 금액은 매회 1만원 이상으로 하고 있습니다. 이율은 1년 미만의 경우 연 6.5%, 1년 이상 3년 미만일 경우에는 연 7.5%의 이율을 적용하고 있습니다. 3년 이상 5년까지는 연 8%의 이율을 적용하고 있습니다. 마지막으로 장기주택마련저축은 가입 대상을 20세 이상의 국내 거주자 또는 세대원을 동반한 20세 미만의 세대주로 제한하고 있으며 가입 준비 서류로는 신분증, 주민등록등본이 필요합니다. 그리고 가입 기간은 1년으로 하며 1년 단위로 재 예치 가능합니다. 청약 가능 금액은 평당 25평 미만은 300만원, 30평 이하는 600만원, 40평 이하는 1000만원으로 하며 40평 초과시 1500만원으로 제한합니다. 약정 이율은 연 8%로 하며 중도 해지시 3개월 미만은 연 1%의 이율을 적용하며 1년 미만시 연 2%의 이율을 적용합니다.

문 : 그럼 개인을 대상으로 한 대출 상품의 특징을 설명해 주시겠습니까?
답 : 예, 예금담보대출은 1년 이상 500만원 이상의 정기적금 계좌를 가진 고객을 대상으로 하고 단골 고객 신용대출은 20세 이상의 내국인이 2년 이상의 신용거래자에 한해 대출 받을 수 있으며 두 가지 모두 최고 한도는 3000만원으로 하며, 대출 이율은 1년 미만 연 12%, 1년 이상 3년 미만은 연 13%, 3년 이상 5년까지는 연 13.5%의 이율을 적용합니다.
부동산담보대출은 공시시가 5000만원 이상의 부동산을 담보로 하여 최고 1억원까지 대출 받을 수 있으며, 대출 이율은 1년 미만 연 10%, 1년 이상 3년 미만은 연 11.5%, 3년 이상 5년까지는 연 12.5%의 이율을 적용합니다.

문 : 기업을 대상으로 하는 예금 상품은 어떤 것들이 있는지 자세한 설명 부탁드립니다.
답 : 예, 우선 신탁 상품의 경우에는 개인 예금과 마찬가지로 한도액은 없으며 이율은 연 1%를 적용하고 있으며 정기 적금은 1회 10만원 이상이며 6개월부터 월 단위로 최대 5년까지 1년 미만 연 5.5%, 1년 이상 3년 미만은 연 6.5% 그리고 3년 이상 5년까지는 7.5%의 이율을 적용하고 있으며, 중도 해지 시에는 1년 미만 연 2%, 1년 이상은 5%의 이율을 적용하고 있습니다.

문 : 그럼, 기업을 대상으로 하는 대출 상품에 대해서도 설명을 부탁드려도 되겠죠?
답 : 예, 물론입니다. 앞서 말씀드린 바와 같이 종합통장대출이 있습니다. 우선 종합통장대출은 종합통장 거래 기업에 한하여 거래 실적에 따라 법인 최고 3억원, 자영업자는 최고 2억원까지 대출이 가능하며 대출 기한은 1년 이상 3년 이내로 제한을 두고 있으며, 상환 방법은 일시 상환을 원칙으로 하며, 대출 이율은 1년 미만 연 12.5%, 1년 이상 2년 미만은 연 13%, 2년 이상 3 년 미만은 연 13.5%의 이율을 적용합니다.

전술한 바와 같이 이 후에 본 서에서 나오는 ERD를 비롯한 모든 예제는 위의 면담 내용을 분석한 것을 토대로 하여 작성한다. 책에서는 이 면담에서 나온 모든 업무를 예로 들을 수 없어 [그림 5.8]에 작성된 ERD에 나타난 내용만을 이용하여 예금/대출 업무 전산화 프로그램의 예제를 작성할 것이다. 나머지 각종 정기예금 상품들의 중도 해지 이율 적용이라든가 장기 주택마련저축상품의 경우 전체 평수에 따라서 청약 금액의 최대 액수가 결정되는 등의 업무는 독자들이 스스로 구축해 보길 바란다.

5.2 데이터 모델링

ER 모델은 엔티티라는 기본 객체와 이들 객체간의 관계 집합으로 구성된 실세계의 인식에 기반을 두고 있다. 이것은 데이터베이스의 전체 논리 구조를 나타내는 조직의 스키마를 명시함으로써 데이터베이스 설계를 쉽게 하도록 개발되었다. ER 데이터 모델은 몇 가지 의미 데이터 모델 중 하나인데, 모델의 의미론적 측면이란 특히 데이터의 뜻을 나타내고자 하는 데 중점을 둔 것이다. ER 모델은 실세계 조직의 의미와 상호 작용을 개념적 스키마로 대응시키는 데 특히 유용하다. 이러한 이유로, 많은 데이터베이스 설계 도구들이 ER 모델의 개념에 기반을 두고 있다.

아래에서는 5.1 절의 FirstBank에 대한 사용자 요구 사항을 기반으로 ER 모델을 이용해 개념적 스키마를 모델링하는 과정을 기술하였다.

5.2.1 엔티티

엔티티는 실세계의 유·무형의 사물로서 다른 개체와는 구별된다. 예를 들어, FirstBank의 고객, 지점, 계좌, 상품은 모두 개체이며 서로 구별 가능하며, 엔티티는 고객이나 지점 같이 구체적인 것일 수도 있고, 계좌와 같이 추상적인 것일 수도 있다. 즉, 현실 세계에 존재하는 유 · 무형의 사물로서 데이터베이스 모델링의 대상이 된다면 개체로 정의할 수 있다. 이런 엔티티를 엔티티-관계도(Entity Relation Diagram : ERD)로 나타낼 때는 다음과 같이 사각형으로 나타내고 이름을 붙인다.

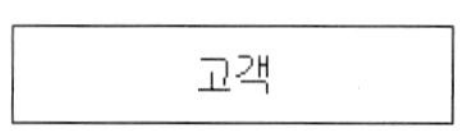

그림 5.1 엔티티

5.2.2 애트리뷰트

애트리뷰트는 각 엔티티가 가질 수 있는 속성이다. 예를 들어, '고객' 엔티티는 고객번호, 고객명, 주소 등의 속성을 가질 수 있는데 이런 속성들을 애트리뷰트라 하며 어떤 엔티티 내의 애트리뷰트 값은 엔티티를 유일하게 구분하는데 사용된다. 예를 들어, 고객번호는 FirstBank의 특정 고객을 유일하게 구분한다.

엔티티형에서 각각의 엔티티를 식별할 수 있는 것이 중요한데 이를 위해 여러 개의 애트리뷰트로 이루어진 집합을 키(key)라고 하며 이 애트리뷰트들이 엔티티 형 내의 각 엔티티를 유일하게 지정한다. 예를 들어 고객번호, 고객명, 주소, 전화번호, 고객구분의 애트리뷰트들로 이루어진 '고객' 엔티티 형에서 고객번호는 하나의 키가 될 수 있다. 한 엔티티 형에 키는 여러 개가 있을 수 있으며, 두 개 이상의 애트리뷰트로 이루어진 키를 복합 키(composite key)라고 한다. 위의 '고객' 엔티티 형에서 [고객번호, 고객명]이 하나의 복합 키가 될 수 있다.

또한 애트리뷰트는 단순 애트리뷰트와 복합 애트리뷰트로 분류할 수 있다. 단순 애트리뷰트는 더 이상 작은 단위로 나누어지지 않는 것으로 고객번호의 경우를 들 수 있고, 복합 애트리뷰트는 여러 종류의 애트리뷰트로 구성된 것으로서 예를 들어 주소의 경우로 시, 군, 구, 동, 번지의 다른 애트리뷰트로 구분될 수 있다.

ERD에서 애트리뷰트는 엔티티 집합을 나타내는 사각형에 실선으로 연결된 타원형으로 표현되며 각 타원형은 고유한 애트리뷰트 이름을 갖는다. 또한 키로 지정된 애트리뷰트에는 밑줄을 긋는다.

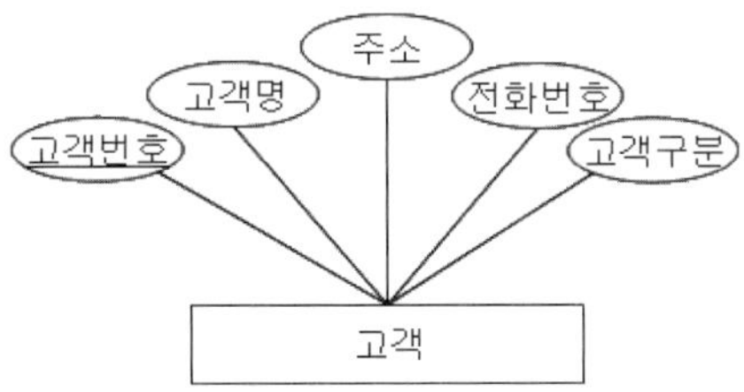

그림 5.2 '고객' 엔티티와 애트리뷰트

5.2.3 관계

관계는 여러 엔티티 간의 연관성을 의미한다. 예를 들어, 어떤 고객이 은행에서 대출을 했다면 고객은 대출 계좌를 가지고 있고 고객과 계좌 엔티티 간에 거래라는 관계가 성립된다. 만약 "어떤 고객이 대출한 일자와 대출 금액을 알고 싶다"라는 정보를 얻고자 할 때, 고객과 계좌라는 두 개의 독립된 엔티티 들만으로는 해당되는 답을 얻기가 힘들다. 이럴 때는 이 엔티티들 사이에 "대출을 했다"라는 관계를 부여해서 두 구성 요소들을 대응시켜 놓을 때 필요한 정보를 얻을 수 있게 된다. 필요시 관계에 대한 애트리뷰트도 가질 수 있다.

이때, 관계에 참가하고 있는 엔티티 들이 두 개로 연관되면 이진(binary) 관계라 하고 세 개로 연관되면 삼진(ternary) 관계라 한다. 데이터베이스 시스템에서 대부분의 관계 집합은 이진 관계이다.

이런 관계를 나타내기 위해서 두 엔티티 들을 연결하는 실선 들이 있고 그 사이에 마름모 모양의 표시를 해준다.

그림 5.3 고객과 계좌간의 관계

ERD에서는 데이터베이스가 준수해야 할 내용에 대한 어떤 제약 조건을 정의할 수 있다. 중요한 제약 조건 중의 하나인 대응 수(mapping cardinality)라는 것이 있는데 관계를 통해 다른 엔티티와 연관될 수 있는 엔티티의 수를 나타낸다.

엔티티 집합 A와 B 간의 이진 관계 집합 R에 대해, 대응 수는 다음 중 하나이어야 한다.

일 대 일 (1 : 1)

한 명의 고객은 하나의 계좌만 가질 수 있다면 그 관계는 일 대 일의 관계가 성립된다.

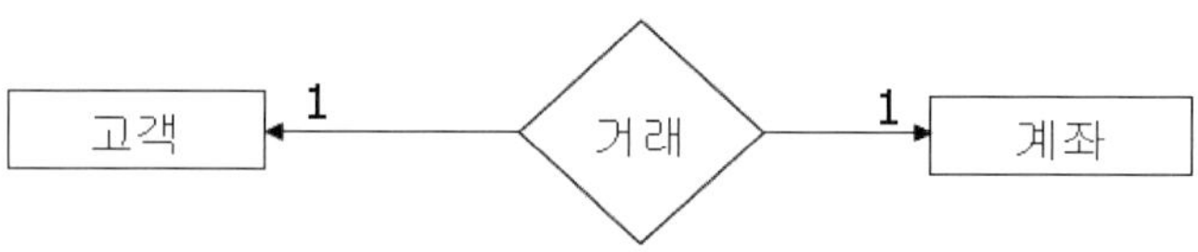

그림 5.4 일 대 일 관계

일 대 다 (1 : M)

한 명의 고객이 여러 번의 대출을 받았다면 이 관계는 일 대 다의 관계가 성립된다.

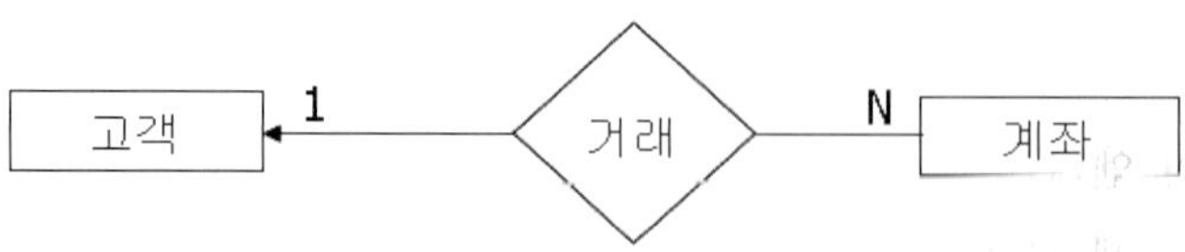

그림 5.5 일 대 다 관계

다 대 일 (M : 1)

하나의 대출 계좌로 여러 명의 고객이 대출을 받았다면 이 관계는 다 대 일의 관계가 성립된다.

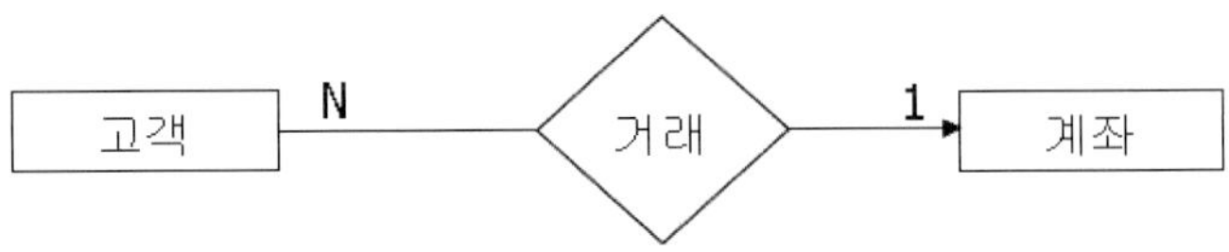

그림 5.6 다 대 일 관계

다 대 다 (M : M)

한 고객이 여러 번 대출을 받고 하나의 대출 계좌에 대해 여러 고객이 대출을 받았다면 이 관계는 다 대 다의 관계가 성립된다.

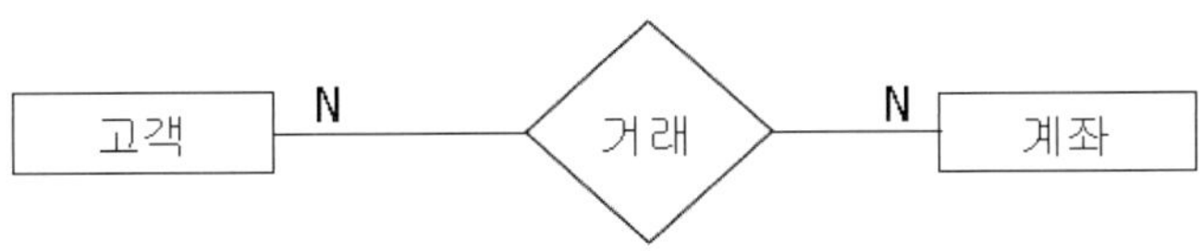

그림 5.7 다 대 다 관계

5.1 절의 사용자 요구 사항을 분석한 결과를 나타내면 아래와 같다.

- 고객은 (고객번호, 고객명, 주소, 전화번호, 고객구분)의 애트리뷰트를 갖는다.
- 고객은 고객구분에 의해 개인 고객과 기업 고객으로 구분한다.
- FirstBank의 지점은 (지점번호, 지점명, 주소, 전화번호, 자산총액)의 애트리뷰트를 갖는다.
- 계좌는 (계좌번호, 일련번호, 예금일/상환일, 예금액/상환액, 통장개설일/대출일, 적금/대출금, 계약기간, 상품구분)등의 애트리뷰트를 갖는다.
- 상품은 (상품명, 한도액, 상품구분, 고객구분, 기간, 이율)등의 애트리뷰트를 갖는다.
- 한 고객은 1개 이상의 계좌를 소유할 수 있다.
- 한 계좌에 대해 여러 명이 공동으로 소유할 수 없다.
- 한 지점에 오직 한 개의 예금 계좌와 대출 계좌가 발생한다.
- 고객은 여러 지점에서 서비스를 받을 수 있다.

이를 토대로 작성한 최종 ERD는 [그림 5.8]과 같다.

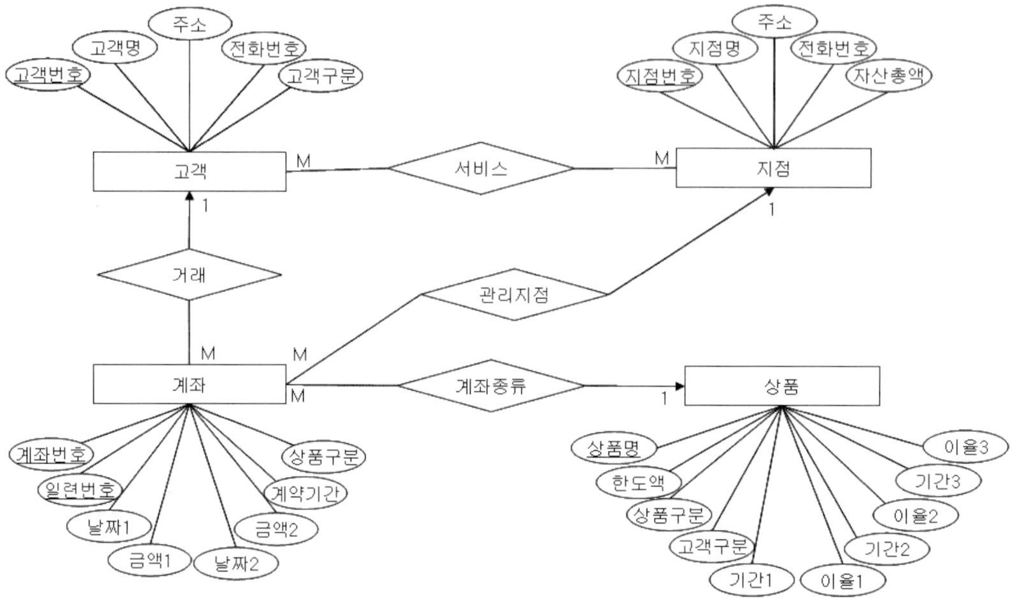

그림 5.8 FirstBank ERD

5.3 테이블 설계

ERD로 표현되는 데이터베이스의 개념적 설계는 데이터베이스 전체의 논리적인 구조를 나타내므로 데이터베이스에 존재하는 데이터의 종류나 데이터 간의 관계를 쉽게 이해할 수 있으나, 특정 데이터베이스 엔진에서 데이터베이스를 구현하기에는 부적합한 구조이다. 그렇기 때문에 관계형 데이터베이스로 구현하기 위해 ERD를 테이블의 형태로 변환할 필요가 있다. 테이블의 형태로 일단 변환되기만 하면 특정한 관계형 데이터베이스의 구조로 쉽게 표현할 수 있다.

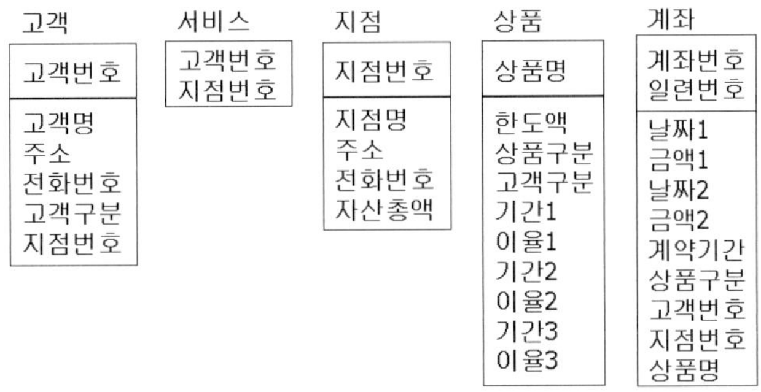

그림 5.9 각 엔티티의 애트리뷰트들

ER 모델에서는 관계가 엔티티 간의 연결로 표현된다. 이는 결국 테이블간의 주 키(primary key)와 외래 키(foreign key)와의 관계인 것을 말하며, 이는 외래 키를 어떻게 만드는가 하는 중요한 문제가 되기도 한다. 이때 고려해야 할 사항은 다음과 같이 정리할 수 있다.

- 연결 : 일 대 다(1 : M), 일 대 일(1 : 1), 다 대 다(M : N)
- 관계 참여 : 선택적, 의무적

앞의 제약 사항들을 고려하여 두 엔티티들 간의 외래 키를 만드는 규칙은 다음과 같다.

5.3.1 일 대 다(1 : M) 관계

일(1) 쪽에 해당하는 테이블의 주 키를 다(M) 쪽에 있는 테이블에 내장시켜 주 키 및 외래 키를 만든다. 만약 다 쪽에 있는 주 키를 일 쪽에 있는 테이블에 내장시키면, 주 키에 여러 개의 같은 값이 발생하므로 키 무결성 규칙에 위반되기 때문이다.

1: M의 관계에서는 다음과 같은 관계 참여 조건의 유형에 따라 외래 키에 널 값(null value)의 명시 조건에 대한 규칙을 정할 수 있다.

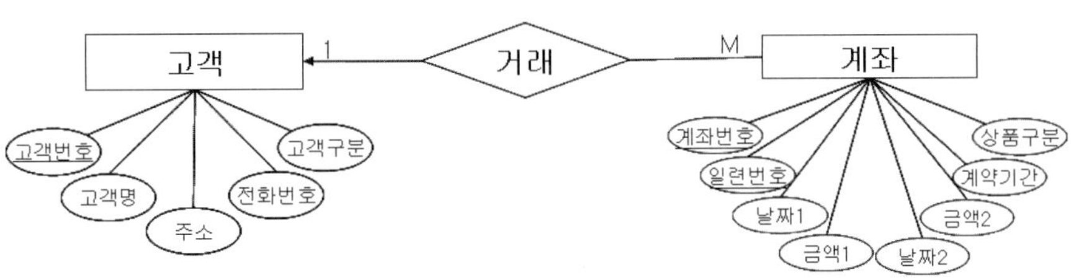

그림 5.10 계좌와 고객 간의 관계

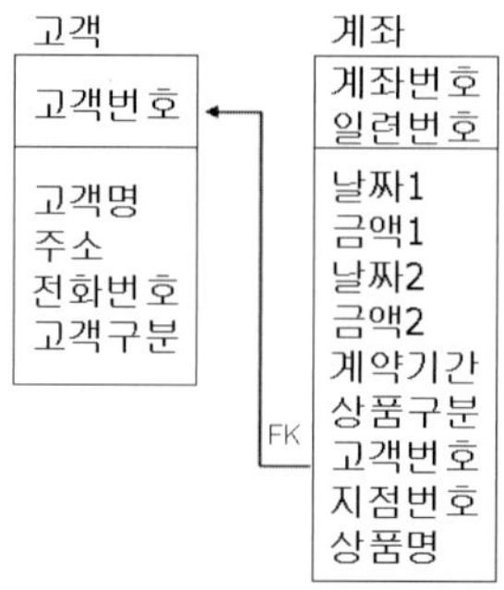

그림 5.11 추가된 고객번호

양 쪽 모두 반드시 데이터가 존재할 경우(1 이상)

- 외래 키 규칙 : NOT NULL (오라클에서는 기본 제공)
  ON DELETE RESTRICT (오라클에서는 기본 제공)
  ON UPDATE CASCADE

양 쪽 모두 선택적일 경우(0 이상)

- 외래 키 규칙 : NULL ALLOWED
  ON DELETE SET NULL
  ON UPDATE CASCADE

한 쪽은 의무적이면서, 다른 한 쪽은 선택적인 경우

만약 다 쪽에 의무적인 조건이 명시되어 있으면, 다 쪽 테이블의 외래 키는 NULL ALLOWED 조건으로 정의되어야 한다.

- 외래 키 규칙 : NULL ALLOWED
  ON DELETE SET NULL or ON DELETE RESTRICT
  ON UPDATE CASCADE

5.3.2 다 대 다(M : N) 관계 또는 일 대 일(1 : 1) 관계

다 쪽에 선택적 조건이 명시되어 있으면, 다 쪽 테이블의 외래 키는 NOT NULL 조건으로 정의되어야 하며, 외래 키에 대한 일 쪽 테이블의 삭제와 갱신은 DELETE RESTRICT와 UPDATE CASCADE 제한을 갖는다.

다 대 다(M : N) 관계

새로운 테이블을 만들어서 여기에, 다 대 다 관계에 참여하는 두 테이블의 주 키를 함께 내장한다. 여기서 새로운 테이블의 외래 키는 두 개가 되며, 주 키는 두 개의 외래 키로 구성된 복합 키가 되며, NOT NULL 조건을 명시한다.

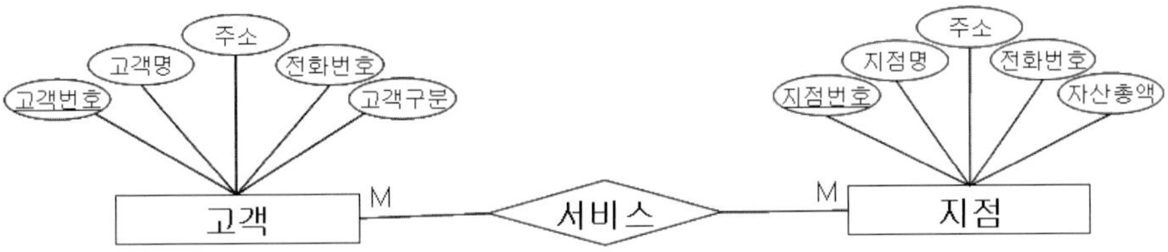

그림 5.12 서비스 관계

그림 5.13 새로 생성된 서비스 테이블

일 대 일(1 : 1) 관계

만약 관계에 참여하는 두 테이블의 양 쪽이 모두 의무적(1 이상)으로 명시되어 있고 다른 엔티티와 관계에 참여하지 않는다면, 기본적으로 두 테이블을 하나의 테이블로 통합한다.

[그림 5.8]의 ERD를 테이블로 변형한 그림을 아래에 보이고 있다.

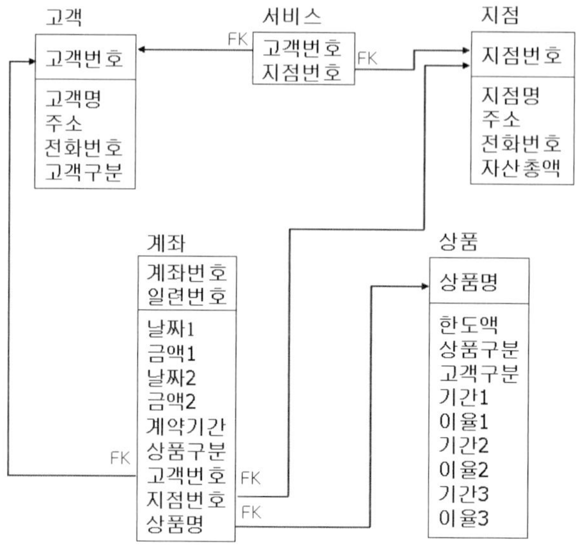

그림 5.14 주 키와 외래 키

5.3.3 테이블 명세서

위에서 작성한 테이블을 가지고 테이블 명세서를 작성하려면 우선 데이터 형을 정의해야 할 것이다. 다음에 나오는 데이터 형들은 SQL-92에 정의된 데이터 형이다. 따라서 표준이란 것을 유념하고 오라클에서는 표준을 지원하며 동시에 더 폭넓은 데이터 형과 사용자 정의 데이터 형까지도 지원하고 있다.

데이터 형	설명	올바른 값의 예
TINYINT	8비트 정수형 데이터	−128 ~ 127
INT	32비트 정수형 데이터	−2147483648 ~ 2147483647
SMALLINT	16비트 정수형 데이터	−32768 ~ 32767
BIGINT	64비트 정수형 데이터	−9223372036854775808 ~ ...
REAL	단정도 소수(4바이트)	3.14159
FLOAT	배정도 소수(8바이트)	16.0223
DOUBLE	배정도 소수(8바이트)	863.2234
DECIMAL(n)	n자리 정수(DECIMAL(n, 0))와 같다	DECIMAL(4) : 1999
DECIMAL(i, j)	소수점 이하가 j 자리인 I 자리수	DECIMAL(3,2) : 5.11, 5.6
CHAR(n)	길이가 n인 고정 문자열	CHAR(5) : chaos
VARCHAR(n)	최대 길이가 n인 가변 문자열	VARCHAR(7) : chaos, good

아래에서는 [그림 5.14]에서 보인 테이블들의 명세서를 보이고 있다.

테이블 명세서						
시스템명	FirstBank 예금/대출 관리			작성일	2013	
테이블 ID	customer			작성자	석 상 기	
테이블 명	고 객					
NO	컬럼ID	컬럼명	Type	Length	NULL	Key
1	c_no	고객번호 (주민번호/사업자번호)	varchar2	14	N.N	P.K
2	c_name	고객명	varchar2	20	N.N	
3	c_addr	주소	varchar2	60		
4	c_phone	전화번호	varchar2	16		
5	c_dist	고객구분	char	2		

테이블 명세서						
시스템명	FirstBank 예금/대출 관리			작성일	2013	
테이블 ID	branch			작성자	석 상 기	
테이블 명	지점					
NO	컬럼ID	컬럼명	Type	Length	NULL	Key
1	b_no	지점코드	varchar2	3	N.N	P.K
2	b_name	지점명	varchar2	20	N.N	
3	b_addr	주소	varchar2	60		
4	b_phone	전화번호	varchar2	16		
5	b_assets	자산총액	decimal	13		

테이블 명세서						
시스템명	FirstBank 예금/대출 관리			작성일	2013	
테이블 ID	service			작성자	석 상 기	
테이블 명	서비스					
NO	컬럼ID	컬럼명	Type	Length	NULL	Key
1	serv_c_no	고객번호	varchar2	14	N.N	P.K, F.K
2	serv_b_no	지점코드	varchar2	3	N.N	P.K, F.K

테이블 명세서						
시스템명	FirstBank 예금/대출 관리			작성일	2013	
테이블 ID	item			작성자	석 상 기	
테이블 명	상품종류					
NO	컬럼ID	컬럼명	Type	Length	NULL	Key
1	item_name	상품명	varchar2	20	N.N	P.K
2	item_limit	한도액	decimal	13		
3	item_dist	상품구분	char	2		
4	item_c_dist	고객구분	char	2		
5	dk_term1	기간1(개월)	decimal	3		
6	dk_rate1	이율1	decimal	5,3		
7	dk_term2	기간2(개월)	decimal	3		
8	dk_rate2	이율2	decimal	5,3		
9	dk_term3	기간3(개월)	decimal	3		
10	dk_rate3	이율3	decimal	5,3		

테이블 명세서						
시스템명	FirstBank 예금/대출 관리			작성일	2013	
테이블 ID	account			작성자	석 상 기	
테이블 명	계좌					
NO	컬럼ID	컬럼명	Type	Length	NULL	Key
1	a_no	계좌번호	char	8	N.N	P.K
2	a_serial_no	일련번호	decimal	5	N.N	P.K
3	a_date	예금일/상환일	date			
4	a_amount	예금액/상환액	decimal	13		
5	a_open_date	통장개설일	date			
6	a_total_amount	적금/대출금	decimal	13		
7	a_term	계약기간	deciaml	3		
8	a_item_dist	상품구분	char	2		
9	a_item_name	상품명	varchar2	20	N.N	F.K
10	a_b_no	지점코드	varchar2	3	N.N	F.K
11	a_c_no	고객번호	varchar2	14	N.N	F.K

6장 데이터베이스 시동과 접속

본 장에서는 데이터베이스의 시동과 접속에 대해 다루고자 한다. 이전의 과정은 지루하고 따분하기까지 했다. 하지만, 이 장에서부터는 독자들이 직접 설치하고 실습해 볼 수 있는 부분이기도 하다. 우선 Windows 7에서 설치하고 실습해 볼 수 있는 "퍼스널 오라클 11g"라는 제품을 알아보자. 이 제품은 오라클 사에서 "개발자 라이센스"라는 방법으로 상업적인 목적이 아닌 개인적인 목적으로 공부하기를 바라는 사람들을 위해 배포하는 것이다. 가장 기본적인 기능은 "오라클 11g 서버" 제품과 차이가 없다. 다만 단일 사용자를 위한 것이다. 지금까지 언급한 "퍼스널 오라클 11g", "오라클 11g 클라이언트" 등의 프로그램들의 설치 방법은 부록1, 2를 참조하기 바란다.

이 장에서는 설치 후 데이터베이스의 시동과 종료 그리고 데이터베이스 객체들을 정의하고 이용하는 방법을 설명한다.

6.1 오라클 11g 시작과 종료

오라클 데이터베이스를 시작한다는 것은 오라클 사용자가 데이터베이스를 사용할 수 있도록 데이터베이스 환경에 따른 인스턴스(instance)를 시작하여 데이터베이스 내의 개체와 데이터에 접근할 수 있도록 만들어 주는 것을 의미한다. 이렇게 데이터베이스를 사용 가능하게 하는 것을 데이터베이스 마운트(mount)라고 한다. 데이터베이스를 기동하기 위한 작업에는 SGA 영역의 할당, 인스턴스의 가동 그리고 데이터베이스 마운트 작업이 포함된다.

데이터베이스 종료는 가동되고 있는 데이터베이스의 메모리 영역을 해제하고 메모리의 임시 데이터를 저장하며 인스턴스를 중지하여 데이터베이스의 사용을 중지하는 것을 의미한다.

오라클 데이터베이스의 시작과 종료는 다음 세 가지 단계로 진행되며, [그림 6.1]과 같다.

- NOMOUNT 단계 : 오라클 데이터베이스의 첫 번째 시작 단계인 NOMOUNT 단계는 오라클 인스턴스만을 시작하는 단계다. 즉 데이터베이스만을 위한 메모리 영역을 만들고 관련 프로세스를 생성한다.
- MOUNT 단계 : 데이터베이스를 설치하면 많은 관련 파일이 생성되는데 오라클 데이터베이스는 이 단계에서 OPEN 파일의 존재 유무, 파일의 동기화 정보를 체크하여 문

제점이 있는지를 검사한다.

- OPEN 단계 : MOUNT 단계에서 얻어낸 파일의 정보를 이용하여 파일의 실제 상태를 점검한다. 데이터베이스를 구성하는 파일이 하나라도 존재하지 않거나 사용하지 못하는 경우 데이터베이스는 정상적으로 시작되지 않고, 문제가 전혀 없는 경우 데이터베이스를 모든 사용자가 접근하여 사용할 수 있도록 한다.

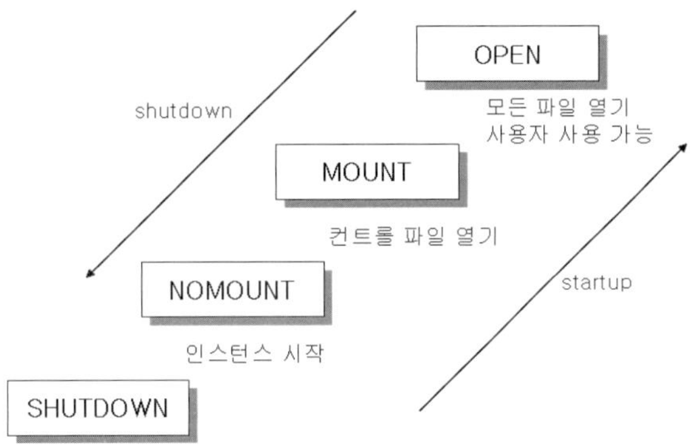

그림 6.1 오라클 데이터베이스의 시작과 종료

6.1.1 시작 방법

오라클 데이터베이스를 시작하는 방법은 [서비스] 도구를 사용하여 시작하는 방법과 명령 프롬프트에서 SQL*Plus를 사용하여 시작하는 방법이 있다.

[서비스] 도구를 사용하여 시작하기

윈도우 환경에서 데이터베이스를 시작하는 방법은 앞 부분에서 설명한 관리 도구를 사용하는 것이다. [시작] → [제어판] → [시스템 및 보안] → [관리도구]를 실행하고 [서비스] 도구 항목을 선택한 다음, 등록한 오라클 데이터베이스 서비스인 'OracleServiceORCL'가 시작되었는지 확인한다. 정상적으로 데이터베이스가 시작되면 [상태(Status)] 컬럼에 '시작됨(Started)'로 표시된다.

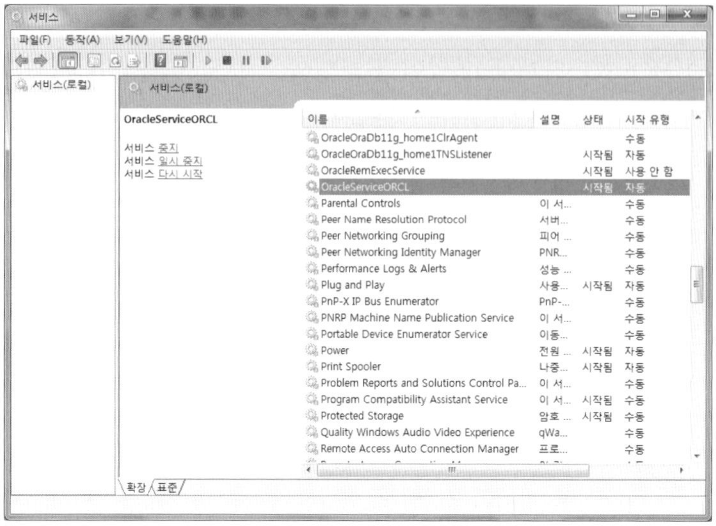

그림 6.2 데이터베이스 시작

명령어 환경에서 SQL*Plus를 사용하여 시작하기

[시작] → [프로그램] → [보조프로그램] → [명령 프롬프트] 메뉴를 선택하여 명령 프롬프트 창을 표시한 후 다음과 같이 입력한다.

```
C:\경로>sqlplus
```

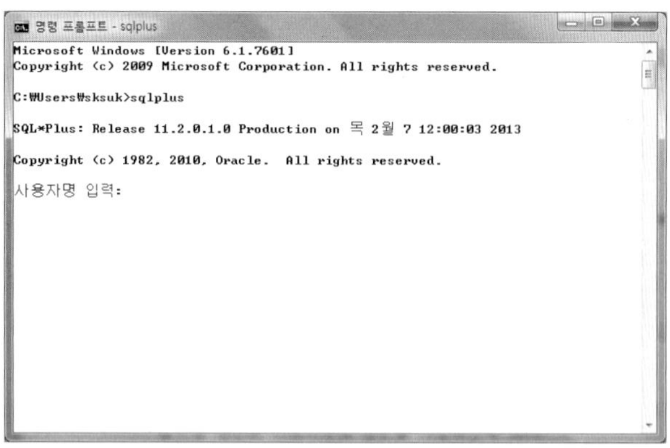

그림 6.3 SQL*Plus 실행

사용자명과 암호를 입력한다. 아직까지는 사용자 계정을 별도로 생성하지 않았으므로 자동으로 생성된 사용자명과 암호를 사용하도록 하자.

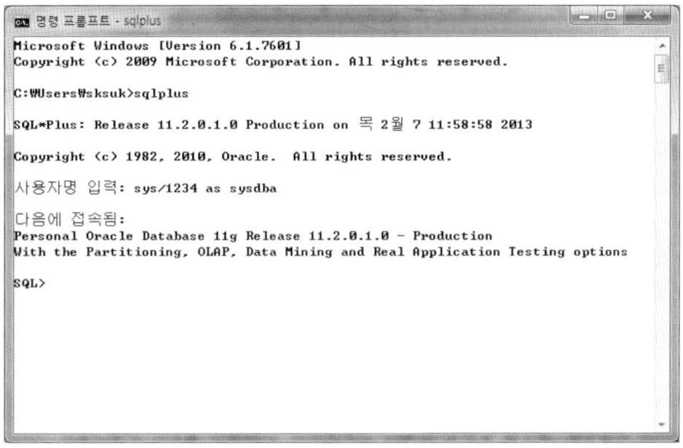

그림 6.4 사용자명 입력

이 화면과 같이 생성되었다면 다음으로 'startup' 명령을 입력하자.

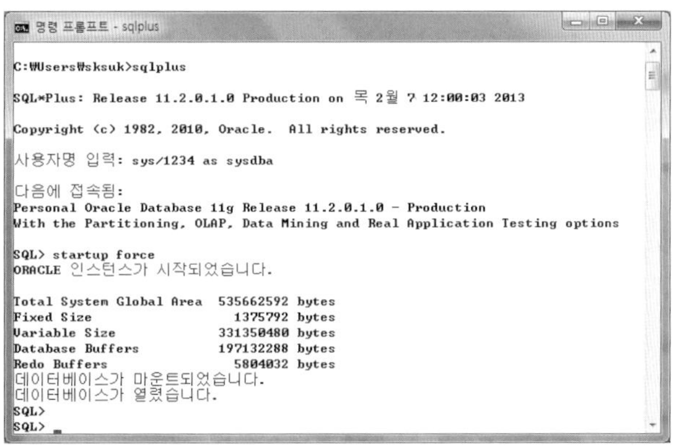

그림 6.5 데이터베이스 시작

[그림 6.5]와 같이 'ORACLE 인스턴스가 시작되었습니다.' '데이터베이스가 마운트되었습니다.' '데이터베이스가 열렸습니다.' 라는 메시지가 모두 나타나면 데이터베이스는 정상적으로 시작된 것이다.

오라클 데이터베이스를 시작할 때 다음과 같은 옵션을 사용할 수 있으며, STARTUP 다음에 붙여 사용한다.

- FORCE 옵션 : 현재 데이터베이스가 이미 시작되어 있으면 데이터베이스를 종료하고 다시 시작하도록 한다.
- RESTRICT 옵션 : 데이터베이스를 정상적으로 구동해 주는 옵션으로 주로 데이터베이스를 백업하거나 유지·보수 작업을 하는 경우 일반 사용자가 데이터베이스에 접속할 수 없게 할 때 사용한다.
- PFILE 옵션 : 오라클 데이터베이스를 시작하기 위해 사용할 패러미터 파일을 설정한다.

6.1.2 종료 방법

오라클 데이터베이스를 종료하는 방법은 시작 단계의 정반대 과정으로 종료된다. 즉 먼저 데이터베이스가 닫히고(close), 마운트 되었던 데이터베이스를 내리고(dismount), 인스턴스를 중지시키는(disconnect) 과정으로 진행된다. 종료하는 방법 역시 두 가지 방법으로 하면 된다.

[서비스] 도구를 사용하여 종료하기

[서비스] 도구를 사용하는 경우 오라클 서비스 이름을 선택하고 화면 상단 부분의 '■' 버튼을 누르면 종료된다. 정상적으로 종료하면 [상태(Status)] 부분이 공백으로 표시된다.

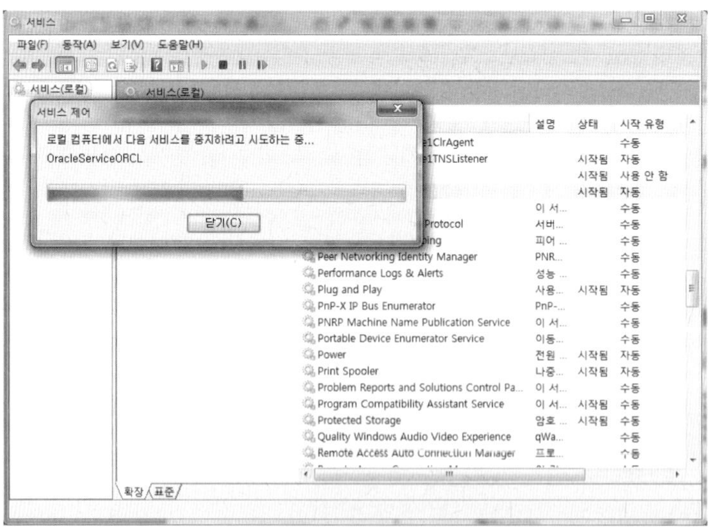

그림 6.6 오라클 서비스 종료

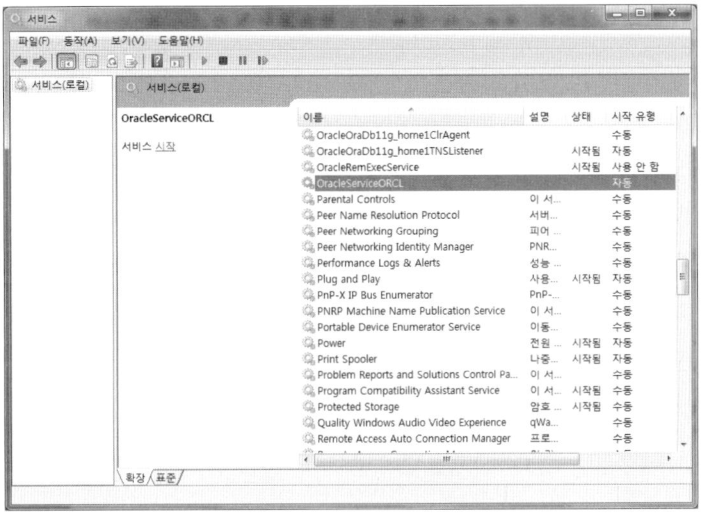

그림 6.7 서비스 종료 완료

SQL*Plus를 사용하여 종료하기

먼저 윈도우에서 명령 프롬프트를 실행한 후 사용자 이름을 입력하고 오라클 데이터베이스에 연결하자. 데이터베이스에 연결되어 있는 상태라면 다음과 같이 데이터베이스를 종료하기 위한 명령어를 입력해 보자.

```
SQL> Shutdown [NORMAL]
```

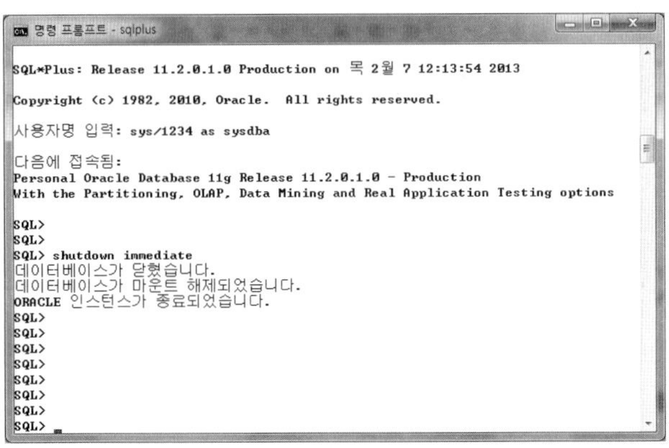

그림 6.8 데이터베이스 종료 하기

다음 화면과 같이 '데이터베이스가 닫혔습니다.' '데이터베이스가 마운트 해제되었습니다.' 'ORACLE 인스턴스가 종료되었습니다.' 라는 메시지가 모두 나타난다면 데이터베이스는 정상적으로 종료된 것이다.

오라클 데이터베이스는 시작 단계의 역순으로 종료 단계도 Close 단계, Dismount 단계, Disconnect 단계의 3단계로 진행된다.

다음은 오라클 데이터베이스를 종료할 때 사용하는 옵션으로, shutdown 다음에 붙여 사용한다.

- NORMAL 옵션 : 명령어를 사용할 때 옵션을 표시하지 않으면 기본적으로 NORMAL을 의미한다. NORMAL 옵션은 데이터베이스를 종료하는 시점에 접속된 사용자가 작업하고 있는 경우라면 사용자가 작업을 끝내고 접속을 해제할 때까지 기다렸다가 종료하는 옵션이다. 물론 새로 접속을 요구하는 사용자는 데이터베이스에 접속할 수 없다.
- TRANSACTIONAL 옵션 : 데이터베이스를 종료하는 시점에서 데이터베이스를 사용중인 사용자가 존재하는 경우 데이터베이스를 종료하지 않고 작업을 종료(commit, rollback)할 때까지 기다렸다가 종료하는 옵션으로, 이 명령이 실행되면 새로운 사용자는 접속할 수 없다.
- IMMEDIATE 옵션 : 오라클 데이터베이스를 즉시 종료시키는 옵션으로 현재 작업하는 사용자가 있는 경우에는 모든 작업을 롤백하게 된다.
- ABORT 옵션 : IMMEDIATE 옵션과 비슷하게 데이터베이스를 즉시 종료하는 옵션이나 현재 처리 중인 사용자가 있는 경우 롤백 없이 비정상적으로 종료한다. 갑자기 정전되어 시스템을 사용할 수 없게 된 상황과 비슷한 결과를 가져온다. 이 옵션은 주로 데이터베이스 백업과 복구 작업을 위해 사용된다.

6.2 데이터베이스 접속 환경 설정

오라클 데이터베이스에 접속하려면 오라클 클라이언트 모듈이 현재 시스템에 설치되어 있어야 한다. 설치 방법은 부록 2. 오라클 11g 클라이언트 설치를 참고하여 설치하기 바란다.아래에서는 접속 환경 설정을 위해 Net Manager의 사용 방법을 설명하기로 한다.

① [시작] - [프로그램] - [Oracle-OraClient11g_home1] - [구성 및 이전 툴]에서 Net Manager 프로그램을 실행시킨다.

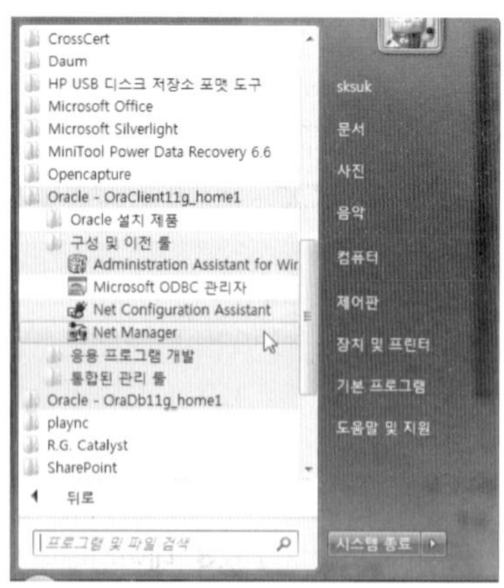

그림 6.9 시작 프로그램 메뉴에서 실행

② 처음 실행시키면 그림과 같이 Java Swing Component로 프로그램 된 Net Manager 프로그램이 실행된다.

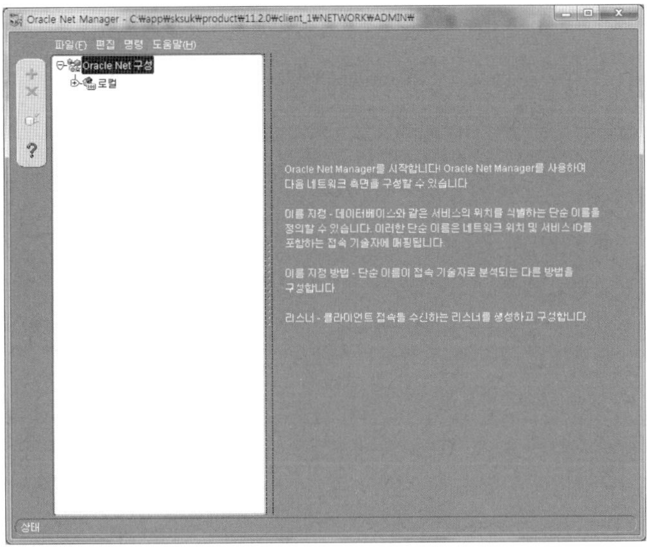

그림 6.10 Net Manager 실행

③ [서비스 이름 지정]을 선택한 후에 왼쪽에 보이는 "+" 버튼을 누른다.

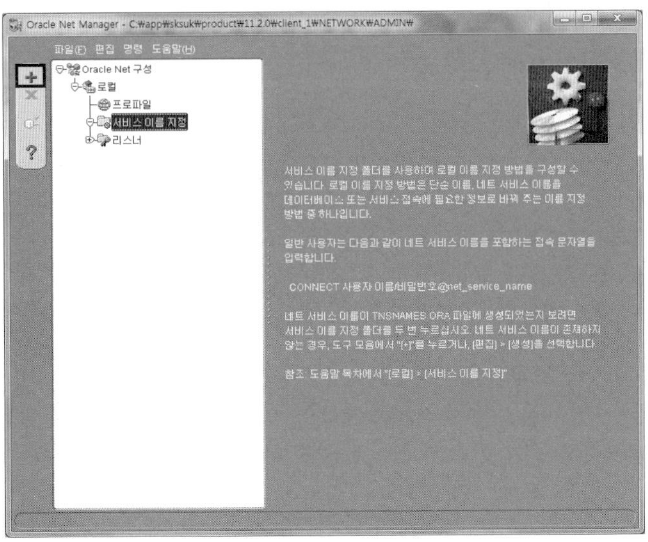

그림 6.11 서비스 이름 지정

④ [네트 서비스 이름]에는 사용자가 오라클 데이터베이스 서버에 접속할 때 SQL*Plus 프로그램으로 접속하게 되는데 이때 사용할 서버의 이름을 적어주면 된다. 예를 들어, scott/tiger@class 와 같이 쓸 수 있다.

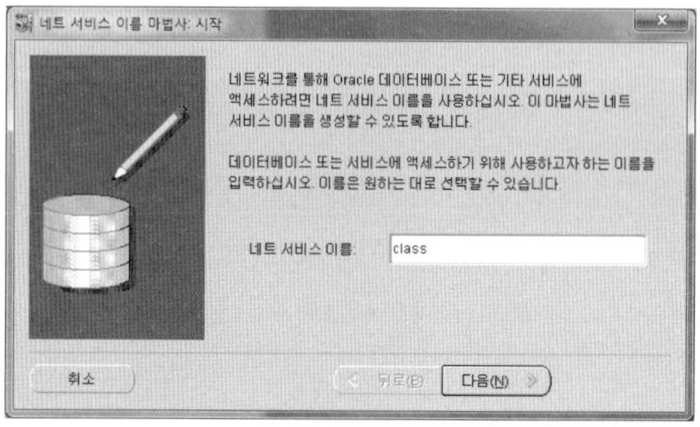

그림 6.12 Network Service Name

⑤ 오라클 데이터베이스 서버와 접속할 때 사용될 프로토콜을 선택한다. 보통 TCP/IP 프로토콜을 사용하게 된다.

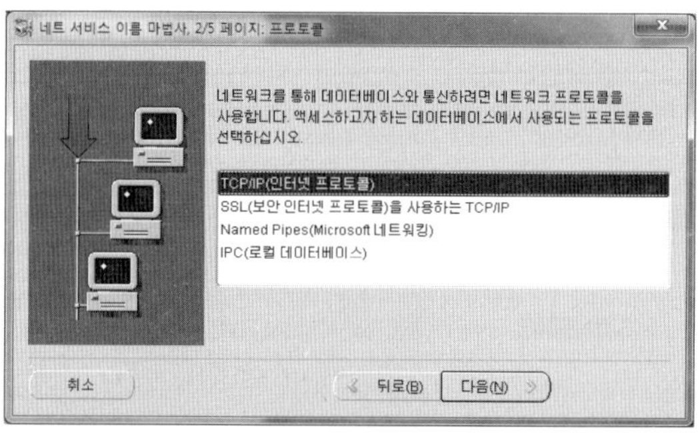

그림 6.13 사용할 프로토콜 선택

⑥ [호스트명]에는 보통 데이터베이스가 설치된 컴퓨터의 도메인명(www.seoultech.ac.kr 등의 이름) 또는 IP 주소(192.1.1.1)를 적어준다. 그리고, 현재 컴퓨터에 오라클 데이터베이스가 설치되어 있고, 또한 같은 컴퓨터에서 접속을 시도하는 경우에는 localhost 라고 입력해도 된다.

또, 포트 번호는 기본 값인 1521번을 사용하지만 특이하게 데이터베이스 설치시 다른 포트 번호를 지정했다면 해당 포트 번호를 적어주면 된다.

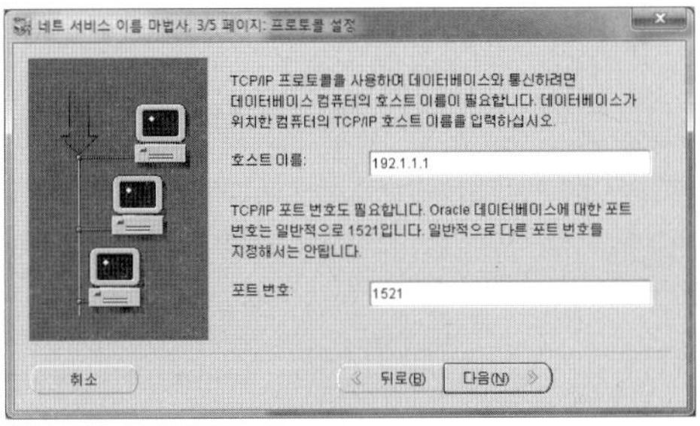

그림 6.14 호스트명

⑦ 부록 1. 퍼스널 오라클 11g 설치 과정의 [그림 부록 1.29]와 같이 서버에 설정한 SID를 적어주면 되겠다.

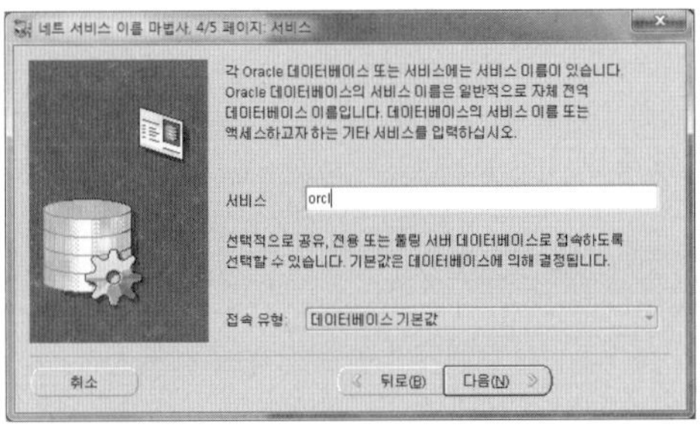

그림 6.15 SID

⑧ 이제 설정이 끝났다. 정상적으로 접속이 가능한지 테스트해야 할 것이다.

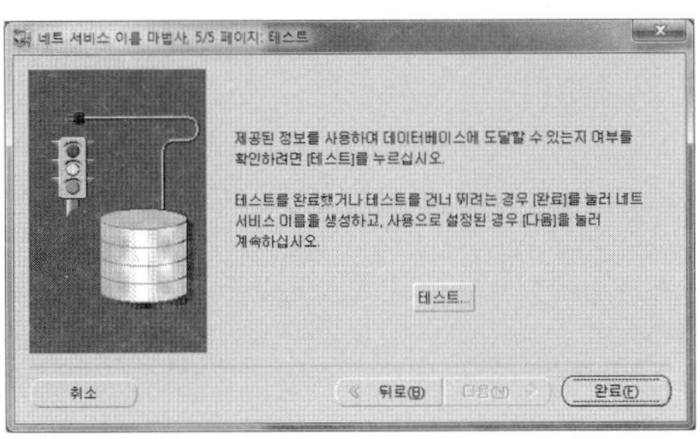

그림 6.16 접속 테스트

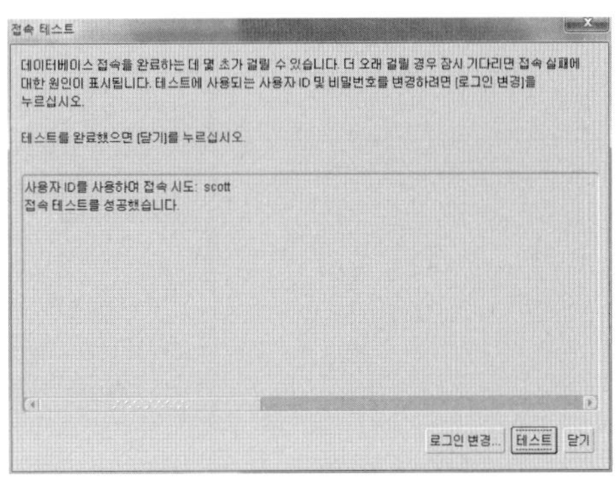

그림 6.17 연결 테스트 성공

⑨ 이것으로 설정이 끝났다. 설정이 완료되면 [서비스 이름 지정] 항목에 [class]라는 항목이 추가된 것을 볼 수 있다.

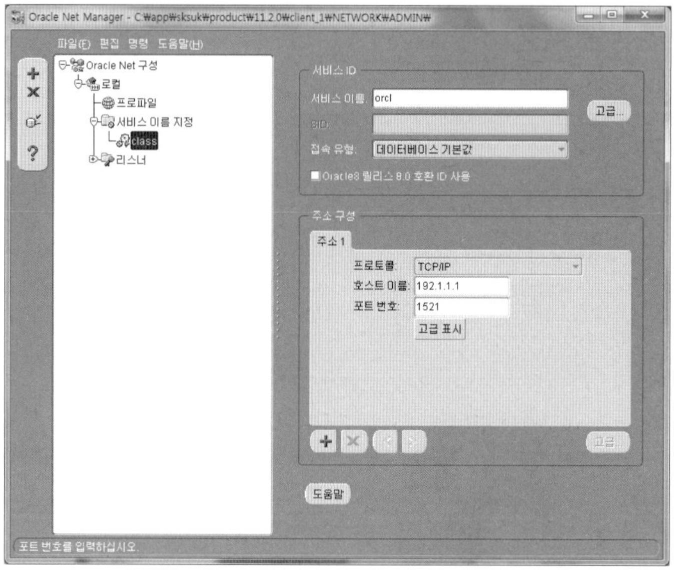

그림 6.18 설정 완료

⑩ 실제 사용할 때는 SQL*Plus 프로그램을 사용하여 오라클 데이터베이스에 접속하게 된다.

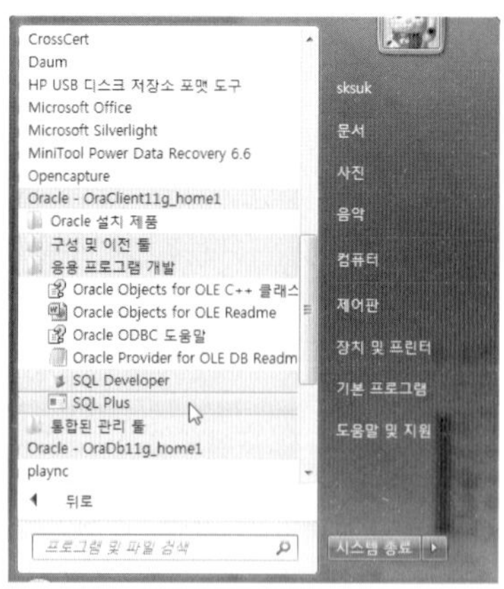

그림 6.19 SQL*Plus로 접속

⑪ 사용자 이름에 scott/tiger@class라 입력하면 된다. 다음과 같이 SQL〉 프롬프트가 나타나면 정상적인 데이터베이스 접속이 완료된 것이다.

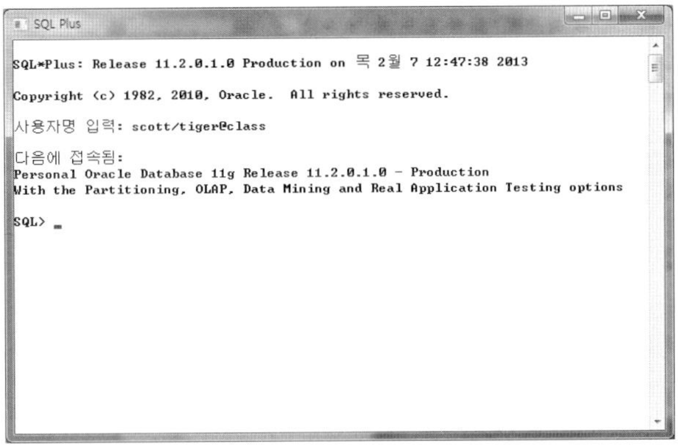

그림 6.20 계정/비밀번호@alias

6.3 SQL*Plus 사용법

6.3.1 SQL*Plus 프로그램으로 오라클 접속

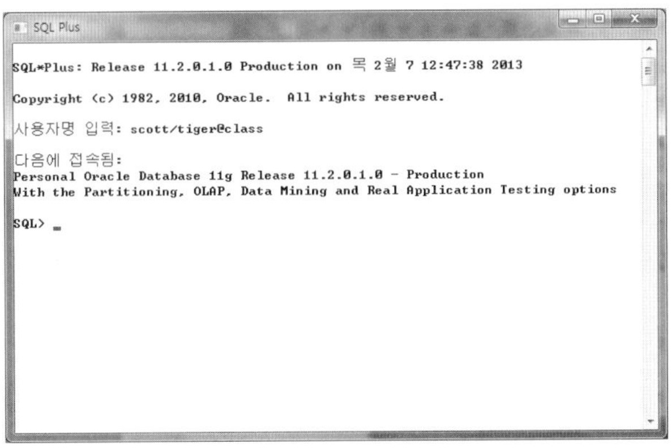

그림 6.21 SQL*Plus를 이용한 오라클 접속

오라클에서 제공되는 가장 기본적인 접속 프로그램이 바로 SQL*Plus라는 프로그램이다. [그림 6.21]의 화면이 이 프로그램으로 오라클에 접속한 모양을 보이고 있다. 이 프로그램은 각종 SQL문을 실행시킬 수 있고, 잘만 사용한다면 SQL*Plus 프로그램만으로

도 오라클 데이터베이스를 충분히 관리할 수 있다. 처음에 실행시키는 방법은 간단하다.

[시작]-[프로그램]-[Oracle-OraClient11g_home1]-[응용 프로그램 개발]에서 SQL*Plus 프로그램을 실행시켜 주면 된다.

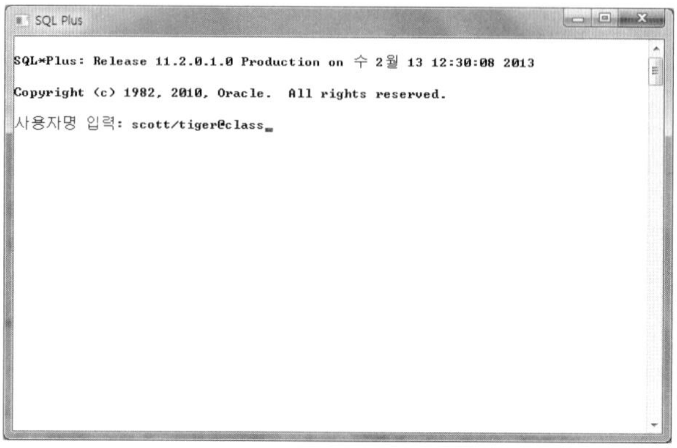

그림 6.22 SQL*Plus 로그온

실행시켜 주면 [그림 6.22]와 같이 사용자의 이름을 물어본다. 앞으로 실습은 각자 발급받은 오라클 계정을 사용해야 한다. [그림 6.22]를 설명하자면 사용자 이름은 [scott], 암호는 [tiger], 호스트 스트링은 [class]로 이것을 한꺼번에 적어준 것이다.

6.3.2 SQL과 SQL* Plus

아래 표는 SQL과 SQL*Plus 명령어를 간단히 비교한 것이다.

SQL	SQL* Plus
데이터를 액세스하기 위해 오라클 서버와 의사를 주고받는 언어(질의어)	SQL 명령어를 서버에 전송
ANSI의 표준 SQL을 기초	SQL 명령어를 실행하기 위한 오라클 자체의 인터페이스
데이터베이스의 데이터와 테이블 정의를 조작	데이터베이스의 값을 조작할 수 없음
하나 이상의 행이 SQL 버퍼에 저장됨	한 번에 한 행만 입력 : 버퍼에 저장되지 않음
축약될 수 없음	약식 표현이 가능 (describe→desc)
필요한 문장을 실행하기 위해 문장 끝에 “;” 을 사용	문장 끝에 “;” 이 필요 없음

6.3.3 SET 환경 명령

우선 현재 어떤 환경 변수들이 어떤 값으로 설정되었는지 확인해 보자.
확인해 볼 수 있는 명령은 다음과 같다.

```
SQL>show all
appinfo은 OFF이고 이것을 "SQL*Plus"로 설정합니다.
arraysize 15
autocommit OFF
autoprint OFF
autorecovery OFF
autotrace OFF
........................
........................
........................
timing OFF
trimout ON
trimspool OFF
ttitle OFF 이고 이것은 SELECT 문장 다음에 있는 첫번째 소수의 문자입니다
underline "-" (hex 2d)
USER은 "scott"입니다
verify ON
wrap : 행이 줄바꿈됨
errorlogging is OFF
SQL>
```

앞에 나열된 환경 변수들을 프로그램을 시작할 때마다 맞추어 주기란 정말 지루하며 짜증나는 일이 아닐 수 없다. 이 문제점을 극복해 보자. SQL*Plus 프로그램이 들어 있는 디렉토리에 login.sql이란 텍스트 파일을 만들어서 다음에 다루게 될 set 명령어들을 적어주면 프로그램을 시작할 때마다 환경 변수를 하나씩 설정해 줄 번거로움이 없어진다.

1) 기본적인 SET 명령어

SET 변수	설 명
COLSEP	열 사이에 출력될 문자를 지정한다. 기본 값은 공백 한 문자이다. : {_|text}
ECHO	명령어 파일이 수행될 때 SQL*Plus 명령어의 표시 여부를 결정한다. : {OFF|ON}
FEED[BACK]	Feedback 설정 : {6|n|OFF|ON}
HEAD[ING]	열의 헤딩 출력 여부를 결정 : {OFF|ON}

SET 변수	설 명
LINE	보고서의 라인당 문자의 수를 설정 : {80|n}
LONG	LONG 값을 표시하는데 최대 폭을 설정 : {80|n}
PAGES[IZE]	출력 페이지당 라인의 수를 명시 : {24|n}
PAU[SE]	단말기 화면 이동을 제어 : {OFF|ON|text}

2) SQL*Plus 편집 명령어

명 령 어	기 능
APPEND text	현재 라인 끝에 내용을 추가
C[HANGE]/old/new	이전 문자열을 새 문자열로 교체(CHANGE)
CLEAR BUFFER	SQL버퍼 내의 쿼리 내용을 삭제
DEL {x}|{y}	SQL 버퍼에서 현재 라인을 삭제, x번째 줄을 삭제, x에서 y째 줄까지 삭제
DEL LAST	SQL 버퍼의 마지막 라인을 삭제
GET c:₩ac₩create.sql	c:₩ac₩create.sql 파일을 버퍼로 읽어오며, 화면에 보여줌
I[NPUT] {text}	어떤 내용을 다음 라인에 추가, text 내용을 추가
L[IST] {x|y}	SQL 버퍼에 저장된 쿼리 내용을 보여준다. x번째 줄을 보여줌. x에서 y번째 줄까지 보여줌
LIST LAST	마지막 라인을 보여줌
SAVE c:₩ac₩query.sql	c:₩ac₩query.sql이라는 파일에 현재 SQL 버퍼의 내용을 저장
spool c:₩temp₩test.txt spool off	명령어와 실행 결과를 c:₩temp₩test.txt에 저장 해제
START	SQL 버퍼의 입력된 쿼리 문장을 실행. [/, RUN]과 동일

```
SQL> select * from customer;
C_NO          C_NAME
-----        --------
C_ADDR                             C_PHONE      C_
--------------------------------  --------  -------
7012012255441 강주현
서울시 중구                         02-3752-2232    00
........
```

```
10 개의 행이 선택되었습니다.

SQL> set line 200 (한 줄에 보여줄 문자수를 200 글자로 설정)
SQL> / (run, start 명령과 동일)
C_NO           C_NAME                  C_ADDR
               C_PHONE          C_
-------------- -------------- ------------------
-------------- -------------- --
701201-2255441 강주현                 서울시 중구
                 02-3752-2232     00
691115-1223455 김광철                 서울시 중구
                 02-3742-7742     00
.......................

10 개의 행이 선택되었습니다.

SQL> col c_addr format a20 (문자 형식의 칼럼의 출력 크기를 설정)
SQL> /

  C_NO             C_NAME          C_ADDR            C_PHONE              C_
---------        ---------       ----------        ---------------      ------
 701201-2255441    강주현          서울시 중구        02-3752-2232          00
 691115-1223455    김광철          서울시 중구        02-3742-7742          00
.......................

10 개의 행이 선택되었습니다.

SQL> append where c_name='강주현'; (현재 줄 끝에 문자열 추가)
  1* select * from customer  where c_name='강주현'
SQL> /

  C_NO             C_NAME          C_ADDR            C_PHONE              C_
---------        ---------       ----------        ---------------      ------
 701201-2255441    강주현          서울시 중구        02-3752-2232          00

SQL> c/'강주현'/'김수연' (현재 '강주현'을 '김수연'으로 바꿈, CHANGE와 동일)
  1* select * from customer where c_name='김수연'
SQL> /
  C_NO             C_NAME          C_ADDR            C_PHONE              C_
---------        ---------       ----------        ---------------      ------
 790901-2358327    김수연          경기도 구리시      031-834-4527          00

SQL> select a_c_no,     (여러 줄에 걸쳐서 쿼리 문장을 기술할 수 있다.)
  2  a_no,
```

```
  3  sum(a_amount),
  4  max(a_date)
  5  from account
  6  group by
  7  a_c_no
  8*  a_no;

a_no
*
8행에 오류 : (에러가 났단다 8행에, 그러나 8행의 문제가 아니라 7행에 콤마( , )가 빠져 있다.)
ORA-00933: SQL 명령어가 올바르게 종료되지 않았습니다
SQL>
SQL> l 7 (list 7과 동일)
  7* a_c_no
SQL> a , (줄 끝에 콤마(,) 추가 : append와 동일)
  7* a_c_no,
SQL> list (SQL 버퍼의 내용을 다시 디스플레이)
  1 select a_c_no,
  2  a_no,
  3  sum(a_amount),
  4  max(a_date)
  5  from account
  6  group by
  7  a_c_no,
  8*  a_no;
SQL> / (다시 한 번 실행 결과를 확인한다.)
      A_C_NO            A_NO          SUM(A_AMOUNT)       MAX(A_DA
-----------------     ----------     --------------     ----------
 660419-1623112        AP200002          2400000            11/02/10
 790901-2358327        AP300002          150000             09/01/04
.......................
20 개의 행이 선택되었습니다.
SQL>


SQL> save C:\temp\abc.sql (C:\temp\abc.sql 파일에 SQL 버퍼의 내용을 저장)
file C:\temp\abc.sql(이)가 생성 되었습니다
SQL>
SQL> get c:\temp\createtable.sql (createtable.sql 파일의 내용을 SQL 버퍼에 로드)
  1 CREATE TABLE customer1(
  2 c_no              VARCHAR2(14) NOT NULL,
  3 c_name       VARCHAR2(20) NOT NULL,
  4 c_addr       VARCHAR2(60),
  5 c_phone      VARCHAR2(16),
```

```
  6 c_dist              CHAR(2),
  7* CONSTRAINT cu_no_pk1 PRIMARY KEY(c_no));
SQL> /
테이블이 생성되었습니다.
SQL> commit; (현재까지 작업한 내용을 데이터베이스에 commit)
SQL> exit (가장 중요한 끝내기)
```

그림 6.23 abc.sql 파일

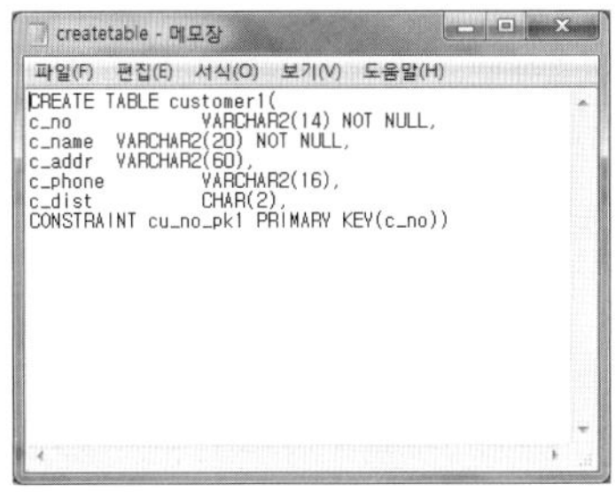

그림 6.24 createtable.sql 파일

7장 데이터베이스 정의

본 장에서 다룰 내용은 오라클 11g 서버를 설치한 후에 최초로 이루어지는 작업이다. 부록 1에서와 같이 오라클 11g 서버를 설치한 후, 제 6 장에서 설명한 데이터베이스 시동 과정을 거친 상태에서 데이터베이스 관리자는 아래의 [그림 7.1]에 보이는 것처럼 사용자들이 사용할 데이터베이스 저장 공간인 테이블스페이스를 정의하고 이 테이블스페이스를 사용하게 될 사용자의 계정을 정의해야 한다. 또한 생성한 사용자 각각에게 다양한 권한을 부여하게 된다. 이후 데이터베이스 관리자는 지속적으로 데이터베이스를 유지하고 관리하는 것이다. 이제 사용자들은 자신들이 사용할 테이블 및 인덱스 등의 구조를 정의해야 한다.

본 장에서는 SQL의 DDL(data definition language)을 이용해 각종 데이터베이스 객체를 정의하고 DCL(data control language)을 이용해 사용자에게 권한을 부여하는 등의 내용을 실습해 보자.

그리고 다음 장에서는 데이터베이스를 실제로 조작하는 내용에 대해 실습하게 된다.

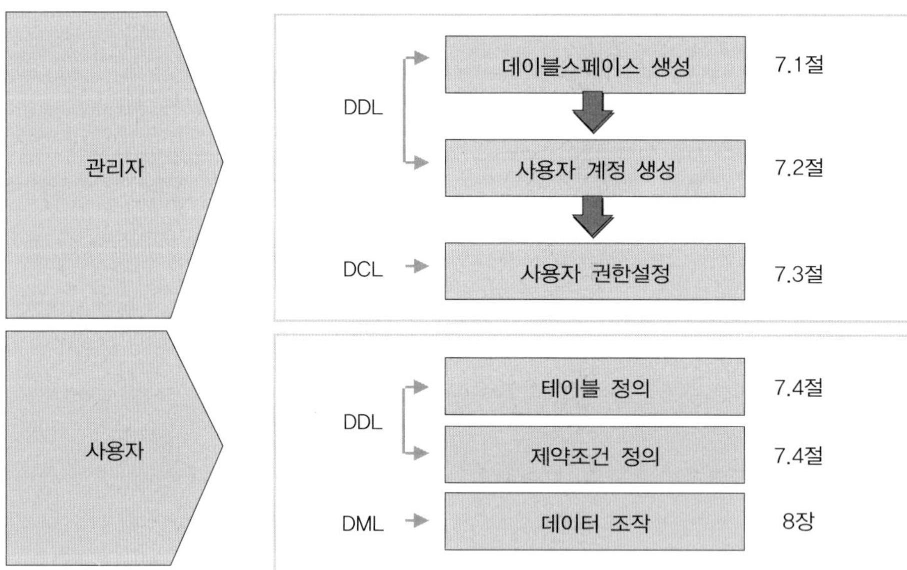

그림 7.1 데이터베이스 설치 후 작업 과정

7.1 테이블스페이스

테이블스페이스(TABLESPACE)는 데이터베이스에서 생성하는 테이블(table), 인덱스

(index), 뷰(view) 및 시노님(synonym)과 같은 객체를 저장할 수 있는 공간이다. 테이블스페이스는 개발하는 업무에 따라 여러 개를 생성할 수 있으며 하나의 테이블스페이스는 최소한 하나의 물리적 데이터 파일로 구성된다.

7.1.1 테이블스페이스의 생성

문법

```
CREATE TABLESPACE tablespace
        DATAFILE file_definition [,file_definition]...
        [AUTOEXTEND file_definition [file_definition]] [ON | OFF]
             [NEXT integer [K | M]]
        [SIZE [UNLIMITED | integer [K | M]]]
        [DEFAULT STORAGE storage]
        [ONLINE | OFFLINE]
```

tablespace는 테이블스페이스명이고, DATAFILE의 file_definition은 물리적으로 생성되는 파일 이름이다. AUTOEXTEND는 생성한 데이터 파일이 다 채워졌을 경우 자동으로 데이터 파일을 확장하기 위해 사용하는 옵션이며, SIZE는 이 파일의 크기인데, K는 1024의 배수이고 M은 1048576의 배수이다. DEFAULT STORAGE는 이 테이블스페이스에 생성될 모든 객체를 위한 디폴트 영역의 매개변수를 정의한다. ONLINE은 이 테이블스페이스가 생성되면서 사용자들이 사용할 수 있는 상태를 의미한다.

다음과 같이 CREATE TABLESPACE 문을 사용하여 테이블스페이스를 생성해 보자.

예제

```
SQL> create tablespace firstbank
  2> datafile 'c:\app\sksuk\oradata\orcl\first01.dbf' size 10M;
```

위의 예제는 c:\app\sksuk\oradata\orcl\first01.dbf라는 파일을 10 MB로 오라클 데이터베이스 내에서 firstbank라는 이름의 테이블스페이스로 생성한 것이다.

7.1.2 테이블스페이스 수정하기

존재하는 테이블스페이스를 수정하기 위해서는 ALTER TABLESPACE 문을 사용한다.

1) 데이터 파일을 추가하는 방법

테이블스페이스를 처음 생성할 때 SIZE 절을 사용하여 크기를 결정하게 되는데 테이블, 인덱스 등의 데이터가 점점 커져 테이블스페이스의 크기보다 커지게 되면 에러가 발생하게 된다. 왜냐하면, 테이블과 인덱스의 데이터가 너무 커져 테이블스페이스에 더 이상 저장될 수 없기 때문이다. 이런 경우 테이블스페이스의 크기를 더 크게 설정해야 한다.

아래는 테이블스페이스의 크기를 변경하는 방법이다.

문법

```
ALTER TABLESPACE 테이블스페이스명
ADD DATAFILE '[경로명]/[파일명]' SIZE n    M;
                                           K;
```

예제

```
SQL> alter tablespace firstbank
  2> add datafile 'c:\app\sksuk\oradata\orcl\first02.dbf' size 1M;
```

위의 예제는 firstbank 테이블스페이스에 1M를 추가하는 방법이다.

2) 데이터 파일의 크기를 변경하는 방법

테이블스페이스에 새로운 데이터 파일을 위와 같이 추가하는 방법이 있고, 또 다른 방법은 ALTER DATABASE 명령을 이용하여 기존에 존재하는 데이터 파일의 크기를 변경하는 방법이다.

문법

```
ALTER DATABASE
DATAFILE '[경로명]/[파일명]' RESIZE n    M;
                                         K;
```

예제

```
SQL> alter database
  2> datafile 'c:\app\sksuk\oradata\orcl\first01.dbf' resize 30M;
```

위의 예제는 firstbank 테이블스페이스의 크기를 30M로 변경하는 방법이다. 사용자들은 데이터 파일의 크기를 증가시키거나 감소시킬 수도 있다. 하지만, 반대로 데이터 파일에 저장되어 있는 데이터의 현재 크기보다 작게는 감소시킬 수 없다.

3) 데이터 파일의 크기를 자동화시키는 방법

또 다른 방법은 데이터 파일의 크기를 자동으로 늘릴 수 있는 방법이다.

문법

```
ALTER DATABASE
DATAFILE '[경로명]/[파일명]'
AUTOEXTEND ON
NEXT n M
MAXSIZE n M;
          K;
```

[경로명]에 있는 파일의 공간을 모두 사용하고 나면 자동으로 'NEXT n'에 정의된 크기만큼을 최대 'MAXSIZE n'에 정의된 크기까지 늘려서 사용한다는 의미이다.

예제

```
SQL> alter database
  2> datafile 'c:\app\sksuk\oradata\orcl\first01.dbf'
  3> autoextend on
  4> next 1M
  5> maxsize 10M;
```

위의 예제는 firstbank 테이블스페이스의 크기를 1 MB씩 최대 10 MB까지 늘려주는 방법이다.

7.1.3 테이블스페이스 삭제

문법

```
DROP TABLESPACE [테이블스페이스명] INCLUDING CONTENTS;
```

INCLUDING CONTENTS 절은 삭제하고자 하는 테이블스페이스 내에 테이블, 인덱스와 같은 객체가 존재하는 경우 객체를 모두 삭제한다는 의미이다. 만약, 테이블스페이스 내에 객체가 존재하지 않는다면 사용할 필요는 없다.

예제

```
SQL> drop tablespace firstbank including contents;
SQL> exit
c:\>cd c:\app\sksuk\oradata\orcl
c:\app\sksuk\oradata\orcl>del first01.dbf
 --> firstbank 테이블스페이스의 데이터  파일을 삭제해야 합니다.
```

다시 데이터베이스가 시작된다면 삭제된 테이블스페이스의 데이터 파일은 더 이상 사용되지 않는다. 또한, 이 명령어는 데이터베이스에 있는 테이블스페이스의 정보만 삭제하기 때문에 운영체제상의 파일은 데이터베이스 관리자가 꼭 삭제해야만 한다.

INCLUDING CONTENTS AND DATAFILES 절은 테이블스페이스의 정보와 운영체제상의 파일을 모두 삭제한다는 의미이다.

예제

```
SQL> drop tablespace firstbank including contents and datafiles;
```

7.2 사용자 계정

오라클 데이터베이스는 모든 테이블, 인덱스, 뷰 등과 같은 객체를 사용자 단위로 생성하고 관리한다. 기본적으로 데이터베이스를 설치하면 SYS, SYSTEM, SCOTT와 같은 사용자가 기본적으로 생성되며 각 사용자는 자신이 생성한 객체들을 관리하게 된다. 데이터베이스 관리자는 추가로 사용자를 생성할 수 있으며 사용자를 생성할 때는 해당 업무에 적합한 이름을 사용하는 게 좋다.

7.2.1 사용자 생성

문법

```
CREATE USER user IDENTIFIED {BY password | EXTERNALLY}
[DEFAULT TABLESPACE tablespace]
[TEMPORARY TABLESPACE tablespace]
[QUOTA {integer {K | M} | UNLIMITED} ON tablespace]
[PROFILE profile]
```

CREATE USER 명령은 데이터베이스에 로그온 할 수 있는 사용자를 생성해 주는데 암호를 지정하면 로그온시 암호를 지정하여야 한다. EXTERNALLY를 지정하면 액세스시 시스템 보안 체계를 통하여 심사한다. DEFAULT TABLESPACE는 사용자의 객체가 생성될 테이블스페이스이고, TEMPORARY TABLESPACE는 사용자의 작업 처리를 위하여 사용되는 임시 객체들이 생성되는 테이블스페이스이다. QUOTA는 테이블스페이스의 영역 사용량을 제한할 수 있고, PROFILE 절은 사용자에게 데이터베이스 자원 사용량의 한도를 지정하는 프로파일의 명칭을 지정한다. 프로파일을 지정하지 않으면 DEFAULT 프로파일을 사용한다.

예제

```
SQL> create user user1 identified by upass
  2> default tablespace system
  3> temporary tablespace temp
  4> quota 1M on system ;
```

위의 예제는 user1이라는 사용자의 패스워드는 upass이고 데이터베이스에 접속한 다음 생성하는 모든 테이블, 객체, 뷰 등은 system 테이블스페이스에 생성되고 user1 사용자가 실행하는 모든 order by, having 등 분류 작업을 유발하는 SQL문이 실행될 때 temp 테이블스페이스를 이용하여 정렬을 실행하고 system 테이블스페이스는 1M만 사용할 수 있음을 의미한다.

7.2.2 사용자 정보 변경

문법

```
ALTER USER                  [사용자명]
IDENTIFIED BY               [패스워드]
DEFAULT TABLESPACE          [테이블스페이스명]
TEMPORARY TABLESPACE        [임시 테이블스페이스명]
QUOTA  n M ON               [사용자명]
PROFILE                     [프로파일명];
```

예제

```
SQL> alter user user1 identified by upass1;
```

위의 예제는 user1 사용자의 패스워드를 upass1으로 변경한다.

7.2.3 사용자 삭제

문법

```
DROP USER [사용자명] CASCADE;
```

DROP 명령어로 사용자를 삭제할 때 에러가 발생할 수 있다. 왜냐하면, 삭제하고자 하는 사용자가 어떤 테이블이나 인덱스 등의 객체를 가지고 있기 때문인데, CASCADE 옵션을 이용하면 사용자가 가지고 있는 모든 객체와 함께 사용자를 삭제할 수 있다.

예제

```
SQL> drop user user1 cascade ;
```

위의 예제는 user1 사용자와 그에 속한 모든 객체를 삭제한다.

7.3 권한과 역할

권한(priviledge)이란 특정 유형의 SQL문을 실행할 수 있는 권리나 다른 사용자의 객체를 사용할 수 있는 권리를 의미하며, 이러한 권한에는 시스템 권한과 객체 권한이 있다.

7.3.1 시스템 권한

데이터베이스 사용자를 생성하고 SQL*Plus로 접속을 요구하면 해당 사용자는 데이터베이스에 접속할 수 있는 권한이 없기 때문에 접속에 실패한다. 그러나, 데이터베이스에 접속할 수 있는 권한이 있다고 CREATE와 같은 명령을 실행할 수 있는 것이 아니다. 사용자가 실행하는 모든 데이터 정의 명령에 대한 권한이 있어야만 명령을 실행할 수가 있다. 이러한 권한을 시스템 권한이라 한다. 80가지나 되는 권한을 사용자에게 설정하는 것은 어려운 작업이라 잘 사용하지 않는다. 그래서 역할(role)을 이용하여 간편하고 쉽게 권한을 부여한다.

1) 권한 생성

오라클 데이터베이스 시스템 권한은 GRANT 문을 사용하여 사용자 또는 데이터베이스 관리자 역할을 부여할 수 있다.

문법

```
GRANT [시스템 권한] TO [사용자명 | PUBLIC] WITH ADMIN OPTION;
```

PUBLIC 옵션은 시스템 권한이나 객체 권한을 데이터베이스에 생성되어 있는 모든 사용자에게 부여할 때 사용하는 옵션이다. 사용자에게 권한을 부여할 때 WITH ADMIN OPTION 옵션을 사용하면 사용자가 데이터베이스 관리자가 아님에도 불구하고 자신이 가지는 권한을 다른 사람에게 부여할 수 있다.

예제

```
SQL> grant create session to user1 with admin option;
SQL> grant create table   to user1 with admin option;
SQL> grant create view   to user1;
```

위의 예제는 user1 사용자에게 테이블을 생성할 수 있는 권한을 부여한다.

2) 권한 취소

문법

```
REVOKE [시스템 권한] FROM [사용자명 | PUBLIC];
```

PUBLIC은 모든 사용자로부터 권한을 취소한다.

예제

```
SQL> revoke create table, create session from user1;
```

위의 예제는 user1 사용자로부터 create table과 create session 권한을 취소한다.

7.3.2 객체 권한

A와 B가 서로의 허락 없이는 타인의 소유물을 뒤져 볼 수가 없듯이 이러한 소유권자로부터의 허락을 객체 권한이라고 한다.

1) 객체 권한 생성

문법

```
GRANT [객체 권한] (컬럼 1, 컬럼 2,...)
     ON [객체명 | ALL] TO [사용자명 |PUBLIC] WITH GRANT OPTION;
```

WITH GRANT OPTION은 부여받은 객체 권한을 다른 사용자에게 양도할 수 있는 기능을 말한다. PUBLIC은 모든 사용자에게 권한을 부여한다.

예제

```
SQL> grant select on emp to user1 with grant option;
SQL> grant insert(empno, ename), update(ename) on emp
  2> to user1 with grant option;
```

위의 예제는 user1 사용자에게 emp 테이블을 select할 수 있는 권한을 부여하고, 그 권한을 다른 사용자에게 양도할 수 있도록 객체 권한을 부여한다.

2) 객체 권한 취소

문법

```
REVOKE [객체 권한] ON [객체명]
       FROM [사용자명 | PUBLIC] CASCADE CONSTRAINTS;
```

CASCADE CONSTRAINTS는 REFERENCES 권한을 사용하여 정의된 제약 조건을 함께 삭제한다.

예제

```
SQL> revoke select on emp from user1;
```

위의 예제는 user1 사용자로부터 emp 테이블을 select할 수 있는 객체 권한을 취소한다.

7.3.3 역할의 관리

역할(role)이란 데이터베이스 사용자에게 부여되는 권한의 그룹이다. 역할은 다음과 같은 내용을 기준으로 생성해야 하는데, 예를 들어, A 회사는 현업 담당자와 관리자, 경영자의 구조를 가지고 있고 애플리케이션 프로그램에서 데이터베이스에 접속할 때 담당자는 work, 관리자는 admin, 경영자는 manager 사용자로 접속하여 데이터를 조작한다면 담당자는 데이터를 입력, 삭제하는 권한을, 관리자는 입력, 수정, 삭제의 권한을, 경영자는 조회하는 권한만을 부여한 후 데이터를 조작하게 해야 할 것이다. 이러한 경우, 역할을 사용하여 제한된 권한을 사용자에게 부여하여 데이터의 무결성을 보장할 수 있다.

역할 이름	설명
CONNECT	데이터베이스에 접속할 수 있는 권한들을 가진 역할 포함되는 시스템 권한 : ALTER SESSION, CREATE CLUSTER, CREATE DATABASE LINK, CREATE SEQUENCE, CREATE SESSION, CREATE SYNONYM, CREATE TABLE, CREATE VIEW
RESOURCE	오라클 데이터베이스의 기본 객체(테이블, 뷰, 인덱스 등)를 생성 · 변경 · 삭제할 수 있는 권한을 가지는 역할 포함되는 시스템 권한 : CREATE CLUSTER, CREATE INDEXTYPE, CREATE OPERATOR, CREATE PROCEDURE, CREATE SEQUENCE, CREATE TABLE, CREATE TRIGGER, CREATE TYPE
DBA	오라클 데이터베이스를 관리하기 위해 필요한 권한들을 가진 역할로 124개의 권한이 부여되어 있음 WITH ADMIN OPTION을 가진 모든 시스템 권한들이 포함
SYSDBA	데이터베이스 시작과 종료 및 관리를 하기 위해 필요한 역할
SYSOPER	SYSDBA 권한과 데이터베이스를 생성할 수 있는 역할

역할의 생성은 CREATE ROLE 문을 사용하고, 형식은 다음과 같다.

문법

```
CREATE ROLE 역할명
        [NOT IDENTIFIED | IDENTIFIED BY [암호]];
```

NOT IDENTIFIED는 패스워드를 사용하지 않고, IDENTIFIED BY는 역할 사용시 암호를 사용한다.

사용자에게 오라클의 역할을 부여하기 위해서는 GRANT 문을, 철회하기 위해서는 REVOKE 문을 사용한다.

문법

```
GRANT 역할(ROLE) TO 사용자;
```

문법

```
REVOKE 역할(ROLE) FROM 사용자;
```

예제

```
SQL> create role dev_role;
SQL> grant connect, resource to dev_role;
SQL> grant dev_role to user1;
```

위의 예제는 dev_role 역할을 생성하고 user1 사용자에게 데이터베이스에 접속하여 테이블을 만들 수 있는 권한을 부여한다.

1) 역할 변경

역할은 인증 방식을 변경하기 위해서만 수정될 수 있다.

문법

```
ALTER ROLE 역할명  [NOT IDENTIFIED | IDENTIFIED BY [암호]];
```

예제

```
SQL> alter role dev_role IDENTIFIED BY commission;
```

위의 예제는 dev_role 역할 사용시 암호를 사용하여야 한다.

2) 역할의 설정

- SQL*Plus 또는 3GL(C, COBOL 등)을 이용하여 역할을 부여한다.

문법

```
SET ROLE [역할명 | ALL | NONE] IDENTIFIED BY 암호;
```

ALL은 모든 역할을 사용 가능하게 해주고, NONE은 역할을 사용하지 않는다.

- 사용자에게 특정 역할만을 부여할 수 있다.

문법

```
ALTER USER [사용자명] DEFAULT ROLE [역할명];
                              ALL EXCEPT '[권한]';
                              NONE;
```

ALL EXCEPT는 지정한 권한만 빼고 다른 권한을 해당 사용자에게 적용하고, NONE은 역할을 사용하지 않는다.

7.4 테이블 정의

DDL 명령은 데이터베이스의 구조를 생성하고, 갱신하고, 삭제하는 데에 사용되는 SQL 명령의 부분 집합이다. 이 명령은 즉각적으로 데이터베이스에 영향을 미치며, 데이터 사전(data dictionary)에 정보를 기록한다.

DDL 명령으로는 CREATE, ALTER, DROP, RENAME, TRUNCATE가 있다.

7.4.1 테이블 생성

CREATE 명령은 DDL 명령어의 하나로서 테이블, 인덱스, 테이블스페이스 등을 생성한다. 본 절에서는 테이블 생성에 관한 부분만 설명할 것이다. 테이블은 데이터베이스를 이용하는 어떤 시점에서도 생성될 수 있고, 테이블의 전체적인 크기를 명시할 필요는 없으며 크기는 데이터베이스에 할당된 공간 전체로 한정된다. 하지만 얼마만큼의 공간을 테이블이 사용할 것인지 예측하는 것이 중요하다.

테이블을 만들기 위해서는 반드시 CREATE TABLE 권한과 객체를 생성할 수 있는 저장 장소가 있어야 한다.

테이블 생성 구조는 아래와 같다.

문법

```
CREATE TABLE [schema].table_name
             (column_name Datatype [DEFAULT 식] [column 제약 조건] ,
             ...
             [table 제약 조건]);
```

여기서, schema는 소유자의 이름과 동일하고, Datatype은 column_name의 데이터 형과 길이이고, column 제약 조건은 열 정의의 부분으로 무결성 제약 조건이며, table 제약 조건은 테이블 정의의 부분으로 무결성 제약 조건이다. DEFAULT 식은 DML의 INSERT에 사용될 열에 대한 디폴트 값을 명시한다.

table_name과 column_name은 다음과 같은 정해진 규칙을 따라야 한다.

- 이름은 영문자로만 시작해야 하고, 1~30자 길이로 이루어져야 한다.
- 문자는 A~Z, a~z, 0~9, _ , $, # 만으로 이루어져야 한다.
- 동일한 사용자가 소유한 다른 객체의 이름과 중복되지 않도록 해야 한다.
- 예약어(reserved word)는 쓸 수 없다.
- 테이블과 데이터베이스는 객체를 의미할 수 있는 적절한 이름을 사용한다.

7.4.2 제약 조건

제약 조건(constraint)이란 테이블에 부적절한 데이터가 입력되는 것을 방지하기 위해서 여러 가지 규칙을 적용해 놓는 것이라 생각하면 된다. 즉 테이블 안에서 데이터의 성격을 정의하는 것이 제약 조건이다.

- 데이터의 무결성 유지를 위하여 사용자가 지정할 수 있는 성질이다.
- 모든 제약 조건(constraint)은 데이터 사전에 저장된다.
- 제약 조건은 테이블을 생성할 당시에 지정할 수도 있고, 테이블 생성 후 구조 변경(ALTER) 명령어를 통해서도 추가가 가능하다.
- NOT NULL 제약 조건은 반드시 열 레벨에서만 정의가 가능하다.

사용할 수 있는 제약 조건의 종류는 다음과 같다.

제약 조건 이름	설명
PRIMARY_KEY	하나의 테이블에서 그 행을 유일하게 식별할 수 있는 열의 조합. FOREIGN_KEY 열이 참조하는 열은 반드시 PRIMARY_KEY가 지정된 열이어야 함
FOREIGN_KEY	열의 값이 다른 테이블의 PRIMARY KEY 열인 열에 대해 사용
CHECK	열에 입력할 값이 정해져 있는 경우 사용
UNIQUE	열의 값이 테이블 전체에서 유일한 값이어야 하는 경우 사용
NOT NULL	열에 NULL 값이 입력되면 안 되는 경우. 즉 반드시 값을 입력해야만 하는 경우 사용
DEFAULT	열에 값을 입력을 하지 않아도 지정된 값이 입력될 수 있도록 하는 경우 사용

1) 열 레벨

문법

```
column [CONSTRAINT 제약 조건 이름] 제약 조건 유형
```

2) 테이블 레벨

문법

```
column ,
(column , .... ),
[CONSTRAINT 제약 조건 이름] 제약 조건 유형
```

제약 조건 이름을 기술하지 않았을 때는 자동으로 SYS_Cn의 이름을 갖게 된다. 자주 사용하는 제약 조건을 살펴보자.

3) NOT NULL

열에 NULL 값을 가질 수 없음을 명시하는 조건이다. 고객 중에서 이름이 없는 사람은 없을 것이다. 이런 경우 NOT NULL을 지정하여 고객의 이름을 반드시 입력하도록 한다.

예제

```
SQL> CREATE TABLE customer(
  2> c_no          VARCHAR2(14) NOT NULL,
  3> c_name        VARCHAR2(20) NOT NULL,
  4> c_addr        VARCHAR2(60),
  5> c_phone       VARCHAR2(16),
  6> c_dist        CHAR(2),
  7> CONSTRAINT cu_no_pk PRIMARY KEY(c_no));
```

4) UNIQUE

테이블의 모든 행에서 고유한 값만 가져야 하는 열이나 열의 조합을 명시하는 조건이다. UNIQUE 조건은 NULL 값을 포함할 수 있다.

예제

```
SQL> CREATE TABLE student(
  2> s_no NUMBER(2) NOT NULL CONSTRAINT st_no_uk UNIQUE,
  3> c_name          VARCHAR2(20) NOT NULL,
```

```
4> c_addr          VARCHAR2(60),
5> c_phone         VARCHAR2(16),
6> c_dist          CHAR(2),
7> CONSTRAINT cu_no_pk PRIMARY KEY(c_no));
```

같은 열에 두 개의 제약 조건을 기술할 경우에는 ,를 사용하지 않는다.

테이블 레벨에서는 어느 열에 UNIQUE 제약 조건을 줄 것인지를 기술해야 하기 때문에 '(cloumn_name)'이 반드시 필요하다.

5) PRIMARY KEY

테이블의 각 행을 유일하게 식별할 수 있는 열이나 열의 조합을 명시하는 조건이다. 고객의 고객번호는 유일한 것이므로 이런 경우 PRIMARY KEY로 지정하여 고객을 식별한다. PRIMARY KEY는 반드시 UNIQUE해야 하고 NOT NULL이어야 한다.

예제

```
SQL> CONSTRAINT TABLE branch (
  2> b_code VARCHAR2(3) PRIMARY KEY ,
  3> b_name VARCHAR2(20) NOT NULL ,
  4> b_addr VARCHAR2(60),
  5> b_phone VARCHAR2 (16),
  6> b_assets DECIML(13));
```

column 제약 조건에서 'PRIMARY KEY'만 기술할 경우에는 자동으로 SYS_Cn의 이름이 데이터 사전에 지정될 것이다.

7) FOREIGN KEY

열과 참조되는 테이블의 열 간의 참조 관계를 설정하는 제약 조건으로서 테이블과 테이블의 관계를 말한다.

참조되는 테이블을 Parent라 하며, 참조하는 테이블을 Child라 한다.

예제

```
SQL> CREATE TABLE account(
  2> a_no            CHAR(8),
  3> a_serial_no     DECIMAL(5),
```

```
  4> a_date           DATE,
  5> a_amount         DECIMAL(13),
  6> a_open_date      DATE not null,
  7> a_total_amount   DECIMAL(13),
  8> a_term           DECIMAL(3),
  9> a_item_dist      VARCHAR2(20) not null,
 10> a_item_name      VARCHAR2(20) not null,
 11> a_b_no           VARCHAR2(3) not null,
 12> a_c_no           VARCHAR2(14) not null,
 13> CONSTRAINT ac_no_pk PRIMARY KEY(a_no, a_serial_no),
 14> CONSTRAINT ac_it_fk1 FOREIGN KEY(a_item_name) REFERENCES item(item_name),
 15> CONSTRAINT ac_br_fk FOREIGN KEY(a_b_no) REFERENCES branch(b_no),
 16> CONSTRAINT ac_it_fk2 FOREIGN KEY(a_c_no) REFERENCES customer(c_no));
```

반드시 Parent 테이블이 먼저 만들어져 있어야 한다. 위의 경우는 '상품' 테이블과 '지점' 테이블, '고객' 테이블이 생성되어 있다는 가정 하에 '계좌' 테이블을 생성한 예이다.

행 추가나 갱신할 때의 값은 Parent 테이블의 값과 일치하거나 NULL이어야 한다.

삭제할 때 Child 테이블에서 Parent 테이블의 값을 참조하고 있다면 삭제될 수 없다.

8) CHECK

반드시 참이어야 하는 조건을 명시하는 제약 조건으로서 범위 설정에 유효하다. 어떤 범위에 들지 못하는 값이나 명시하고자 하는 값이 아닌 경우, 즉 FALSE 값은 CHECK 제약 조건에 위배된다.

예제

```
SQL> CREATE TABLE employee (
  2> e_gender BOOLEAN
  3> CONSTRAINT st_ge_ck CHECK (e_gender in ( T , F)));
```

CHECK 제약 조건은 열 레벨이나 테이블 레벨에서의 기술 방법이 동일하다.

테이블 구조

DESCRIBE 명령을 써서 테이블의 구조를 확인할 수 있다.

예제

```
SQL> DESC customer
    이름          널?                  유형
------------ ----------  ----------------------------
C_NO          NOT NULL          VARCHAR2(14)
C_NAME        NOT NULL          VARCHAR2(20)
C_ADDR                          VARCHAR2(60)
C_PHONE                         VARCHAR2(16)
C_DIST                          CHAR(2)
```

PRIMARY KEY는 NOT NULL 속성을 기본적으로 갖고 있기 때문에 NOT NULL 제약 조건을 주지 않아도 NOT NULL인 것을 확인할 수 있다.

제약 조건 관련 Dictionary

DESCRIBE 명령은 NOT NULL 제약 조건 뿐이다. 테이블에 대한 모든 제약 조건을 확인하고 싶다면 user_constraints를 검색하도록 한다.

예제

```
SQL> SELECT constraint_name, constraint_type, search_condition, r_constraint_name
   2> FROM  user_constraints
   3> WHERE table_name = 'ACCOUNT'
```

SELECT는 검색 명령어이다.

table_name은 반드시 대문자로 입력해야 한다.

제약 조건과 관련된 열에 대한 Dictionary

제약 조건 이름과 관련된 열의 정보를 확인할 수 있다.

예제

```
SQL> SELECT constraint_name, column_name
   2> FROM user_cons_columns
   3> WHERE table_name ='ACCOUNT'
```

7.4.3 ALTER 명령문

이미 생성된 테이블의 구조를 변경하고자 할 때가 있다. 새로운 열을 추가한다던가 기존의 열의 구조를 바꾸고자 할 경우에 사용하는 명령어이다. 예를 들어, 전화번호를 저장하기 위해 7자리로만 확보했던 공간이 자릿수가 늘어나야 할 경우가 있을 수 있다. 이렇게 테이블의 구조를 바꾸고자 할 경우에는 ALTER TABLE 명령을 사용할 수 있다.

1) 테이블 변경

열 추가

추가는 ADD라는 명령어를 사용한다. 테이블 생성시 열 정의와 같다.

문법

```
ALTER TABLE 테이블 명
ADD(column Datatype [DEFAULT 식] [NOT NULL]
[, column Datatype] ... );
```

기존의 열은 삭제할 수 없다.

EMPLOYEE table에 e_addr 열을 추가하시오.

예제

```
ALTER TABLE employee
ADD (e_addr VARCHAR2(20));
```

열의 위치는 지정할 수 없다. 새로운 열은 테이블의 마지막 열이 된다.

열 변경

열의 데이터 형, 크기, 디폴트 값, NOT NULL 제약 조건을 변경한다.

문법

```
ALTER TABLE 테이블명
MODIFY (column datatype [DEFAULT 식] [NOT NULL]
[,column datatype] ....) ;
```

- 열의 크기를 늘릴 수는 있지만, 열에 값이 있을 경우는 줄일 수 없다. 테이블에 아무 행도 없거나 NULL만 가지고 있다면 축소 또한 가능하다.
- 열에 NULL 값을 가지고 있을 때만 데이터 형을 변경할 수 있다.
- DEFAULT 값을 바꾸면 다음 INSERT 에서만 영향을 미치게 된다.
- 열에 NULL 값이 없을 경우에만 NOT NULL 제약 조건을 추가한다.

- **EMPLOYEE 테이블에 e_addr 열의 길이를 50으로 확장하시오.**

예제

```
ALTER TABLE employee
ADD (e_addr VARCHAR2(50)) ;
```

2) 제약 조건 변경

- **제약 조건 추가**

제약 조건은 수정하는 것이 아니라 추가나 삭제만 가능하다. 따라서, 제약 조건은 갱신할 수 없다. 단, NOT NULL은 그 열에만 기술해야 하는 열 레벨이기 때문에 제약 조건을 추가하는 개념이 아닌 열을 갱신하는 개념으로 NOT NULL 제약 조건은 추가할 수 없고 수정만 가능하다.

문법

```
ALTER TABLE 테이블 명
ADD [CONSTRAINT 제약 조건명] type (column);
```

제약 조건명을 쓰는 것이 좋지만 선택 사항이다. 제약 조건의 이름을 쓰지 않으면 시스템이 이름을 생성한다.

- **EMPLOYEE 테이블의 주소를 PRIMARY KEY로 설정하시오.**

예제

```
ALTER TABLE employee
ADD CONSTRAINT em_addr_pk PRIMARY KEY(e_addr) ;
```

PRIMARY KEY나 UNIQUE 제약 조건이 생성되면 자동으로 인덱스가 생성된다.

7.4.4 DROP

테이블과 제약 조건을 삭제할 수 있다.

1) 테이블 삭제

문법

```
DROP TABLE 테이블 명 [CASCADE CONSTRAINT] ;
```

테이블을 삭제하면 해당 모든 인덱스와 데이터가 삭제된다.

CASCADE CONSTRAINT 옵션은 종속 무결성 제약 조건을 삭제한다.

※ 주의 : 한 번 삭제된 테이블은 롤백할 수 없다.

2) 제약 조건 삭제

제약 조건을 삭제할 수 있다.

문법

```
ALTER TABLE 테이블 명
DROP PRIMARY KEY | UNIQUE (column)
CONSTRAINT 제약 조건 [CASCADE];
```

DROP절의 CASCADE는 종속적인 다른 제약 조건도 삭제한다.

EMPLOYEE 테이블의 PRIMARY KEY 제약 조건을 삭제하시오.

예제

```
ALTER TABLE employee
DROP PRIMARY KEY CASCADE ;
```

PRIMARY KEY는 테이블에 하나만 존재하므로 이름을 기술하지 않아도 된다.

CASCADE 옵션으로 employee 테이블을 참조하는 FOREIGN KEY도 삭제된다.

제약 조건 ENABLE / DISABLE

ENABLE / DISABLE는 제약 조건을 생성하거나 추가하지 않고도 사용 가능이나 사용 불가 상태로 만들 수 있다.

- **EMPLOYEE에서 disable 된 제약 조건을 enable 시킬 수 있다.**

예제

```
ALTER TABLE employee
ENABLE CONSTRAINT em_addr_pk ;
```

UNIQUE나 PRIMARY KEY 제약 조건을 enable 시키면 자동으로 인덱스가 생성된다.

- **EMPLOYEE에서 제약 조건을 disable 하시오.**

종속적인 무결성 제약 조건을 disable 시키기 위해 CASCADE 옵션을 적용한다.

예제

```
ALTER TABLE employee
DISABLE CONSTRAINT em_addr_pk CASCADE;
```

※ PRIMARY KEY를 DISABLE시켰다면 중복된 데이터가 들어갈 수 있을 것이다. 그럼, 다시 PRIMARY KEY로 지정하고 싶다면 ENABLE이 가능할까?
➜ PRIMARY KEY의 속성을 만족하지 못하므로 ENABLE 될 수 없다.

7.4.5 RENAME

객체의 이름을 변경하는 명령어이다.
테이블, 뷰, 시퀀스, 시노님의 이름을 바꾸려면 RENAME 명령을 실행한다.

문법

```
RENAME 이전 이름 TO 새로운 이름;
```

- **EMPLOYEE 테이블 이름을 EMP로 바꾸시오.**

예제

```
RENAME employee TO emp;
```

객체의 소유자이어야 실행할 수 있다.

7.4.6 TRUNCATE

테이블의 모든 행을 삭제하고 테이블이 사용한 저장 공간을 앞으로 사용 가능하도록 하는 명령이다. 즉 행을 삭제하고 그 저장 공간을 해제한다.

문법

```
TRUNCATE TABLE 테이블 ;
```

예제

```
TRUNCATE TABLE emp ;
```

7.4.7 COMMENT

테이블이나 열에 주석을 입력할 수 있다.

문법

```
COMMENT ON TABLE 테이블 명
IS '텍스트' ;
```

- **EMP 테이블에 주석을 추가하시오.**

예제

```
COMMENT ON TABLE emp
IS 'Employee Information' ;
```

- **열의 주석을 삭제하시오.**

예제

```
COMMENT ON COLUMN e_addr
IS ' ' ;
```

텍스트를 입력하지 않으면 삭제된다.

- **주석의 내용을 보려면 Dictionary를 통해 볼 수 있다.**

예제

```
ALL_COL_COMMENTS
USER_COL_COMMENTS
ALL_TAB_COMMENTS
USER_TAB_COMMENTS
```

※ DDL 명령은 자동 커밋이다. 실행되는 순간 데이터베이스에 저장이 된다고 생각하면 된다. 그러므로 주의해야 할 부분이다.

7.5 데이터 사전

데이터 사전이란 읽기 전용 테이블 및 뷰의 집합으로 테이블의 종류, 구조 등에 대한 정보와 데이터베이스 성능 등에 대한 데이터베이스 전반에 대한 정보를 제공한다.

데이터 사전에 저장되는 내용은 다음과 같다.

- 오라클의 사용자 이름
- 오라클 권한과 역할
- 데이터베이스 스키마 객체(테이블, 뷰, 인덱스, 클러스터, 시노님, 시퀀스...) 이름과 정의들
- 무결성 제약 조건에 관한 정보
- 데이터베이스의 구조 정보
- 오라클 데이터베이스의 함수와 프로시저 및 트리거에 대한 정보
- 기타 일반적인 데이터베이스 정보

오라클 사용자 중 SYS는 데이터 사전의 모든 기본 테이블과 뷰를 소유하며, SYS 사용자 뿐만 아니라 모든 오라클 사용자는 읽기 전용으로 데이터 사전을 사용하여 데이터베이스 정보를 검색할 수 있다.

데이터베이스에 대한 작업이 이루어지는 동안 오라클은 데이터 사전을 읽어 객체의 존재 여부와 사용자에게 적합한 접근 권한이 있는지를 확인하고, 데이터 사전을 계속 갱신하여 데이터베이스 구조, 감사, 사용자 권한, 데이터 등의 변경 사항을 반영한다.

존재하는 데이터 사전의 목록을 보려면 다음과 같은 SQL 문을 사용한다.

예제

```
SQL> SELECT * FROM DICTIONARY;
```

데이터 사전 테이블의 종류는 다음과 같다.

종류	설명
DBA_XXXX	데이터베이스 전체의 관련 정보를 제공. DBA 권한을 가진 사용자(SYS 또는 SYSTEM) 또는 SELECT ANY TABLE 권한이 있는 사용자만이 조회할 수 있는 데이터 사전. 이 뷰에 대해 다른 사용자가 질의하려면 앞에 sys.이라는 접두어를 붙여야 한다.
ALL_XXXX	자신이 생성한 객체와 다른 사용자가 생성한 객체 중 자신이 볼 수 있는 정보 제공
USER_XXXX	자신이 생성한 객체의 정보 제공
V$_XXXX	X$ 테이블에 대한 뷰로 데이터베이스의 성능 분석/통계 정보를 제공
X$_XXXX	데이터베이스의 성능 분석/통계 정보를 제공하는 테이블

다음은 ALL_TABLES 뷰를 사용한 정보 검색이다.

```
SQL>SELECT table_name, tablespace_name FROM ALL_TABLES;

          TABLE_NAME                            TABLESPACE_NAME
-------------------------------------- -------------------------
DUAL                                          SYSTEM
SYSTEM_PRIVILEGE_MAP                          SYSTEM
TABLE_PRIVILEGE_MAP                           SYSTEM
STMT_AUDIT_OPTION_MAP                         SYSTEM
AUDIT_ACTIONS                                 SYSTEM
PSTUBTBL
WRI$_ADV_ASA_RECO_DATA
ODCI_SECOBJ$
ODCI_WARNINGS$
DEF$_TEMP$LOB                                 SYSTEM
OL$

          TABLE_NAME                            TABLESPACE_NAME
-------------------------------------- -------------------------
OL$HINTS
OL$NODES
KU$NOEXP_TAB
IMPDP_STATS
```

```
PLAN_TABLE$
WM$WORKSPACES_TABLE                                  SYSAUX
WM$VERSION_TABL                                      SYSAUX
WM$NEXTVER_TABLE                                     SYSAUX
WM$VERSION_HIERARCHY_TABLE                           SYSAUX
HELP                                                 SYSTEM
DR$OBJECT_ATTRIBUTE                                  SYSAUX
```

8장 데이터베이스 조작

7 장에서는 사용자들이 필요로 하는 테이블들의 구조를 SQL DDL의 기능을 이용해 정의하였다. 이제 본 장에서는 SQL의 데이터 조작어인 DML(data manipulation language) 명령을 이용해 이 테이블들에 데이터의 값을 추가하고 삭제하고 갱신하는 등의 조작을 해 보고 테이블의 내용을 다양하게 검색하는 질의 기능을 실습해 보기로 하자.

8.1 SQL DML

8.1.1 INSERT

- **INSERT 문을 사용해 테이블에 새로운 행을 추가한다.**

한 번에 한 행만 삽입된다.

문법

```
INSERT INTO 테이블 [(column [, column...])]
VALUES  (값 [,값]);
```

- **고객 table 모든 열에 대해 값을 갖는 새로운 행을 삽입하시오.**

예제

```
SQL> INSERT INTO customer
  2  VALUES ('701201-2255441','강주현','서울시 중구','02-3752-2232','00');
```

열 명을 선택하여 원하는 열을 삽입할 수 있다.
모든 열을 삽입하려면 열 명을 생략해도 되지만 명확성을 위해 사용하는 것이 좋다.
※ 문자와 날짜 값은 반드시 단일 따옴표(‘ ’)를 사용한다.

- **NULL 값이 있는 행을 삽입한다.**

① 묵시적인 방법
열 리스트에서 열 명을 제외하면 기술하지 않은 열의 값은 NULL 값이 묵시적으로 입력된다.

예제

```
SQL> INSERT INTO account(a_no, a_serial_no, a_open_date, a_total_amount, a_term,
  2 a_item_dist, a_item_name, a_b_no, a_c_no)
  3 VALUES('LP400003', 1, to_date('2010-06-04','yyyy-mm-dd'),8000000, 10, 'L1', '예금
  4 담보','400', '760615-1255447');
```

NOT NULL 제약 조건이 있는 열을 제외할 경우 삽입할 수 없다.

② 명시적인 방법

VALUES 목록에 공 문자열(' ')이나 NULL 키워드를 기입한다.

예제

```
SQL> INSERT INTO account
  2  VALUES('LP400003',1,null, ' ', to_date('2010-06-04','yyyy-mm-dd'),
  3  8000000,10,'L1', '예금담보','400', '760615-1255447');
```

특정한 값 삽입

USER 와 SYSDATE 명령을 사용하여 현재 사용자 이름과 현재 날짜 및 시간을 알 수 있다.

예제

```
SQL> INSERT INTO employee (e_no, e_name, userid, salary ,start_date)
  2 VALUES (01, '신혜윤', USER, ' ', SYSDATE) ;
```

8.1.2 UPDATE

UPDATE 명령을 사용해 행의 값을 변경할 수 있다.

문법

```
UPDATE {테이블}
SET column = 값 [,column = 값 [, column = 값...]]
[WHERE 조건] ;
```

WHERE 절을 생략하면 해당 열의 모든 데이터 값이 변경되므로 주의해야 한다. 이때

NULL 값의 데이터도 변경된다.

- **고객번호가 '701201-2255441'인 고객의 주소를 '용산구'로 변경하시오.**

예제

```
SQL> UPDATE customer
  2  SET c_addr = '서울 용산구'
  3  WHERE c_no = '701201-2255441';
```

- **고객번호가 '701201-2255441'인 고객의 주소와 전화번호를 변경하시오.**

예제

```
SQL> UPDATE customer
  2  SET c_addr = '서울 용산구' , c_phone = '02-4436-0508'
  3  WHERE c_no = '701201-2255441';
```

- **무결성 제약 조건 에러**

예제

```
SQL> UPDATE employee
   2 e_gender = M ;
```

e_gender에는 T와 F 값만 입력될 수 있는 CHECK 제약 조건이 있으므로 M 값을 넣을 경우 에러가 발생한다.

8.1.3 DELETE

DELETE 명령을 이용하여 행을 삭제한다.

문법

```
DELETE FROM 테이블
[WHERE 조건] ;
```

WHERE 조건을 생략하면 모든 행이 지워지므로 주의해야 한다.

예제

```
SQL> delete from customer
  2  where c_no = '701201-2255441';
```

FROM 키워드는 생략 가능하다.

예제

```
SQL> delete customer
  2  where c_no = '701201-2255441';
```

무결성 제약 조건 에러

다른 테이블에서 참조되어지는 주 키를 포함하고 있는 행을 삭제하려고 하면 무결성 제약 조건 에러가 발생한다.

예제

```
SQL> delete from customer
  2  where c_no = '701201-2255441';
delete from customer
*
1행에 오류:
ORA-02292: 무결성 제약조건(CSDB40.SERV_CU_NO_FK)이 위배되었습니다- 자식 레코드가 발견되었습니다
```

account 테이블의 a_c_no 가 외래 키로 지정되어 있으므로 삭제할 경우 에러가 발생하므로 주의한다.

8.2 SQL 질의어

8.2.1 데이터베이스로부터 자료 검색

데이터베이스로부터 데이터를 추출하기 위하여 사용자는 SQL의 SELECT 명령을 사용할 필요가 있다. 사용자는 디스플레이 되는 행들과 열을 제한할 수 있을 뿐만 아니라, 행들이 디스플레이 되는 순서를 명시할 수 있다. 이 절에서는 이러한 일을 수행하기 위해 사용할 수 있는 질의 명령들을 다루고 있다.

1) 기본적인 질의문

SELECT 문장은 데이터베이스로부터 정보를 검색해 주며 모든 수치 연산자들을 사용할 수 있다.

문법

```
SELECT          [distinct] {*, column [alias]...}
FROM            테이블명
[WHERE          Query조건(들)]
[ORDER BY       {column, 표현식} [ASC | DESC]] ;
```

- SELECT : 적어도 한 개의 열로 구성된 리스트를 출력
- DISTINCT : 중복 행을 제거
- * : 모든 열을 선택
- alias : 선택된 열에 대해 다른 이름을 부여
- FROM 테이블명 : 열을 포함하는 테이블을 명시
- WHERE : 질의 조건을 만족하는 행들만을 반환하도록 행을 제어
- Query : 조건 컬럼, 표현식, 상수 및 비교 연산자들로 구성
- ORDER BY : 질의된 행들이 디스플레이되는 순서를 명시
- ASC : 오름차순으로 행들을 정렬
- DESC : 내림차순으로 행들을 정렬

이제부터 기본적인 질의문을 이용해 데이터베이스로부터 다양한 내용을 검색해 보자.

모든 열과 모든 행 선택

고객 테이블로부터 모든 행과 모든 열을 디스플레이한다.

예제

```
SQL> select * from customer;

      C_NO           C_NAME         C_ADDR          C_PHONE       C_DI
----------------- --------------- --------------- --------------- ----
 701201-2255441    강주현          서울시 중구      02-3752-2232     00
 691115-1223455    김광철          서울시 중구      02-3742-7742     00
```

```
790901-2358327      김수연          경기도 구리시    031-834-4527     00
660419-1623112      이민수          서울시 용산구    02-4436-6761     00
760615-1255447      한수인          경기도 성남시    031-562-2265     00
220-82-52237        (주)한국전산    서울시 용산구    02-4436-2424     11
361-22-42687        (주)한국리서치  서울시 용산구    02-4436-8237     11
102-22-51094        (주)국제산업    서울시 중구      02-3720-8782     11
363-52-45172        성남의원        경기도 성남시    031-563-2573     11
220-82-21094        (주)정보통신    서울시 중구      02-3733-5567     11
```

특정 열 선택

고객 테이블상의 모든 고객번호, 고객명, 주소를 검색하라.

예제

```
SQL> select  c_no, c_name, c_addr
  2  from  customer ;

      C_NO                 C_NAME              C_ADDR
--------------------  -----------------  ------------------
701201-2255441          강주현              서울시 중구
691115-1223455          김광철              서울시 중구
790901-2358327          김수연              경기도 구리시
660419-1623112          이민수              서울시 용산구
760615-1255447          한수인              경기도 성남시
220-82-52237            (주)한국전산        서울시 용산구
361-22-42687            (주)한국리서치      서울시 용산구
102-22-51094            (주)국제산업        서울시 중구
363-52-45172            성남의원            경기도 성남시
220-82-21094            (주)정보통신        서울시 중구
```

2) 산술 표현식

데이터가 디스플레이 되는 방식을 변경하거나, 계산을 수행하고자 할 때 산술 표현식을 사용할 수 있다.

다음은 SQL에서 이용 가능한 산술 연산자이며 FROM 절을 제외한 모든 SQL 문장에서 산술 연산자를 사용할 수 있다.

연 산 자	설 명
+	더하기
−	빼기
*	곱하기
/	나누기
()	연산자 우선 순위를 변경하기 위한 괄호

① 연산자

지점의 자산이 10% 증가함을 보여주기 위해 곱셈 연산자를 사용한다.

예제

```
SQL> select  b_no, b_name, b_assets * 0.1
  2  from  branch ;

 B_NO            B_NAME              B_ASSETS*01
------         ----------          -------------
 100            서울중구              2150000000
 200            서울용산              2980000000
 300            경기구리              850000000
 400            경기성남              1350000000
```

② 연산자 우선 순위

지점의 지점코드, 지점이름, 자산을 검색한다.

자산은 10% 증가에다가 5000000을 더해서 구한다.

예제

```
SQL> select  b_no, b_name, b_assets, b_assets*0.1+5000000
  2  from branch ;

 B_NO            B_NAME              B_ASSETS                B_ASSETS*0.1+5000000
------         ----------          -------------           --------------------
 100            서울중구              2150000000                 220000000
 200            서울용산              2980000000                 303000000
 300            경기구리              850000000                  90000000
 400            경기성남              1350000000                 140000000
```

※ 문자와 날짜 열은 좌측 정렬이 되고, 숫자는 우측 정렬이 된다.
열 제목은 대문자로 나타나며 별명을 이용하여 제목을 변경할 수 있다.

3) Alias

검색 결과를 디스플레이할 때, SQL*Plus는 보통 선택한 열 명을 제목으로 사용한다. 열 별명(alias)을 사용하여 열 제목을 변경할 수 있다. 별명은 select 리스트 상에서 열 명 뒤에 공백을 두고 적는다. 기본 값으로 열 별명은 대문자로 출력되고 공백을 포함할 수 없는데 별명이 이중 인용 부호 안에 적혀 있을 때는 예외이다.

- **지점의 지점코드, 지점이름, 자산의 10% 증가액을 검색한다. 자산의 열 제목은 'new_assets'로 한다.**

예제

```
SQL> select  b_no, b_name, b_assets*0.1 as new_assets
  2  from branch;

 B_NO            B_NAME             NEW_ASSETS
------         -----------         ------------
 100             서울중구            215000000
 200             서울용산            298000000
 300             경기구리            85000000
 400             경기성남            135000000
```

4) 널 값 관리

만약 한 행의 특정 열에 데이터 값이 없으면 그 값을 널이라고 하거나 널 값을 포함하고 있다고 한다. 널 값은 이용할 수 없거나 할당되지 않았거나 알려져 있지 않거나 적용 불가한 값이다. 널 값이란 0(zero)이나 공백(blank)과 같은 것이 아니다. 열이 NOT NULL로 정의되어 있거나 테이블 생성시 PRIMARY KEY로 정의한 경우를 제외하면, 어떠한 데이터 형의 열이라도 널 값을 포함할 수 있다.

널 값을 다른 값으로 전환하려면 NVL 함수를 사용한다.

- **계좌 테이블에서 예금계좌의 계약기간 값이 없을 때(값이 널일 때) 자유저축으로 표시하려면 NVL 함수를 사용한다.**

예제

```
SQL> select distinct a_no 계좌번호, nvl(to_char(a_term), '자유저축') "계약기간(월)"
  2  from  account
  3  where a_item_dist='A0'
  4  /

 계좌번호       계약기간(월)
----------   -----------
 AP200002     24
 AE200003     12
 AE100001     자유저축
 AP100002     30
 AE200002     자유저축
 AP100001     자유저축
 AP300002     자유저축
 AE200001     자유저축
 AP200001     자유저축
 AP300001     자유저축
 AE400001     자유저축
```

여러 가지 데이터 형에 따른 NVL 함수 사용 예

데이터 형	전환 예
NUMBER	NVL(number_column,9)
DATE	NVL(date_column,'01-JAN-13')
CHAR or VARCHAR2	NVL(character_column,'Unavailable')

5) ORDER BY 절을 이용한 정렬

질의 결과로 되돌려지는 행들은 정렬되어 있지 않으므로, 필요시 ORDER BY 절을 이용하여 행들을 정렬해야 한다. 이때 ORDER BY 절은 SELECT 절의 마지막에 위치시켜야 한다.

고객 테이블의 고객번호, 고객명, 고객구분을 검색한다. 질의 결과는 고객명을 기준으로 오름차순 정렬한다.

예제

```
SQL> select c_no, c_name, c_dist
  2  from customer
  3  order by c_name ;

    C_NO                C_NAME              C_DI
----------------    ----------------    ------
 102-22-51094        (주)국제산업            11
 220-82-21094        (주)정보통신            11
 361-22-42687        (주)한국리서치          11
 220-82-52237        (주)한국전산            11
 701201-2255441      강주현                  00
 691115-1223455      김광철                  00
 790901-2358327      김수연                  00
 363-52-45172        성남의원                11
 660419-1623112      이민수                  00
 760615-1255447      한수인                  00
```

6) WHERE 절을 이용한 행의 제한

WHERE 절을 사용하여 질의 결과 되돌려지는 행들을 제한할 수 있다. WHERE 절은 만족해야 할 조건을 포함하고 있으며, FROM 절 바로 다음 뒤에 온다.

● 계좌 테이블에서 대출계좌의 계좌번호, 대출일, 대출상품명을 검색한다.

질의 결과 대출상품명이 예금담보인 행만 출력되도록 한다.

예제

```
SQL> select distinct a_no, a_open_date, a_item_name
  2  from account
  3  where a_item_dist='L1' and a_item_name='예금담보';

   A_NO           A_OPEN_D       A_ITEM_NAME
-----------    -----------    -------------
 LP100001       09/02/11        예금담보
 LP400003       10/06/04        예금담보
 LP100002       09/12/08        예금담보
```

where 절에서 사용 가능한 연산자

① 비교 연산자

연 산 자	의 미
=	같은
>	보다 큰
>=	같거나 큰
<	보다 작은
<=	같거나 작은
!= , <>	같지 않은

② SQL 연산자

연 산 자	의 미
BETWEEN...AND...	두 개의 값 사이(두 개의 값도 포함)
IN(list)	리스트의 값 중 어느 하나라도 일치
LIKE	문자 형태와 일치
IS NULL	널 값인 경우
NOT BETWEEN..AND..	두 개의 명시된 값 사이가 아닌
NOT IN(list)	명시된 값의 리스트에 없는
NOT LIKE	비교 스트링과 같지 않는
IS NOT NULL	널 값이 아닌

③ 논리 연산자

연 산 자	의 미
AND	다중 조건 모두가 TRUE시 돌려지는 결과도 TRUE
OR	다중 조건 중 하나의 값이 TRUE시 돌려지는 결과도 TRUE
NOT	조건에 반대되는 결과를 되돌려 줌

- **대출계좌 테이블에서 대출번호, 대출금액, 대출상품명을 검색한다. 대출금액은 1억원과 2억원 사이의 것들만 출력한다.**

예제

```
SQL> select distinct a_no, a_total_amount, a_item_name
  2  from account
  3  where a_total_amount between 100000000 and 200000000 and a_item_dist='L1';

   A_NO          A_TOTAL_AMOUNT        A_ITEM_NAME
----------      ----------------      --------------
 LP300001          100000000             종합통장
 LE100001          200000000             종합통장
 LE100002          150000000             종합통장
```

- **우선 순위 규칙**

우선순위	연산자
1	모든 비교 연산자 (=,<>,>,>=,<,<=,IN,LIKE,IS NULL,BETWEEN)
2	AND
3	OR

- **대출계좌 테이블에서 대출기간이 12개월이나 24개월이며, 대출금액이 천만원 이상인 계좌의 대출번호, 대출금액, 대출기간을 출력한다.**

예제

```
SQL> select distinct a_no, a_total_amount, a_term
  2  from account
  3  where a_total_amount >=10000000 and (a_term =12 or a_term = 24) and a_item_dist= 'L1';

   A_NO          A_TOTAL_AMOUNT        A_TERM
----------      ----------------      ----------
 LP300001          100000000             12
 LE100001          200000000             24
 LP400002          12000000              12
```

8.2.2 단일 행 함수

단일 행 함수의 특징은 다음과 같다.

- 한 개 이상의 인수를 필요
- 질의시 각 행에 대해 수행
- 행당 한 개의 결과를 돌려줌
- 함수를 중첩하여 사용할 수 있음
- SELECT, WHERE 및 ORDER BY 절에도 함수를 사용할 수 있음

단일 행 함수의 기능은 다음과 같다.

- 데이터에 대한 계산을 수행
- 각각의 데이터 항목을 변경
- 그룹의 결과 출력
- 디스플레이 할 날짜 형식을 변경

문법

```
function_name (column | expr, [arg1, arg2...])
```

- function_name : 함수의 이름
- column : 데이터베이스에 존재하는 열 명
- expr : 어떤 문자 스트링 또는 계산된 표현식
- arg1, arg2 : 함수에 의해 사용될 인수

1) 문자 함수

단일 행 문자 함수들은 문자 데이터를 입력으로 받아들여 문자나 숫자 결과 값을 돌려준다.

함 수	목 적
LOWER(column | expr)	문자를 소문자로 바꿈
UPPER(column | expr)	문자를 대문자로 바꿈
INITCAP(column | expr)	각 단어의 첫 자는 대문자로, 나머지는소문자로 바꿈
CONCAT(column1 | expr1, column2 | expr2)	첫 번째의 문자 값과 두 번째 문자 값을 연결. 연결 연산자(||)와 동일
SUBSTR(column | expr, m[,n])	문자열의 m번째부터 n개의 문자를 돌려 줌

함 수	목 적
LENGTH(column | expr)	문자의 길이를 정수 값으로 돌려 줌
NVL(column1 | expr1, column | expr2)	첫 번째 값이 널이면 두 번째 값으로 바꾸어 줌

※ 위의 함수들은 이용 가능한 문자 함수의 일부분이다.

고객 테이블에서 고객이름과 고객이름의 길이를 출력한다.

예제

```
SQL> select c_name, length(c_name)
  2  from customer;

 C_NAME              LENGTH(C_NAME)
-------------       ------------------
 강주현                     3
 김광철                     3
 성남의원                   4
 (주)정보통신               7
 한수인                     3
```

2) 숫자 함수

숫자 함수는 숫자 값을 받아들여 숫자 값을 되돌려 준다.

함 수	목 적
ROUND(column | expr,n)	소수점 아래 n+1번째 자리에서 반올림하여 n번째 자리까지 표시. 만약 n이 없으면 소수점 아래 첫 번째 자리에서 반올림되며, n값이 음수이면 소수점 위 n번째 자리에서 반올림
TRUNC(column | expr,n)	소수점 아래 n자리까지 절삭한다. 만약 n이 없으면 소수점 아래가 절삭되며, n값이 음수이면 소수점 위 n번째 자리에서 절삭
MOD(m, n)	m 값을 n 값으로 나눈 후 나머지를 반환

- **계좌 테이블에서 각 고객번호와 계좌번호 별로 예금액의 합에 11.5%를 곱한 값을 출력하고, 소수점 아래 첫 번째 자리에서 반올림한 결과를 출력한다.**

예제

```
SQL> select a_c_no, a_no, sum(a_amount)*0.115
  2  from account
  3  where a_item_dist='A0'
  4  group by a_no, a_c_no;

     A_C_NO               A_NO            SUM(A_AMOUNT)*0.115
----------------      -----------      ---------------------
 790901-2358327        AP300001              17997.5

SQL> select a_c_no, a_no, round(sum(a_amount)*0.115)
  2  from account
  3  where a_item_dist='A0'
  4  group by a_no, a_c_no;

     A_C_NO               A_NO            ROUND(SUM(A_AMOUNT)*0.115)
----------------      -----------      ----------------------------
 790901-2358327        AP300001                17998
```

3) 날짜에 산술 연산자 사용

데이터베이스는 날짜를 숫자로 저장하기 때문에 덧셈, 뺄셈 같은 산술 연산자를 사용하여 날짜에 대한 계산을 할 수 있다. 날짜뿐만 아니라 숫자 상수를 더하거나 뺄 수도 있다.

연 산	결 과	설 명
date + number	date	날수를 날짜에 더함
date – number	date	날짜에서 날수를 뺌
date – date	number of days	두 날짜 사이의 날수를 구함
date + number/24	date	시간을 날짜에 더함

- **대출계좌에서 대출상품명이 종합통장인 계좌의 대출번호, 대출일부터 지금까지의 개월 수, 상품명을 출력한다.**

예제

```
SQL> select distinct a_no, round((sysdate-a_open_date)/30) months, a_item_name
  2  from account
  3  where a_item_name = '종합통장' and a_item_dist='L1';

   A_NO           MONTHS          A_ITEM_NAME
-----------     --------      --------------
 LP300001          27             종합통장
 LE100002          20             종합통장
 LE200002          37             종합통장
 LE100001          37             종합통장
 LE200001          17             종합통장
 LP400002          25             종합통장
```

※ sysdate는 현재의 날짜와 시간을 돌려준다.

4) 전환 함수

함 수	목 적
TO_CHAR(number|date,['fmt'])	숫자 또는 날짜 값을 fmt 형식의 VARCHAR2 문자 스트링으로 바꿈
TO_NUMBER(char)	숫자를 포함하고 있는 문자 스트링을 숫자로 전환
TO_DATE(char,['fmt'])	날짜를 나타내는 문자 스트링을 명시한 fmt에 따라 날짜 값으로 바꿈. fmt을 생략시 형식은 DD-MON-YY가 됨

① 날짜에 대한 TO_CHAR 함수

- 상품명이 예금담보인 계좌의 계좌번호, 대출일, 상품명을 출력한다. 날짜 형식은 "mm/yy"로 한다.

예제

```
SQL> select distinct a_no, to_char(a_open_date,'mm/yy') 대출일, a_item_name
  2  from account
  3  where  a_item_name = '예금담보'
  4  /
```

```
  A_NO           대출일          A_ITEM_NAME
----------     ---------      -------------
 LP100002        12/09           예금담보
 LP100001        02/09           예금담보
 LP400003        06/10           예금담보
```

② 숫자에 대한 TO_CHAR 함수

- 계좌번호 LP100001의 대출금액을 출력한다.

예제

```
SQL> select distinct 'LP100001의 대출금액은 '||to_char(a_total_amount,
  2                  'fm$9,999,999,999,999') || '이다' 대출액
  3  from account
  4  where a_no = 'LP100001';

             대출액
------------------------------------
 LP100001의 대출금액은 $20,000,000이다
```

③ TO_NUMBER 와 TO_DATE 함수

- 상환일이 2010년 10월 5일인 것을 출력한다. 날짜 비교시 문자를 날짜형식으로 변환하여 비교한다.

예제

```
SQL> select  a_c_no, a_no, a_date
  2  from account
  3  where a_date = to_date('10월 5, 2010',
  4                         'month dd, yyyy');

   A_C_NO           A_NO          A_DATE
-------------    -----------    ----------
 220-82-52237      AE200001       10/10/05
```

8.2.3 그룹 함수

단일 행 함수와는 달리 그룹 함수는 그룹 당 한 개의 결과를 반환하는 여러 행에 대한 연산이다. 이러한 집합은 테이블 전체일 수도 있고 어떤 열(들)을 기준으로 그룹핑될 수도 있다. 그룹 함수는 SELECT 및 HAVING 절 모두에 올 수 있다.

기본적으로 한 테이블의 모든 행들은 하나의 그룹으로 취급된다. 행들을 더 작은 그룹으로 나누기 위해 SELECT 문장에 GROUP BY절을 사용한다. 추가적으로 그룹을 제한하기 위해서는 HAVING 절을 사용한다.

문법

```
SELECT      column, group_function
FROM        table
[WHERE      condition]
[GROUP BY   group_by_expression]
[HAVING     group_condition]
[ORDER BY   column];
```

그룹 함수

Function	설명
AVG([DISTINCT|ALL] n)	숫자 열 n에 대한 널 값을 제외한 행의 평균 값
COUNT({* | [DISTINCT|ALL] expr})	행의 개수. *는 중복 및 널 값을 갖는 행들도 개수
MAX([DISTINCT | ALL] expr)	최대값
MIN([DISTINCT | ALL] expr)	최소값
STDDEV([DISTINCT | ALL] n)	숫자 열 n에 대한 널 값을 제외한 표준 편차
SUM([DISTINCT | ALL] n)	숫자 열 n에 대한 널 값을 제외한 합계
VARIANCE([DISTINCT | ALL] n)	숫자 열 n에 대한 널 값을 제외한 분산

- DISTINCT는 중복되지 않는 값만 고려. 그러나 ALL은 중복된 것을 포함한 모든 값을 고려. 기본 값은 ALL이기 때문에 명시할 필요는 없음
- n은 숫자형 인수
- expr이 있는 인수들의 자료 형태는 CHAR, VARCHAR2, NUMBER 또는 DATE 형이 될 수 있음

- COUNT(*)를 제외한 모든 그룹 함수들은 널 값을 무시. 널 값을 다른 값으로 치환하기 위해서는 NVL 함수를 사용

① 고객 테이블에서 가장 큰 고객명과 가장 작은 고객명을 검색한다.

예제

```
SQL> select min(c_name), max(c_name)
  2  from customer;

 MIN(C_NAME)          MAX(C_NAME)
-------------       -------------
 (주)국제산업           한수인
```

② 고객 중 개인 고객의 명수를 출력한다.

예제

```
SQL> select count(*)
  2  from customer
  3  where c_dist='00';

 COUNT(*)
----------
     5
```

③ 각 대출상품명과 각 대출상품에 해당하는 행의 개수를 출력한다.

예제

```
SQL> select a_item_name, count(*) count
  2  from account
  3  where a_item_dist='L1'
  4  group by a_item_name;

 A_ITEM_NAME          COUNT
-------------       -------
 종합통장              12
 예금담보              6
```

④ 각 대출상품명별로 최고 대출금액을 출력한다.

예제

```
SQL> select a_item_name, max(a_total_amount)
  2  from account
  3  where a_item_dist='L1'
  4  group by a_item_name;

 A_ITEM_NAME          MAX(A_TOTAL_AMOUNT)
-------------        ---------------------
 종합통장                  300000000
 예금담보                  27000000
```

⑤ 최고 대출금액이 3천만원이 넘는 대출상품 중 대출상품명별 최고 대출금액을 검색한다.

예제

```
SQL> select a_item_name, max(a_total_amount)
  2  from account
  3  where a_item_dist='L1'
  4  group by a_item_name
  5  having max(a_total_amount) > 30000000;

 A_ITEM_NAME          MAX(A_TOTAL_AMOUNT)
-------------        ---------------------
 종합통장                 300000000
```

8.2.4 복수 테이블로부터 데이터 검색

두 개 이상의 테이블로부터 데이터를 검색할 때에는 죠인 연산을 사용한다. 테이블의 열명이 동일하면, 혼동을 피하기 위해 테이블명. 열명을 사용한다.

죠인 조건을 생략한 경우 나타나는 결과를 카티전 곱이라고 하는데, 이 경우 모든 행들의 조합이 검색된다. 첫 번째 테이블의 모든 행들은 두 번째 테이블의 모든 행들과 죠인된다. 카티전 곱은 많은 수의 행들이 발생할 수 있으며 그 결과도 거의 유용하지 않으므로, 특별히 모든 테이블의 모든 행들을 조합할 필요가 없다면 항상 WHERE 절에 정확한 죠인 조건을 명시해야 한다.

1) 동등 조인

동등 조인(equi join)이란 두 개 이상의 테이블로부터 행을 검색할 때, 한 테이블에 있는 하나 이상의 칼럼 값이 다른 테이블에 있는 하나 이상의 열 값과 같은 때 참이 되고, 참이 될 때 행이 열 값을 조합하여 출력하는 조인을 말한다.

조인 방법은 다음과 같은 방법이 있다.

- WHERE 절을 이용하는 방법
- NATURAL JOIN 키워드를 이용한 방법
- JOIN~USING 키워드를 이용한 방법

(1) WHERE 절을 이용한 동등 조인

동등 조인은 SELECT 문의 WHERE 절에서 조인 조건으로 "=" 관계 연산자를 사용한다.

- 모든 고객의 고객이름과 가입한 상품명을 출력한다. 테이블명 참조를 단축하기 위해 테이블 별명을 사용한다.

예제

```
SQL> select c.c_name, a.a_item_name
  2  from customer c, account a
  3  where c.c_no=a.a_c_no
  4  group by c.c_name, a.a_item_name;

  C_NAME              A_ITEM_NAME
--------------      --------------
 김광철                 자유저축
 이민수                 정기예금
 (주)한국전산           종합통장
 한수인                 예금담보
 (주)국제산업           기업신탁
 (주)국제산업           종합통장
 (주)정보통신           종합통장
 김수연                 종합통장
 강주현                 예금담보
 (주)한국전산           기업신탁
 (주)한국리서치         종합통장

  C_NAME              A_ITEM_NAME
--------------      --------------
 이민수               종합통장
```

```
강주현                    자유저축
김광철                    장기주택마련
(주)한국리서치            기업신탁
성남의원                  기업신탁
김광철                    예금담보
(주)한국전산              기업정기적금
김수연                    자유저축
```

(2) NATURAL JOIN 키워드를 사용한 동등 죠인

SQL-99 표준 문법으로 동등 죠인은 WHERE 절을 생략하고 FROM 절에 NATURAL JOIN 키워드를 사용할 수 있다. FROM 절에 NATURAL JOIN 키워드를 사용하면 자동으로 테이블간의 모든 열을 대상으로 공통 칼럼을 조사하여 내부적으로 죠인 명령문을 생성한다. 단, SELECT절에 공통 열은 테이블의 별명을 붙이지 않으며, NATURAL JOIN 키워드에 사용된 열은 식별자를 가질 수 없다.

- NATURAL JOIN 키워드를 사용하여 모든 고객의 고객이름과 가입한 상품명을 출력한다.

예제

```
SQL> select c_name, a_item_name
  2  from customer NATURAL JOIN account
  3  group by c_name, a_item_name;

  C_NAME                  A_ITEM_NAME
-------------           -------------
 강주현                   자유저축
 김광철                   장기주택마련
 김광철                   예금담보
 김수연                   정기예금
 이민수                   장기주택마련
 (주)한국전산             자유저축
 (주)한국전산             정기예금
 (주)한국전산             예금담보
 성남의원                 장기주택마련
 (주)정보통신             자유저축
 (주)정보통신             장기주택마련
..........................

70 개의 행이 선택되었습니다.
```

NATURAL JOIN은 양쪽 테이블에 같은 이름과 데이터 형을 가지는 열만 죠인이 일어나며, 공통의 열이 복수 존재할 경우 그것들이 전부 카티전 곱이 발생한다. 위 예제의 두 테이블은 공통 열이 존재하지 않아 카티전 곱의 결과가 발생하였다.

본 교재의 firstbank는 공통된 열이 존재하지 않으므로 scott 계정으로 접속하여 NATURAL JOIN의 결과를 확인해보도록 한다.

- NATURAL JOIN 키워드를 사용하여 모든 고객의 고객이름과 담당 부서 이름을 출력한다.

예제

```
SQL> select ename, dname from emp NATURAL JOIN dept;

  ENAME              DNAME
---------       --------------
 CLARK           ACCOUNTING
 KING            ACCOUNTING
 MILLER          ACCOUNTING
 JONES           RESEARCH
 FORD            RESEARCH
 ADAMS           RESEARCH
 SMITH           RESEARCH
 SCOTT           RESEARCH
 WARD            SALES
 TURNER          SALES
 ALLEN           SALES

  ENAME              DNAME
---------       --------------
 JAMES                 ALES
 BLAKE                 SALES
 MARTIN                SALES

14 개의 행이 선택되었습니다.
```

두 테이블 간의 공통 열이 기술되지 않더라도 emp 테이블의 부서번호(deptno)와 dept 테이블의 부서번호(deptno)가 공통 열이 된다.

(3) JOIN~USING 키워드를 사용한 동등 조인

NATURAL JOIN 키워드는 모든 열을 대상으로 공통 열을 조사하기 때문에 실행 속도가 느려지는 문제점이 있다. 이를 해결하기 위한 것이 JOIN~USING 키워드이다. JOIN~USING 키워드는 두 테이블간의 조인 조건에 해당하는 "공통 열명"을 괄호()속에 기술한다.

예제는 scott 계정으로 접속하여 결과를 확인해보도록 한다.

- JOIN~USING 키워드를 사용하여 모든 고객의 고객이름과 담당 부서 이름을 출력한다.

예제

```
SQL> select ename, dname from emp JOIN dept USING(deptno);

  ENAME                DNAME
---------         --------------
 CLARK             ACCOUNTING
 KING              ACCOUNTING
 MILLER            ACCOUNTING
 JONES             RESEARCH
 FORD              RESEARCH
 ADAMS             RESEARCH
 SMITH             RESEARCH
 SCOTT             RESEARCH
 WARD              SALES
 TURNER            SALES
 ALLEN             SALES

  ENAME                DNAME
---------         --------------
 JAMES                SALES
 BLAKE                SALES
 MARTIN               SALES

14 개의 행이 선택되었습니다.
```

2) 외부 조인

정상적으로 조인 조건을 만족하지 못하는 행들을 검색하기 위해 외부 조인을 사용한다. 기술 방법은 아래와 같다.

WHERE절의 동등 조인 조건에 "(+)"를 기술한다.

- 좌 외부 조인은 동등 조인 WHERE 절 조인 조건의 오른쪽에 (+)를 기술
- 우 외부 조인은 동등 조인 WHERE 절 조인 조건의 왼쪽에 (+)를 기술

OUTER JOIN~ON~ 키워드로 기술한다.

SQL-99 표준 문법으로 WHERE 절을 생략하고 FROM절에 OUTER JOIN~ON~ 키워드로 기술한다. 이 키워드는 오라클 9i부터 사용이 가능하다.

- 좌 외부 조인은 LEFT OUTER JOIN~ON~ 키워드 사용
- 우 외부 조인은 RIGHT OUTER JOIN~ON~ 키워드 사용
- 전체 외부 조인은 FULL OUTER JOIN~ON~ 키워드 사용

(1) WHERE 절에 우 외부 조인

예제에 사용하기 위하여 지점 하나를 추가하였다.

- 모든 지점에 대해 계좌와 상품명을 출력한다. 지점에 해당하는 대출계좌가 없더라도 지점이름을 출력한다.

예제

```
SQL> INSERT INTO branch values('500','서울중랑','서울시 중랑구','02-970-4152','1400000000');

SQL> select distinct a.a_no, a.a_item_name, b.b_name
  2  from account a, branch b
  3  where a.a_b_no(+)=b.b_no;

   A_NO            A_ITEM_NAME           B_NAME
----------       -------------       -----------
 AP100001         자유저축               서울중구
 LP100002         예금담보               경기구리
 LP300001         종합통장               경기구리
 LP400002         종합통장               경기성남
                                        서울중랑
 AP300002         자유저축               경기구리
 LP100001         예금담보               서울중구
 AP100002         장기주택마련           서울중구
 AP200001         자유저축               서울용산
 AP200002         정기예금               서울용산
 AE200001         기업신탁               서울용산
............................................
```

(2) OUTER JOIN 키워드를 사용한 우 외부 조인

- 모든 지점에 대해 계좌와 상품명을 출력한다. 지점에 해당하는 대출계좌가 없더라도 지점이름을 출력한다.

예제

```
SQL> select distinct a.a_no, a.a_item_name, b.b_name
  2  from account a RIGHT OUTER JOIN branch b
  3  ON a.a_b_no=b.b_no;

  A_NO           A_ITEM_NAME         B_NAME
----------     -------------       -----------
 AP100001        자유저축              서울중구
 LP100002        예금담보              경기구리
 LP300001        종합통장              경기구리
 LP400002        종합통장              경기성남
                                       서울중랑
 AP300002        자유저축              경기구리
 LP100001        예금담보              서울중구
 AP100002        장기주택마련          서울중구
 AP200001        자유저축              서울용산
 AP200002        정기예금              서울용산
 AE200001        기업신탁              서울용산
...............................................
```

3) 셀프 조인

셀프 조인은 순환적 관계 모델링에 의해 표현되는 테이블로 동일 테이블을 조인하는 것이다. 즉, 테이블이 자신의 기본 키를 참조하는 외부 키를 갖고 있을 때 사용된다. 같은 테이블에 대해 다른 별명을 부여면 FROM 절에 두 개의 테이블을 사용하는 것과 같다.

셀프 조인은 세 가지 기술 방법이 있다.

- FROM 절에 "테이블명 별명1, 테이블명 별명2" WHERE절에 "죠인조건" 기술
- FROM 절에 "테이블명 별명1 JOIN 테이블명 별명2 ON 죠인조건" 기술
- FROM 절에 "테이블명 별명1 INNER JOIN 테이블명 별명2 ON "죠인조건" 기술

예제는 scott 계정의 emp 테이블을 참조하도록 한다.

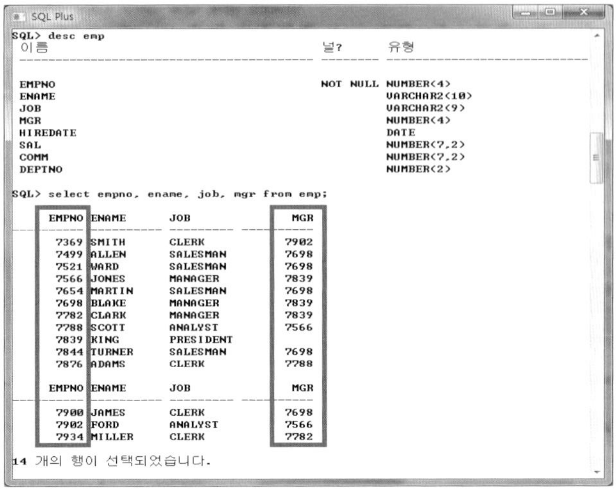

그림 8.1 scott 계정의 emp 테이블

[그림 8.1]과 같이 emp 테이블은 관리자(mgr) 열이 직원번호(empno)의 기본 키와 외부 키 제약 조건이 정의되어 있다. 각 직원의 관리자는 관리자(mgr) 열을 참조하여 관리자 정보를 알 수 있다.

(1) WHERE 절을 이용한 셀프 조인

- emp 테이블을 이용하여 부하 직원을 가진 직원의 직원번호와 이름을 출력한다.

예제

```
SQL> select a.empno, a.ename
  2  from emp a, emp b
  3  where a.empno=b.mgr
  4  group by a.empno, a.ename;

 EMPNO         ENAME
-------       --------
 7566          JONES
 7782          CLARK
 7839          KING
 7698          BLAKE
 7902          FORD
 7788          SCOTT

6 개의 행이 선택되었습니다.
```

(2) JOIN~ON~ 키워드를 이용한 셀프 조인

- emp 테이블을 이용하여 부하 직원을 가진 직원의 직원번호와 이름을 출력한다.

예제

```
SQL> select a.empno, a.ename
  2  from emp a JOIN emp b ON a.empno=b.mgr
  3  group by a.empno, a.ename;

 EMPNO          ENAME
-------        --------
 7566           JONES
 7782           CLARK
 7839           KING
 7698           BLAKE
 7902           FORD
 7788           SCOTT

6 개의 행이 선택되었습니다.
```

(3) INNER JOIN 키워드를 이용한 셀프 조인

- emp 테이블을 이용하여 부하 직원을 가진 직원의 직원번호와 이름을 출력한다.

예제

```
SQL> select a.empno, a.ename
  2  from emp a INNER JOIN emp b ON a.empno=b.mgr
  3  group by a.empno, a.ename;

 EMPNO          ENAME
-------        --------
 7566           JONES
 7782           CLARK
 7839           KING
 7698           BLAKE
 7902           FORD
 7788           SCOTT

6 개의 행이 선택되었습니다.
```

4) 비동등 조인

비동등 조인(non equi join)은 한 테이블의 어떤 열도 조인할 테이블의 한 열에 직접적으로 일치하지 않을시 사용한다. 조인 조건에서 '=' 조건이 아닌 '<' 관계 연산자나 BETWEEN~AND~ 연산자와 같은 연산자를 사용하는 조인 방법을 말한다.

예제는 scott 계정의 emp, salgrade 테이블을 이용한다. 사원의 급여 등급을 평가하기 위하여 비동등 조인을 하는데, 급여는 상한값과 하한값 사이에 있어야 한다.

- 모든 사원의 급여 등급을 출력한다.

예제

```
SQL> select * from salgrade;

 GRADE          LOSAL          HISAL
-------        -------        --------
   1            700            1200
   2            1201           1400
   3            1401           2000
   4            2001           3000
   5            3001           9999
SQL> select e.ename, e.job, e.sal, s.grade
  2  from emp e, salgrade s
  3  where e.sal between s.losal and s.hisal;

 ENAME           JOB              SAL          GRADE
--------      ------------      -------      --------
 SMITH           CLERK            800            1
 JAMES           CLERK            950            1
 ADAMS           CLERK            1100           1
 WARD            SALESMAN         1250           2
 MARTIN          SALESMAN         1250           2
 MILLER          CLERK            1300           2
 TURNER          SALESMAN         1500           3
 ALLEN           SALESMAN         1600           3
 CLARK           MANAGER          2450           4
 BLAKE           MANAGER          2850           4
 JONES           MANAGER          2975           4

 ENAME           JOB              SAL          GRADE
--------      ------------      -------      --------
 SCOTT           ANALYST          3000           4
 FORD            ANALYST          3000           4
 KING            PRESIDENT        5000           5

14 개의 행이 선택되었습니다.
```

8.2.5 집합 연산자

각 질의 결과 행에 대한 집합 연산을 할 수 있다. 집합 연산자는 UNION, UNION ALL, INTERSECT, MINUS가 있다.

집합 연산자 사용 시 주의 사항은 다음과 같다.

- 각 SELECT 문은 ORDER BY 절을 포함하지 않음. 그러나 전체 결과 행에 대한 ORDER BY 절을 포함할 수 있음
- 첫 번째 SELECT 문의 열 수와 두 번째 SELECT 문의 열 수가 반드시 같아야 함
- 첫 번째 SELECT 문의 열과 두 번째 SELECT 문의 열의 데이터 형이 반드시 같아야 함
- 큰 데이터 형(LOB 등)에는 집합 연산자 사용불가

1) UNION

첫 번째 질의의 모든 행을 두 번째 질의의 모든 행과 더하고, 중복된 행을 제거한 뒤 결과를 반환한다. UNION ALL의 경우 중복된 행을 포함하여 결과를 반환한다.

- 모든 개인 고객과 기업 고객을 출력한다.

예제

```
SQL> select c_name from customer where c_dist='00'
  2  UNION
  3  select c_name from customer where c_dist='11';

   C_NAME
---------------
 (주)국제산업
 (주)정보통신
 (주)한국리서치
 (주)한국전산
 강주현
 김광철
 김수연
 성남의원
 이민수
 한수인

10 개의 행이 선택되었습니다.
```

2) INTERSECT

두 질의의 결과 집합에 모두 존재하는 행만을 결과로 반환한다.

- 주소가 서울인 개인 고객을 출력한다.

예제

```
SQL> select c_name from customer where c_addr like '서울%'
  2  INTERSECT
  3  select c_name from customer where c_dist='00';

 C_NAME
--------
 강주현
 김광철
 이민수
```

3) MINUS

각 질의의 결과 중 첫 번째 질의에서만 반환되는 행을 결과로 반환한다.

- 기업 고객만 출력한다.

예제

```
SQL> select c_name from customer
  2  MINUS
  3  select c_name from customer where c_dist='00';

    C_NAME
----------------
 (주)국제산업
 (주)정보통신
 (주)한국리서치
 (주)한국전산
 성남의원
```

8.2.6 부 질의

부 질의(subquery)는 어떤 SQL문에 내포된 SELECT 문이다. 부 질의는 알려지지 않은 조건 값에 근거한 값들을 검색하는 질의를 작성하는 데 매우 유용하다.

문법

```
SELECT          select_list
FROM            table
WHERE           expr operator
                (SELECT select_list  FROM table);
```

- 부 질의는 연산자 뒤에 괄호로 묶어서 작성해야 한다.
- 부 질의에는 ORDER BY 절을 사용할 수 없다. SELECT 문은 오직 한 개의 ORDER BY 절을 가질 수 있으며, ORDER BY 절은 주 SELECT 문의 마지막에 위치한다.

1) 부 질의 처리 과정

- 지점의 자산이 25억원 보다 큰 지점의 지점명과 주소를 출력한다.

예제

```
SQL> select b_name, b_addr
  2  from branch
  3  where b_no =
  4  (select b_no
  5  from branch
  6  where b_assets > 2500000000);

 B_NAME              B_ADDR
---------        --------------
 서울용산            서울시 용산구
```

① 내포된 질의가 먼저 실행되어 자산이 25억원 보다 큰 지점의 코드가 검색된다. (질의 결과 지점 코드가 100인 행을 반환했다고 하자.)

예제

```
SQL> select b_no
  2  from branch
  3  where b_assets > 2500000000);
```

② 주 질의가 다음에 처리되는데 검색 조건을 완성하기 위해 내포된 질의에 의해 반환된 값을 사용한다.

예제

```
SQL> select b_name, b_addr
  2  from branch
  3  where b_no = '100';
```

2) 함수를 사용한 부 질의

- 평균 대출금액보다 대출금액이 적은 계좌번호, 고객번호 및 대출금액을 출력한다.

예제

```
SQL> select distinct a_no, a_c_no, a_total_amount
  2  from account
  3  where a_item_dist='L1' and a_total_amount <  (select avg(a_total_amount)
  4                                                from account where a_item_dist='L1');

   A_NO             A_C_NO              A_TOTAL_AMOUNT
----------     -----------------    -----------------
 LP400003        760615-1255447        8000000
 LP100002        691115-1223455        27000000
 LP100001        701201-2255441        20000000
 LP300001        790901-2358327        100000000
 LP400002        660419-1623112        12000000
```

3) 부 질의를 갖는 having 절

- '100' 지점의 평균 대출 금액보다 평균 대출 금액이 더 큰 지점의 지점 번호와 평균 대출 금액을 출력한다.

예제

```
SQL> select a_b_no, avg(a_total_amount)
  2  from account
  3  where a_item_dist='L1'
  4  group by a_b_no
  5  having avg(a_total_amount)>
  6  (select avg(a_total_amount) from account where a_b_no='100' and a_item_dist='L1');

 A_B          AVG(A_TOTAL_AMOUNT)
-----       ---------------------
 200             275000000
```

4) FROM 절 상의 부 질의

- 지점 테이블에서 지점코드를 검색하고 대출 테이블에서 대출 코드와 대출 번호를 검색하기 위해 from 절에 부 질의를 사용할 수 있다.

예제

```
SQL> select distinct a.a_no, b.b_name, a.a_b_no
  2  from (select * from account) a, branch b
  3  where a.a_b_no = b.b_no;

  A_NO              B_NAME           A_B_NO
----------         ---------        ----------
 AE100001           서울중구          100
 AP300002           경기구리          300
 AE400001           경기성남          400
 AP100002           서울중구          100
 LE200001           서울용산          200
 LP400002           경기성남          400
 LP100001           서울중구          100
 AE200001           서울용산          200
 AE200003           서울용산          200
 AP100001           서울중구          100
 AE200002           서울용산          200

  A_NO              B_NAME           A_B_NO
----------         ---------        ----------
 LP400003           경기성남          400
 LE100002           서울중구          100
 LP300001           경기구리          300
 AP200001           서울용산          200
 AP200002           서울용산          200
 AP300001           경기구리          300
 LP100002           경기구리          300
 LE100001           서울중구          100
 LE200002           서울용산          200
```

5) 여러 행이 반환되는 부 질의

부 질의에서 여러 행이 반환되는 경우 IN 같은 연산자를 사용한다.

- 계좌를 가지고 있는 고객을 출력한다.

예제

```
SQL> select c_name
  2  from customer
  3  where c_no in (select distinct(a_c_no) from account);

    C_NAME
----------------
 (주)국제산업
 (주)정보통신
 (주)한국전산
 (주)한국리서치
 성남의원
 이민수
 김광철
 강주현
 한수인
 김수연
```

8.3 뷰

8.3.1 뷰의 장점

뷰(view)는 뷰의 구조는 있으나, 뷰 자체에 데이터를 포함하거나 저장하고 있지 않기 때문에 가상 테이블(virtual table)이라고도 부른다. 사용자는 뷰로 부터 테이블과 동일하게 필요한 정보를 검색할 수 있다.

뷰의 장점은 다음과 같다.

- 뷰는 데이터베이스의 선택적인 내용을 보여줄 수 있기 때문에 데이터베이스에 대한 액세스를 제한한다.
- 복잡한 질의를 통해 얻을 수 있는 결과를 간단한 질의를 사용해 구할 수 있게 한다. 예를 들어, 죠인 방법을 몰라도 죠인을 한 것처럼 여러 테이블에 대한 데이터를 뷰를 통해 볼 수 있다.
- 한 개의 뷰로 여러 테이블에 대한 데이터를 검색할 수 있다.
- 특정 평가 기준에 따른 사용자 별로 다른 데이터를 액세스할 수 있도록 한다.

8.3.2 뷰의 생성

CREATE VIEW 문에 부 질의를 이용하여 뷰를 만든다.

문법

```
CREATE [OR REPLACE] [FORCE | NOFORCE] VIEW 뷰명
       [(alias 1 [,alias n]...)]
AS Subquery
       [WITH CHECK OPTION [CONSTRAINT 제약조건]]
       [WITH READ ONLY]
```

- OR REPLACE는 뷰를 변경할 수 있다.
- FORCE는 기본 테이블의 유 · 무에 관계없이 뷰를 만든다.
- Alias는 부 질의를 통해 선택된 값에 대한 열 명이 된다.
- WITH CHECK OPTION은 뷰에 의해 액세스 될 수 있는 행만이 입력되거나 변경될 수 있음을 지정한다.
- 제약 조건은 CHECK OPTION 제약 조건에 지정된 이름이다.
- WITH READ ONLY는 이 뷰에서 DML이 수행될 수 없게 한다.

  ※ 부 질의는 ORDER BY 절을 포함할 수 없다.

- **계좌 테이블에서 계좌 번호, 대출 금액, 대출 상품명을 검색한다. 대출 금액은 6천만원과 8천만원 사이의 것들만 출력한다.**

예제

```
SQL> create view account_view
  2  as select distinct a_no, a_total_amount, a_item_name
  3  from account
  4  where a_item_dist='L1' and a_total_amount between 240000000 and 250000000;

뷰가 생성되었습니다.
```

기본 테이블과 같은 구조의 뷰가 생성되었음을 describe를 사용하여 확인할 수 있다.

예제

```
SQL> desc account_view
     이름                    널?              유형
----------------        ----------       --------------
 A_NO                    NOT NULL          CHAR(8)
 A_TOTAL_AMOUNT                            NUMBER(13)
 A_ITEM_NAME             NOT NULL          VARCHAR2(20)
```

뷰를 생성함으로 인해 간단한 질의로 같은 결과를 얻을 수 있다.

예제

```
SQL> select * from account_view;

   A_NO           A_TOTAL_AMOUNT          A_ITEM_NAME
----------      ----------------        ---------------
 LE200002           250000000               종합통장
```

- **WITH CHECK OPTION을 추가하여 고객 테이블에서 모든 개인 고객을 갖는 뷰를 만든다.**

예제

```
SQL> create view cust00
  2  as select c_no, c_name, c_dist
  3  from customer
  4  where c_dist='00'
  5  with check option constraint cust00_ck;

뷰가 생성되었습니다.

SQL>
SQL> select * from cust00;

      C_NO              C_NAME          C_dist
----------------      ---------       --------
 701201-2255441         강주현            00
 691115-1223455         김광철            00
 790901-2358327         김수연            00
 660419-1623112         이민수            00
 760615-1255447         한수인            00

SQL>
```

```
SQL> update cust00
  2  set c_dist='11'
  3  where c_no='701201-2255441';
update cust00
       *
1행에 오류:
ORA-01402: 뷰의 WITH CHECK OPTION의 조건에 위배 됩니다.
```

WITH CHECK OPTION은 고객 구분이 '11'로 바뀌면 더 이상 cust00 뷰를 통해서 고객을 검색할 수 없기 때문에 에러가 발생한다.

- **cust11 뷰에서 DML 연산이 수행되지 않게 한다.**

예제

```
SQL> create view cust11
  2  as select c_no, c_name, c_dist
  3  from customer
  4  where c_dist='00'
  5  with read only;

뷰가 생성되었습니다.

SQL> delete from cust11
  2  where c_no='701201-2255441';
delete from cust11
            *
1행에 오류:
ORA-42399: 읽기 전용 뷰에서는 DML 작업을 수행할 수 없습니다.
```

8.3.3 단순 뷰와 복합 뷰

뷰는 단순 뷰와 복합 뷰로 나눌 수 있다. 기본적인 차이는 DML 연산과 관련이 있다.

- **단순 뷰와 복합 뷰의 비교**

특 징	단순 뷰	복합 뷰
테이블의 수	하나	하나 이상
데이터 그룹 포함 가능 여부	가능	가능
뷰를 통한 DML	가능	불가능

복합 뷰의 예제

고객 대출 거래 신청 리스트를 select하는 뷰

예제

```
SQL> create or replace view v_loan_list
  2  as select distinct a_no, a_item_name, c_no, c_name
  3  from customer, account
  4  where customer.c_no=account.a_c_no and account.a_item_dist='L1';

뷰가 생성되었습니다.

SQL>
SQL> select * from v_loan_list;

  A_NO          A_ITEM_NAME          C_NO              C_NAME
----------    -------------    ----------------    ---------------
 LP300001        종합통장        790901-2358327      김수연
 LE200002        종합통장        361-22-42687        (주)한국리서치
 LE100002        종합통장        220-82-21094        (주)정보통신
 LP100002        예금담보        691115-1223455      김광철
 LE200001        종합통장        220-82-52237        (주)한국전산
 LP100001        예금담보        701201-2255441      강주현
 LP400003        예금담보        760615-1255447      한수인
 LE100001        종합통장        102-22-51094        (주)국제산업
 LP400002        종합통장        660419-1623112      이민수
```

8.3.4 뷰에 대한 DML 문 사용 규칙

- 단순 뷰에서는 DML 연산을 수행할 수 있다.
- 뷰가 다음 사항을 포함하는 경우 행을 삭제할 수 없다.
  - 그룹 함수
  - 죠인 조건
  - GROUP BY 절
  - DISTINCT 명령
- 뷰가 다음 사항을 포함하는 경우 데이터를 수정할 수 없다.
  - 위의 4가지 조건
  - 식으로 정의된 열

- 뷰가 다음 사항을 포함하는 경우 데이터를 추가할 수 없다.
  - 위의 5가지 조건
  - 뷰로 선택되지 않은 NOT NULL 열

8.3.5 뷰 변경 및 삭제

1) 뷰의 변경

뷰의 변경은 기존의 뷰를 다시 컴파일(compile)할 때 사용한다. 뷰의 변경은 ALTER VIEW 문을 사용하고 문법은 다음과 같다.

문법

```
ALTER VIEW 뷰명;
```

뷰는 가상 테이블이므로 뷰의 삭제는 뷰의 정의가 삭제되는 것일 뿐 실제 테이블이 삭제되는 것은 아니다.

2) 뷰의 삭제

뷰는 데이터베이스의 테이블을 기반으로 하기 때문에, 데이터의 손실없이 뷰를 삭제할 수 있다.

문법

```
DROP VIEW 뷰명;
```

9장 PL/SQL

PL/SQL은 오라클 데이터베이스를 액세스하기 위해 사용하는 프로그래밍 언어이다. PL/SQL은 데이터베이스 서버와 함께 통합되어 있기 때문에 PL/SQL 코드를 빠르고 효과적으로 처리할 수 있다. 또한 몇몇 클라이언트 측의 오라클 툴에서도 사용할 수 있다. 본 장에서는 PL/SQL의 특징 및 주요 기능에 대해 설명한다.

9.1 PL/SQL의 특징

오라클은 관계형 데이터베이스이다. 관계형 데이터베이스를 액세스하기 위해 사용하는 언어인 SQL(Structured Query Language)은 관계형 데이터베이스를 조작하고 검색하기 위해 설계된 융통성 있고 효과적인 언어이다. SQL과 같은 4GL은 일반적으로 상당히 간단하고 명령어가 적은 비절차적인 성격이 강한 언어이다. 그러나, 어떤 경우에 원하는 기능을 구현하기 위해 3GL에서와 같은 프로시저의 구성이 필요하다. 이러한 이유로 PL/SQL이 필요하게 된다. PL/SQL은 3GL의 프로시저의 구성과 SQL(4GL)의 장점을 결합한 것이다. PL/SQL은 Procedural Language/SQL 의 약자이다. 이름이 암시하는 것처럼 PL/SQL에는 다음과 같은 기능이 추가되어 있다.

- 변수와 형 선언
- IF-THEN-ELSE 문이나 루프와 같은 제어 구조
- 프로시저와 함수
- 객체 형과 메소드(PL/SQL 버전 8i 이상)

많은 데이터베이스 애플리케이션 프로그램들이 클라이언트/서버 모델을 기반으로 작성되었다. 프로그램 자체는 클라이언트에서 작성되고, 데이터 조작 및 검색을 위해 SQL을 사용하여 데이터베이스 서버에게 요청한다. 이렇게 하면 일반적으로 많은 네트워크 트래픽이 발생한다. [그림 9.1]의 왼쪽이 이 상황을 나타낸 그림이다. 그러나, 오른쪽의 상황과 비교해 보자. 여러 개의 SQL 문장은 PL/SQL 블록에 함께 묶여질 수 있고 서버에 하나의 난위로서 전송된다. 이렇게 하면 네트워크 트래픽이 줄어들고 애플리케이션이 더 빨리 동작할 수 있게 된다.

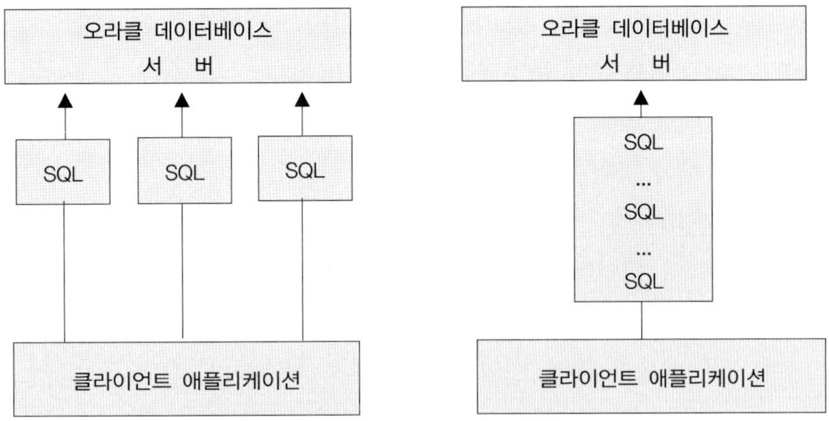

그림 9.1 클라이언트/서버 환경에서의 PL/SQL

클라이언트와 서버가 모두 같은 컴퓨터에서 실행중일 때조차 성능이 향상된다. 이 경우에 네트워크는 아니지만 SQL 문장을 패키지화 하면 데이터베이스 호출을 줄일 수 있다.

9.1.1 블록 구조

PL/SQL에서 기본적인 단위는 블록이다. 모든 PL/SQL 프로그램은 서로 중첩될 수 있는 블록으로 구성되어 있다. 전형적으로 각 블록은 프로그램에서 논리적인 작업의 단위이다. 블록은 다음과 같은 구조를 가지고 있다.

문법

```
DECLARE
/* 선언부  -  PL/SQL 변수, 형, 커서, 논리적인 서브프로그램이 여기에 온다. */
BEGINE
/* 실행부  -  프로시저의 문장과 SQL 문장이 여기에 온다. 블록의 메인섹션이고, 반드시 필요한 섹션이
다. */
EXCEPTION
/* 예외 처리부  -  에러 처리 문장이 여기에 온다. */
END ;
```

9.1.2 데이터 형

PL/SQL에서는 다음과 같은 데이터 형을 사용할 수 있다.

- NUMBER : 숫자를 저장할 수 있다.

- CHAR(size) : 고정길이 문자열을 저장하며 나머지는 공백으로 채운다.
- VARCHAR2(size) : 가변길이 문자열을 저장한다.
- DATE : 날짜를 저장한다.
- LONG : 2 GB까지 문자열을 저장한다.
- LONG RAW : 2 GB까지 이진(binary) 형식을 저장한다.
- RAW : 이진 형식의 데이터를 저장한다.
- ROWID : 오라클의 ROWID 형식의 데이터를 저장한다.
- %TYPE : 특정 테이블의 특정 열의 데이터 형을 사용한다.

9.1.3 선언부

선언부는 DECLARE로 시작하며 PL/SQL 문에서 사용되는 모든 변수와 상수, 그리고 커서를 선언하는 부분이다. 각각의 변수와 상수 선언은 이름, 데이터 형과 기본 값으로 구성되며 세미콜론(;)으로 끝난다.

변수 선언

한 줄에 하나의 변수만 선언할 수 있다.

문법

```
DECLARE
    변수명              변수형;          -- 변수 선언
BEGIN
```

※ 주석문

한 줄 단위의 주석문은 ' -- '를 이용하고, 한 줄 이상의 주석은 ' /* ' 와 ' */'를 사용한다. 변수는 customer_no와 같이 초기 값을 지정할 수도 있고, customer_addr의 경우와 같이 데이터 형을 다른 변수나 특정 열의 데이터 형과 동일하게 선언할 수도 있다.

예제

```
DECLARE
  customer_no                    NUMBER := 100;
  customer_name                  VARCHAR2(20);
  cstomer_addr                   customer.c_addr%TYPE;
BEGIN
```

상수 선언

상수 선언은 변수 선언과 비슷하지만, CONSTANT임을 명시하고 반드시 기본 값을 지정한다. 일단 선언된 상수에 대해서는 실행부에서 값을 다시 지정할 수가 없다.

예제

```
SQL> DECLARE
  2    customer_no      CONSTANT    NUMBER := 100;
  3    customer_name                VARCHAR2(20);
  4    cstomer_addr                 customer.c_addr%TYPE;
  5  BEGIN
  6    customer_no   := 200;        -- 상수에는 값 할당 불가능
  7  END;
  8
  9  /
  customer_no   := 200;             -- 상수에는 값 할당 불가능
  *
6행에 오류:
ORA-06550: 줄 6, 열3:PLS-00363: 'CUSTOMER_NO' 식은 피할당자로 사용될 수 없습니다
ORA-06550: 줄 6, 열3:PL/SQL: Statement ignored
```

커서 선언

커서에는 DBMS가 생성하는 묵시적 커서와 사용자가 생성하는 명시적 커서가 있다. 다음 표는 각각의 선언과 애트리뷰트를 보여 준다.

구 분	묵시적 커서	명시적 커서
생성 및 관리	DBMS	사용자
선 언	SELECT, DML 문에 의해	DECLARE CURSOR C1 IS 질의문 ; BEGIN
애트리뷰트	%NotFound %Found %ISOpen(항상 False) %RowCount	%NotFound %Found %ISOpen %RowCount

1) 명시적 커서

명시적 커서는 커서를 관리하는 데 필요한 모든 코드를 사용자가 직접 작성하고 질의 결과를 첫 번째 행부터 차례대로 처리 가능하며 현재 처리중인 행을 추적할 수 있다.

명시적 커서는 OPEN, FETCH, CLOSE 문을 이용하여 제어한다. OPEN 문은 커서와 관련된 질의를 실행하고 커서가 반환된 값들 중 첫 번째 행을 가리키게 한다. FETCH 문은 현재 행을 읽어 들인 후, 다음 행으로 커서를 이동시킨다. 커서를 종료할 때는 CLOSE 문을 사용하며 결과 셋 내의 레코드 접근에 대한 세부적인 수준의 제어가 가능하다.

여러 행 질의에 의해 반환되는 행 집합을 활성 집합이라 하고 활성 집합의 크기는 검색 조건을 만족하는 행 수와 같다.

예제

```
SQL> DECLARE
   CURSOR customer_cursor IS
     SELECT c_no, c_name FROM CUSTOMER;
   v_no          customer.c_no%TYPE;
   v_name        customer.c_name%TYPE;
  BEGIN
   OPEN  customer_cursor;
   LOOP
      FETCH customer_cursor INTO  v_no, v_name;
      EXIT  WHEN  customer_cursor%NotFound;
   END LOOP;
   CLOSE customer_cursor;
  END;
  /

PL/SQL 처리가 정상적으로 완료되었습니다.
```

2) 묵시적 커서

모든 SQL 문에는 관련된 개별 커서가 존재하며 SQL 문을 실행하면 PL/SQL은 묵시적 커서를 작성하여 자동 관리한다. 묵시적 커서는 Embedded SQL 결과 셋과 Cursor For Loop에 의해 관리된다.

Embedded SQL 결과 셋 생성 시 사용되는 커서를 묵시적으로 사용한 예제와 Cursor For Loop를 사용한 묵시적 커서의 예제이다.

예제

```
SQL> DECLARE
BEGIN
    update customer
    set c_name = '홍길동';

    dbms_output.put_line('Update된 레코드의 수');
    dbms_output.put_line(sql%rowcount || '개의 레코드가 변경');

    ROLLBACK;
END;
/
Update된 레코드의 수
10개의 레코드가 변경

PL/SQL 처리가 정상적으로 완료되었습니다.
```

예제

```
SQL> DECLARE
    cursor cursor_customer is
      select c_dist, c_name, c_addr from customer;
    test_mp cursor_customer%rowtype;
BEGIN
    FOR test_mp IN cursor_customer LOOP
      IF test_mp.c_dist='00' then
     dbms_output.put_line(test_mp.c_name||'-->'||test_mp.c_addr);
      END IF;
    END LOOP;
END;
/
강주현-->서울시 중구
김광철-->서울시 중구
김수연-->경기도 구리시
이민수-->서울시 용산구
한수인-->경기도 성남시

PL/SQL 처리가 정상적으로 완료되었습니다.
```

9.1.4 실행부

실행부는 SQL 문과 IF 문, CASE 문, LOOP, WHILE, FOR 등의 반복문, 그리고 GOTO, NULL 문 등을 이용해서 작성한다.

1) SQL문

SELECT 문에 INTO 절을 사용하여 검색 결과를 변수에 지정할 수 있다. 다음 예에서는 고객 테이블에서 입력받은 고객명과 고객의 주소를 검색하여 그 값을 l_name과 l_customer_rec에 지정한다.

예제

```
SQL> declare
     l_name       customer.c_name%type;
     l_customer_rec       customer%rowtype;
 begin
     l_name := &input;

     select *
     into l_customer_rec
     from customer
     where c_name = l_name;

     dbms_output.put_line('고객명 : ' || l_customer_rec.c_name);
     dbms_output.put_line('주  소 : ' || l_customer_rec.c_addr);
 end;
 /
input의 값을 입력하십시오: '강주현'
고객명 : 강주현
주  소 : 서울시 중구

PL/SQL 처리가 정상적으로 완료되었습니다.
```

SQL 문으로 데이터를 갱신, 삽입, 삭제할 수도 있다. 다음은 고객 테이블에서 고객명이 '강주현'인 고객의 주소지를 '서울시 중구' 에서 '서울시 강북구'로 갱신하는 예이다.

예제

```
SQL> declare
     l_name      customer.c_name%type;
     l_addr      customer.c_addr%type;
 begin
     l_name := &name;
     l_addr := &address;

     update customer
```

```
        set c_addr = l_addr
        where c_name = l_name;
    end;
    /
name의 값을 입력하십시오: '강주현'
address의 값을 입력하십시오: '서울시 강북구'

PL/SQL 처리가 정상적으로 완료되었습니다.
```

2) IF 문

IF 문에는 다음과 같은 세 가지 형태가 있다.

IF-THEN

문법

```
IF 조건 THEN
실행문                    -- 조건을 만족하면 실행문을 실행시킨다.
END IF ;
```

IF-THEN-ELSE

문법

```
IF 조건 THEN
실행문 1 ;  -- 조건을 만족하면 실행문 1을 실행하고, 그렇지 않으면 문 2를 실행한다.
ELSE
실행문 2 ;
END IF ;
```

IF-THEN-ELSIF-ELSE

문법

```
IF 조건 1 THEN
실행문 1 ;
ELSIF 조건 2 THEN
실행문 2 ;
ELSE 조건 3
실행문 3 ;
END IF ;
```

조건 1을 만족하면 THEN 이하의 일련의 문장들을 실행하고, 만족하지 않으면(FALSE 나 NULL) ELSE 이하의 실행문을 실행한다. ELSIF문은 여러 번 반복할 수 있고, ELSE 문은 한번만 사용할 수 있거나 생략이 가능하다.

IF - THEN - ELSIF - ELSE를 이용하여 입력 받은 숫자를 확인한다.

예제

```
SQL> declare
     l_value number;
   begin
     l_value := &input;
     if l_value < 0 then
          dbms_output.put_line('음수입니다.');
     elsif l_value > 0 then
          dbms_output.put_line('양수입니다.');
     else
          dbms_output.put_line('0 입니다.');
     end if;
   end;
   /
input의 값을 입력하십시오: 1
양수입니다.

PL/SQL 처리가 정상적으로 완료되었습니다.
```

3) CASE 문

오라클 9i 이후 추가된 구문으로 조건이 여러 개인 경우 유용하다.

형식1

문법

```
case 값
      when 표현식 then 실행문
      [when 표현식 then 실행문]
      [else 실행문]
```

CASE 문을 이용하여 입력 받은 숫자를 확인한다.

예제

```
SQL> declare
        l_value number;
     begin
        l_value := &input;
        case l_value
             when 1 then  dbms_output.put_line('1입니다.');
             when 2 then  dbms_output.put_line('2입니다.');
             else         dbms_output.put_line('숫자가 입력되었음');
        end case;
     end;
     /
input의 값을 입력하십시오: 2
2입니다.

PL/SQL 처리가 정상적으로 완료되었습니다.
```

형식2

문법

```
case
       when 조건 then 실행문
       [when 조건 then 실행문]
       [else 실행문]
```

CASE 문을 이용하여 입력 받은 숫자를 확인한다.

예제

```
SQL> declare
        l_value number := &input;
     begin
        case
            when l_value > 0 then dbms_output.put_line('양수');
            when l_value < 0 then dbms_output.put_line('음수');
            else                    dbms_output.put_line('0');
        end case;
     end;
     /
input의 값을 입력하십시오: 2
```

```
양수

PL/SQL 처리가 정상적으로 완료되었습니다.
```

4) 반복 실행문

반복 실행문에는 LOOP, WHILE, FOR 문이 있다.

LOOP 문

문법

```
LOOP
...
EXIT WHEN 조건;
...
END LOOP;
```

LOOP와 END LOOP 사이를 반복해서 실행하다가 조건을 만족할 때 루프를 벗어난다.

LOOP를 이용하여 1부터 10까지의 합을 계산한다.

예제

```
SQL> declare
       i   number := 1;
       s   number := 0;
     begin
        loop
           s := s + i;
           i := i + 1;

           exit when i > 10;

        end loop;
        dbms_output.put_line('SUM : ' || s);
     end;
     /
SUM : 55

PL/SQL 처리가 정상적으로 완료되었습니다.
```

WHILE 루프

문법

```
WHILE 조건 LOOP
...
END LOOP;
```

조건을 만족하는 동안 루프를 계속해서 실행한다.

WHILE 루프를 이용하여 1부터 10까지 합을 계산한다.

예제

```
SQL> declare
     i     number := 1;
     s     number := 0;
   begin
     while i < 11 loop
        s := s + i;
        i := i + 1;
     end loop;
     dbms_output.put_line('SUM : ' || s);
   end;
   /
SUM : 55

PL/SQL 처리가 정상적으로 완료되었습니다.
```

FOR 문

문법

```
FOR 루프 변수 IN [REVERSE] 하한..상한 LOOP
...
END LOOP ;
```

루프 변수는 카운터 역할을 하는 정수 변수인데, 하한부터 상한까지의 범위를 가진다. 일반적으로 루프 변수는 하한부터 1씩 증가하여 상한까지 변하는 반면, REVERSE가 표시되면 상한부터 1씩 감소하여 하한까지 변한다.

FOR 루프를 이용하여 1부터 10까지의 합을 계산한다.

예제

```
SQL> declare
    s     number := 0;
begin
    for i in 1..10 loop
        s := s + i;
    end loop;
    dbms_output.put_line('SUM : ' || s);
end;
/
SUM : 55

PL/SQL 처리가 정상적으로 완료되었습니다.
```

9.1.5 에러 처리

PL/SQL에서 예외 상황(exception)이란 오라클 서버나 사용자 응용 프로그램으로부터 발생되는 에러 또는 경고(warning)를 말한다. 하드웨어나 네트워크의 실패, 응용 프로그램의 논리 에러, 데이터 무결성 에러, 그리고 그 밖의 많은 원인으로부터 예외 상황이 발생할 수 있다. 스택 오버플로나 0으로 나누는 등의 실행 시간 에러가 발생하면 제어가 운영체제로 넘어가게 하는 프로그래밍 언어들이 많다. 하지만, PL/SQL에서는 예외 상황 처리 기능이 있어서 에러가 발생해도 프로그램이 계속 실행될 수 있게 해 준다.

PL/SQL 코드를 실행할 때 에러 처리가 발생하는 경우가 있다. 에러는 예외(exception)를 발생시켜 PL/SQL 블록을 중지시키거나 예외 처리기를 이용하여 예외 상황을 검출하고 조건에 따라 조치 작업을 수행한다. PL/SQL에서 예외의 개념은 에러 처리로 이해하면 되는데, PL/SQL 블록의 실행 중에 발생하여 블록의 주요 작업 부분을 중단시킨다. PL/SQL에서 예외가 발생하면 항상 블록이 종료되며 마지막 조치 작업을 수행하도록 예외 처리부에 작성할 수 있다. 예외는 블록의 선언부에 선언되고, 실행부에 설정되며, 예외 처리부에서 처리된다. 예외에는 미리 정의된 예외와 사용자 정의 예외가 있다.

1) 예외 처리 형식

PL/SQL 블록의 예외 처리부에 해당 루틴을 넣어 에러를 검출한다.

문법

```
EXCEPTON
WHEN 예외1[OR 예외2 ... ] THEN
      문장 1 ;
      문장 2 ;
      ...
[WHEN 예외3 [OR 예외4 ... ] THEN
      문장 1 ;
      문장 2 ;
...]
[WHEN OTHERS THEN
      문장 1 ;
      문장 2 ;
...]
```

여기서, 예외는 선언부에 선언된 사용자 정의 예외이거나 미리 정의된 표준 예외 이름이며, WHEN OTHERS는 명시적으로 선언되지 않은 모든 예외에 대한 예외 처리 루틴을 말한다.

2) 예외 처리하기

예외가 발생(raise)할 때 다음과 같이 제어가 예외 처리기에게 넘어간다. 그리고 각 예외 처리기는 예외가 발생할 때 실행될 WHEN 절과 문장으로 구성된다. WHEN 절은 이 처리기가 어느 예외를 위한 것인지를 식별한다.

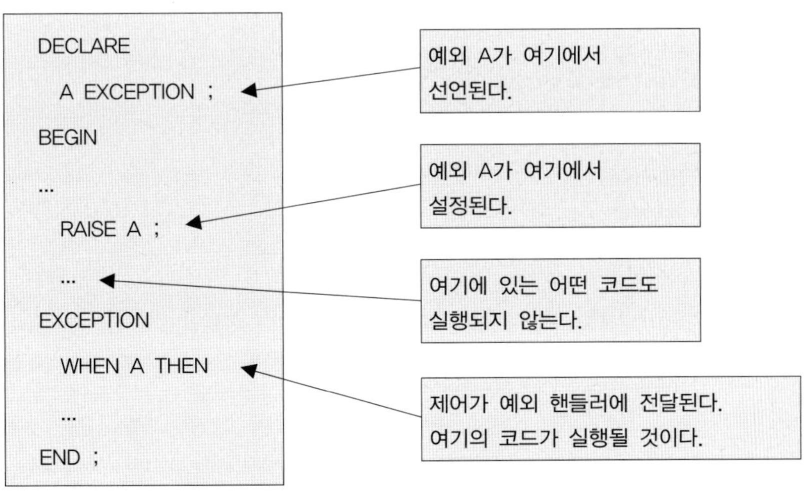

그림 9.2 예외 핸들러에 전달되는 제어

3) 미리 정의된 예외

PL/SQL에는 다음 표와 같이 미리 정의된 예외 상황들이 있다.

예외 상황	오라클 Error	SQL CODE값	내 용
NO_DATA_FOUND	ORA-01403	+100	SELECT 문에서 행이 한 건도 반환 되지 않았을 때 발생
TOO_MANY_ROWS	ORA-01422	-1422	SELECT 문에서 행이 두 개 이상 반환되었을 때 발생
ZERO_DIVIDE	ORA-01476	-1476	제수가 0일 때 발생
INVALID_NUMBER	ORA-01722	-1722	SQL 문에서 숫자 형태가 아닌 값을 숫자 형태 변수에 대입할 때 발생
LOGIN_DENIED	ORA-01017	-1017	잘못된 user/password로 접속을 시도했을 때 발생
NOT_LOGGED_ON	ORA-01017	-1012	오라클에 접속하지 않고 PL/SQL을 수행했을 때 발생
OTHER			위에 명시되지 않은 예외 상황

미리 정의된 예외 처리는 PL/SQL 블록 내에 다음과 같이 정의한다.

미리 정의된 예외의 예

예제

```
SQL> declare
        l_buff customer%rowtype;
     begin
        select *
        into l_buff
        from customer;
     exception
        when too_many_rows then
            dbms_output.put_line('TOO_MANY_ROWS Exception Raised');
     end;
     /
TOO_MANY_ROWS Exception Raised

PL/SQL 처리가 정상적으로 완료되었습니다.
```

4) 사용자 정의 예외

사용자 정의 예외는 사용자에 의해 정의되는 예외이다. 사용자 정의 예외가 의미하는 에러는 반드시 오라클 에러는 아니다. 예를 들어, 데이터 에러일 수도 있다. 미리 정의된 예외는 일반적인 SQL 에러와 같으며, 사용자 정의 예외는 PL/SQL 블록의 선언부에서 선언되며, 변수와 마찬가지로 선언된다.

사용자 정의 예외

예제

```
SQL> declare
        user_except   exception;
     begin
        raise user_except;
        dbms_output.put_line('이 부분은 수행되지 않음');
     exception
        when user_except then
             dbms_output.put_line('사용자 정의 예외 발생');
     end;
     /
사용자 정의 예외 발생

PL/SQL 처리가 정상적으로 완료되었습니다.
```

5) PRAGMA EXCEPTION_INIT

PRAGMA EXCEPTION_INIT는 미리 정의되지 않은 예외로 미리 정의된 예외를 제외한 모든 오류이며 선언부에 선언이 필요하고 실행 중 오류 발생 시 예외절로 자동 분기된다.

문법

```
DECLARE
  A EXCEPTION;
  PRAGMA EXCEPTION_INIT(A,-1400);
BEGIN
  …
EXCEPTION
  WHEN A THEN
  …
```

예제

```
SQL> declare
    l_value number(3);
    size_exception  exception;
    pragma exception_init(size_exception, -6502);
begin
    l_value := 5000;
    dbms_output.put_line('이 부분은 실행되지 않음');
exception
    when size_exception then
         dbms_output.put_line('숫자의 허용범위를 넘었습니다.');
         dbms_output.put_line('오류번호 : ' || sqlcode);
         dbms_output.put_line('오류메시지 : ' || sqlerrm);
end;
/
숫자의 허용범위를 넘었습니다.
오류번호 : -6502
오류메시지 : ORA-06502: PL/SQL: 수치 또는 값 오류: 숫자 정도가 너무 큽니다

PL/SQL 처리가 정상적으로 완료되었습니다.
```

9.2 부 프로그램

PL/SQL은 프로시저와 함수라는 부 프로그램(subprogram)을 사용할 수 있다. 프로시저는 매개변수를 받아 일련의 PL/SQL 문을 실행하며, 함수는 매개변수를 받아 일련의 PL/SQL 문을 실행한 후 특정 값을 반환한다. 부 프로그램은 선언부, 실행부, 그리고 생략 가능한 예외 처리부로 구성된다. 부 프로그램에서 선언된 변수들은 지역 변수이다.

9.2.1 부 프로그램의 매개변수

부 프로그램에서 사용되는 매개변수들의 유형은 IN, OUT, INOUT의 세 종류가 있다. 만일 매개변수에 대해 유형이 지정되지 않는 경우 디폴트는 IN이다. 각 유형의 차이는 다음과 같다.

IN

실제 매개변수의 값은 프로시저가 호출될 때 프로시저에 전달된다. 프로시저 내에서

형식 매개변수는 읽기 전용으로 간주된다. 즉, 값을 변경할 수 없다는 것이다. 프로시저가 끝나고 제어가 호출 환경에 반환될 때 실제 매개변수는 변경되지 않는다.

OUT

프로시저가 호출될 때 실제 매개변수가 갖는 값은 무시된다. 프로시저 내에서 형식 매개변수는 쓰기 전용으로 간주된다. 즉, 할당될 수만 있고 읽을 수는 없다는 것이다. 프로시저가 끝나고 제어가 호출 환경에 반환될 때 형식 매개변수의 내용은 실제 매개변수에 전달된다.

INOUT

이 모드는 IN과 OUT의 조합이다. 실제 매개변수의 값은 프로시저가 호출될 때 프로시저에 전달된다. 프로시저 내에서 형식 매개변수는 읽거나 쓸 수 있다. 프로시저가 끝나고 제어가 호출 환경에 반환될 때 형식 매개변수의 내용은 실제 매개변수에 할당된다.

9.2.2 프로시저

PL/SQL 문을 실행하는 부 프로그램인 기본적인 프로시저(procedure)의 구조는 다음과 같다.

프로시저를 오라클 데이터베이스에 저장 프로시저로 만든다면 영구적으로 재사용할 수 있다.

문법

```
CREATE [OR REPLACE] PROCEDURE  프로시저명
       [(매개변수1, ...[매개변수n])]
IS
       [지역변수선언]
BEGIN
       실행부 ;
[EXCEPTION
       예외상황 처리부]
END [프로시저명] ;
```

다음 예제는 계좌번호가 'AP100001'이면서 고객번호가 '701201-2255441'에 해당하는 계좌에서 예금을 입금하는 프로시저이다.

프로시저를 생성하기 전의 해당 계좌의 정보를 출력하였다.

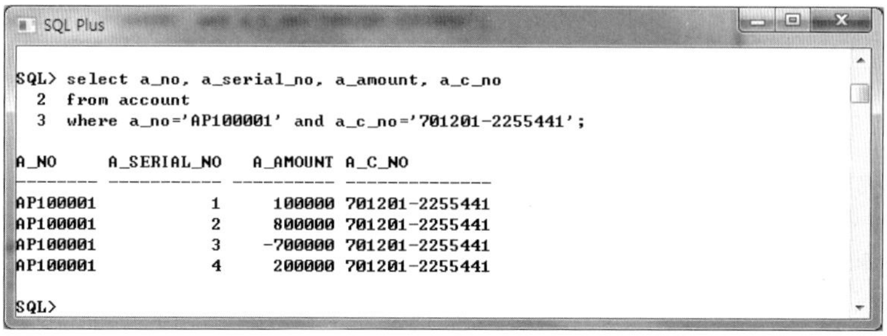

그림 9.3 프로시저 실행 전 정보 확인

예제

```
SQL> CREATE OR REPLACE PROCEDURE test_debit (
       acco_no in VARCHAR2,
       cust_no in varchar2,
       amount in NUMBER,
       err_message   out VARCHAR2)
     IS
       old_balance number(13);
       new_balance number(13);
       account_no varchar2(8);
       serial_no decimal(5);
       acc_date date;
       open_date date;
       item_dist varchar2(20);
       item_name varchar2(20);
       b_no  varchar2(3);
       deposit_shortage EXCEPTION;
     BEGIN
       SELECT sum(a_amount), a_no, max(a_serial_no)+1, SYSDATE
       INTO old_balance, account_no, serial_no, acc_date
       FROM account
       WHERE a_c_no = cust_no and a_no=acco_no
       GROUP BY a_no;

       SELECT a_open_date, a_item_dist, a_item_name, a_b_no
       INTO open_date, item_dist, item_name, b_no
       FROM account
       WHERE a_no = acco_no
       GROUP BY a_open_date, a_item_dist, a_item_name, a_b_no;
       new_balance := old_balance + amount;
```

```
    IF new_balance < 0 THEN
    RAISE deposit_shortage ;
    ELSE
    INSERT INTO account
    VALUES(account_no, serial_no, acc_date, amount, open_date, null, null,
    item_dist, item_name, b_no, cust_no);
    END IF;
  EXCEPTION
     WHEN deposit_shortage THEN
     err_message := 'Remaining deposit is not enough.';
  END test_debit;
  /

프로시저가 생성되었습니다.
```

프로시저 생성 후 'EXECUTE 프로시저명;'으로 실행할 수 있다.

프로시저 호출시 SQL*Plus 상에서 글로벌 변수로 선언하여 사용한다. in은 상수, 수식 또는 초기화된 변수를 매개변수로 사용하고 out은 초기화되지 않은 변수를 매개변수로 사용한다. 실제 매개변수에서 호출하여 가 매개변수로 넘겨주면 out은 프로시저의 값을 다시 실제 매개변수로 넘겨주므로 변수를 넘겨주고 받는다.

```
SQL> variable err_mesg varchar2(30);
SQL> exec test_debit('AP100001', '701201-2255441',100000, :err_mesg)

PL/SQL 처리가 정상적으로 완료되었습니다.
```

위와 같이 프로시저 실행 후 다음과 같이 실행하여 결과를 확인할 수 있다.

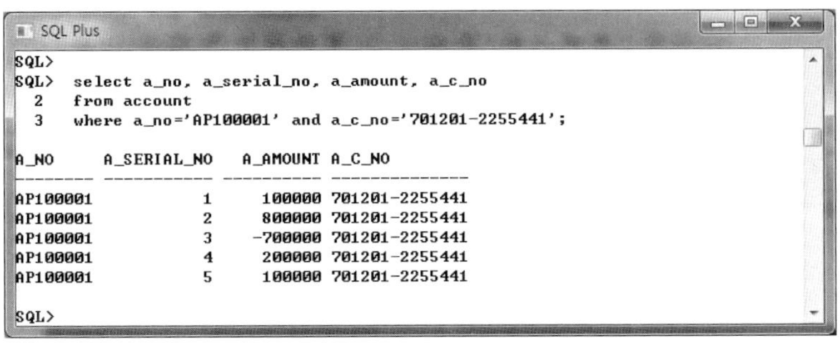

```
SQL>
SQL>  select a_no, a_serial_no, a_amount, a_c_no
  2   from account
  3   where a_no='AP100001' and a_c_no='701201-2255441';

A_NO      A_SERIAL_NO   A_AMOUNT A_C_NO
-------- ----------- ---------- --------------
AP100001           1     100000 701201-2255441
AP100001           2     800000 701201-2255441
AP100001           3    -700000 701201-2255441
AP100001           4     200000 701201-2255441
AP100001           5     100000 701201-2255441

SQL>
```

그림 9.4 프로시저 실행 후 정보 확인

9.2.3 함수

함수(function)는 미리 정의된 데이터 형의 값을 반환한다는 점을 제외하면 프로시저 선언과 유사하다. 함수는 한 가지 값만을 반환하도록 설계되었으므로 함수에서 OUT과 INOUT을 사용할 수 없으며 PL/SQL 블록에서는 반드시 RETURN 문이 있어야 한다. 함수는 RETURN 절에 지정된 것과 동일한 데이터 형으로 반환 값을 설정해야 하며, 다중 RETURN 문을 사용할 수 있지만 한 번의 호출로는 한 개의 RETURN 문만 실행된다. 일반적으로 다중 RETURN 문은 IF 문에서 사용한다. 그리고 다음과 같은 특징을 가진다는 것이 프로시저와 함수의 차이점이다.

프 로 시 저	함 수
PL/SQL 문에서 실행	식의 일부로서 사용
RETURN Datatype이 없음	RETURN Datatype이 필수
값을 Return 할 수 없음	값을 Return하는 것이 필수

저장 프로시저와 마찬가지로 함수도 오라클 데이터베이스에 저장하여 저장 함수로 만들면 영구적으로 재사용할 수 있다. 형식은 다음과 같다.

문법

```
CREATE [OR REPLACE] FUNCTION  함수명
        [(매개변수1, ...[매개변수n])]
   RETURN  DATATYPE
IS
        [변수선언]
BEGIN
        실행부 ;
   RETURN <표현식>;
EXCEPTION
        [예외상황 처리부]
END [함수명] ;
```

다음에서는 간단한 함수의 작성 예를 보이고 있다.

예제

```
SQL> CREATE OR REPLACE FUNCTION tax_test
           ( v_value  IN NUMBER )
           RETURN  NUMBER
     IS
     BEGIN
           RETURN (v_value * 0.5);
     END tax_test ;
     /

함수가 생성되었습니다.
```

우선은 함수가 생성되고 만약 에러가 있다면 SHOW ERROR 명령을 통해서 에러를 확인한 후 수정을 해 주어야만 한다. 그리고 반환 값을 받을 변수를 선언하고 실행시킬 매개변수 값을 지정하면 함수가 실행될 것이다. 그리고 PRINT 명령을 사용하여 다음과 같이 값을 확인할 수 있다.

```
SQL> var fun_tax_test number
SQL> exec :fun_tax_test := tax_test(1000)

PL/SQL 처리가 정상적으로 완료되었습니다.

SQL> print :fun_tax_test

FUN_TAX_TEST
------------
         500
```

9.2.4 프로시저와 함수 삭제하기

테이블을 삭제하는 것과 유사하게 프로시저와 함수를 삭제할 수 있다. 즉, 데이터 사전에서 프로시저나 함수를 제거한다. 프로시저를 삭제하기 위한 구문은 다음과 같다.

문법

```
DROP PROCEDURE  프로시저명 ;
```

그리고 함수를 삭제하기 위한 구문은 다음과 같다.

문법

```
DROP FUNCTION   함수명 ;
```

여기에서 프로시저명은 기존의 프로시저의 이름이고, 함수명도 마찬가지로 기존 함수의 이름이다.

예제

```
SQL> DROP FUNCTION   tax_test  ;

함수가 삭제되었습니다.
```

9.2.5 부 프로그램의 위치

부 프로그램은 본 장에서 다룬 모든 예에서와 같이 데이터 사전에 저장할 수 있다. 부 프로그램은 먼저 CREATE OR REPLACE 명령을 통해 작성하고, 그 다음에 다른 PL/SQL 블록에서 호출된다. 부 프로그램은 블록의 선언부에서 정의할 수 있다. 부 프로그램을 CREATE OR REPLACE 명령으로 작성하면 데이터베이스에 저장된다. 그리고 부 프로그램에 대한 정보는 데이터 사전 뷰를 통해 액세스 할 수 있다. user_objects 뷰는 저장 부 프로그램을 포함하여 모든 객체들에 대한 정보가 들어 있다. 이 정보에는 객체가 생성되고 마지막으로 변경되었을 때의 객체의 형(테이블, 시퀀스, 함수 등)과 객체의 유효성이 들어 있다. user_source 뷰는 객체에 대한 소스 코드가 들어 있으며 user_errors 뷰에는 컴파일 에러에 대한 정보가 들어 있다.

위에서 생성했던 함수에 대해서 살펴보자.

예제

```
SQL> CREATE OR REPLACE FUNCTION tax_test
  ( v_value  IN NUMBER )
  RETURN  NUMBER
  IS
  BEGIN
  RETURN (v_value * 0.5);
  END tax_test ;
  /

함수가 생성되었습니다.
```

이 함수가 생성된 후에 user_objects는 그것을 유효한 것으로 간주하고, user_source에 그것에 대한 소스 코드가 들어간다. user_error는 함수가 성공적으로 컴파일 되었기 때문에 어떤 행도 가지고 있지 않다.

예제

```
SQL> select  object_name, object_type, status
from user_objects
where object_name = 'TAX_TEST';

 OBJECT_NAME          OBJECT_TYPE          STATUS
-------------       -------------       ---------
  TAX_TEST           FUNCTION             VALID
```

그러나, 만일 다음과 같은 컴파일 에러(세미콜론이 없다는 사실에 주목)를 가지도록 tax_test의 코드를 변경하고 동일한 세 개의 데이터 사전 뷰를 조사한다면 몇 가지 차이를 알 수 있다.

예제

```
SQL> CREATE OR REPLACE FUNCTION tax_test
( v_value  IN NUMBER )
RETURN  NUMBER
IS
BEGIN
RETURN (v_value * 0.5)
END tax_test ;
/

경고: 컴파일 오류와 함께 함수가 생성되었습니다.
```

user_source는 여전히 프로시저의 소스 코드를 보여준다. 그러나, user_objects에서 상태는 'VALID'가 아니라 'INVALID'로 표현된다. 그리고 user_errors에는 컴파일 에러가 들어 있다.

SQL*Plus에서 SHOW ERROR 명령은 user_error를 질의해서 알아보기 쉬운 형태로 출력한다. "경고: 컴파일 오류와 함께 함수가 생성되었습니다." 메시지를 받은 후에 SHOW ERROR를 사용하면 에러 내역을 볼 수 있다. 에러가 발생하면 부 프로그램이 유효하지 않은 상태로 데이터베이스에 저장된다. 그러나, 에러가 수정될 때까지 성공적으로 호출될 수 없다. 만일 유효하지 않은 함수가 호출되면 다음과 같은 에러 메시지가 출력된다. "ORA-06550: 오브젝트가 부당합니다"

9.3 패키지

패키지는 오라클 데이터베이스에 저장되어 있는 서로 관련있는 PL/SQL 프로시저와 함수들의 집합으로 Ada 프로그래밍 언어에서 유래되었다.

패키지는 선언부와 본문 두 부분으로 나누어지는데 선언절은 패키지에 포함될 PL/SQL 프로시저나, 함수, 커서, 변수, 예외절을 선언하며 패키지 선언부에서 선언한 모든 요소들은 패키지 전체에 적용된다.

문법

```
CREATE [OR REPLACE] PACKAGE  패키지명 IS | AS
                  [ 변수선언절 ]
                  [ 커서선언절 ]
                  [ 예외선언절 ]
                  [ Procedure 선언절 ]
                  [ Function 선언절 ]
END 패키지명 ;
```

패키지 본문은 패키지에서 선언된 부분의 실행을 정의하며 프로시저나 함수의 내용에 해당하는 부분이 위치한다.

문법

```
CREATE [OR REPLACE] PACKAGE BODY 패키지명 IS | AS
                  [ 변수선언절 ]
                  [ 커서선언절 ]
                  [ 예외선언절 ]
                  [ Procedure 선언절 ]
                  [ Function 선언절 ]
END 패키지;
```

패키지 선언부 생성

예제

```
SQL> create or replace package c_info as
    procedure all_cust_info;
    procedure dist_cust_info(v_c_dist in varchar2);
end c_info;
/

패키지가 생성되었습니다.
```

패키지 본문 생성

```
SQL> create or replace package body c_info as
-- 모든 고객의 고객 정보
procedure all_cust_info
is
    cursor cust_cursor is
    select c_no, c_name, c_dist
    from customer
    order by c_no;
begin
    for aa in cust_cursor loop
    DBMS_OUTPUT.PUT_LINE('고객번호 : ' || aa.c_no);
    DBMS_OUTPUT.PUT_LINE('고객성명 : ' || aa.c_name);
    DBMS_OUTPUT.PUT_LINE('고객구분 : ' || aa.c_dist);
    END LOOP;
EXCEPTION
    WHEN OTHERS THEN
    DBMS_OUTPUT.PUT_LINE(SQLERRM||'에러 발생 ');
END all_cust_info;


-- 특정 고객구분의 고객 정보
procedure dist_cust_info(v_c_dist in varchar2)
is
    CURSOR cust_cursor IS SELECT c_no, c_name, c_dist
    FROM customer
    WHERE c_dist = v_c_dist
    ORDER BY c_no;
BEGIN
    for aa in cust_cursor loop
    DBMS_OUTPUT.PUT_LINE('고객번호 : ' || aa.c_no);
```

```
    DBMS_OUTPUT.PUT_LINE('고객성명 : ' || aa.c_name);
    DBMS_OUTPUT.PUT_LINE('고객구분 : ' || aa.c_dist);
    END LOOP;
EXCEPTION
    WHEN OTHERS THEN
    DBMS_OUTPUT.PUT_LINE(SQLERRM||'에러 발생 ');
END dist_cust_info;
END c_info;
/

패키지 본문이 생성되었습니다.
```

패키지 생성 후 'EXECUTE 패키지명.프로시저명' 으로 패키지 안의 각 프로시저를 실행할 수 있다.

```
SQL> exec c_info.all_cust_info;
고객번호 : 102-22-51094
고객성명 : (주)국제산업
고객구분 : 11
고객번호 : 220-82-21094
고객성명 : (주)정보통신
고객구분 : 11
고객번호 : 220-82-52237
고객성명 : (주)한국전산
고객구분 : 11
고객번호 : 361-22-42687
고객성명 : (주)한국리서치
고객구분 : 11
고객번호 : 363-52-45172
고객성명 : 성남의원
고객구분 : 11
고객번호 : 660419-1623112
고객성명 : 이민수
고객구분 : 00
고객번호 : 691115-1223455
고객성명 : 김광철
고객구분 : 00
고객빈호 : 701201-2255441
고객성명 : 강주현
고객구분 : 00
고객번호 : 760615-1255447
고객성명 : 한수인
```

```
고객구분 : 00
고객번호 : 790901-2358327
고객성명 : 김수연
고객구분 : 00

PL/SQL 처리가 정상적으로 완료되었습니다.
```

```
SQL> exec c_info.dist_cust_info('00');
고객번호 : 660419-1623112
고객성명 : 이민수
고객구분 : 00
고객번호 : 691115-1223455
고객성명 : 김광철
고객구분 : 00
고객번호 : 701201-2255441
고객성명 : 강주현
고객구분 : 00
고객번호 : 760615-1255447
고객성명 : 한수인
고객구분 : 00
고객번호 : 790901-2358327
고객성명 : 김수연
고객구분 : 00

PL/SQL 처리가 정상적으로 완료되었습니다.
```

9.4 트리거

9.4.1 트리거 생성 및 이벤트 발생

오라클 트리거(trigger)는 트리거링 사건(triggering event)에 의해 자동으로 실행되는 PL/SQL 이라고 할 수 있다. 트리거링 사건은 데이터베이스의 테이블에 DML 문이 실행될 때 발생하는데 INSERT, UPDATE, DELETE 문의 사용에 트리거링 사건을 정의할 수 있고, 이들이 실행될 때 트리거가 자동으로 실행된다.

예를 들어 emp 테이블에 sal 열은 사원의 봉급을 나타낸다. 누군가가 이 봉급을 자기가 원하는 값으로 변경시킨다면 문제가 될 것이다. 이런 일을 방지하기 위해 트리거를 사용할 수 있다. sal 컬럼의 값이 update 되면 그 기록을 남기도록 할 수 있는 것이다.

문법

```
CREATE [OR REPLACE] TRIGGER 트리거명 BEFORE | AFTER
   trigger_event ON table_name
   [FOR EACH ROW]
   [WHEN (condition) ]
   PL/SQL block
```

- BEFORE : INSERT, UPDATE, DELETE 문이 실행되기 전에 트리거가 실행
- AFTER : INSERT, UPDATE, DELETE 문이 실행된 후 트리거가 실행
- trigger_event : INSERT, UPDATE, DELETE 중에서 한 개 이상 올 수 있음
- FOR EACH ROW : 이 옵션이 있으면 행 트리거가 됨

트리거는 문장 트리거와 행 트리거로 나눌 수 있다.

문장 트리거는 FOR EACH ROW 옵션 절을 사용하지 않고 트리거링 사건에 의해 단 한번 실행되며 열의 데이터 값에 상관없이 컬럼에 변화가 일어남을 감지하여 실행되는 트리거이다. 행 트리거는 FOR EACH ROW 옵션 절을 사용하고 컬럼의 각각의 데이터 행에 변화가 생길 때마다 실행되며 데이터 행의 실제 값을 수정, 변경 또는 저장 시 사용한다.

행 트리거의 열 값 참조는 다음과 같다.

- INSERT 문의 경우 입력할 데이터 값은 new.column_name 에 지정된다. INSERT 문에는 old 값이 존재하지 않는다.
- UPDATE 문의 경우 변경 전의 열의 데이터 값은 old.column_name 으로 나타내며, 수정할 새로운 값은 new.column_name 에 지정할 수 있다.
- DELETE 문의 경우 삭제되는 열의 값은 old.column_name 에 저장된다. DELETE 문에는 new 값이 존재하지 않는다.

문장 트리거 예제

문장 트리거와 행 트리거의 차이점을 설명하기 위해서 test 테이블을 새로 생성하였다.

위의 트리거는 customer 테이블에 update 이벤트가 발생하면 새로 생성한 test 테이블에 새로운 행을 삽입하는 트리거를 자동으로 실행되도록 한다.

예제

```
SQL> create table test
  2  (
  3  name varchar2(10),
  4  d_date varchar2(20)
  5  );

테이블이 생성되었습니다.

SQL>
SQL>
SQL> create or replace trigger tg1 after
  2  update on customer
  3  begin
  4     insert into test values('song',sysdate);
  5  end;
  6  /

트리거가 생성되었습니다.
```

생성된 트리거를 실행시키기 위해 고객 테이블에 update 이벤트를 발생시키고 test 테이블을 검색하였다.

```
SQL> update customer set c_phone='02-111-2222';

10 행이 갱신되었습니다.

SQL>
SQL> select * from test;

 NAME            D_DATE
------         ----------
 song           13/02/21
```

행 트리거 예제

행 트리거의 실행 결과를 확인하기 위하여 test 테이블을 롤백시킨다.

예제

```
SQL> create or replace trigger tg2 after
update on customer
for each row
begin
 insert into test values('song',sysdate);
end;
/

트리거가 생성되었습니다.
```

위의 트리거를 생성한 후 customer 테이블에 update 이벤트를 발생시키고 test 테이블을 검색하였다.

```
SQL> update customer set c_phone='02-111-2222';

10 행이 갱신되었습니다.

SQL>
SQL> select * from test;

 NAME           D_DATE
------         -----------
 song           13/02/21
 song           13/02/21
 song           13/02/21
 song           13/02/21
 song           13/02/21
 song           13/02/21
 song           13/02/21
 song           13/02/21
 song           13/02/21
 song           13/02/21
 song           13/02/21

11 개의 행이 선택되었습니다.
```

위의 예제로 문장 트리거와 행 트리거의 차이점을 이해할 수 있을 것이다. 위 예제의 결과는 tg1까지 실행되어 customer 테이블에 10개의 행이 갱신되었지만 11개의 행이 test 테이블에 삽입된 결과이다.

PL/SQL BLOCK이 있는 트리거

avg_trigger 트리거를 생성한 후 insert 이벤트를 발생하여 새로운 행이 삽입되기 전 지점 자산 평균을 출력한다.

```
SQL> create or replace trigger avg_trigger before
insert or update on branch
for each row
declare
   avg_assets number;
begin
   select round(avg(b_assets),3)
   into avg_assets
   from branch;
   dbms_output.put_line('자산 평균 : '|| avg_assets);
end;
/

트리거가 생성되었습니다.

SQL> INSERT INTO branch
values('600','서울강서','서울 강서구','02-417-0041','1500000000');
자산 평균 : 1746000000

1 개의 행이 만들어졌습니다.
```

9.4.2 트리거 제한

트리거는 COMMIT, ROLLBACK, SAVEPOINT 등 트랜잭션 제어문을 사용할 수 없다.

트리거링 문장이 COMMIT, ROLLBACK될 때 트리거의 작업도 COMMIT, ROLLBACK 된다. 이는 트리거링을 유발한 DML의 트랜잭션에 종속되기 때문이다.

트리거 제한

트리거의 제한 예제를 위하여 트리거에서 사용할 테이블을 하나 만든다. 이 테이블은 account 테이블의 a_amount의 값이 update되면 미리 만들어 놓은 chk_acco_log 테이블에 시간, 계좌번호를 기록한다.

어떤 사람이 a_total_amount값을 update 시켰다가 마음이 바뀌어서 롤백시켰다면 트리거에 의해 생긴 값은 어떻게 될까?

예제

```
SQL> create table chk_acco_log
(
when_chk varchar2(20),
a_no varchar2(20),
old_amount number(13),
new_amount number(13)
);

테이블이 생성되었습니다.

SQL> create or replace trigger chk_account before
update of a_amount on account
for each row
begin
   insert into chk_acco_log
   values(TO_CHAR(SYSDATE,'YYYY-MM-DD:HH24MISS'),
               :old.a_no, :old.a_amount, :new.a_amount);
end;
/

트리거가 생성되었습니다.
```

생성된 트리거를 실행시키기 위해 account 테이블에 update 이벤트를 발생시킨 후 chk_acco_log 테이블을 검색하였다. 또한 트리거 제한을 확인하기 위하여 롤백을 실행한 후 chk_acco_log 테이블을 검색하였다.

```
SQL> update account set a_amount = 1000000 where a_no='LP100001';

2 행이 갱신되었습니다.

SQL>
SQL> SELECT * FROM chk_acco_log;

    WHEN_CHK                  A_NO           OLD_AMOUNT        NEW_AMOUNT
-------------------      -----------      ------------      ------------
 2013-02-21:122510        LP100001                              1000000
 2013-02-21:122510        LP100001          2000000             1000000

SQL> ROLLBACK;

롤백이 완료되었습니다.

SQL>
SQL> SELECT * FROM chk_acco_log;

선택된 레코드가 없습니다.
```

UPDATE 한 후 롤백시켰더니 CHG_SAL_LOG 테이블의 값도 롤백되었다.

트리거링을 유발한 DML의 트랜잭션에 종속된다는 뜻을 이해할 수 있을 것이다.

트리거 cascading

한 트리거가 다른 트리거를 실행시키는 것으로 다른 트리거를 사용하기 위해서는 트리거 생성 전 데이터베이스의 모든 제약 조건을 파악해야 한다.

cascade 트리거 예제를 위하여 세 개의 테이블을 생성하고 각 테이블에 값을 삽입한다.

예제

```
SQL> create table ex1
  2  (icol number);

테이블이 생성되었습니다.

SQL>
SQL> create table ex2
  2  (ucol number);
```

```
테이블이 생성되었습니다.

SQL>
SQL> create table ex3
(dcol number);

테이블이 생성되었습니다.

SQL>
SQL> insert into ex1 values(1);

1 개의 행이 만들어졌습니다.

SQL> insert into ex2 values(1);

1 개의 행이 만들어졌습니다.

SQL> insert into ex3 values(1);

1 개의 행이 만들어졌습니다.
```

ex1 테이블의 icol 열이 삽입된 후에 ex2 테이블의 ucol 열의 데이터를 갱신하는 트리거 ex1_after_insert를 생성한다.

```
SQL> create or replace trigger ex1_after_insert after
insert on ex1
for each row
begin
   update ex2
   set ucol = :new.icol;
end;

/

트리거가 생성되었습니다.
```

ex2 테이블의 UCOL 열의 데이터가 갱신되면 ex3 테이블의 DCOL 열 데이터를 삭제하는 트리거 ex2_after_update를 생성한다.

```
SQL> create or replace trigger ex2_after_insert after
update on ex2
for each row
begin
   delete ex3
   where dcol = :old.ucol;
end;
/

트리거가 생성되었습니다.
```

ex3 테이블의 DCOL 열 데이터가 삭제되면 발사되어 완료 메시지를 출력하는 트리거 ex3_after_delete를 생성한다.

```
SQL> create or replace trigger ex3_after_insert after
delete on ex3
for each row
begin
   dbms_output.put_line('cascade tirgger 실행 완료');
end;
/

트리거가 생성되었습니다.
```

ex1 테이블에 새로운 값을 삽입하여 트리거 실행 결과를 확인한다.
세 가지 테이블 검색 결과 cascade 트리거가 실행되었음을 확인할 수 있다.

```
SQL> insert into ex1 values(2);
cascade tirgger 실행 완료

1 개의 행이 만들어졌습니다.

SQL> select * from ex1;

      ICOL
----------
         1
         2
```

```
SQL> select * from ex2;

      UCOL
----------
         2

SQL> select * from ex3;

선택된 레코드가 없습니다.
```

10장 내포 SQL

10.1 PRO*C

PRO*C는 선컴파일러이다. 선컴파일러(precompiler)란 고급 언어를 컴파일하여 또 다른 고급 언어를 생성한다. 즉, PRO*C를 선컴파일하면 C 언어의 소스 코드를 생성하게 된다. 이를 반대로 설명하면 PRO*C는 C 언어로 작성된 프로그램 코드 내에 데이터베이스와 연관된 여러 명령들을 사용하여, 데이터베이스에 저장되어 있는 많은 데이터를 조회하며, 조회된 데이터들을 처리하여 재입력하는 등의 여러 작업들을 할 수 있다.

PRO*C의 컴파일 과정을 보면 다음과 같다.

```
file_name.pc -> file_name.c -> file_name.o -> file_name.exe
```

일단 C와 SQL 언어로 이루어진 PRO*C를 생성하여 이를 선컴파일하고, C 언어를 생성하여 컴파일한 후 오브젝트 파일 생성 과정을 거쳐 실행하게 된다.

일반적으로 UNIX 환경에서 PRO*C를 많이 사용하는데 본 교재에서는 VISUAL C++ 프로그램을 이용하여 PRO*C를 컴파일 할 수 있는 환경을 설명한다.

10.1.1 PRO*C 프로그램 개발 과정

PRO*C는 데이터베이스에 접속하여 필요한 자료를 조회하거나 처리한 후, 반환 값을 받아서, C 소스 코드에 의해 응용 프로그램을 실행시키는 데이터베이스와 C 언어와의 중간적 위치에 존재하는 언어로 오라클 데이터베이스를 사용하는 애플리케이션은 c/c++, java와 같은 3GL 기반의 프로그램을 주로 사용하는데 이러한 프로그램 언어를 사용하여 오라클 데이터베이스에 접근하고 데이터를 처리하기 위한 SQL 문을 함께 사용할 수 있도록 하기 위한 선컴파일러 즉 전처리 컴파일러가 제공되는데 SQL과 PL/SQL을 C 언어와 병행하여 사용할 수 있도록 하는 전처리 컴파일러가 PRO*C이다.

[그림 10.1]은 PRO*C를 이용한 프로그램 개발 과정이다.

먼저 사용자는 Embedded SQL 문을 포함하는 소스 프로그램을 작성하며, 이때 파일 확장자는 *.pc가 된다. 이를 PRO*C 선컴파일러를 통해 Embedded SQL 문을 라이브러리 호출(library call)로 대체하여 확장자가 *.c 인 C 프로그램을 생성한다.

여기서 생성된 C 프로그램을 C 컴파일러를 통해 목적 코드(object code)를 생성하고, 오라클 런타임 라이브러리를 링크하여 실행 코드(runtime code)를 생성하게 된다.

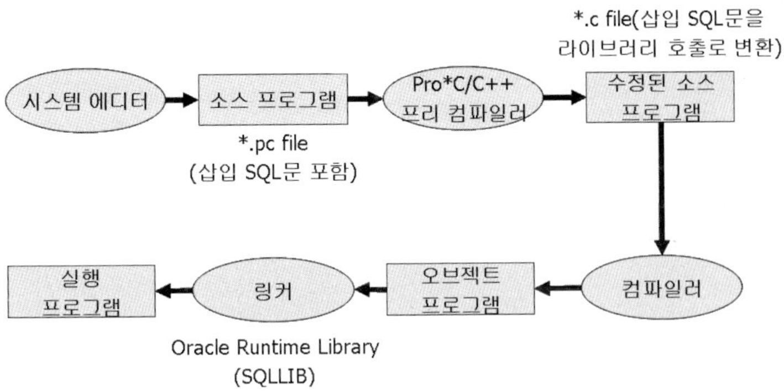

그림 10.1 PRO*C를 이용한 프로그램 개발 과정

10.1.2 환경 설정

일단 PRO*C로 코딩한 프로그램을 실행시키기 위해서는 PRO*C가 설치되어 있어야 한다.

① 오라클 홈디렉토리의 'precomp₩lib₩msvc 폴더'와 'precomp₩public 폴더'가 존재하는지 확인한다.

그림 10.2 PRO*C 설치 확인

② 환경 변수 path에 오라클 홈 디렉토리가 추가되어 있는지 확인한다.

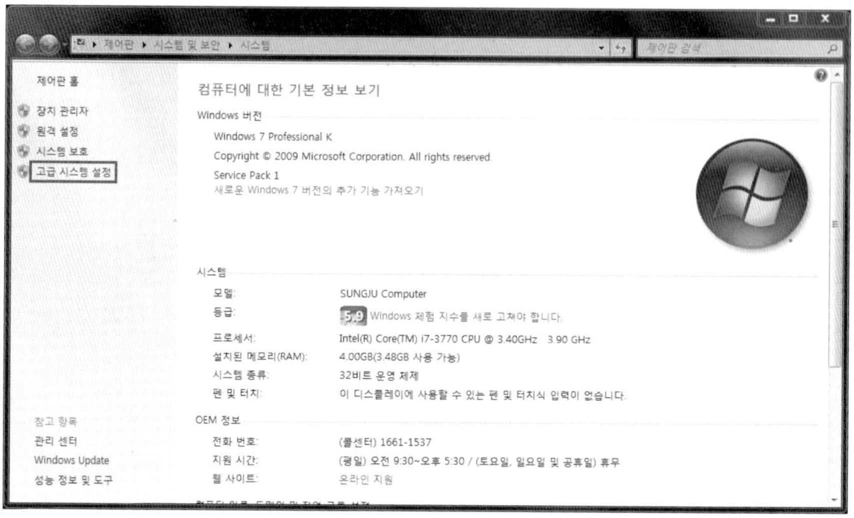

그림 10.3 시스템 속성

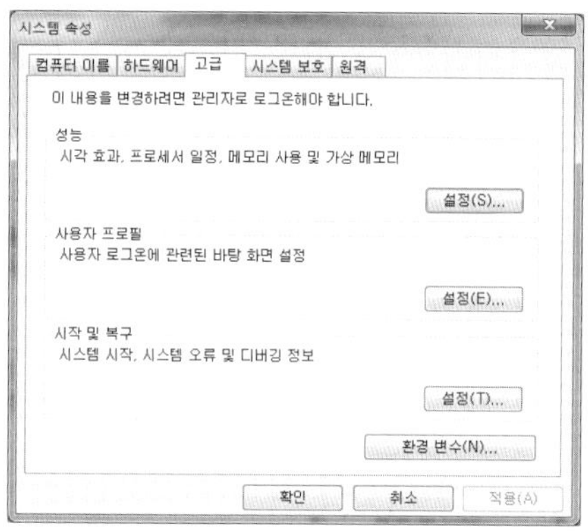

그림 10.4 환경 변수

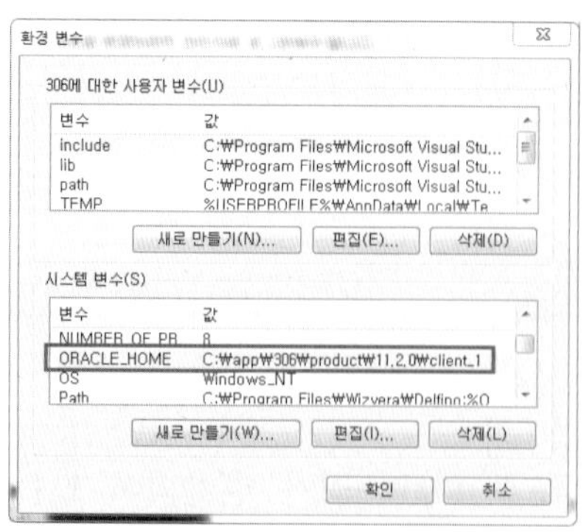

그림 10.5 ORACLE_HOME

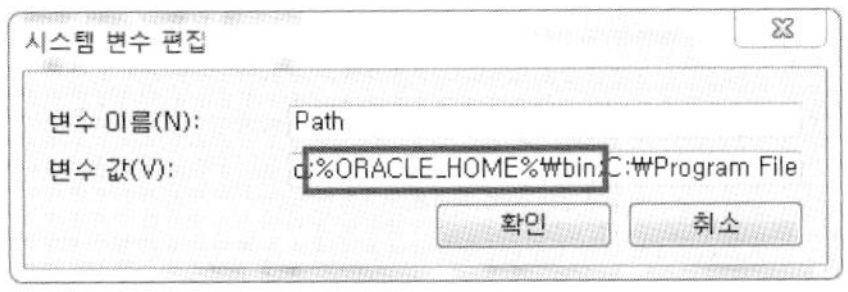

그림 10.6 Path

③ 오라클 홈 디렉토리의 'precomp₩admin₩pcscfg.cfg' 파일을 다음과 같이 편집한다.

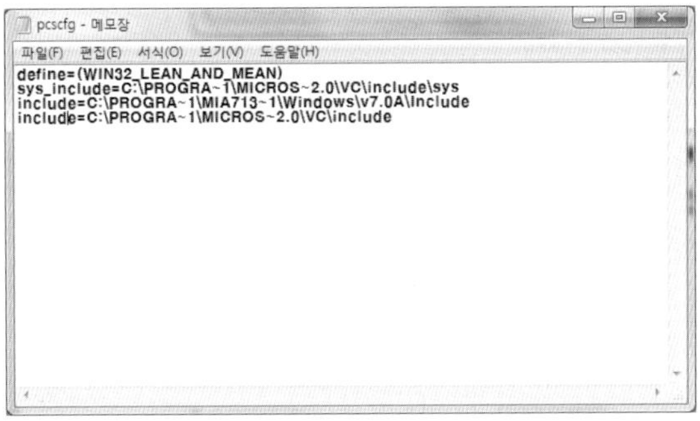

그림 10.7 pcscfg.cfg 편집

경로 내에 공백이 포함되면 공백 뒤의 경로는 인식이 않되므로 "PROGRA~1"과 같은 축약형 디렉토리명을 사용한다.

축약형 디렉토리명은 cmd에서 해당 디렉토리의 상위 디렉토리에서 dir /x 명령을 통해서 알 수 있다.

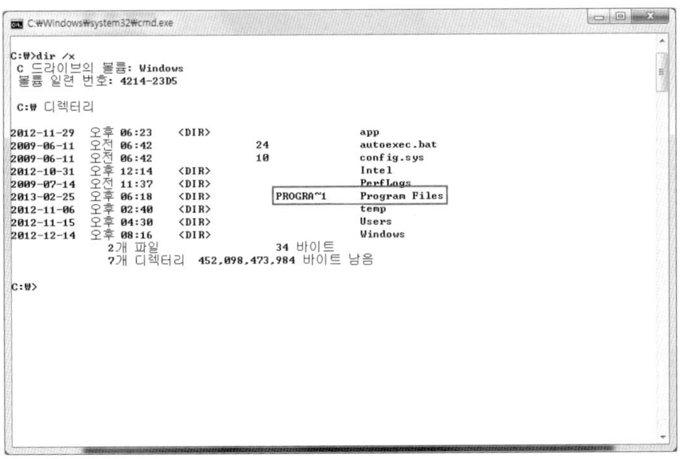

그림 10.8 Program Files 축약 경로

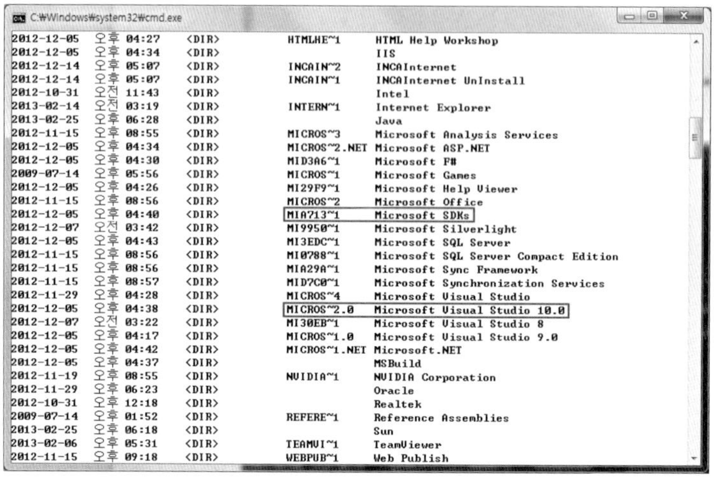

그림 10.9 Microsoft SDKs, Microsoft Visual Studio 10.0 축약 경로

10.1.3 PRO*C 코드

PRO*C는 데이터베이스에 접속하여 필요한 자료를 조회하거나 처리한 후, 반환 값을 받아서, C 소스 코드에 의해 응용 프로그램을 실행시키는 데이터베이스와 C 언어와의 중간적 위치에 존재하는 언어이다.

1) 호스트 변수

C 언어에 SQL 명령을 사용하는 방식으로 EXEC SQL ~ ; 안에 SQL 명령을 사용한다. 예를 들어 INSERT를 사용할 경우 C 언어 소스는 다음과 같다.

```
EXEC SQL INSERT INTO customer (c_no) VALUES ('751204-1065987');
```

위에서 c_no의 값('751204-1065987')을 상수가 아닌 변수로 사용하길 원한다면 C 언어처럼 사용하기 전에 반드시 변수 선언이 필요하다. 이런 변수를 호스트 변수라 하고 호스트 변수를 사용하기 위하여 변수 앞에 콜론(:)을 붙여서 사용한다.

호스트 변수는 다음과 같이 선언한다.

```
EXEC SQL BEGIN DECLARE;
char c_no[16];
EXEC SQL END DECLARE;
```

호스트 변수 선언 시 C 언어에서는 char 형의 변수 끝에 널 값이 반드시 포함되므로 SQL에서 선언한 데이터의 크기보다 한 바이트를 더 크게 설정한다.

선언된 호스트 변수를 위의 insert 예에서 사용하게 되면 다음과 같다.

```
EXEC SQL INSERT INTO customer (c_no) VALUES :c_no;
```

위의 변수 c_no는 실제 데이터베이스에 존재하는 열 명이며 뒤의 :c_no 는 호스트 변수이다. 호스트 변수의 이름은 다르게 줄 수 있지만 좀 더 사용하기 편하도록 같은 이름을 주는 것을 권장한다.

2) 헤더 파일

C 언어에서도 필요한 변수들을 미리 선언하여 하나의 파일로 생성한 후, C 소스 코드에서 호출하여 사용하듯이 PRO*C에서도 SQLCA 에 관련된 여러 변수들을 호출하여 사용할 수 있도록 선언할 수 있다.

C 언어에서 헤더 파일을 사용하는 것과 같이 시작 부분에 #include 〈sqlca.h〉로 사용하던가 PRO*C 소스 코드 안에 다음과 같이 정의한다.

```
EXEC SQL INCLUDE sqlca.h;
```

SQLCA에 관련된 여러 변수들 중 유용하게 사용될 몇 가지 변수를 보면 sqlca.sqlcode라는 변수는 PRO*C 안에 코딩된 SQL 문들의 정상 수행 여부를 알려 주어서 프로그래머들이 각 경우에 따라 적절한 조치를 취할 수 있게 해 준다.

sqlca.sqlwarn 이라는 변수는 경고에 대한 정보들을 지니고 있는 변수이다

sqlca.sqlerrm 은 SQL 명령 수행 중 에러가 발생하였을 때, 발생한 에러에 대한 내용과 오류 코드 번호에 관한 정보를 출력시켜 준다.

```
if (sqlca.sqlcode != 0 && sqlca.sqlcode != -1405)
    {
       EXEC SQL CLOSE customer_cursor;
       printf(" \n 에러메시지 = %s", sqlca.sqlerrm.sqlerrmc);
       return;
}
```

- sqlca.sqlcode = 0이면 정상적으로 수행.
- sqlca.sqlcode = 1403이면 원하는 데이터가 없음.
- sqlca.sqlcode = -1405이면 널 값이 조회된 경우.

위의 if 문은 정상 수행이 아니고 NULL 값도 아니라면 SELECT하기 위해 사용된 커서를 닫고 에러 메시지를 출력하게 될 것이다. PRO*C 에서도 여러 행을 질의하기 위해서는 PL/SQL과 같은 형식으로 커서를 사용한다.

3) CONNECT

데이터베이스를 사용하기 위해서는 반드시 데이터베이스에 접속하여야 한다. 데이터베이스에 접속하는 방법은 다음과 같다.

```
EXEC SQL CONNECT test/test11@192.1.1.1;
```

EXEC SQL CONNECT ~ ; 명령을 사용하면 된다.

위에서 사용한 방법은 접속하고자 하는 사용자가 달라질 경우 효율적이지 못하다. 이때 호스트 변수를 사용한다. 다음은 호스트 변수를 사용하는 CONNECT 방법이다.

```
// CONNECT 하기 위한 호스트 변수 선언 부분
EXEC SQL BEGIN DECLARE SECTION;
  varchar connstr[20];
EXEC SQL END DECLARE SECTION;

// CONNECT 부분
EXEC SQL CONNECT :connstr;
```

주석으로 처리할 경우 C++ 언어와 동일하다.

4) SELECT

PRO*C는 PL/SQL의 구조와 비슷하여 SELECT ~ INTO 절을 사용한다.

따라서 INTO 절에 사용될 변수를 사용하기 위해서는 먼저 호스트 변수를 선언해야 한다.

```
// INTO 절에 사용될 호스트 변수 선언 부분
EXEC SQL BEGIN DECLARE SECTION;
 char c_no[16], c_name[21], c_addr[61], c_phone[17], c_dist[3];
EXEC SQL END DECLARE SECTION;

// SELECT 문
EXEC SQL SELECT c_no, c_name, c_addr, c_phone, c_dist
           INTO :c_no, : c_name, : c_addr, : c_phone, :c_dist ;
           FROM customer;
           WHERE c_no = '701201-2255441';
```

PRO*C의 SELECT 문은 한 건의 결과만 검색할 수 있다. 만약 여러 건의 데이터를 검색해야 할 경우 앞서 설명한 바와 같이 커서를 사용하여야 한다.

커서를 사용할 때는 반드시 DECLARE, OPEN, FETCH, CLOSE 과정을 거친다.

```
// FETCH의 INTO에 사용될 호스트 변수 선언부분
EXEC SQL BEGIN DECLARE SECTION;
    char c_no[16], c_name[21], c_addr[61], c_phone[17], c_dist[3];
EXEC SQL END DECLARE SECTION;
// while 문을 사용하기 위한 변수 선언부분
  int count=0;

// CURSOR
// CURSOR 선언부분
  EXEC SQL DECLARE customer_cursor CURSOR FOR
          SELECT c_no, c_name, c_addr, c_phone, c_dist FROM customer;
//선언한 CURSOR을 open 한다
  EXEC SQL OPEN customer_cursor;

// open한 CURSOR를 첫 번째 행만 FETCH 한다
  EXEC SQL FETCH customer_cursor
            INTO :c_no, :c_name, :c_addr, :c_phone, :c_dist;

// 에러처리를 위한 부분으로 에러를 발생시키면 커서를 닫는다
  if (sqlca.sqlcode != 0 && sqlca.sqlcode != -1405) {
    printf("\n 에러메시지 = %s", sqlca.sqlerrm.sqlerrmc);
    EXEC SQL CLOSE customer_cursor;
    return;  }

// FETCH한 여러건의 쿼리를 반복문을 사용하여 출력한다.
    while(1) {
      count++ ;
```

```
        printf("\n\n 고객 번호 = %s", c_no);
        printf("\n 고객 이름 = %s", c_name);
        printf("\n 고객 주소 = %s", c_addr);
        printf("\n 전화 번호 = %s", c_phone);
        printf("\n 개인/고객 = %s \n\n", c_dist);

  // 두 번째 쿼리부터 FETCH 한다.
        EXEC SQL FETCH customer_cursor
                       INTO :c_no, :c_name, :c_addr, :c_phone, :c_dist;

  // 에러를 발생시키면 CURSOR을 닫고 while 문을 빠져나간다.
        if (sqlca.sqlcode != 0 && sqlca.sqlcode != -1405)
        {
          printf("\n 에러메시지 = %s", sqlca.sqlerrm.sqlerrmc);
          EXEC SQL CLOSE customer_cursor;
          break;
        }
      }
  // 정상수행되면 총 건수를 출력하고 CURSOR를 닫는다.
    printf("\n\n 만족하는 총 레코드 건 수 =%d \n\n", count);
    EXEC SQL CLOSE customer_cursor;
  }
```

SELECT 문은 한 건의 검색 결과를 반환할 경우에는 SELECT INTO FROM 문법으로 가능하지만 여러 건의 검색 결과를 반환해야 할 경우에는 위의 예에서와 같이 반드시 커서를 사용해야 한다.

5) INSERT

INSERT 문은 DML 문으로, 반드시 COMMIT이나 ROLLBACK 명령이 필요하다.

관련 SQL 문은 COMMIT WORK, ROLLBACK WORK가 있다.

COMMIT WORK는 변경 사항을 데이터베이스에 영구 반영하며 ROLLBACK WORK는 변경 사항을 무효화한다.

```
// customer 테이블에 INSERT
EXEC SQL
   INSERT INTO customer (c_no, c_name, c_addr, c_phone, c_dist)
     VALUES ('761020-0000000', '김희정', '서울시 송파구', '412-5470', '00');

// INSERT시 에러 처리 부분
```

```
  if (sqlca.sqlcode != 0 && sqlca.sqlcode != -1405)
  {
// 에러를 발생시키면 에러메시지를 출력하는 부분
    printf("\n 에러메시지 = %s", sqlca.sqlerrm.sqlerrmc);
// 에러가 발생되면 ROLLBACK 하는 부분
    EXEC SQL ROLLBACK WORK;
    return;
 }

// 정상 수행 될 경우 COMMIT해라
  EXEC SQL COMMIT WORK;
```

INSERT 시에 VALUES 값을 실제 데이터로 입력할 경우는 호스트 변수 선언 부분이 필요 없다. 하지만 위의 코딩은 한 번의 INSERT 밖에 수행할 수 없으므로 효율적이지 못하다. 계속 실행시킨다 하더라도 제약 조건에 위배되므로 if 문에 의해 에러 메시지만 출력될 것이다. 이럴 경우 호스트 변수를 사용하여 변수 값을 동적으로 입력받을 수 있게끔 처리하는 것이 효율적인 프로그램일 것이다.

6) DELETE

다음은 DELETE할 조건을 호스트 변수로 입력받아 처리하는 예이다. 반드시 호스트 변수를 선언하는 부분이 필요하다.

```
// WHERE 절에 들어갈 호스트 변수 선언 부분
EXEC SQL BEGIN DECLARE SECTION;
    char c_no[16]
EXEC SQL END DECLARE SECTION;

// PRO*C 내의 DELETE 문 수행
  EXEC SQL DELETE customer WHERE c_no = :c_no;

// 에러 부분
  if (sqlca.sqlcode != 0 && sqlca.sqlcode != -1405)
  {
    printf("\n 에러메시지 = %s", sqlca.sqlerrm.sqlerrmc);
    EXEC SQL ROLLBACK WORK;
    return;
  }
// 트랜잭션 처리부분
  EXEC SQL COMMIT WORK;
```

DELETE 문에 WHERE 조건을 사용하지 않으면 모든 행이 삭제되므로 주의해야 한다.

7) UPDATE

```
// SET절과 WHERE 절에 들어갈 호스트 변수 선언 부분
EXEC SQL BEGIN DECLARE SECTION;
    char c_no[16], c_addr[60]
  EXEC SQL END DECLARE SECTION;

// PRO*C 내의 UPDATE 문 수행
  EXEC SQL UPDATE customer
                SET c_addr = : c_addr;
                WHERE c_no = : c_no;

// 에러 부분
  if (sqlca.sqlcode != 0 && sqlca.sqlcode != -1405)
  {
    printf("\n 에러메시지 = %s", sqlca.sqlerrm.sqlerrmc);
    EXEC SQL ROLLBACK WORK;
    return ;
  }
// 트랜잭션 처리부분
  EXEC SQL COMMIT WORK;
```

10.1.4 컴파일 및 실행

이제부터 file_name.pc 파일을 컴파일하여 filename.exe를 생성하여 프로그램을 실행하는 과정에 대하여 설명하겠다.

예제에 사용할 프로그램은 다음과 같다. 아래 프로그램을 ex1.pc의 이름으로 코딩하여 저장한다.

```
#include <stdio.h>
#include <string.h>
#include <sqlca.h>  // PROC의 헤더파일

// DB에 연결하기 위한 호스트 변수 선언
EXEC SQL BEGIN DECLARE SECTION;
char connstr[20];
int no;
char name[20];
```

```
EXEC SQL END DECLARE SECTION;
// 실제 connection하는 함수
void SqlConnect()
{
// 선언된 변수에 ID/PASSWORD를 기억시킨다.
  strcpy(connstr,"test/test11@class");

// 실제 connection을 하게끔 하는 명령
  EXEC SQL CONNECT :connstr;

// connection이 실패했을경우의 처리부분
  if (sqlca.sqlcode != 0 && sqlca.sqlcode != -1405)
  {
    printf("\n connect error message = %s", sqlca.sqlerrm.sqlerrmc);
  } else
// connection에 성공했다면 성공 메시지를 출력해라.
    printf("\n ********** DB CONNECT SUCCESS **********");
}

void main()
{
// 접속
      SqlConnect();

      EXEC SQL CREATE TABLE proc (no int, name char(20));
      EXEC SQL INSERT INTO proc VALUES(1,'sksuk');
      EXEC SQL SELECT no, name INTO :no, :name FROM proc;

      printf("\n****************\n");
      printf("no : %d\n", no);
      printf("name: %s\n", name);
      printf("****************\n");

      EXEC SQL DROP TABLE proc;
// RELEASE : 모든 리소스를 free 시키고, disconnect 된다.
      EXEC SQL COMMIT WORK RELEASE;
}
```

① 먼저 Visual Studio 2010 새로운 프로젝트를 만든다.

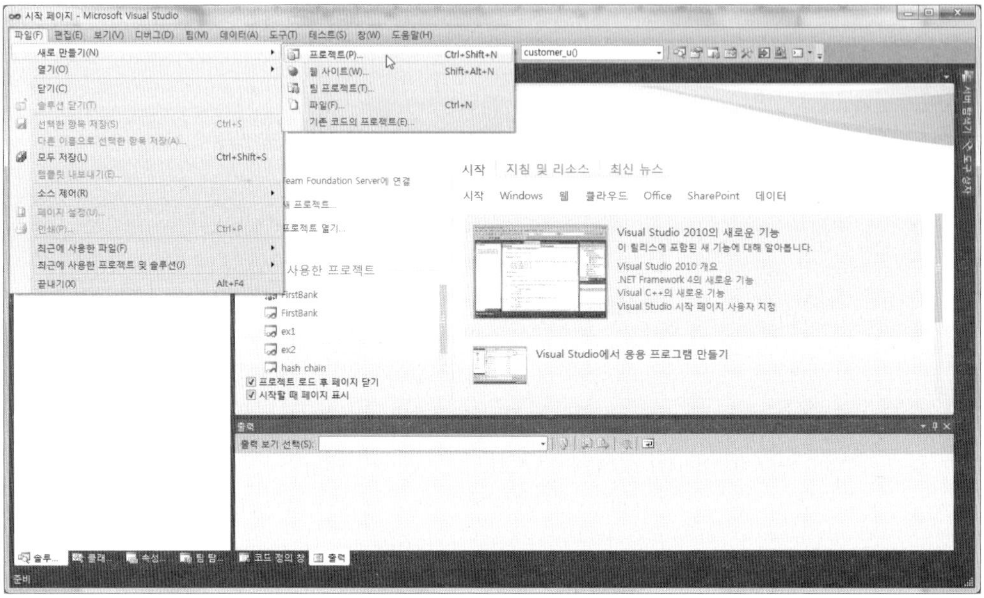

그림 10.10 프로젝트 생성 1

② 다음 화면에서 win32 콘솔 응용 프로그램을 선택하고 프로젝트 이름과 솔루션 이름을 정한 뒤 '확인'을 클릭한다.

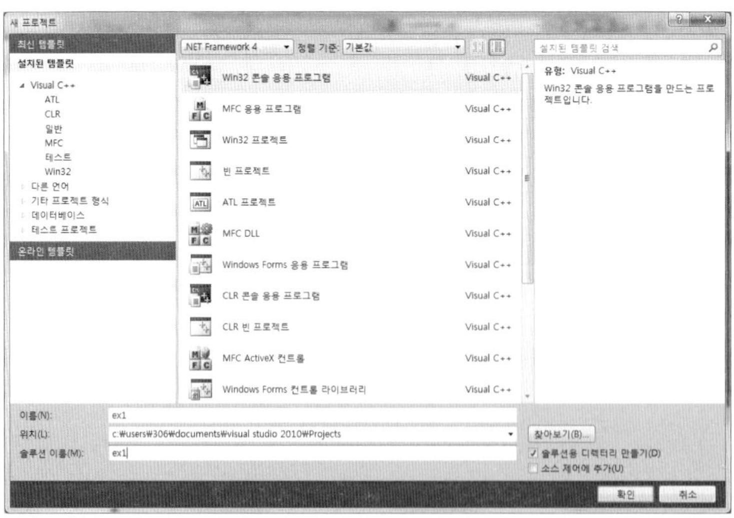

그림 10.11 프로젝트 생성 2

③ '다음'을 클릭한다.

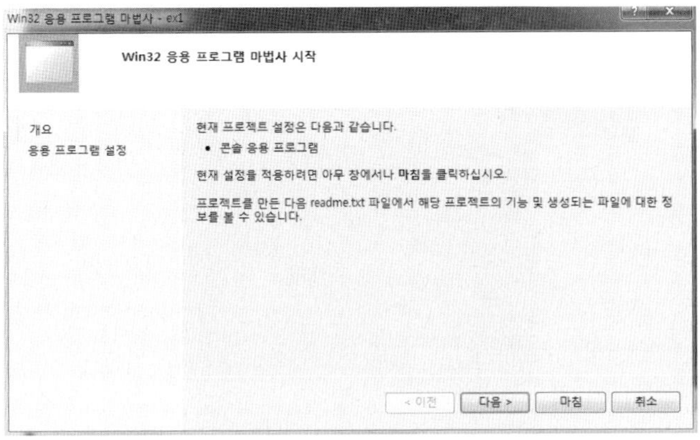

그림 10.12 프로젝트 생성 3

④ 다음 화면에서 응용 프로그램 종류는 '콘솔 응용 프로그램', 추가 옵션은 '빈 프로젝트'를 선택하고 '마침'을 클릭한다.

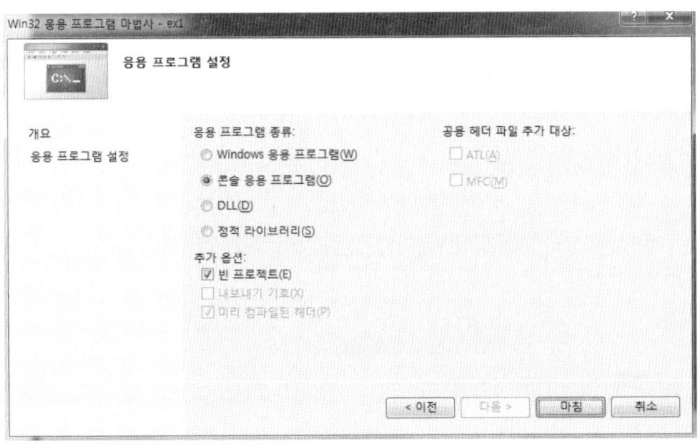

그림 10.13 프로젝트 생성 4

⑤ 프로젝트의 속성을 변경한다.

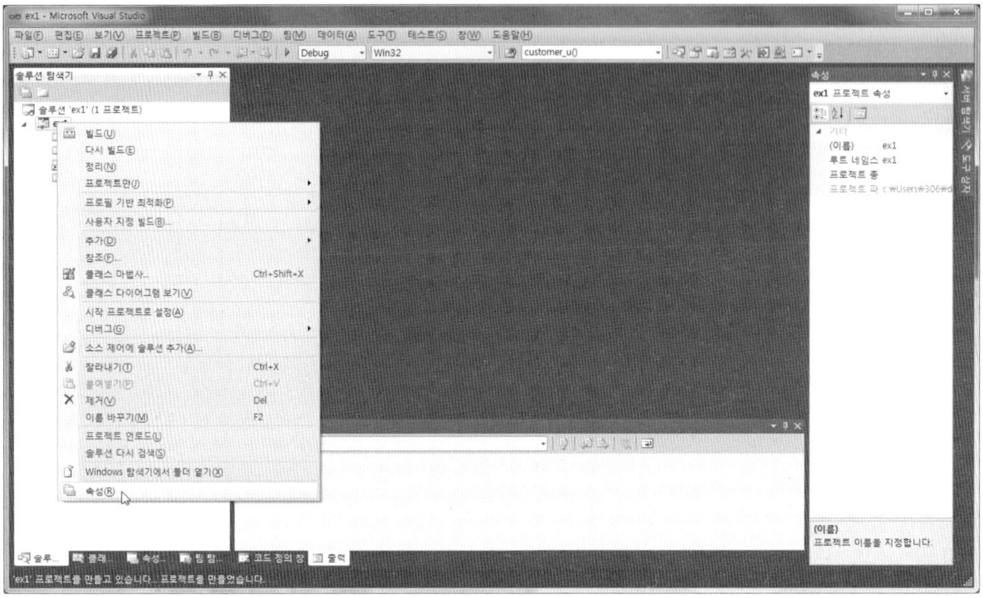

그림 10.14 프로젝트 속성 변경 1

⑥ 다음 프로젝트 속성 페이지에서 '구성 속성' 탭의 'VC++ 디렉터리'를 선택하여 '포함 디렉터리'를 편집한다.

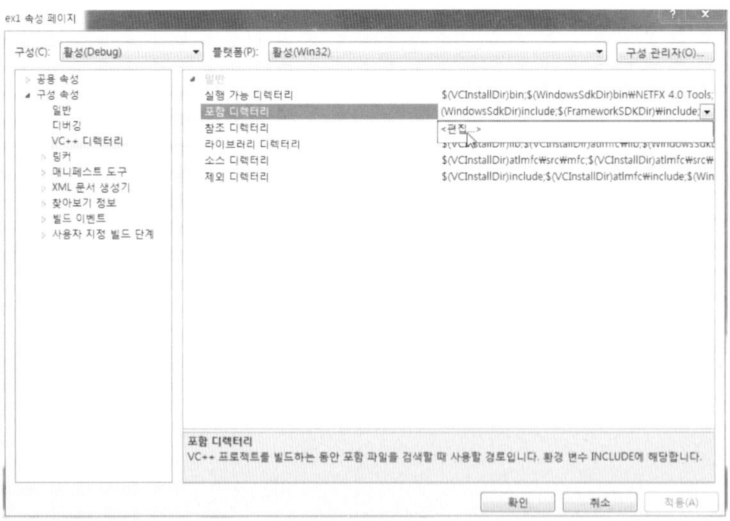

그림 10.15 포함 디렉터리 편집 1

⑦ '포함 디렉터리'에 ORACLE_HOME₩precomp₩public을 추가한다.

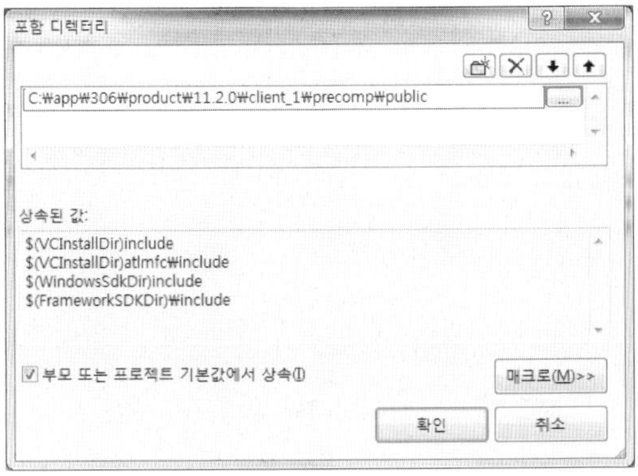

그림 10.16 포함 디렉터리 편집 2

⑧ 같은 탭에서 '라이브러리 디렉터리'를 편집한다.

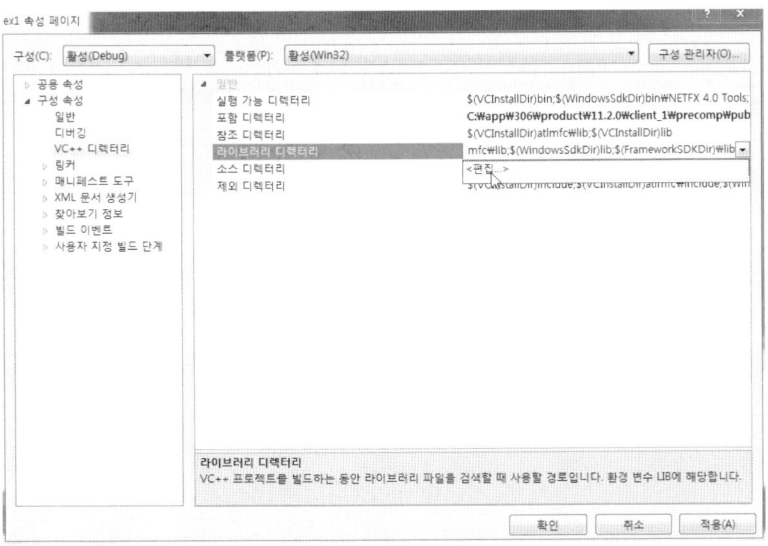

그림 10.17 라이브러리 디렉터리 편집 1

⑨ '라이브러리 디렉터리'에 ORACLE_HOME₩precomp₩LIB 와 ORACLE_HOME₩precomp₩LIB₩msvc 를 추가한다.

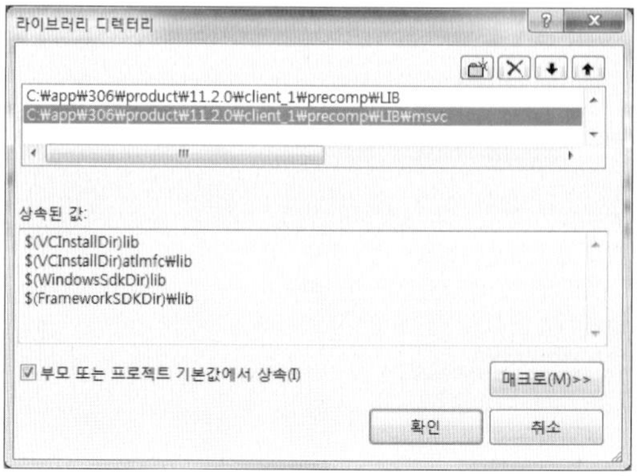

그림 10.18 라이브러리 디렉터리 편집 2

⑩ '링커' 탭의 입력을 클릭하여 '추가종속성'을 편집한다.

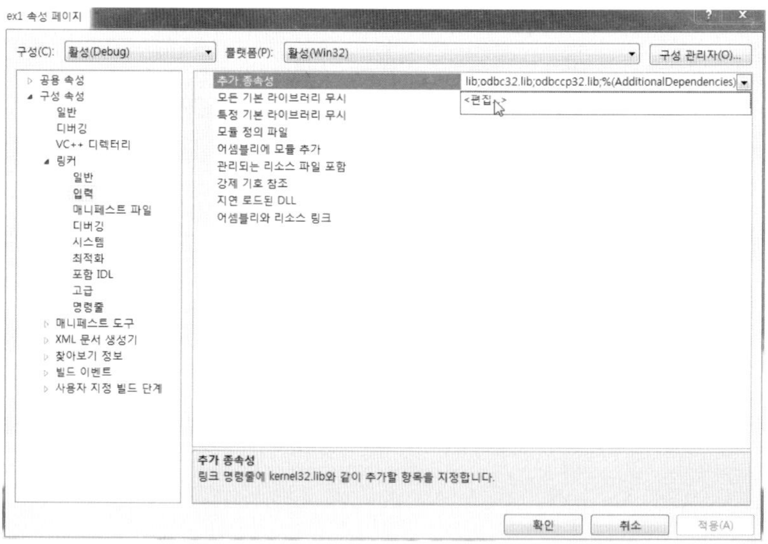

그림 10.19 추가종속성 편집 1

⑪ '추가 종속성'에 orasql11.lib를 추가한다.

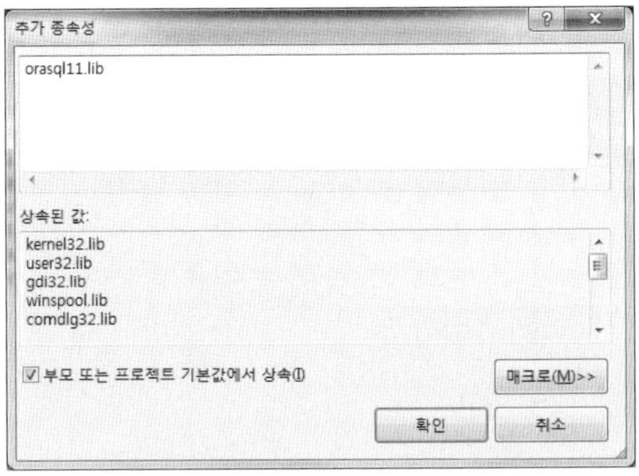

그림 10.20 추가종속성 편집 2

orasql11.lib는 ORACLE_HOME₩precomp₩LIB에 있다.

⑫ 프로젝트 폴더 내에 file_name.pc 파일을 복사한다.

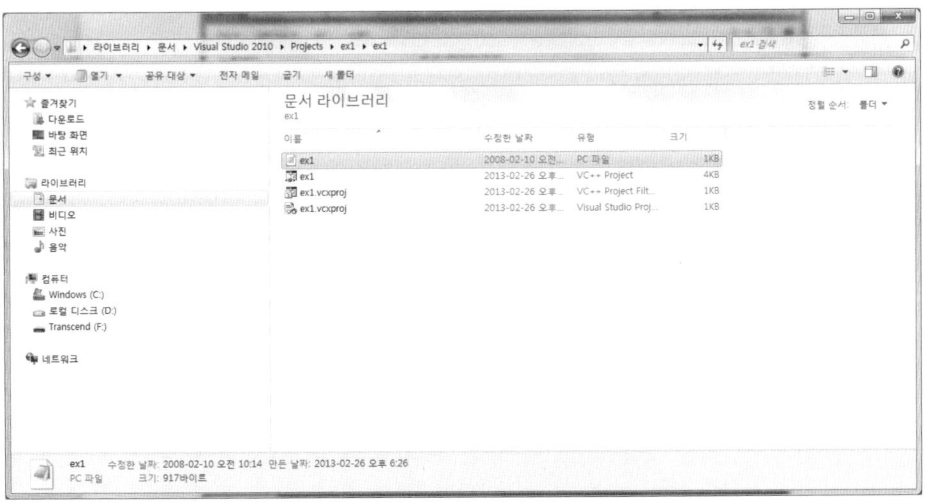

그림 10.21 file_name.pc 파일 추가 1

⑬ 솔루션 탐색기에서 다음과 같이 '소스파일'에 file_name.pc 파일을 추가한다.

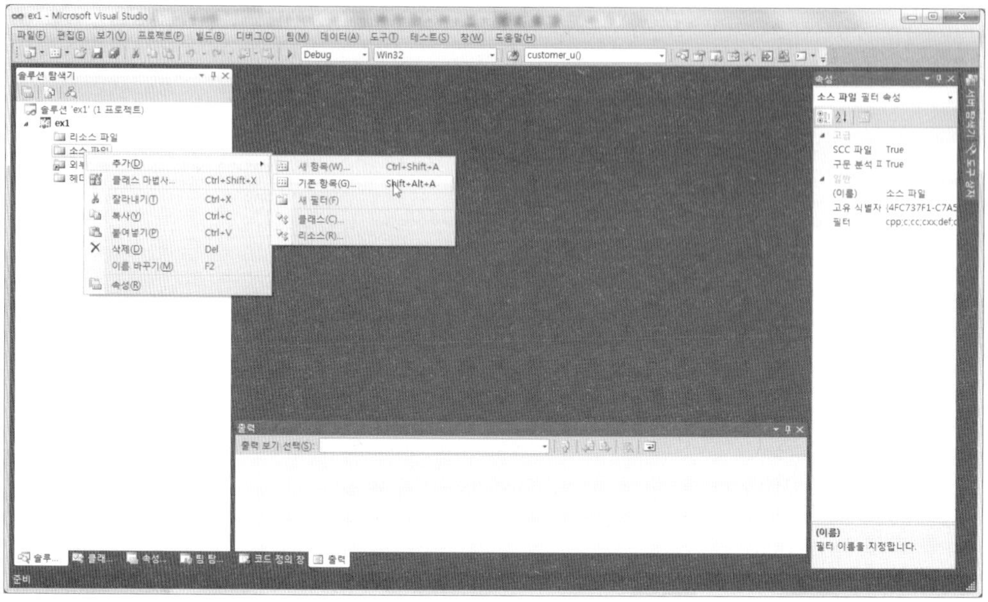

그림 10.22 file_name.pc 파일 추가 2

⑭ 추가한 file_name.pc 파일의 속성을 변경한다.

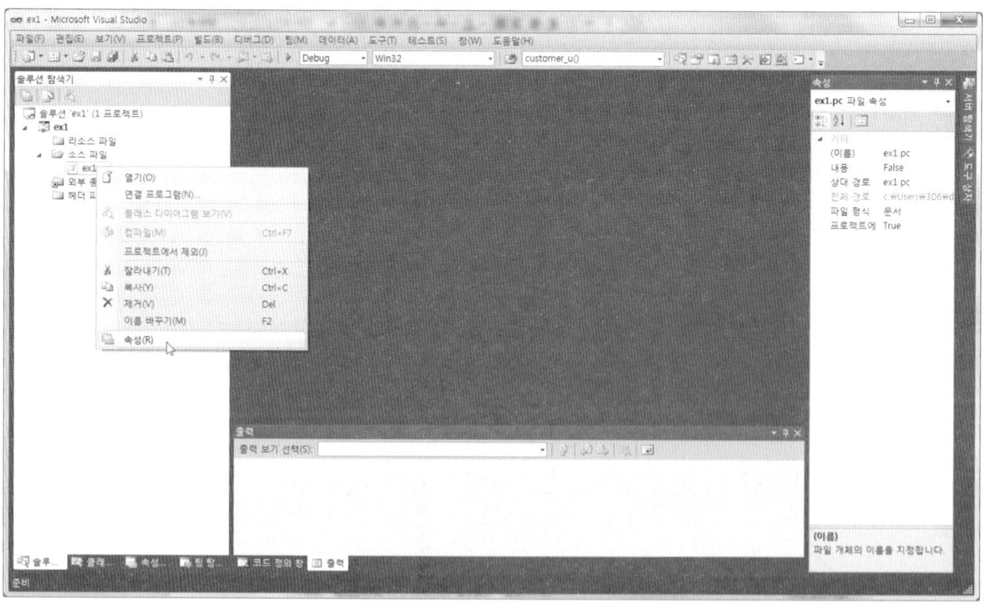

그림 10.23 file_name.pc 속성 변경 1

⑮ '구성 속성'의 '일반' 탭에서 '항목형식'을 '사용자 지정 빌드 도구'로 선택한 뒤 '적용'을 클릭한다.

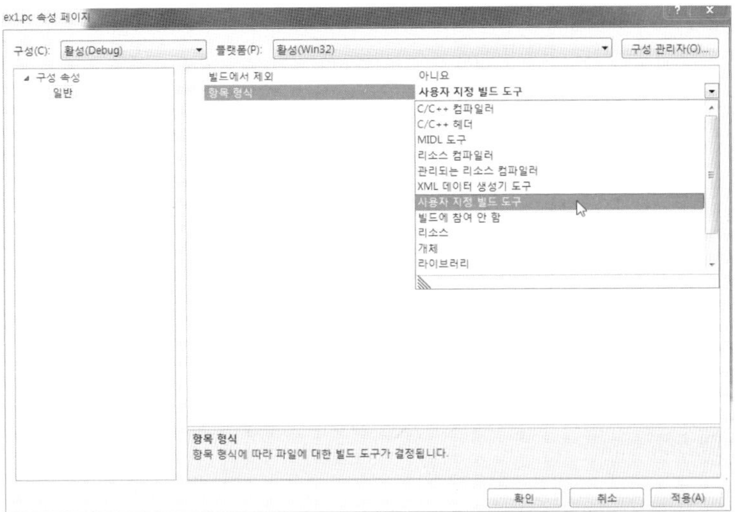

그림 10.24 항목 형식 지정

⑯ 새로 나타난 '사용자 지정 빌드 도구'의 '일반' 탭에서 명령줄을 편집한다.

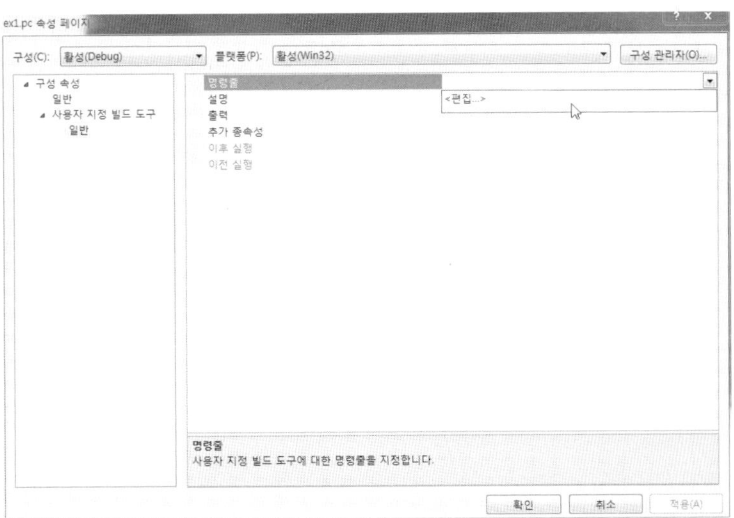

그림 10.25 명령줄 편집 1

⑰ 다음과 같이 프로젝트 경로 내의 file_name.pc 파일을 proc.exe로 실행시키는 명령어를 입력한다.

그림 10.26 명령줄 편집 2

⑱ 같은 탭의 '출력'을 편집한다.

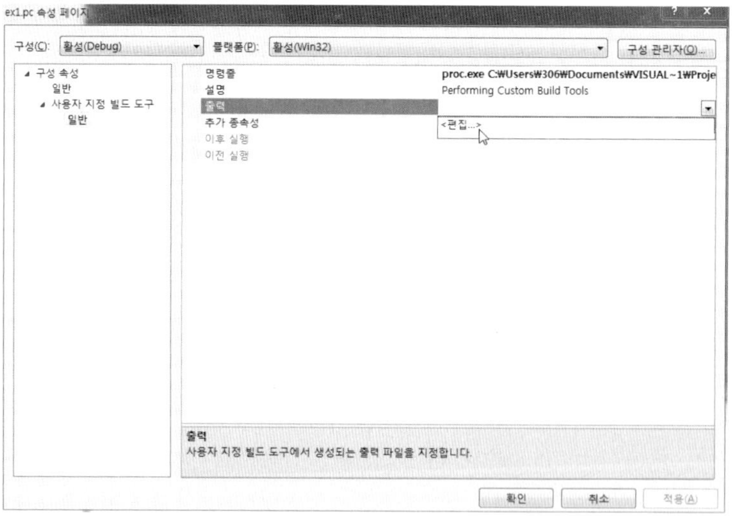

그림 10.27 출력 편집 1

⑲ 프로젝트 경로 내에 출력될 파일명을 지정하여 입력해 준다.

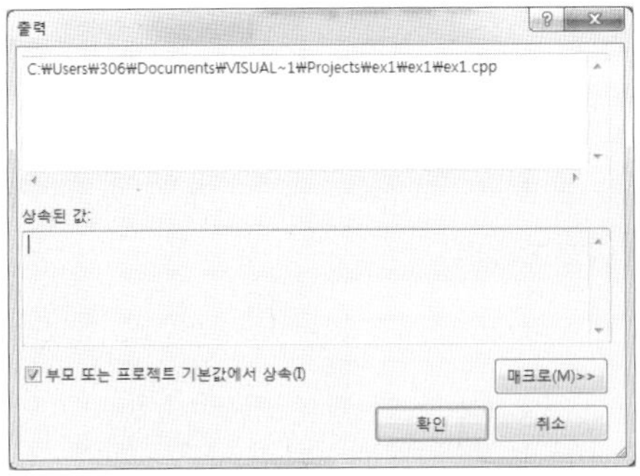

그림 10.28 출력 편집 2

⑳ file_name.pc 파일을 컴파일한다.

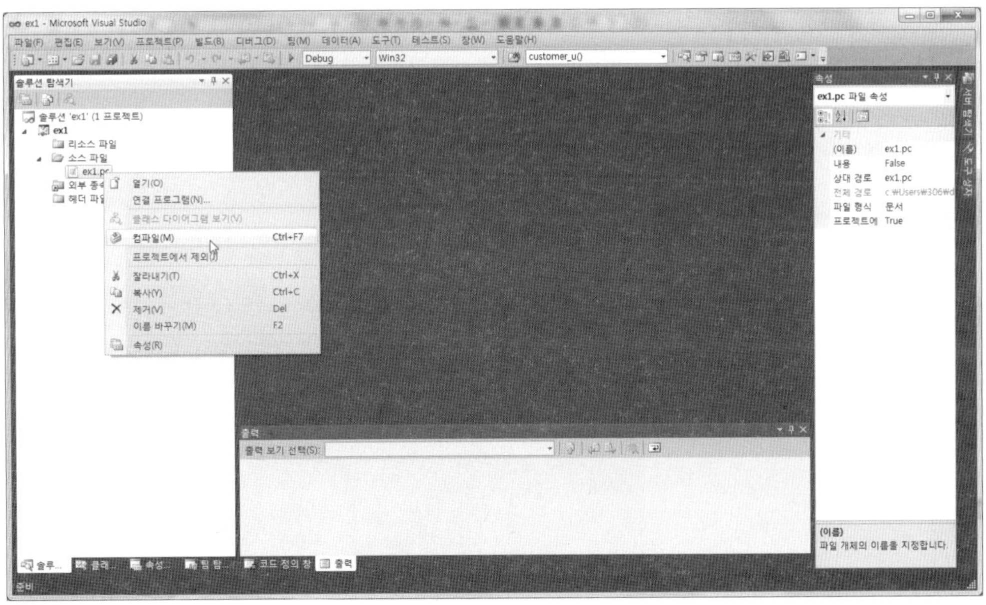

그림 10.29 file_name.pc 컴파일

㉑ 컴파일 결과 프로젝트 폴더에 생성된 file_name.c 파일을 pc 파일 추가할 때와 같이 솔루션 탐색기에 추가한다.

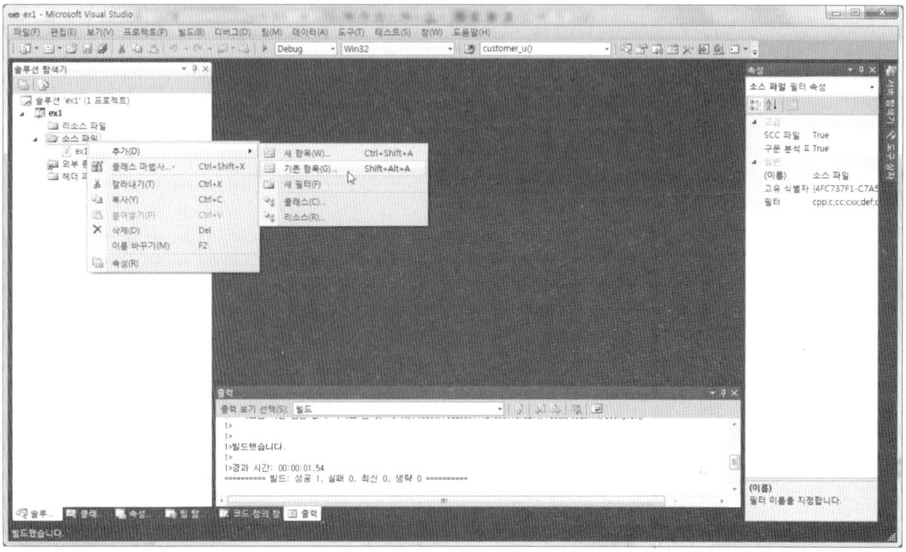

그림 10.30 file_name.c 파일 추가

㉒ 추가한 C 파일을 컴파일한다.

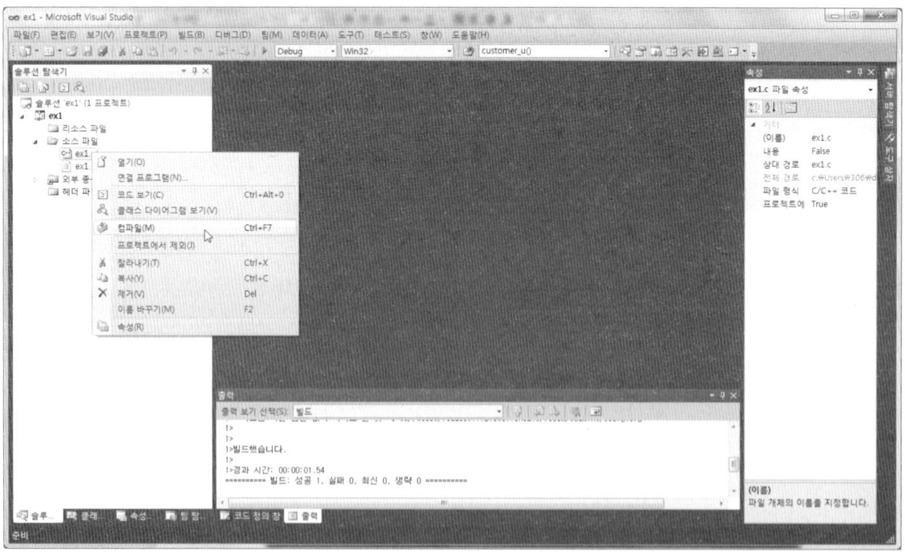

그림 10.31 file_name.c 컴파일

㉓ 단축키 'ctl+f5'를 눌러 실행시켜 보면 다음과 같은 화면이 출력된다.

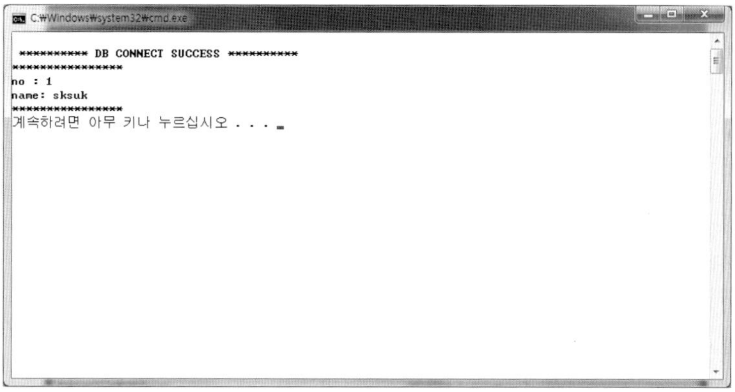

그림 10.32 실행 결과

10.1.5 예제 프로그램

다음은 제 8장 에서 구축한 FirstBank의 관리 시스템을 PRO*C로 구현한 예이다.

main

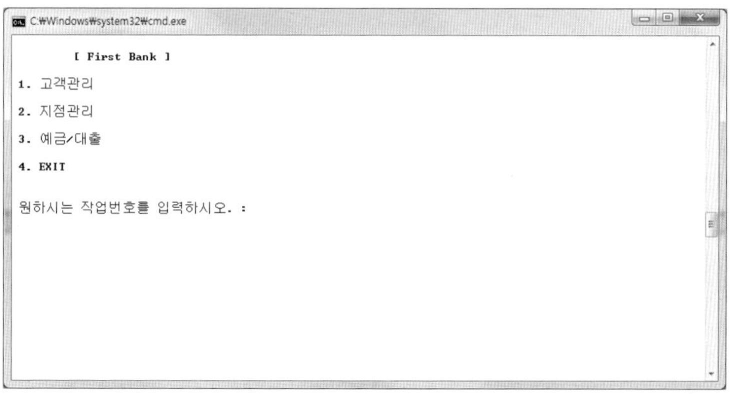

그림 10.33 main 화면

FirstBank에 접속하면 나타나는 첫 화면으로 내가 하고자 하는 작업번호를 입력하는 화면이다. 고객관리는 신규 고객 등록이나 고객 정보 수정, 검색을 지원한다. 지점관리는 신규 지점 등록이나 지점 정보 수정 및 검색을 지원한다. 예금/대출은 예금 거래의 입·출금 정보를 볼 수 있고 대출의 상환 내용을 볼 수 있다. 빠져 나오길 원하면 작업번호 4번을 입력한다.

main coding

```
// first bank의 온라인 처리를 위한 프로그램

#include <errno.h> // 에러코드의 헤더파일
#include <stdio.h> // 표준입출력 헤더파일
#include <string.h> // strcpy의 string 처리의 헤더파일
#include <sqlca.h>  // PROC의 헤더파일
#include <conio.h>  //getch 함수의 헤더파일

// DB에 연결하기 위한 호스트 변수 선언
EXEC SQL BEGIN DECLARE SECTION;
  varchar connstr[20];
EXEC SQL END DECLARE SECTION;

// prototyping
void SqlConnect();
void customer();
void branch();
void transact();
void customer_y();
void customer_u();
void customer_s();
void branch_y();
void branch_u();
void branch_s();
void deposit_s();
void borrow_s();

void main()
{
  int i;

  // 데이터를 가져오기 위해선 우선적으로 DB에 connection되어야 한다.
  // connection하기위한 함수 호출
  SqlConnect();

  // 초기화면 구성
  // do ~ while 문으로 무조건 한번은 수행
  do
  {
```

```
  printf("\n\n\n\t [ First Bank ] \n\n");
  printf(" 1. 고객관리 \n\n");
  printf(" 2. 지점관리 \n\n");
  printf(" 3. 예금/대출 \n\n");
  printf(" 4. EXIT     \n\n\n");

  printf(" 원하시는 작업번호를 입력하시오. : ");

// 원하는 작업번호를 화면에서 입력받아 변수i에 저장
  i = (int) getch();

// 입력한 작업번호 화면에 출력
  putchar(i);

// 변수 i에 저장된 ASCII값에 따라 분기하는 부분
  switch(i)
    {
    // ASCII코드로 '1' = 49
    case 49 :
      printf("\n\n\n\n\n\n\n\n\n\n\n\n\n\n\n\n\n\n\n\n");
      customer();
     break;

    // ASCII코드로 '2' = 50
    case 50 :
      printf("\n\n\n\n\n\n\n\n\n\n\n\n\n\n\n\n\n\n\n\n");
      branch();
     break;

    // ASCII코드로 '3' = 51
    case 51 :
      printf("\n\n\n\n\n\n\n\n\n\n\n\n\n\n\n\n\n\n\n\n");
      transact();
     break;

    // ASCII코드로 '4' = 52
    case 52 :
     printf("\n\n\n\n\n\n\n\n\n\n\n\n\n\n\n\n\n\n\n\n");
      printf("\n\n 프로그램을 종료합니다....\n\n\n\n 아무키나 누르세요......") ;
      getch();
     break;
    }
// 52이면 루프를 빠져나와라
} while(i != 52);
```

```
}

// 실제 connection하는 함수
void SqlConnect()
{
// 선언된 변수에 ID/PASSWORD를 기억시킨다.
  strncpy((char *) connstr.arr, "test/test11@class",
            strlen("test/test11@class"));
  connstr.len = (unsigned short) strlen((char *) connstr.arr);

  EXEC SQL CONNECT :connstr;   // 실제 connection을 하게끔 하는 명령

  // connection이 실패했을경우의 처리부분
  if (sqlca.sqlcode != 0 && sqlca.sqlcode != -1405)
  {
    printf("\n connect error message = %s", sqlca.sqlerrm.sqlerrmc);

  // connection에 성공했다면 성공 메시지를 출력해라
  } else
    printf("\n ********** DB CONNECT SUCCESS **********");
}
```

customer

등록은 신규 고객 가입 처리가 가능하며, 고객정보수정은 기존 고객의 정보 변경이 가능하며, 고객정보보기는 모든 기존 고객의 정보를 검색할 수 있다. 고객관리 화면에서 빠져 나오고 싶다면 작업번호 '4'를 입력한다.

그림 10.34 고객관리 화면

customer coding

```
// 고객 관리 함수
void customer()
{
  int i ;

  // 고객관리 화면
  do
   {
    printf("\n\n\n\n\n") ;
    printf(" 1. 등록 \n\n") ;
    printf(" 2. 고객 정보 수정 \n\n") ;
    printf(" 3. 고객 정보 보기 \n\n") ;
    printf(" 4. 이전 메뉴로 \n\n\n\n") ;

    printf(" 원하시는 작업번호를 입력하시오. : ");

    // 원하는 작업번호를 입력받아 출력한다.
    i = (int) getch();
    putchar(i);

    // 작업번호에 따른 분기
    switch(i)
    {
      case 49 :
        // 화면을 clear하는 효과
        printf("\n\n\n\n\n\n\n\n\n\n\n\n\n\n\n\n\n\n\n\n\n\n");
        customer_y();
       break;

      case 50 :
        printf("\n\n\n\n\n\n\n\n\n\n\n\n\n\n\n\n\n\n\n\n\n\n");
        customer_u();
        break;

      case 51 :
        printf("\n\n\n\n\n\n\n\n\n\n\n\n\n\n\n\n\n\n\n\n\n\n");
        customer_s();
       break;

      case 52 :
       break;
    }
  } while (i != 52);
}
```

branch

등록은 신규 지점 가입 처리가 가능하며, 지점 수정은 기존 지점의 정보 변경이 가능하며 지점 정보 보기는 모든 지점 정보를 갱신할 수 있다. 이전 메뉴를 원하면 작업번호 '4'를 입력한다. 바로 이전 단계인 main 화면으로 이동한다.

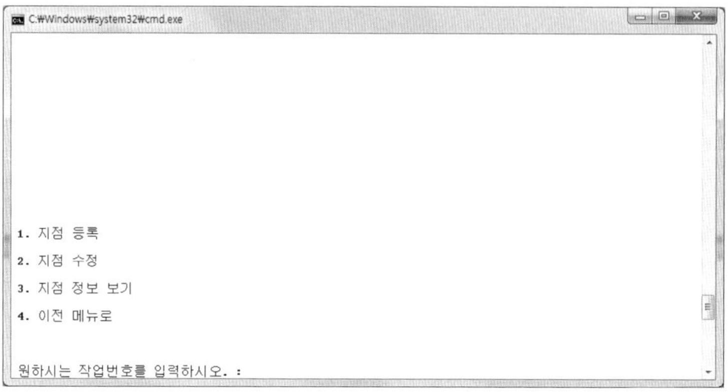

그림 10.35 지점관리 화면

branch coding

```
// 지점관리
void branch()
{
  int i ;

  // 지점관리 화면 함수
  do
   {
    printf("\n\n\n\n\n") ;
    printf(" 1. 지점 등록 \n\n") ;
    printf(" 2. 지점 수정 \n\n") ;
    printf(" 3. 지점 정보 보기 \n\n") ;
    printf(" 4. 이전 메뉴로 \n\n\n\n") ;

    printf(" 원하시는 작업번호를 입력하시오. : ");

    // 원하는 입력번호를 받아 출력
    i = (int) getch();
    putchar(i);

    // 작업번호에 따른 분기
```

```
    switch(i)
    {
      case 49 :
        printf("\n\n\n\n\n\n\n\n\n\n\n\n\n\n\n\n\n\n\n\n\n");
        branch_y();
         break;

      case 50 :
        printf("\n\n\n\n\n\n\n\n\n\n\n\n\n\n\n\n\n\n\n\n\n");
        branch_u();
        break;

      case 51 :
        printf("\n\n\n\n\n\n\n\n\n\n\n\n\n\n\n\n\n\n\n\n\n");
        branch_s();
         break;

      case 52 :
              break;
    }
  } while (i != 52) ;
}
```

transact

예금/대출은 예금과 대출의 거래 정보를 볼 수 있다. 예금입출금내용은 지금까지의 입·출금 정보를 볼 수 있고 대출상환내용은 대출 상환 정보를 볼 수 있으며 이전메뉴로를 선택하면 이전 단계인 main 화면으로 이동한다.

그림 10.36 예금/대출 화면

transact coding

```
// 예금/대출 거래 정보
void transact()
{
  int i ;
  // 예금처리 화면
  do
   {
    printf("\n\n\n\n\n") ;
    printf(" 1. 예금입출금 내용 \n\n") ;
    printf(" 2. 대출상환 내용 \n\n") ;
    printf(" 3. 이전 메뉴로 \n\n") ;
    printf(" 원하시는 작업번호를 입력하시오. : ");

    // 입력받아 저장
    i = (int) getch();
    // 입력받은 작업번호 출력
    putchar(i);

    // 작업번호에 따른 분기
    switch(i)
    {
      case 49 :
        printf("\n\n\n\n\n\n\n\n\n\n\n\n\n\n\n\n\n\n\n\n");
        deposit_s(); // 예금입출금 내용
             break;

      case 50 :
        printf("\n\n\n\n\n\n\n\n\n\n\n\n\n\n\n\n\n\n\n\n");
        borrow_s();  // 대출상환 내용
             break;

      case 51 :
             break;  // 이전 메뉴로
    }
  } while (i != 51) ;
}
```

customer_y

신규 고객의 고객 정보를 입력한다.

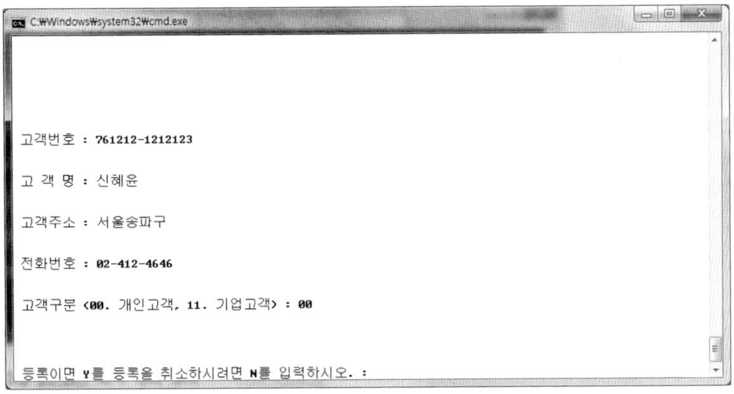

그림 10.37 고객 정보 등록

customr_y coding

```
// 고객 등록 함수
void customer_y()
{
  // 고객 등록을 위한 호스트 변수 선언
  EXEC SQL BEGIN DECLARE SECTION ;
    char c_no[15], c_name[20], c_addr[60], c_phone[16], c_dist[3];
  EXEC SQL END DECLARE SECTION ;

  // 등록하기 위해 필요한 데이터를 입력받는다
       printf("\n\n\n\n\n") ;
       printf(" 고객번호 : ") ;
       scanf ("%s", &c_no) ;
       printf("\n\n 고 객 명 : ") ;
        scanf ("%s", &c_name) ;
       printf("\n\n 고객주소 : ") ;
        scanf("%s", &c_addr) ;
       printf("\n\n 전화번호 : ") ;
        scanf("%s", &c_phone) ;
       printf("\n\n 고객구분 (00. 개인고객, 11. 기업고객) : ") ;
        scanf("%s", &c_dist) ;
       printf("\n\n\n\n 등록이면 Y를 등록을 취소하시려면 N를 입력하시오. : ");

  if ( 'y'== getche())
  {
    // 'y'가 입력되었다면 등록을 의미하므로 실제 db에 insert한다.
    // 호스트 변수는 앞에 :을 붙힌다는것을 주의깊게 보라
    EXEC SQL INSERT INTO customer (c_no, c_name, c_addr, c_phone, c_dist)
```

```
                VALUES ( :c_no, :c_name, :c_addr, :c_phone, :c_dist) ;

        // insert시 에러 처리 부분
        if (sqlca.sqlcode != 0 && sqlca.sqlcode != -1405)
        {
            printf("\n\n\n\n\n\n\n\n\n\n\n\n\n\n\n\n\n\n\n\n");
            printf("\n customer insert error = %s \n\n", sqlca.sqlerrm.sqlerrmc);
            EXEC SQL ROLLBACK WORK ;
                    return;
         }

        // 에러가 없다면 commit하고 메시지 출력
        // insert는 DML문이므로 반드시 commit을 해줌
        EXEC SQL COMMIT WORK ;
        // 성공 메시지 출력
        printf("\n\n\n\n\n\n\n\n\n\n\n\n\n\n\n\n\n\n\n\n");
        printf("\n\n\n\n %s 님께서는 성공적으로 등록되었습니다. \n\n", c_name ) ;
    }

    // 등록이 실패했을경우 메시지로 실패를 전달한다.
    else
    {
        printf("\n\n\n\n\n\n\n\n\n\n\n\n\n\n\n\n\n\n\n\n");
        printf(" %s 님께서는 등록이 실패되었습니다. 다시 입력하시오. \n\n", c_name ) ;
    }
}
```

cusotmer_u

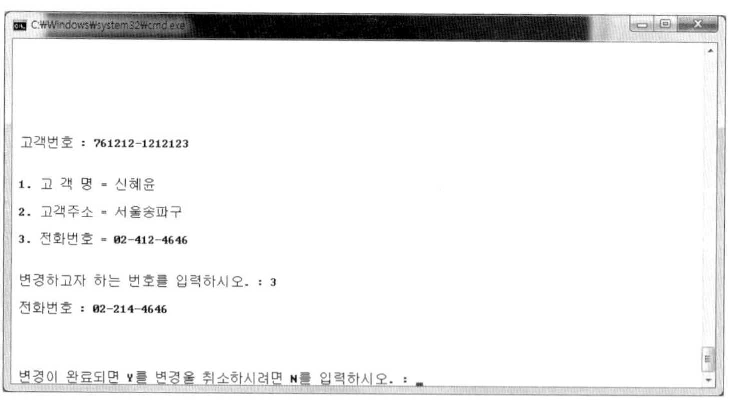

그림 10.38 고객 정보 수정

고객번호를 입력하면 고객명, 고객주소, 전화번호의 고객 정보가 나타난다. 변경하고자 하는 정보의 번호를 입력하여 변경하고자 하는 부분만 변경하도록 한다.

customer_u coding

```
// 고객 정보 변경 함수
void customer_u()
{
  // 고객 해제를 위한 호스트 변수선언
  EXEC SQL BEGIN DECLARE SECTION ;
    char c_no[15], c_name[20], c_addr[60], c_phone[16] ;
  EXEC SQL END DECLARE SECTION ;

  int i;
  // 기존의 정보를 먼저 보기 위하여 고객번호 입력 받음
  printf("\n\n\n\n\n") ;
  printf(" 고객번호 : ") ;
  scanf ("%s", &c_no) ;

  // 입력한 고객을 SELECT
  EXEC SQL SELECT c_name, c_addr, c_phone INTO :c_name, :c_addr, :c_phone
            FROM customer WHERE c_no = :c_no ;
  // 고객의 기존 정보 출력
  printf("\n\n 1. 고 객 명 = %s", &c_name) ;
  printf("\n\n 2. 고객주소 = %s", &c_addr) ;
  printf("\n\n 3. 전화번호 = %s", &c_phone) ;
  printf("\n\n\n 변경하고자 하는 번호를 입력하시오. : ");
  // 변수 i에 입력받아 출력
  i = (int) getch();
  putchar (i);
  // 입력한 번호에 의해 분기
  switch(i)
  {
    case 49 :
      printf("\n\n 고 객 명 : ") ;
      scanf("%s", &c_name) ;
      break ;

    case 50 :
      printf("\n\n 고객주소 : ") ;
      scanf("%s", &c_addr) ;
      break ;
```

```
    case 51 :
      printf("\n\n 전화번호 : ") ;
      scanf("%s", &c_phone) ;
      break;
  }

  printf("\n\n\n\n 변경이 완료되면 Y를 변경울 취소하시려면 N를 입력하시오. : ");

  // y는 변경입력이 완료됨을 의미
  if ( 'y'== getche())

  // 실제 DB의 update 실행
  // 변경되지 않은 컬럼의 값은 기존의 값으로 변경되는 SELECT
  EXEC SQL UPDATE customer
            SET c_name = :c_name, c_addr = :c_addr, c_phone = :c_phone
            WHERE c_no = :c_no ;

  // update에러시 처리부분
  if (sqlca.sqlcode != 0 && sqlca.sqlcode != -1405)
  {
    printf("\n customer update error = %s", sqlca.sqlerrm.sqlerrmc);
    EXEC SQL ROLLBACK WORK ;
    return;
  }

  // 변경이 완료되면 commit하고 메시지 출력
  EXEC SQL COMMIT WORK ;
  printf("\n 고객번호 %s의 고객정보가 성공적으로 변경되었습니다. \n\n", c_no );
}
```

customer_s

모든 고객정보 보기는 FirstBank 고객 전체 리스트를 볼 수 있다.
특정 고객정보 보기는 어느 특정 한 고객의 리스트를 볼 수 있다.

고객 검색 종류

그림 10.39 고객 정보 보기

모든 고객의 정보

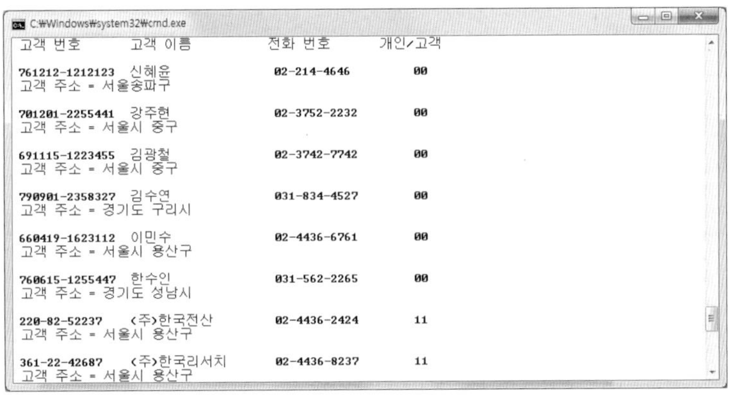

그림 10.40 모든 고객 정보 보기

customer_s coding

```
// 고객 정보 검색 함수
void customer_s()
{
  // 고객정보에 필요한 호스트 변수 선언
  EXEC SQL BEGIN DECLARE SECTION ;
    char c_no[16], c_name[21], c_addr[61], c_phone[17], c_dist[3];
    char linebuff[81];
  EXEC SQL END DECLARE SECTION ;

  int i;
```

```
int count = 0;

printf("1. 모든 고객정보 보기 \n\n") ;
printf("2. 특정 고객정보 보기 \n\n") ;
printf("\n 검색하고자하는 고객 번호를 입력하시오. : ") ;
i = (int) getche();

// i값에 따라 분기
if ( i == 49 )
// 모든 고객정보를 보는 SELECT
{
       EXEC SQL DECLARE customer_cursor CURSOR FOR
              SELECT c_no, c_name, c_addr, c_phone, c_dist FROM customer;
       EXEC SQL OPEN customer_cursor ;
        EXEC SQL FETCH customer_cursor
                    INTO :c_no, :c_name, :c_addr, :c_phone, :c_dist;

  // 한 라인에 모든정보를 출력한다.
  printf("\n 고객 번호 \t 고객 이름 \t     전화 번호 \t     개인/고객 \n\n");

  // 여러건의 출력을 위한 반복문
  while(1)
  {
    count++ ;
    // 한 라인에 모두 출력하기 위한 처리
    for(i=0;i<79;i++) linebuff[i]=' ';
    sprintf (linebuff, " %10s %20s %15s %5s  \n",
                        c_no, c_name, c_phone, c_dist);
    // 널값으로 라인의 끝을 표시
    linebuff[80] = '\0';
    printf("%s", linebuff) ;
    printf(" 고객 주소 = %s \n\n", c_addr);
    // 두번째 건수부터 출력
    EXEC SQL FETCH customer_cursor
                INTO :c_no, :c_name, :c_addr, :c_phone, :c_dist ;

    // 에러가 나면 에러를 발생시키고, 커서를 닫음
    if (sqlca.sqlcode != 0 && sqlca.sqlcode != -1405)
    {
     EXEC SQL CLOSE customer_cursor ;
     break;
    }
  }
  // count를 이용해 지금까지 출력된 레코드 건수를 출력
```

```
    printf("\n\n 만족하는 총 레코드 건 수 =%d \n\n", count) ;
       EXEC SQL CLOSE customer_cursor;
    return;
       }
  else
  {
    // 고객번호를 입력받는다
         printf("\n\n\n\n\n") ;
       printf(" 고객 번호 : ") ;
         scanf ("%s", &c_no) ;

    // 입력된 고객번호에 맞는 고객정보를 SELECT
    EXEC SQL SELECT c_no, c_name, c_addr, c_phone, c_dist
                INTO :c_no, :c_name, :c_addr, :c_phone, :c_dist
                FROM customer WHERE c_no = :c_no;

    // 고객번호가 잘못입력했을 경우의 에러를 출력하고, open된 커서를 닫음
    if (sqlca.sqlcode != 0 && sqlca.sqlcode != -1405)
       {
       printf("\n\n 고객번호를 잘못입력하셨습니다. 다시 입력하십시오.");
          EXEC SQL CLOSE customer_cursor ;
        return;
         }
    // 검색된 고객 출력
    printf("\n 고객 이름 = %s", c_name);
    printf("\n 고객 주소 = %s", c_addr);
    printf("\n 전화 번호 = %s", c_phone);
    printf("\n 개인/고객 = %s \n\n", c_dist);
    return;
       }
}
```

branch_y

신규 지점의 지점 정보를 입력한다.

그림 10.41 신규 지점 등록

branch_y coding

```
// 새로운 지점 등록하기
void branch_y()
{
   // 호스트 변수 선언
   EXEC SQL BEGIN DECLARE SECTION ;
    char b_no[4], b_name[21], b_addr[61], b_phone[17] ;
    long b_assets;
   EXEC SQL END DECLARE SECTION ;
  // 지점 정보를 입력받음
  printf("\n\n\n\n\n") ;
  printf("\n\n 지점 코드 : ") ;
  scanf ("%s", &b_no) ;
  printf("\n\n 지 점 명 : ") ;
       scanf ("%s", &b_name) ;
       printf("\n\n 지점주소 : ") ;
       scanf("%s", &b_addr) ;
       printf("\n\n 전화번호 : ") ;
       scanf("%s", &b_phone) ;
       printf("\n\n 자 산 : ") ;
       scanf("%d" , &b_assets) ;

       printf("\n\n\n\n 등록이면 Y를 등록을 취소하시려면 N를 입력하시오. : ");

  if ( 'y'== getche())
  {
```

```
    // 입력받은 값을 DB에 INSERT
    EXEC SQL INSERT INTO branch (b_no, b_name, b_addr, b_phone, b_assets)
                VALUES (:b_no, :b_name, :b_addr, :b_phone, :b_assets) ;

    // insert 에러시 롤백하고 메시지 출력
    if (sqlca.sqlcode != 0 && sqlca.sqlcode != -1405)
    {
      printf("\n\n\n\n\n\n\n\n\n\n\n\n\n\n\n\n\n\n\n\n");
      printf("\n branch insert error = %s", sqlca.sqlerrm.sqlerrmc);
      EXEC SQL ROLLBACK WORK ;
      return;
     }

    // 성공하면 commit하고 메시지 출력
    EXEC SQL COMMIT WORK ;
    printf("\n\n\n\n\n\n\n\n\n\n\n\n\n\n\n\n\n\n\n\n");
    printf("\n\n\n\n %s 지점은 성공적으로 등록되었습니다. ", b_name ) ;
  }
  else
  {
     printf("\n\n\n\n\n\n\n\n\n\n\n\n\n\n\n\n\n\n\n\n");
     printf("\n\n\n\n 등록이 실패되었습니다. 다시 입력하시오. ") ;
  }
}
```

branch_u

지점번호를 입력하면 지점명, 지점주소, 전화번호, 지점의 자산 정보가 나타난다. 변경하고자 하는 번호를 입력하여 변경하고자 하는 부분만 변경하도록 한다.

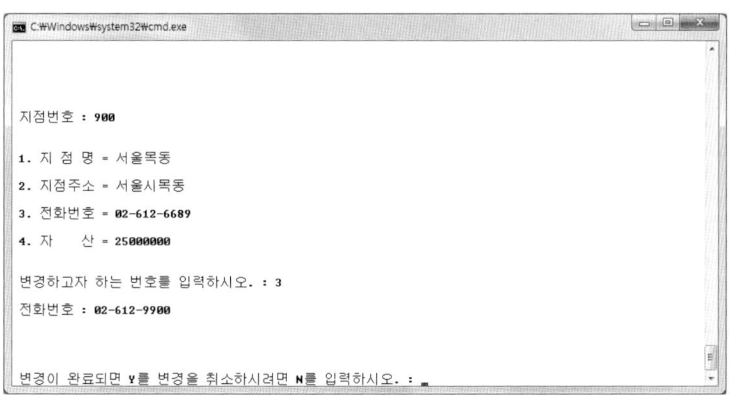

그림 10.42 지점 정보 수정

branch_u coding

```
// 지점 정보 수정
void branch_u()
{
  // 호스트 변수 선언
  EXEC SQL BEGIN DECLARE SECTION ;
    char b_no[4], b_name[21], b_addr[61], b_phone[17] ;
    long b_assets;
  EXEC SQL END DECLARE SECTION ;

  int i;

  // 지점번호를 입력하여 기존의 정보를 얻음
  printf("\n\n\n") ;
  printf(" 지점번호 : ") ;
  scanf ("%s", &b_no) ;

  // 지점번호에 맞는 SELECT
  EXEC SQL SELECT b_name, b_addr, b_phone, b_assets
              INTO :b_name, :b_addr, :b_phone, :b_assets
              FROM branch WHERE b_no = :b_no ;

  // 지점정보 출력
  printf("\n\n 1. 지 점 명 = %s", b_name) ;
  printf("\n\n 2. 지점주소 = %s", b_addr) ;
  printf("\n\n 3. 전화번호 = %s", b_phone) ;
  printf("\n\n 4. 자    산 = %d", b_assets) ;

  // 변경하고자 하는 번호 입력
  printf("\n\n\n 변경하고자 하는 번호를 입력하시오. : ");

  // 변수 i에 입력받아 출력
  i = (int) getch();
  putchar (i);

  // 변수 i값에 따른 분기
  switch(i)
  {
    case 49 :
      printf("\n\n 지 점 명 : ") ;
      scanf("%s", &b_name) ;
      break ;

    case 50 :
```

```
        printf("\n\n 지점주소 : ") ;
        scanf("%s", &b_addr) ;
        break ;

      case 51 :
        printf("\n\n 전화번호 : ") ;
        scanf("%s", &b_phone) ;
        break;

      case 52 :
        printf("\n\n 자 산 : ") ;
        scanf("%d" , &b_assets) ;
        break;
    }

    printf("\n\n\n\n 변경이 완료되면 Y를 변경을 취소하시려면 N를 입력하시오. : ");

    // 변경하라는 명령
    if ( 'y'== getche())
    {
         // 실제 DB의 변경을 위한 update
         EXEC SQL UPDATE branch
          SET b_name = :b_name, b_addr = :b_addr, b_phone = :b_phone,
               b_assets = :b_assets
          WHERE b_no = :b_no ;

         // update 에러시 롤백하고 메시지 출력
         if (sqlca.sqlcode != 0 && sqlca.sqlcode != -1405)
         {
          printf("\n branch update error = %s", sqlca.sqlerrm.sqlerrmc);
                   EXEC SQL ROLLBACK WORK ;
          return;
         }

    // update 완료시 commit하고 메시지 출력
    EXEC SQL COMMIT WORK ;
    printf("\n\n지점코드 %s 지점정보가 성공적으로 변경되었습니다. \n\n", b_no );
    }
  }
```

branch_s

모든 지점정보 보기는 FirstBank 지점 전체 리스트를 볼 수 있다.
특정 지점정보 보기는 어느 특정한 지점의 리스트를 볼 수 있다.

● 지점 검색 종류

그림 10.43 지점 정보 보기

● 특정 지점 정보 검색

보고자 하는 특정 지정의 지점번호 입력 시 그에 해당하는 정보를 볼 수 있다.

그림 10.44 특정 지점 정보 보기

● branch_s coding

```
// 지점정보 보는 함수
void branch_s()
{
  // 호스트 변수 선언
  EXEC SQL BEGIN DECLARE SECTION ;
    char b_no[4], b_name[21], b_addr[61], b_phone[17] ;
    long b_assets;
```

```
    char b_linebuff[81];
  EXEC SQL END DECLARE SECTION ;
  int i;
  int count = 0;

  // 선택 출력 메시지
  printf("1. 모든 지점정보 보기 \n\n") ;
  printf("2. 특정 지점정보 보기 \n\n") ;
  printf("\n 검색하고자하는 지점정보 번호를 입력하시오. : ") ;
  i = (int) getche();

  // 변수 i값에 따른 분기
  if ( i == 49 )
  {
    // 1을 입력받았을 경우의 SELECT
    // 1건이상의 쿼리는 커서를 이용
    // 커서의 선언
    EXEC SQL DECLARE branch_cursor CURSOR FOR
           SELECT b_no, b_name, b_addr, b_phone, b_assets FROM branch ;
    // 선언된 커서는 반드시 오픈
    EXEC SQL OPEN branch_cursor ;
    // 오픈한후 패치한다. 이 때 INTO를 이용하여 호스트 변수에 검색된 결과를 넣는다      EXEC SQL
FETCH branch_cursor
                INTO :b_no, :b_name, :b_addr, :b_phone, :b_assets ;

    // SELECT 에러시 메시지 출력
    if (sqlca.sqlcode != 0 && sqlca.sqlcode != -1405)
    {
      printf("\n branch select error = %s", sqlca.sqlerrm.sqlerrmc);
      // 오픈된 커서는 반드시 닫아준다.
      EXEC SQL CLOSE customer_cursor ;
      return;
    }

    // 검색 결과 한라인에 출력 (탭키이용 \t)
    printf("\n 지점 번호 \t 지점 이름 \t       전화 번호 \t\t 자    산 \n\n");

    // 여러건의 검색결과를 위해 반복문 이용
    while(1)
    {
      // 검색된 모든 건수를 알기위해 한건 검색마다 증가
      count++ ;
      // 패치된 한건의 값을 출력
      // 한라인의 출력을 위해 출력된 값을 b_linebuff변수에 넣음
```

```
        for(i=0;i<79;i++) b_linebuff[i]=' ';
        b_linebuff[80] = '\n';
        b_linebuff[80] = '\0';
        sprintf (b_linebuff, "%10s \t %15s %15s %15d \n",
                             b_no, b_name, b_phone, b_assets);
        b_linebuff[80] = '\0';
        // b_linebuff출력
        printf("%s", b_linebuff) ;
        printf(" 지점 주소 = %s \n\n", b_addr);

        // 다음값을 패치하여 출력
        EXEC SQL FETCH branch_cursor
                    INTO :b_no, :b_name, :b_addr, :b_phone, :b_assets ;

        // SELECT에러시 커서닫고 빠져나옴
          if (sqlca.sqlcode != 0 && sqlca.sqlcode != -1405)
         {
          EXEC SQL CLOSE customer_cursor ;
              break;
          }
      // 반복문 종료
      }
      // SELECT가 끝나면 지금까지 검색된 건수를 출력
      printf("\n\n 만족하는 총 레코드 건 수 =%d \n\n", count) ;
      EXEC SQL CLOSE branch_cursor;
      return;
  }
  else
  {
      // 특정검색을 위해 지점번호를 입력받음
      printf("\n\n\n\n\n") ;
      printf(" 지점번호 : ") ;
      scanf ("%s", &b_no) ;
    // 지점번호에 맞는 SELECT
      EXEC SQL SELECT b_name, b_addr, b_phone, b_assets
                  INTO :b_name, :b_addr, :b_phone, :b_assets
                  FROM branch WHERE b_no = :b_no ;
      // 잘못된 지점번호를 입력하였을 경우의 에러처리
          if (sqlca.sqlcode != 0  && sqlca.sqlcode != -1405)
         {
        printf("\n\n\n\n 잘못된 지점번호 입니다. 다시 입력하시오. ") ;
        return;
          }
    // 지점정보 출력
```

```
        printf("\n\n 1. 지 점 명 = %s", b_name) ;
        printf("\n\n 2. 지점주소 = %s", b_addr) ;
        printf("\n\n 3. 전화번호 = %s", b_phone) ;
        printf("\n\n 4. 자    산 = %d", b_assets) ;
        }
}
```

● **deposit_s**

고객번호를 입력하면 고객이 가진 모든 계좌번호가 나타난다. 상세 거래 내역을 원하면 보고자 하는 계좌번호를 입력하면 볼 수 있다.

● 고객이 가진 모든 계좌번호를 출력

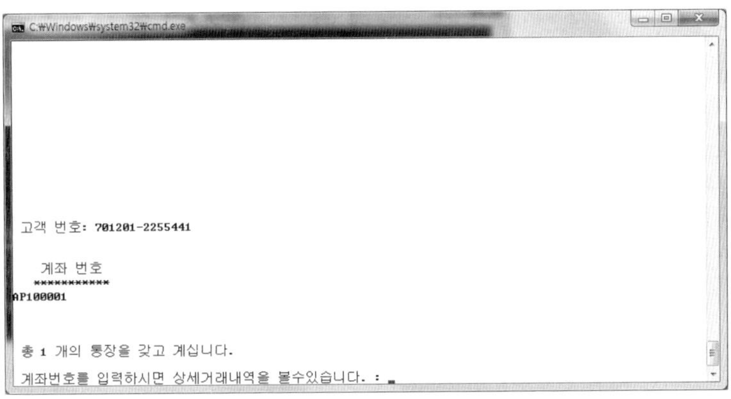

그림 10.45 고객이 가진 계좌번호 보기

● 계좌번호를 입력하여 상세 내역을 입력

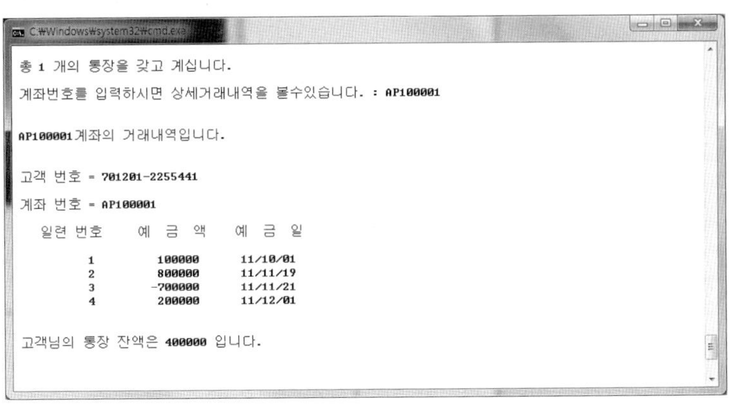

그림 10.46 고객 계좌의 거래 내역 화면

deposit_s coding

```
// 예금 입출금 내역 확인 함수
void deposit_s()
{
  // 호스트 변수 선언
  EXEC SQL BEGIN DECLARE SECTION ;
    char a_c_no[16] , a_no[19], a_date[10] ;
    long a_serial_no, a_amount, no, sum_amount;
  EXEC SQL END DECLARE SECTION ;

  int count= 0 ;

  // 고객번호를 입력받아 처리
  printf("\n\n\n\n\n") ;
  printf(" 고객 번호: ") ;
  scanf ("%s", &a_c_no) ;

  // 입력받은 고객이 가진 계좌번호를 모두 SELECT
  EXEC SQL DECLARE deposit_s_cursor CURSOR FOR SELECT DISTINCT a_no
         FROM account WHERE a_c_no = :a_c_no and a_item_dist='A0';
  EXEC SQL OPEN deposit_s_cursor;
  EXEC SQL FETCH deposit_s_cursor INTO :a_no;

  // 존재하지 않은 고객번호를 입력했을시 처리
  if (sqlca.sqlcode != 0 && sqlca.sqlcode != -1405)
  {
    printf("\n잘못된 고객번호 입니다. 다시 입력하시오." ) ;
    EXEC SQL CLOSE deposit_s_cursor ;
    return;
  }

  // 존재하는 고객번호를 입력했을 경우 그 고객이 가진 계좌번호를 모두 출력
  printf("\n\n    계좌 번호 \n");
  printf("   *********** \n");

  while(1)
  {
    count++ ;
    printf("%s \n",  a_no);
    EXEC SQL FETCH deposit_s_cursor INTO :a_no;
    if (sqlca.sqlcode != 0 && sqlca.sqlcode != -1405)
    {
      EXEC SQL CLOSE deposit_s_cursor ;
      break;
    }
```

```
}
EXEC SQL CLOSE deposit_s_cursor;

// 고객이 가진 통장의 총 갯수를 구함
printf ("\n\n\n 총 %d 개의 통장을 갖고 계십니다." , count);

// 계좌번호를 입력받아 상세거래내역을 출력
printf ("\n\n 계좌번호를 입력하시면 상세거래내역을 볼수있습니다. : ");
scanf ("%s", &a_no) ;

// 정확한 계좌번호를 입력했는지 확인하기 위한 SELECT
EXEC SQL SELECT count(a_no) INTO :no FROM account WHERE a_no = :a_no ;

// no의 건수가 1건보다 작다면 존재하지 않은 계좌번호로서 에러처리
while(no < 1)
{
   // 고객이 가진 계좌번호를 다시 출력해줌
   count = 0;
   EXEC SQL DECLARE account_s_cursor CURSOR FOR
          SELECT DISTINCT a_no FROM account
          WHERE a_c_no = :a_c_no and a_item_dist='A0';
   EXEC SQL OPEN account_s_cursor;
   EXEC SQL FETCH account_s_cursor INTO :a_no;

   printf("\n\n    계좌 번호 \n");
   printf("   *********** \n");

   while(1)
   {
     count++ ;
     printf("     %s \n",  a_no);
     EXEC SQL FETCH account_s_cursor INTO :a_no;
     if (sqlca.sqlcode != 0 && sqlca.sqlcode != -1405)
             {
       EXEC SQL CLOSE deposit_s_cursor ;
       break;
     }
      }
   EXEC SQL CLOSE account_s_cursor;

   // 계좌번호를 재입력받음
   printf("\n\n %s는 존재하지 않는 계좌번호 입니다. 다시 입력하시오 : ", a_no);
   scanf ("%s", &a_no) ;
   // 존재하는 계좌인지를 확인하기 위한 SELECT
   EXEC SQL SELECT count(a_no) INTO :no
```

```
                FROM account WHERE a_no = :a_no ;
    }

    // 정확한 계좌번호를 입력했다면 거래내역 출력
    printf("\n\n %s계좌의 거래내역입니다.", a_no);

    count = 0 ;
    // 그 계좌에 맞는 거래내역을 출력하기 위한 SELECT
    EXEC SQL DECLARE account_cursor CURSOR FOR
           SELECT a_serial_no, a_amount, a_date
           FROM account WHERE a_no = :a_no;
    EXEC SQL OPEN account_cursor ;
    EXEC SQL FETCH account_cursor INTO :a_serial_no, :a_amount, :a_date;

    if (sqlca.sqlcode != 0 && sqlca.sqlcode != -1405)
    {
      EXEC SQL CLOSE account_cursor ;
      return;
    }
    // 거래내역 출력
    printf("\n\n\n 고객 번호 = %s", a_c_no);
    printf("\n\n 계좌 번호 = %s", a_no);
    printf("\n\n    일련 번호     예 금 액    예 금 일 \n\n");

    while(1)
    {
      count++ ;
       printf("\t %3d \t", a_serial_no);
       printf(" %10d \t", a_amount);
       printf(" %s \n", a_date );

       EXEC SQL FETCH account_cursor INTO :a_serial_no, :a_amount, :a_date;

       if (sqlca.sqlcode != 0 && sqlca.sqlcode != -1405)
       {
          EXEC SQL CLOSE account_cursor ;
          break;
        }
     }
    EXEC SQL CLOSE account_cursor;
    // 잔액을 위한 SELECT
    EXEC SQL SELECT sum(a_amount) INTO :sum_amount
               FROM account WHERE a_no = :a_no;
    printf("\n\n 고객님의 통장 잔액은 %d 입니다.\n\n" ,sum_amount);
}
```

borrow_s

고객번호를 입력하면 고객의 대출번호를 모두 볼 수 있다.

- 지금까지 대출한 총 건수와 대출번호를 보여줌

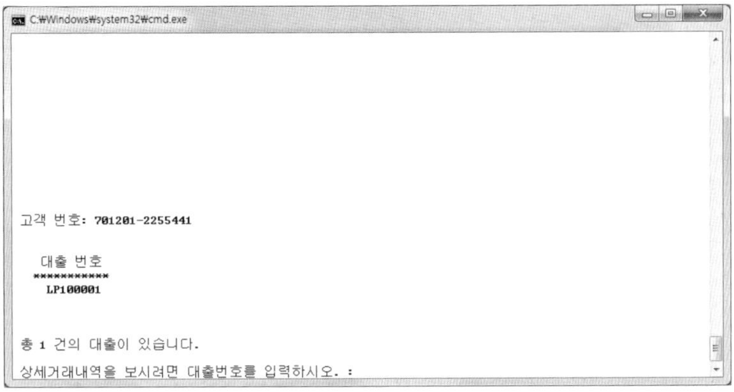

그림 10.47 고객이 가진 대출번호 보기

대출번호를 잘못 입력할 경우 대출번호를 다시 물어보게 되고 대출번호가 맞다면 그에 대한 정보가 출력된다.

- 대출번호를 입력하면 지금까지의 모든 거래 내역을 확인할 수 있다.

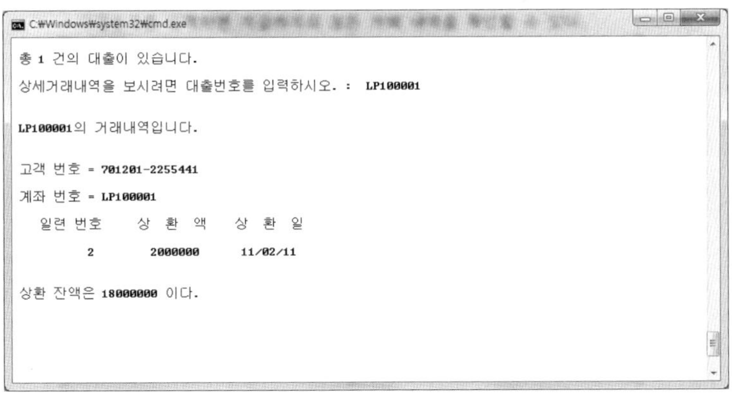

그림 10.48 대출 거래 내역 화면

account 테이블은 a_no와 a_serial_no를 주 키로 가지는 테이블이다. 처음 대출 계좌를 생성하였을 때 일련번호가 1로 삽입되고 대출 상환 거래가 일어날 때마다 일련번호가 1씩 증가한다. 따라서 LP100001 계좌의 대출 상환은 1번 이루어졌다.

borrow_s coding

```
// 대출 상환 내용 보기
void borrow_s()
{
  EXEC SQL BEGIN DECLARE SECTION ;
   char a_c_no[16] , a_no[9], a_date[10];
   long a_serial_no, a_amount, no, amount, a_total_amount, sum_amount;
  EXEC SQL END DECLARE SECTION ;

  int count= 0 ;

  // 고객번호를 입력받아 지금까지의 대출번호와 총 대출건수를 입력받음
  printf("\n\n\n\n\n") ;
  printf(" 고객 번호: ") ;
  scanf ("%s", &a_c_no) ;

  EXEC SQL DECLARE borrow_s_cursor CURSOR FOR
         SELECT DISTINCT a_no FROM account
         WHERE a_c_no = :a_c_no and a_item_dist='L1';
  EXEC SQL OPEN borrow_s_cursor;
  EXEC SQL FETCH borrow_s_cursor INTO :a_no;

  // 고객번호를 잘못입력했을 경우의 에러 처리
  if (sqlca.sqlcode != 0 && sqlca.sqlcode != -1405)
  {
    printf("\n\n 잘못된 고객번호를 입력하셨습니다. 다시 입력하시오. ");
    EXEC SQL CLOSE borrow_s_cursor ;
    return;
  }
  // 정확한 고객번호를 입력했을 경우의 대출번호를 출력
  printf("\n\n    대출 번호 \n");
  printf("   *********** \n");
  while(1)
  {
     count++ ;
     printf("     %s \n",  a_no);

     EXEC SQL FETCH borrow_s_cursor INTO :a_no;

     if (sqlca.sqlcode != 0 && sqlca.sqlcode != -1405)
     {
        EXEC SQL CLOSE borrow_s_cursor ;
        break;
```

```
  }
}
EXEC SQL CLOSE borrow_s_cursor;

printf ("\n\n\n 총 %d 건의 대출이 있습니다." , count);

printf ("\n\n 상세거래내역을 보시려면 대출번호를 입력하시오. :  ");
scanf ("%s", &a_no) ;

// 받은 대출번호가 틀리면 에러처리 하는 부분
EXEC SQL SELECT count(a_no) INTO :no
            FROM account WHERE a_no = :a_no ;
// 대출번호가 있다면 count값이 1보다 크거나 같을 것이다.
// 없다면 반드시 에러처리
while(no < 1)
{
  count = 0;
  EXEC SQL DECLARE loan_s_cursor CURSOR FOR
         SELECT DISTINCT a_no FROM account
         WHERE a_c_no = :a_c_no  and a_item_dist='L1' ;
  EXEC SQL OPEN loan_s_cursor;
  EXEC SQL FETCH loan_s_cursor INTO :a_no;
  if (sqlca.sqlcode != 0 && sqlca.sqlcode != -1405)
  {
    printf("\n\n 잘못된 고객번호를 입력하셨읍니다. 다시 입력하시오. ");
    EXEC SQL CLOSE loan_s_cursor ;
         return;
  }
  // 대출번호를 다시 보여줌
  printf("\n\n    대출 번호 \n");
  printf("   *********** \n");

  while(1)
  {
    count++ ;
    printf("     %s \n",  a_no);
    EXEC SQL FETCH loan_s_cursor INTO :a_no;
    if (sqlca.sqlcode != 0 && sqlca.sqlcode != -1405)
    {
      EXEC SQL CLOSE loan_s_cursor ;
      break;
    }
  }
  EXEC SQL CLOSE loan_s_cursor;
```

```
    printf ("\n\n\n 총 %d 건의 대출이 있습니다." , count);

    // 대출번호를 재입력받음
    printf("\n %s는 존재하지 않는 대출번호 입니다. 다시 입력해 주세요. : ", a_no) ;
    scanf ("%s", &a_no) ;

    EXEC SQL SELECT count(a_no) INTO :no
             FROM account WHERE a_no = :a_no ;
  }

  // 정확한 대출번호를 입력하면 거래내역 출력
  printf("\n\n %s의 거래내역입니다.", a_no);
  count = 0 ;

  // 입력한 대출번호를 조건으로 지금까지의 거래내역 SELECT
  EXEC SQL DECLARE loan_cursor CURSOR FOR
        SELECT a_c_no, a_no, a_serial_no, a_amount, a_date FROM account
        WHERE a_no = :a_no and a_item_dist='L1' and a_amount >= 0;
  EXEC SQL OPEN loan_cursor ;
  EXEC SQL FETCH loan_cursor
           INTO :a_c_no, :a_no, :a_serial_no, :a_amount, :a_date ;

  if (sqlca.sqlcode != 0 && sqlca.sqlcode != -1405)
  {
    EXEC SQL CLOSE loan_cursor ;
    return;
  }
  // 상세 거래내역 출력
  printf("\n\n\n 고객 번호 = %s", a_c_no);
  printf("\n\n 계좌 번호 = %s", a_no);
  printf("\n\n   일련 번호    상 환 액   상 환 일 \n\n", a_serial_no);

  while(1)
  {
    count++ ;
    printf("\t %3d \t", a_serial_no);
    printf(" %10d \t", a_amount);
    printf(" %s \n", a_date );

    EXEC SQL FETCH loan_cursor
             INTO :a_c_no, :a_no, :a_serial_no, :a_amount, :a_date;

    if (sqlca.sqlcode != 0 && sqlca.sqlcode != -1405)
    {
```

```
        EXEC SQL CLOSE loan_cursor ;
        break;
      }
    }
    EXEC SQL CLOSE loan_cursor;

    // 상환잔액 구하기
    amount = 0 ;
    // 지금까지의 상환금액의 합을 구한다.
    EXEC SQL SELECT sum(a_amount) INTO :sum_amount
             FROM account  WHERE a_no = :a_no and a_item_dist='L1' ;
    // 대출금액에서 상환금액의 합을 빼면 상환잔액을 구할 수 있다.
    EXEC SQL SELECT(a_total_amount - :sum_amount) INTO :amount
             FROM account WHERE a_no = :a_no and a_item_dist='L1' ;
    printf("\n\n 상환 잔액은 %d 이다. \n\n",amount);
}
```

10.2 SQLJ

SQLJ는 C 코드 안에 SQL 문을 직접 사용할 수 있는 PRO*C 처럼 JAVA 코드 안에 SQL 문을 사용한다. SQLJ는 Oracle, IBM, Informix 등의 여러 회사가 모여서 만든 표준으로 여러 데이터베이스에 통용된다.

내포 SQL의 PRO*C를 본 것처럼 SQLJ 코드는 SQL 문을 사용하고 싶은 곳에 직접 SQL 문을 작성하는 일 외에 별도의 작업이 필요 없다. 자바 언어에서 같은 기능을 하는 JDBC 코드와 SQLJ 코드를 볼 때 JDBC를 사용하는 방식은 SQL 문을 데이터베이스에 전송하기 위해서 문장을 만드는 등 복잡한 과정을 거쳐야 하는데 SQLJ는 그에 비해 상당히 간단하다.

다음 표는 JDBC와 SQLJ의 차이점을 비교하고 있다.

구분	JDBC	SQLJ
SQL 문법 검사	JAVA 언어적 문법 검사만 한다	컴파일 시점에서 한다
데이터형 호환성 여부 검사	하지 않는다	컴파일 시점에서 한다

구분	JDBC	SQLJ
SQL 오류 여부	실행시키기 전까지는 오류 여부를 알 수 없다	컴파일 시 오류 여부를 알 수 있다
유지 보수	어렵다	쉽다
SQL 문 사용 형태	자바 코드 내 직접 사용 못한다	자바 코드 내 직접 사용 가능하다

JDBC는 자바 프로그램에 동적 SQL 문을 사용하는 방법이며 SQLJ는 SQL 문을 선 컴파일 시에 문법이나 객체의 존재 여부 및 타입 검사 등을 위해서 미리 데이터베이스에 접속을 한 후 검증을 한다.

따라서, 컴파일 시에 에러를 발견하고 런타임 시에 에러를 줄임으로써 개발자들로 하여금 빠르고 쉬운 디버깅이 가능토록 한다.

그리고 SQLJ는 호스트 변수를 이용할 수 있으므로 문장이 간결해질 수 있다. 그러나 SQLJ는 컴파일 시에 SQL 문이 완전히 조합되어 있어야 하므로 동적인 SQL을 사용할 수 없다.

즉, 정적인 SQL에 해당하는 부분은 SQLJ를 이용하면 좋고 동적인 SQL에 해당하는 부분은 JDBC API를 이용함으로써 개발 생산성과 실행시의 성능을 극대화 할 수 있다.

아래에서 똑같은 구문을 각각 JDBC와 SQLJ를 사용하였을 때의 차이점을 확인할 수 있다.

```
PreparedStatement insertPerson
String name = "차은수"                    /* JDBC 사용 예 */
String tel = "333-3333"
insertPerson = conn.preparedStatement("insert into ctest values (?,?) ");
insertPerson.setString(1,name);
insertPerson.setString(2.tel);
insertPerson.executeUpdate();
insertPerson.close();
```

```
String name = "차은수"
String tel = "333-3333"                   /* SQLJ 사용 예 */
#sql   { insert into ctest values ( :name, :tel) };
```

[그림 10.49]를 보면 SQLJ의 컴파일 과정을 쉽게 이해할 수 있을 것이다.

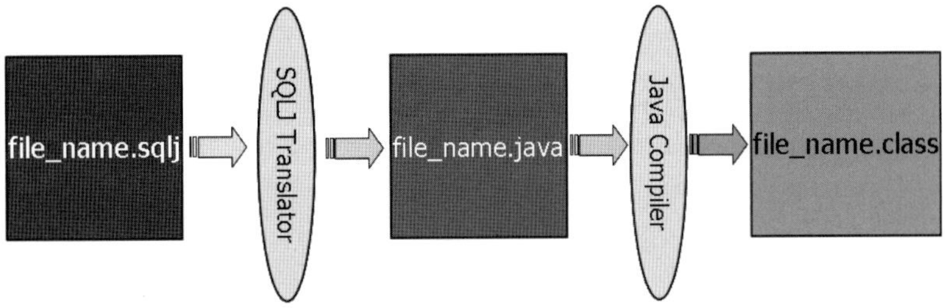

그림 10.49 SQLJ 코드의 변환 과정

일단 JAVA와 SQL 또는 PL/SQL 언어로 이루어진 SQLJ를 생성하고 이를 SQLJ 번역기가 컴파일하면 file_name.java를 생성하고 자바 컴파일러를 호출하여 file_name.class까지도 한번에 생성하여 준다.

따라서 실행하기 위해선 다음과 같이 한다.

```
c:\>sqlj file_name.sqlj
c:\>java file_name
```

SQLJ 번역기가 하는 일은 위와 같이 자바 코드로 변환하는 역할을 한다. 이때 SQLJ 파일 내에 사용한 SQL 문에 있는 인자 값들의 데이터 형이 실제 데이터베이스의 데이터 형과 호환성이 있는지를 검사해 주고 실제 SQL 문법에 맞는지도 검사해 준다. 이러한 장점들은 데이터베이스 프로그램 시 발생할 수 있는 실수를 많이 줄여주게 되고 그로 인해 유지 보수가 상당히 쉬워졌다. 또한 SQLJ는 SQLJ 번역기라는 것이 있어 프로그래머의 입장에서 코딩을 편리하게 해 준다.

10.2.1 환경 설정

SQLJ의 환경 설정을 하기 위해선 JDBC를 사용하기 위한 환경 설정이 기본적으로 되어 있어야 한다. 그 이유는 SQLJ는 SQLJ 번역기를 거쳐 JDBC를 사용하는 자바 코드로 컴파일 되기 때문이다.

JDBC 설정 외에 SQLJ에서 환경을 설정하는 방법은 번역을 위한 클래스만 CLASSPATH에 추가하면 된다. 추가하는 방법은 다음과 같다.

① [시작] - [제어판] - [시스템 및 보안] - [시스템] - [고급 시스템 설정] - [고급] - [환경

변수] 클릭한다. 다른 방법으로 [내 컴퓨터] 팝업 메뉴의 속성을 클릭해도 된다. 클릭하면 다음과 같은 환경 변수 창을 볼 수 있다.

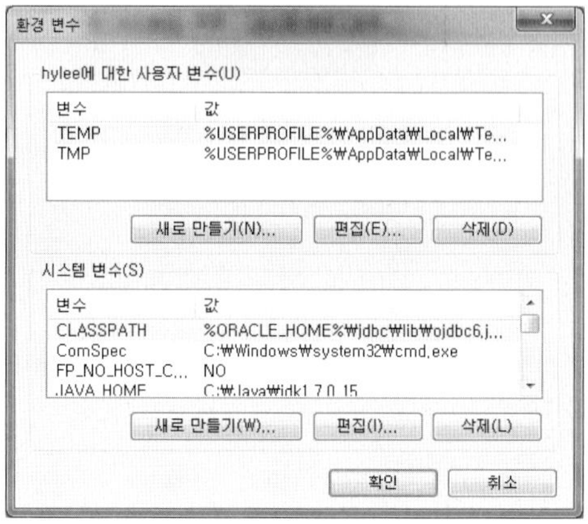

그림 10.50 Windows 7에서의 환경 변수 설정

SQLJ를 위해서는 JDK가 환경 변수에 적절하게 잡혀 있어야 하고 또한 JDBC 드라이버도 CLASSPATH에 잡혀 있어야 한다.
그 이유는 SQLJ도 결국에는 선 컴파일 되었을 때 JDBC API를 호출하는 자바 소스로 바뀌기 때문이다.

② [시스템 변수] - CLASSPATH를 선택 - [편집] 클릭하여 다음과 같이 추가한다.

- "%ORACLE_HOME%₩jdbc₩lib₩ojdbc6.jar";
- "%ORACLE_HOME%₩sqlj₩lib₩translator.jar";
- "%ORACLE_HOME%₩sqlj₩lib₩runtime12.jar";

위의 3줄 추가 기입 후 확인을 클릭한다.

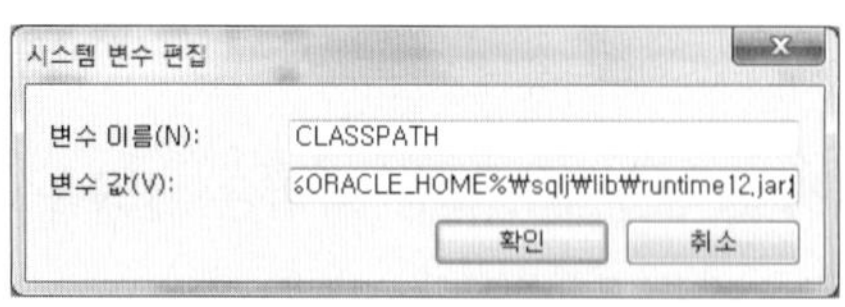

그림 10.51 classpath 설정

SQLJ 번역기는 순수 자바로 작성된 선 컴파일러로 소스 코드를 생성한 후에 실행되

며 SQL 작업은 SQLJ 문에 내장할 수 있도록 하는 프로그래밍 구문을 지원하는 것으로 번역기는 호출되면 하나의 JAVA 파일과 SQL 작업에 대한 정보를 포함하는 하나 이상의 SQLJ 프로필을 생성한 후 JAVA 파일로부터 클래스 파일을 생성하기 위하여 자바 컴파일러를 자동으로 호출한다.

런타임 라이브러리는 순수 자바로 작성되었으며 런타임 시에 자동으로 호출된다. SQLJ 런타임 라이브러리는 필요한 SQL 작업을 구현하고 JDBC 드라이버를 사용하여 데이터베이스를 액세스한다.

③ 명령 프롬프트 창에서 set 명령어를 이용하여 CLASSPATH가 제대로 변경되었는지 확인해 본다.

④ 컴파일시 에러

- NoClassFoundError Exception이 발생하면 translator.jar 파일이 CLASSPATH에 제대로 설정된 것이 아니기 때문에 발생한 것이다.
- java.lang.ExeptionInInitializerError : java.lang.nullPointerException이 발생하면 아마도 이 경우에는 패치된 SQLJ 번역기를 사용해야 한다. http:// technet.oracle.com에가면 Oracle SQLJ Translator Patch 버전이 올라와 있다. 이 패치 버전을 다운로드 받아 기존의 translator.jar 파일에 덮어쓰면 된다.

10.2.2 SQLJ

SQLJ는 정적 SQL 문을 자바 프로그램에서 직접 사용할 수 있도록 만든 표준이며 PRO*C는 오라클에서만 사용할 수 있는 반면, SQLJ는 여러 회사가 모여 만든 표준이기 때문에 JDBC처럼 여러 데이터베이스에서 통용된다.

1) 호스트 변수

PRO*C에서 배운 호스트 변수와 같은 개념이다. 자바 코드 안의 SQL 문에서 데이터베이스 변수가 아닌 프로그램 상에 있는 변수를 사용할 경우 호스트 변수라 하며 호스트 변수명 앞에는 반드시 콜론(:)을 붙여준다. 호스트 변수는 PRO*C와 같다. 그러나 SQLJ에서는 EXEC SQL이 아닌 #sql을 앞에 붙인다. #sql이라고 명시하여 SQLJ Translator가 자바 코드로 바꾸어주도록 하는 것이다. 끝은 반드시 세미콜론(;)으로 마친다.

```
String name = "신혜윤" ;
#sql {insert into emp values (:name) } ;
```

2) 반복자

앞에서 다루었던 PL/SQL이나 PRO*C는 여러 건의 출력이 있을 경우 커서를 이용하는 방법으로 많은 데이터를 처리하였다. 하지만 SQLJ에서는 반복자(iterator)라는 클래스를 사용한다. 반복자를 사용하기 전에 미리 선언해야 한다.

```
#sql iterator<name>
```

반복자는 선언할 때 지정한 열의 개수와 열의 형만을 저장할 수 있고 이렇게 선언된 반복자는 나중에 같은 이름의 JAVA 클래스 형태로 바뀌게 된다.

반복자의 사용하는 방식에 따라 named 반복자와 positional 반복자가 있다.

(1) named 반복자

named 반복자는 반복자 클래스를 선언할 때 SELECT 문으로 반환될 결과 열의 형과 이름을 동시에 명시하여, 나중에 결과를 받을 때 데이터베이스 테이블의 열 이름과 반복자 클래스의 변수와 일치시키는 방법을 말한다.

- **named 반복자 클래스 선언**

```
#sql public 반복자 customer(String c_addr, String no, String name) ;
```

named 반복자는 선언 시 열 이름과 데이터 형을 지정해 준다.

- **반복자 클래스 변수 선언**

```
customer  name_customer ;
```

- **반복자에 SELECT SQL 문의 결과 행을 넣기**

```
#sql name_customer = { SELECT c_no as no, c_name as name, c_addr
            FROM customer } ;
```

위와 같은 방법을 이용하면 여러 건의 결과를 반환 받을 수 있다. named 반복자로서 선언한 열의 이름 순서와 SELECT 문에 있는 열의 이름 순서가 다를 수 있다는 것이다. named 반복자 방식에는 named라는 이름처럼 결과 값을 열의 이름으로 저장하므로 순서가 틀려도 상관이 없다.

여러 건의 결과 값을 가져오기

여러 건의 결과를 SELECT할 때는 반복자 클래스를 사용하고 그 결과를 모두 출력하려면 반복문을 같이 사용해야 한다.

다음은 여러 건의 결과를 출력하기 위한 반복문이다.

```
while (name_customer.next())
{
        System.out.println("no =" + name_customer.no()) ;
        System.out.println("name =" + name_customer.name()) ;
        System.out.println("c_addr =" + name_customer.c_addr()) ;
}
```

name_customer.next()를 호출하여 여러 건이 검색되었는지 판단하고 모두 검색되었을 때 반복문을 벗어난다. 각각의 결과 값은 같은 변수 이름을 갖는 함수이다. 따라서, name_customer.no()를 호출하면 현재 행의 no 값이 반환되고 name_customer.name()를 호출하면 현재 결과 행의 name 값이 반환된다.

반복자 닫기

```
name_customer.close() ;
```

모든 검색이 끝나면 반드시 닫아준다.

(2) positional 반복자

positional 반복자는 위치에 따라 값을 설정한다. 그러므로 선언한 이름과 SELECT 문에서의 이름은 틀려도 상관없지만 순서는 반드시 같아야 한다. 마치 커서를 사용하는 것과 비슷하다.

positional 반복자 클래스 선언

```
#sql public 반복자 customer (String, String, String) ;
```

positional 반복자는 선언 시 형만을 명시해 준다.

반복자 클래스 변수 선언

```
customer posit_customer ;
```

반복자에 SELECT 문의 결과 행을 넣기

```
#sql posit_customer= { SELECT c_no, c_name, c_addr
       FROM customer } ;
```

위치에 따라 값을 가져오므로 이름은 상관없고 위치를 중요시 한다.

여러 행의 결과 가져오기

```
String c_no ;
String c_name ;
String c_addr ;
while (true)
{
     #sql { FETCH :posit_person INTO :c_no, :c_name,:c_addr } ;
         if (posit_person.endFetch()) break;
       System.out.println("c_no =" + c_no) ;
       System.out.println("c_name =" + c_name()) ;
       System.out.println("c_addr ="+ c_addr()) ;
}
```

positional 반복자는 FETCH 문을 사용한다. 마치 커서를 사용하는 것과 비슷하다. 더 이상 가져올 행이 없으면 반복문을 벗어난다.

반복자 닫기

```
posit_customer.close() ;
```

3) SELECT

SELECT 문의 반환 결과가 단일 행일 경우 다음과 같다.

```
#sql {  SELECT c_no, c_name, c_addr, c_phone, c_dist
        INTO :c_no, :c_name, :c_addr, :c_phone, :c_dist
        FROM customer
        WHERE c_no = '701201-2255441'} ;
```

SQL 문 앞에는 #sql을 쓰고 반드시 ";"으로 문장의 끝을 알리고 호스트 변수는 " : "을 사용한다.

10.2.3 SQLJ 예제

SELECT

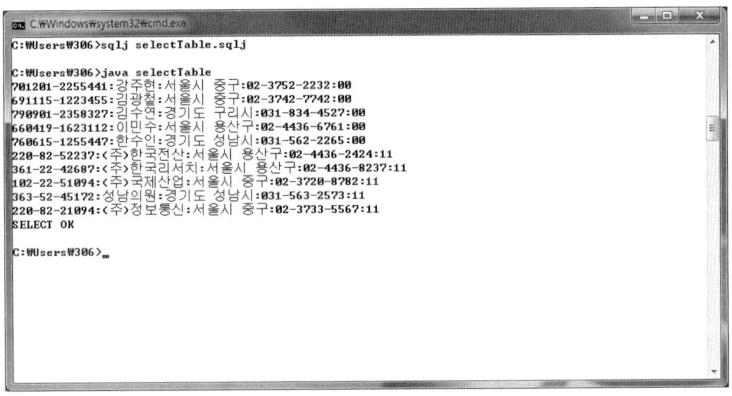

그림 10.52 고객 정보 검색

SELECT code

```
//모든 고객 검색
import java.sql.*;
import oracle.sqlj.runtime.*;

//select 결과가 한 건 이상이므로 반복자 이용
//name 반복자 선언
#sql iterator selectIter (String c_no, String c_name, String c_addr, String c_phone,
String c_dist);
```

```
public class selectTable
{
        public static void main(String[] args)
        {
                try
                {
                        //연결 설정
                        Oracle.connect("jdbc:oracle:thin:@192.1.1.1:1521:orcl",
                                "test","test11");
                        selectTable st = new selectTable();
                        //select 호출
                        st.select();
                }
                catch (SQLException e)
                {
                        e.printStackTrace();
                }
        }
        //실제 고객을 select하는 함수
        void select() throws SQLException
        {
                //반복자 클래스 변수 선언
                selectIter si;

                //모든 고객을 select하여 반복자에 넣기
                #sql si = { SELECT c_no,c_name,c_addr, c_phone, c_dist
                        FROM customer };

                //반복자를 이용하여 모든 고객 출력
                while (si.next()){

                        System.out.println(si.c_no()+":"+
                        si.c_name()+":"+ si.c_addr()+":"+
                          si.c_phone()+":"+ si.c_dist());
                        }

                System.out.println("SELECT OK");
        }
}
```

INSERT

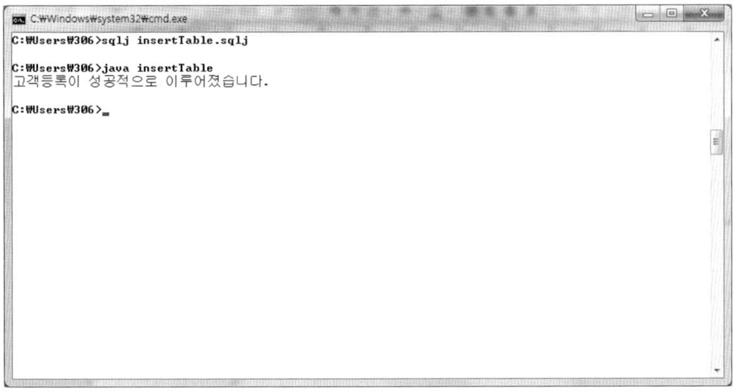

그림 10.53 신규 고객 등록

INSERT code

```
// 고객 등록
import java.sql.*;
import oracle.sqlj.runtime.*;

public class insertTable
{
        public static void main(String[] args)
        {
                try
                {
                      // 연결 설정
                     Oracle.connect("jdbc:oracle:thin:@192.1.1.1:1521:orcl",
                                    "test","test11");
                     insertTable it = new insertTable();
                     // insert 함수 호출
                     it.insert();
                }// 예외 처리
                catch (SQLException e)
                {
                     e.printStackTrace();
                }
        }

        // insert하는 함수
        void insert() throws SQLException
        {
```

```
                // 실제 고객을 insert하는 부분
                #sql { INSERT INTO customer VALUES
                   ('784512-7894561', '김희정', '서울 송파구', '02-468-4948','00') };
               // DML문이므로 반드시 commit 필요
                #sql { COMMIT };
                System.out.println("고객등록이 성공적으로 이루어졌습니다.");
        }
}
```

UPDATE

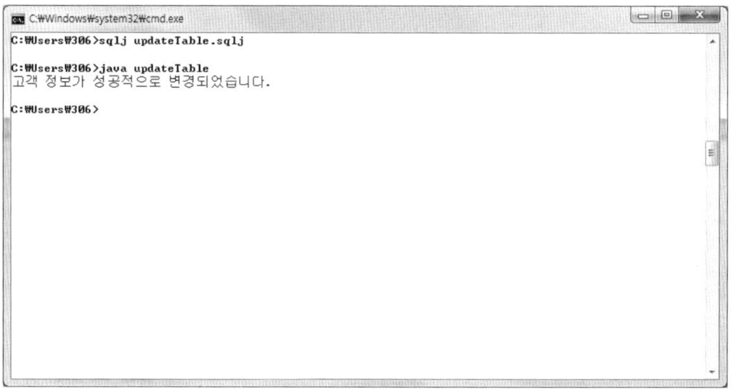

그림 10.54 고객 정보 수정

UPDATE code

```
// 고객 변경
import java.sql.*;
import oracle.sqlj.runtime.*;

public class updateTable
{
        public static void main(String[] args)
        {
                try
                {
                        //연결 설정
                        Oracle.connect("jdbc:oracle:thin:@192.1.1.1:1521:orcl",
                                    "test","test11");
                        updateTable ut = new updateTable();
                        //update 함수 호출
```

```
                    ut.update();
                }
                //예외 처리
                catch (SQLException e)
                {
                    e.printStackTrace();
                }
        }
        //update하는 함수
        void update() throws SQLException
        {
                //실제 고객을 update하는 부분
                #sql { UPDATE customer SET c_phone='02-468-9999'
                       WHERE c_name='김희정' };
                //DML문이므로 반드시 commit 필요
                #sql { COMMIT };
                System.out.println("고객 정보가 성공적으로 변경되었습니다.");
        }
}
```

DELETE

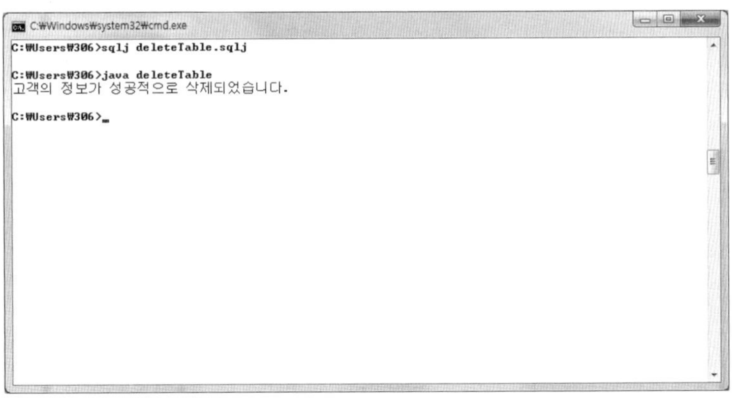

그림 10.55 고객 정보 삭제

DELETE code

```
// 고객 삭제
import java.sql.*;
import oracle.sqlj.runtime.*;

public class deleteTable
```

```
{
        public static void main(String[] args)
        {
                try
                {
                        //연결 설정
                        Oracle.connect("jdbc:oracle:thin:@192.1.1.1:1521:orcl",
                                       "test","test11");

                        deleteTable dt = new deleteTable();
                        //delete 함수 호출
                        dt.delete();
                }
                //예외 처리
                catch (SQLException e)
                {
                        e.printStackTrace();
                }
        }

        //delete하는 함수
        void delete() throws SQLException
        {
                //실제 고객을 삭제하는 부분
                #sql { DELETE FROM customer WHERE c_no='784512-7894561'};
                //DML문이므로 반드시 commit 필요
                #sql { COMMIT };
                System.out.println("고객의 정보가 성공적으로 삭제되었습니다.");
        }
}
```

11장 JDBC를 활용한 데이터베이스 프로그래밍

본 장에서는 JDBC를 경유하여 데이터베이스를 액세스하는 예제 프로그램을 설명하고자 한다.

11.1 자바 응용

이 절에서 다룰 내용은 자바와 데이터베이스의 연동에 관한 부분이다. JDBC(java database connectivity)는 자바와 데이터베이스 사이에서 둘 사이를 연결시켜 주고 어떤 데이터베이스에 연결되어 있든지 자바가 세밀하게 데이터베이스 내에서 발생하는 트랜잭션을 제어할 수 있는 환경을 제공해 주고 있다.

JDBC에서 제공하는 부분은 연결, SQL 문 처리, 데이터베이스 정보, 자바와 데이터베이스 사이의 데이터 형 처리에 관련된 부분으로 나눌 수 있다.

JDBC 프로그래밍에 들어가기에 앞서 Java SDK(Software Development Kit) 설치 방법을 잠시 알아보자.

JDK 1.7의 경우 http://www.oracle.com/technetwork/java/javase/downloads/index.html 에서 다운받을 수 있다.

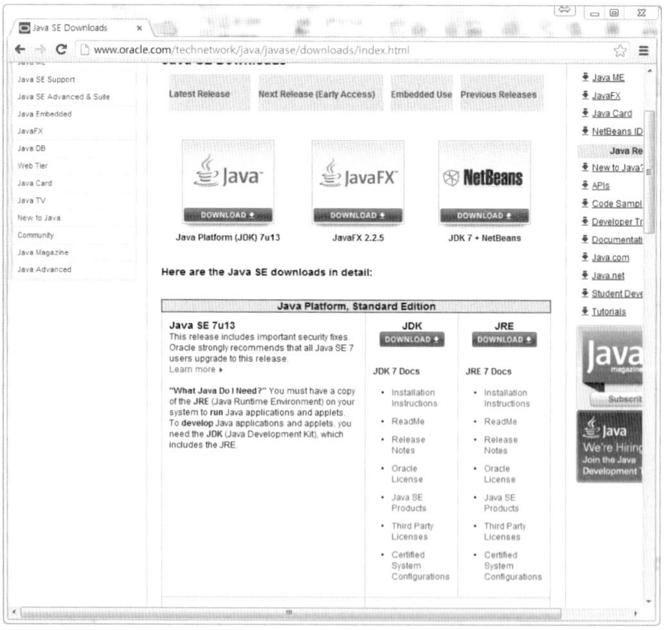

그림 11.1 http://www.oracle.com/technetwork/java/javase/downloads/index.html

11.1.1 JDK 1.7 설치 과정

① 다운로드 받은 jdk-7u13-windows-i586.exe 파일을 실행시킨다.

그림 11.2 설치 시작

② 설치 옵션 및 설치 경로 설정 후 설치를 마친다.

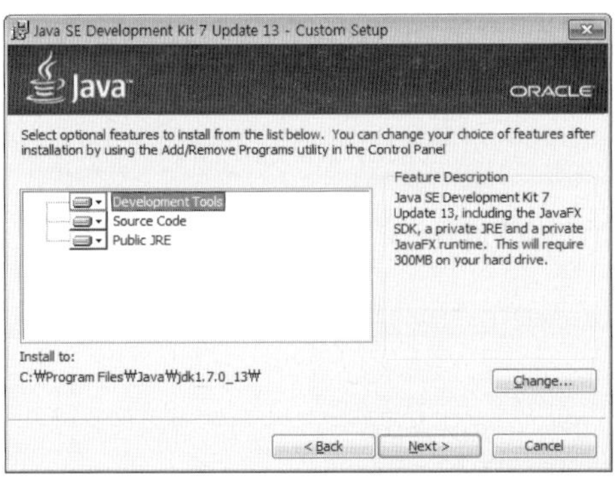

그림 11.3 설치 옵션 및 JDK 경로 설정

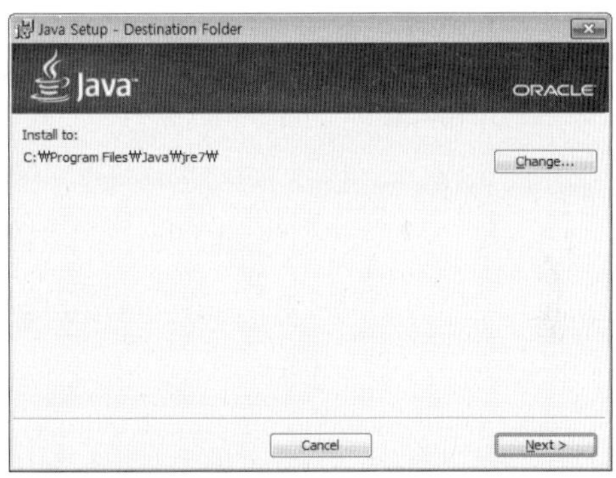

그림 11.4 JRE 설치 경로 설정

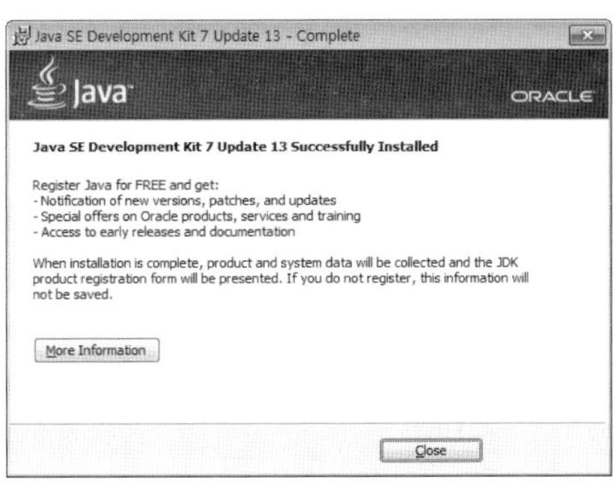

그림 11.5 설치 완료

③ JDK 환경 변수 설정

그림 11.6 .; “%JAVA_HOME%₩lib₩tools.jar” ; 추가

기존 경로와 ; 으로 구분하며 추가 경로에 .; 도 꼭 넣어주어야 한다.

그림 11.7 JAVA_HOME 설정

JAVA_HOME에 공백 문자가 포함될 경우 공백 문자 뒤의 문자열은 인식하지 못하므로 약식 경로를 써주는 게 좋다.

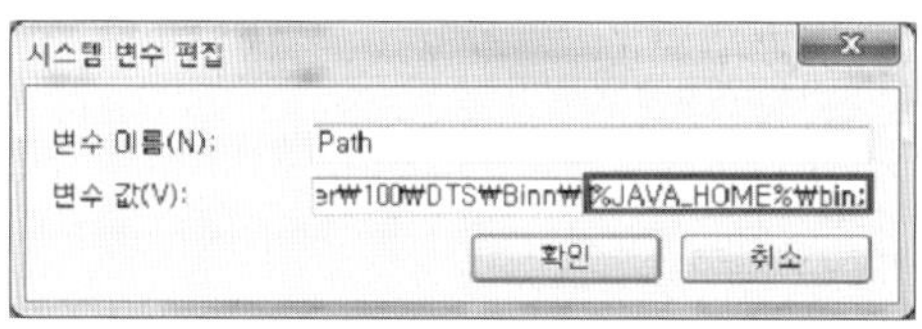

그림 11.8 %JAVA_HOME%₩bin; 추가

④ 설정 후 재부팅한다.

11.1.2 JDBC 개요

오늘날 거의 모든 프로그램 개발 도구들은 데이터베이스와의 연동을 위한 API를 제공하고 있다. 자바 역시 데이터베이스에 대한 접속 및 데이터 처리 과정을 지원하는 부분을 제공한다. JDBC를 이용하여 자바 개발자는 보다 손쉽게 데이터베이스에 접속을 설정할 수 있으며 데이터베이스와 밀접하게 연동하며 트랜잭션을 보다 세밀하게 제어할 수단을 갖게 되었다.

JDBC 프로그램의 체계

JDBC를 이용한 프로그래밍은 다음과 같은 기본적인 과정을 거친다.

1. 접속(Connection)
2. 트랜잭션 처리(Transaction)
3. 접속 해제(Disconnection)

11.1.3 접속

JDBC를 이용하여 데이터베이스에 접근하기 위해서는 다음과 같은 작업이 선행되어야 한다.

1. 접근하고자 하는 데이터베이스에 사용 가능한 드라이버의 선택
2. 접근하고자 하는 데이터베이스에 접근할 수 있는 정보

11.1.4 드라이버

1) 드라이버의 종류

자바는 JDBC 드라이버 매니저를 통하여 데이터베이스에 접근할 수 있다. 드라이버 매니저는 애플리케이션과 데이터베이스 드라이버 사이에서 프로그래머로 하여금 드라이버를 손쉽게 제어할 수 있도록 한다. 또한 드라이버 매니저는 다양한 범주의 드라이버를 동일한 드라이버 인터페이스를 통하여 제어할 수 있도록 내부적인 작업을 대신 처리해 줌으로써 프로그램의 이식성을 보다 잘 지원하고 있다.

드라이버 매니저에 의해 이용되는 JDBC 드라이버는 네 가지로 분류된다.

JDBC-ODBC bridge driver

윈도우 운영체제에서 자바 프로그래밍을 할 때 ODBC 드라이버를 이용할 수 있도록 해 준다. JDBC-ODBC bridge를 이용하기 위해서는 각각의 클라이언트 컴퓨터에 ODBC 드라이버가 사전에 설치되어 있어야 한다.

Native-API partly-java driver

JDBC 명령을 각각의 데이터베이스 클라이언트 API에 적합한 형태로 변환시킨다. 물론 개별적인 데이터베이스 클라이언트 API가 클라이언트 컴퓨터에 설치되어 있어야 한다.

JDBC-Net pure java driver

이 드라이버는 특정 데이터베이스에 종속되지 않는 프로토콜로 JDBC 문을 번역한다. 개별적인 데이터베이스 서버가 그 프로토콜을 이용하여 자체적으로 번역하고 처리하게 된다. JDBC-Net pure java 드라이버는 JDBC가 지원하고 있는 드라이버 중에서 가장 유연성이 있는 드라이버라고 할 수 있다.

Native-protocol pure java driver

개별적인 데이터베이스 업체에서 지원하고 있는 JDBC 드라이버로 JDBC 문을 직접 개별 데이터베이스 프로토콜로 변환해 준다. 인트라넷 구축에 있어 가장 유용한 방법이다.

프로그래머는 이러한 드라이버 중 어떠한 것을 사용할 것인지 결정하면 된다.

2) 특정 드라이버의 사용

특정 드라이버를 사용하려면 해당 드라이버의 jar 파일을 필요로 한다. 오라클 11g에서는 jdk1.5 이상의 버전과 호환이 되는 jdbc 드라이버를 제공하고 있다. jdk1.6 이상의 버전을 사용한다면 %ORACLE_HOME%₩jdbc₩lib의 ojdbc6.jar를 이용한다.

- Windows 7의 경우 [컴퓨터] - [속성] - [고급 시스템 설정] - [환경변수]에서 classpath의 변수 값을 변경해야 한다.

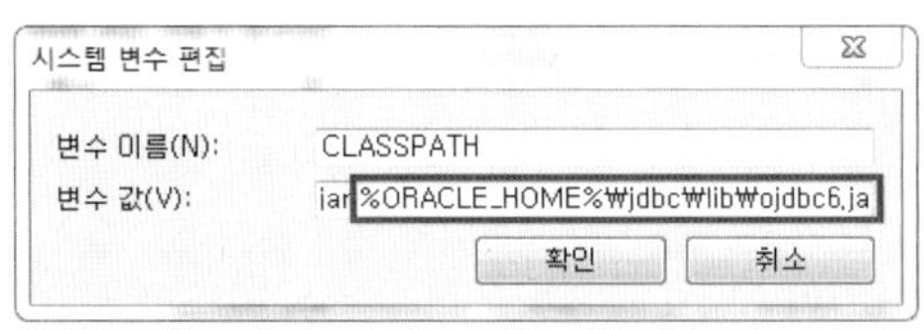

그림 11.9 %ORACLE_HOME%₩jdbc₩lib₩ojdbc6.jar 추가

11.1.5 JDBC에서 데이터베이스 접속

자바에서의 데이터베이스 연결

```
//======= 데이터베이스 관련변수 선언 시작 ===========//
static Connection conn = null;
static String driver = "oracle.jdbc.driver.OracleDriver";
```

```
static String url = "jdbc:oracle:thin:@192.1.1.1:1521:orcl";
static String username = "test";
static String passwd = "test11";
//==========  데이터베이스 관련변수 선언 끝 ============//

// db connection
try {
    Class.forName(driver);
   conn = DriverManager.getConnection(url, username, passwd);
} catch (ClassNotFoundException e) {
   System.out.println(e.getMessage());
} catch (SQLException se) {
   System.out.println(se.getMessage());
}
```

제 8장 에서 다룬 SQL 문이 자바에서 어떻게 이용되는지 알아보자.

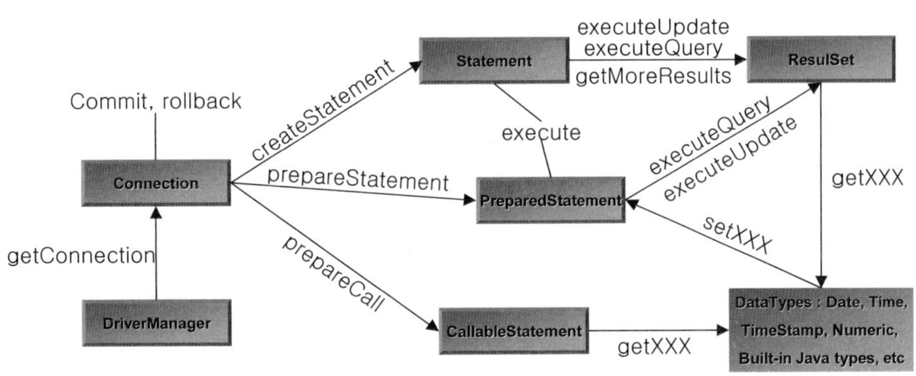

그림 11.10 JDBC에서 정의되어 있는 추상 클래스들

[그림 11.10]은 오라클 사에서 제공하는 java.sql 패키지에 정의된 추상 클래스들이다. 이 추상 클래스의 구체적인 기능은 해당 데이터베이스 제작사들에 의해 제공되는 특정 jdbc 드라이버에 구현되어 있다.

JDBC를 이용한 프로그래밍의 기본적인 과정은 다음과 같다.

DriverManager에 해당 DBMS Driver를 등록

자신이 사용할 데이터베이스 벤더의 드라이버를 java.sql 패키지에 연결시키는 작업 과정으로 자신이 사용할 타입을 1차 지정한다.

```
Class.forName("oracle.jdbc.driver.OracleDriver");
```

해당 Driver로부터 Connection 객체 획득

DriverManager에 자신이 사용할 데이터베이스 패키지를 연결시켰으므로 이 과정에서 DriverManager를 통해 연결 작업을 수행하며 연결 작업을 수행할 때 오라클의 경우에는 2차 타입 결정 과정을 포함한다. 연결 객체는 java.sql.Connection으로 제공한다.

THIN 방식을 사용하는 경우

```
Connection con = DriverManager.getConnection("jdbc:oracle:thin:@192.1.1.1:1521:
SID", "user", "password");
```

Connection 객체로부터 Statement 생성

Statement를 생성하여 Query를 전송한다.
자바에서 질의문을 만드는 방법은 세 가지가 있다.

① Statement : 가장 간단한 형태의 질의문을 실행시킬 수 있다. 단점이라면 where 절에서 여러 개의 검색 조건과, insert 문장에서 values 절에 들어가는 인스턴스 값들을 지정할 때 각각 ' '을 사용하여 QueryString을 작성해야 한다.

② PreparedStatement : PreparedStatement는 Statement 클래스를 상속받아 구현한 클래스이며, Statement에서 제공하는 모든 기능을 사용할 수 있다.
- PreparedStatement 객체 내에 질의문을 포함하므로 Statement 클래스는 실행할 때 질의문을 입력하도록 되어 있는 것과 비교된다.
- PreparedStatement 객체에서 사용하기 위한 질의에는 하나 이상의 입력 매개변수가 올 수 있다. 이는 특별한 형태를 취하게 되는데 특정 값 대신에 '?'를 이용하여 사용할 부분을 정의한 후 setXXX 형태의 메소드를 사용하여 그 값들을 정의한다.

③ CallableStatement : 보통 데이터베이스에서 제공하는 저장 프로시저(stored procedure)를 사용하기 위한 클래스이다. 오라클의 예를 든다면 PL/SQL로 만들어진 프로시저, 함수 또는 오라클 8i에서부터 지원되는 자바 저장 프로시저가 이에 해당한다.

Statement 생성

```
Connection con = DriverManager.getConnection(
      "jdbc:oracle:thin:@192.1.1.1:1521:SID", "user", "password");

Statement st=con.createStatement();
ResultSet rs1=st.executeQuery("select * from customer");
```

PreparedStatement 생성

```
Connection con = DriverManager.getConnection(
      "jdbc:oracle:thin:@192.1.1.1:1521:SID", "user", "password");

PreparedStatement ps=con.prepareStatement(
      "update customer set c_addr=? where c_name=?);
ps.setString(1,"서울시 마포구");
ps.setString(2, "강주현");
ps.executeUpdate();
```

Statement의 메소드를 이용하여 SQL 실행

- executeUpdate
  - Insert, Delete, Update, Drop, Create, Alter 문 처리
- executeQuery
  - Select만 처리
- execute
  - 타입이 명확하지 않을 경우 처리
  - return이 true이면 ResultSet, false이면 update 수
  - st.getUpdateCount()
  - st.getResultSet()

ResultSet에서 결과 추출

Statement의 SQL 문을 executeQuery 메소드로 실행해서 나온 결과 값을 받는 객체로 executeUpdate의 경우엔 제외한다.

```
ResultSet rs
Statement st
```

```
rs = st.executeQuery ("select * from customer");
while(rs.next()) { … }
```

객체 close()

외부 지원 드라이버에 대해서 생성된 객체를 코드 내에서 소멸시키기 위한 메소드이다. close() 사용 클래스는 ResultSet, Statement, Connection이다.

```
rs.close();
st.close();
con.close();
```

11.1.6 JDBC 기초 응용

1) 데이터 검색 (select)

```
String strQuery = "Select c_no, c_name, c_addr, c_phone, c_dist from customer" ;
Statement stmt = null ;

try {
    stmt = conn.createStatement() ;
    rs = stmt.executeQuery(strQuery) ;

    while(rs.next()) {
// getString(String columnName) or getString(int ColumnNo)을 사용한다.
        System.out.print(rs.getString('c_no')) ;
        System.out.print(rs.getString(2)) ;
        System.out.print(rs.getString('c_addr')) ;
        System.out.print(rs.getString('c_phone')) ;
        System.out.println(rs.getString('c_dist')) ;
    }
} catch (SQLException se) {
    se.printStackTrace();
}
```

2) 데이터 추가 (Insert)

Statement 클래스를 이용한 insert

```
String strQuery = null;
Statement stmt = null;

try {
        /* customer 테이블에 고객 등록 */
        // QueryString을 생성
        strQuery = "INSERT INTO customer VALUES (";
        strQuery += '" + strCno + "',";
        strQuery += '" + strCname + "',";
        strQuery += " + strCaddr + ",";
        strQuery += " + strCphone + ",";
        strQuery += " + strDist)";

        // Statement 객체를 생성
        stmt = conn.createStatement();

        // Query 실행
        stmt.executeUpdate(strQuery);

        conn.commit();  // DB에 commit;
        sstmt.close();
} catch (SQLException se) {
       System.out.println("Database Insert Into error");
       se.printStackTrace();
} //end try~catch
```

PreparedStatement 클래스를 이용한 Insert

```
String strQuery = null;
PreparedStatement pstmt = null;

try {
        /* customer 테이블에 고객 등록 */
        // statement객체보다 SQL문장을 판독하기가
        // 쉬운 preparedstatement객체사용
strQuery = "INSERT INTO cutomer VALUES (?, ?, ?, ?, ?)" ;
        // preparedStatement 객체 생성
        pstmt = conn.prepareStatement(strQuery) ;
         //각 ?의 순서에 맞게 setXXX 메소드를 이용한다.
        pstmt.setString(1, strCno) ;
```

```
        pstmt.setString(2, strCname) ;
        pstmt.setString(3, Caddr) ;
        pstmt.setString(4, Cphone) ;
        pstmt.setString(5, Dist) ;

        // 각각의 '?'에 값이 설정된후 완성된 Query를 실행
        pstmt.executeUpdate() ;

        conn.commit();  // db에 commit ;
        pstmt.close();

} catch (SQLException se) {
       System.out.println("Database Insert Into error") ;
       se.printStackTrace() ;
} //end try~catch
```

3) 데이터 삭제(Delete)

```
String strQuery = null;
// preparedstatement객체사용
PreparedStatement pstmt = null ;

try {
        /* customer 테이블에서 변수 strCname의 값을 갖는 고객 삭제*/

        strQuery = "delete from customer where c_name = ?";

        // preparedStatement객체 생성
        pstmt = conn.prepareStatement(strQuery) ;
        pstmt.setString(1, strCname) ;

        pstmt.executeUpdate() ;

        conn.commit();  // db에 commit;
        pstmt.close() ;

} catch (SQLException se) {
       System.out.println("Database delete error") ;
       se.printStackTrace() ;
} //end try~catch
```

4) 데이터 갱신(Update)

```
String strQuery = null;
// preparedstatement 객체 사용
PreparedStatement pstmt = null ;

try {

/* customer 테이블에서 변수 strCno의 값을 갖는 고객의 전화번호를
변수 strCphone의 값으로 변경 */

        strQuery = "update customer set c_phone = ? where c_no = ?" ;

        // preparedStatement 객체 생성
        pstmt = conn.prepareStatement(strQuery) ;
        pstmt.setString(1, strCphone) ;
        pstmt.setString(2, strCno);

        pstmt.executeUpdate() ;

        conn.commit();  // db에 commit;
        pstmt.close();
} catch (SQLException se) {
       System.out.println("Database delete error") ;
       se.printStackTrace();
} //end try~catch
```

11.1.7 JDBC 4.0 에서의 데이터베이스 처리

JDBC 4.0을 사용하려면 우선 Java6(JDK1.6 이상)을 사용하여야 한다. JDBC 드라이버 또한 JDBC4.0의 사양을 지원하는 드라이버를 사용하여야 한다. 과연 JDBC 4.0 사용하면 무엇이 도움이 될지 살펴보자.

JDBC 4.0의 장점

JDBC 4.0에서는 크게 네 가지가 바뀌었다. 첫 번째는 드라이버와 연결 관리이다. 먼저 연결을 가지고 오는게 더 쉬워졌다. 처음으로 데이터베이스와 접속을 할 때 DriverManager가 자동으로 어플리케이션의 classpath에서 드라이버 정보를 찾아 오는 기능이 추가되었기 때문이다. 이 외에 ResultSet 사용이 더 유연해졌으며 더 많은 API들이 제공된다. 두 번째는 예외 처리(exception handling)이다. chained exception을 다루는

새로운 방법을 제공한다. 세 번째는 데이터 형 지원이다. XML 지원을 위한 SQLXML의 추가, 자바 클래스에서의 ROWID SQL 형으로 접근을 제공하는 ROWID 데이터 형 추가, 2.0에서 추가된 CLOB, BLOB, ARRAY, STRUCT를 위한 메소드가 변경, 추가 되었다. 마지막으로 사용의 편의를 돕는 여러 인터페이스와 메소드들이 추가됨으로써 기존의 API가 개선되었다.

1) 데이터 검색(Select)

```
String strQuery = "Select c_no, c_name, c_addr, c_phone, c_dist from customer" ;
ResultSet rs = null ;
Statement stmt = null ;

try {
    stmt = conn.createStatement(ResultSet.TYPE_SCROLL_SENSITIVE,
                                ResultSet.CONCUR_UPDATABLE) ;
    rs = stmt.executeQuery(strQuery) ;
    // cursor의 위치를 처음이전으로 이동
    rs.beforeFirst();

   // next()매서드를 이용하여 cursor의 위치를 다음으로 이동한다.
    while(rs.next()) {
        System.out.println(rs.getString(1)) ;
        System.out.println(rs.getString(2)) ;
        System.out.println(rs.getString(3)) ;
        System.out.println(rs.getString(4)) ;
        System.out.println(rs.getString(5)) ;
    }

} catch (SQLException se) {
    se.printStackTrace() ;
}
```

2) 데이터 추가(Insert)

```
String strQuery = "Select c_no, c_name, c_addr, c_phone, c_dist from customer" ;
ResultSet rs = null ;
Statement stmt = null ;

try {

/* 자료를 추가/수정/삭제를 위해서는 updatable으로 statement 객체를 생성해야 한다. */
```

```
    stmt = conn.createStatement(ResultSet.TYPE_SCROLL_SENSITIVE,
                                ResultSet.CONCUR_UPDATABLE) ;
    rs = stmt.executeQuery(strQuery) ;
    // cursor의 위치를 insert buffer로 이동한다.
    rs.moveToInsertRow() ;
    // 현재의 커서의 위치에 setting 한다.
    rs.updateString(1, strCno.trim()) ;
    rs.updateString(2, strCname.trim()) ;
    rs.updateString(3, strCaddr.trim()) ;
    rs.updateString(4, strCphone.trim()) ;
    rs.updateString(5, strDist.trim()) ;
    // insert buffer에 setting된
    rs.insertRow() ;
    // cursor의 위치를 추가 이전의 위치로 이동한다.
    rs.moveToCurrentRow() ;
    conn.commit();
} catch (SQLException se) {
    se.printStackTrace() ;
}
```

string 형의 변수 strCno, strCaddr, strCPhone, strDist의 값들을 데이터베이스에 추가한다.

3) 데이터 삭제(Delete)

```
String strQuery = "Select c_no, c_name, c_addr, c_phone, c_dist from customer";
ResultSet rs = null;
Statement stmt = null;
try {
    stmt = conn.createStatement(ResultSet.TYPE_SCROLL_SENSITIVE,
                                ResultSet.CONCUR_UPDATABLE);
    rs = stmt.executeQuery(strQuery);
    //
    rs.absolute(10)
    rs.deleteRow();
    conn.commit();
} catch (SQLException se) {
    se.printStackTrace();
}
```

Select한 결과 resultset에서 10번째 행을 삭제한다.

4) 데이터 갱신(Update)

```
.............
try {
    stmt = conn.createStatement(ResultSet.TYPE_SCROLL_SENSITIVE,
                                ResultSet.CONCUR_UPDATABLE) ;
    rs = stmt.executeQuery(strQuery) ;

    rs.updateString(1, strCno.trim()) ;
    rs.updateString(2, strCname.trim()) ;
    rs.updateString(3, strCaddr.trim()) ;
    rs.updateString(4, strCphone.trim()) ;
    rs.updateString(5, strDist.trim()) ;
    // 현재 cursor위치의 데이터를 setting한 후에 update한다.
    rs.updateRow() ;

    conn.commit() ;
} catch (SQLException se) {
    se.printStackTrace() ;
}
```

11.1.8 Statement 객체 생성

statement 객체 생성 시에 createStatement 메소드를 사용한다. 앞에서 살펴 본 바와 같이 CONCUR_READ_ONLY, CONCUR_UPDATABLE, TYPE_FORWARD_ONLY, TYPE_SCROLL_INSENSITIVE, TYPE_SCROLL_SENSITIVE들을 이용하여 여섯 가지의 경우가 생길 수 있다.

	설　　명
CONCUR_READ_ONLY TYPE_FORWARD_ONLY	•읽기 전용, next()만 사용 가능 (createStatement()와 동일)
CONCUR_READ_ONLY TYPE_SCROLL_INSENSITIVE	•읽기 전용, previous(), next() 사용 가능 •데이터베이스에 반영되는 새로운 데이터는 보이지 않는다.
CONCUR_READ_ONLY TYPE_SCROLL_SENSITIVE	•읽기 전용, previous(), next() 사용 가능 •데이터베이스에 반영되는 새로운 데이터를 보여준다.
CONCUR_UPDATABLE TYPE_FORWARD_ONLY	•읽기/쓰기 가능, next()만 사용 가능하다.
CONCUR_UPDATABLE TYPE_SCROLL_INSENSITIVE	•읽기/쓰기 가능, previous(), next() 사용 가능. •데이터베이스에 반영되는 새로운 데이터는 보이지 않는다.

	설 명
CONCUR_UPDATABLE TYPE_SCROLL_SENSITIVE	•읽기/쓰기 가능, previous(), next() 사용 가능. •데이터베이스에 반영되는 새로운 데이터를 보여준다. •데이터베이스와 통신하는데 부담이 가장 크다.

11.1.9 자바 예제

1) 전체 메뉴 구성

메뉴 구성은 종료, 개인고객과 기업고객을 포함하는 고객관리와 지점관리, 예금거래 신청, 입/출금, 입출금내역 출력을 포함하는 예금, 대출거래신청, 상환내역 관리를 포함한 대출, 예금상품과 대출상품을 포함한 상품관리로 나뉜다.

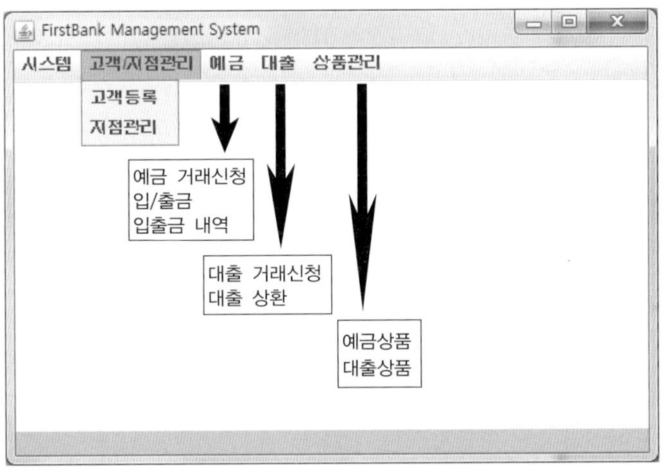

그림 11.11 전체 메뉴 구성

FirstBank.java

프로그램 전체의 프레임을 정의하며 프레임에서 처리되어야 할 메뉴에 대한 이벤트 처리, 상태바 그리고 internal Frame 클래스를 이용하여 해당 메뉴 기능들을 구성하였다.

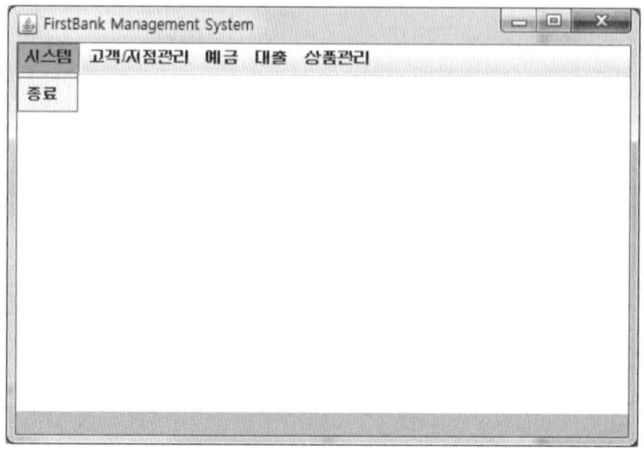

그림 11.12 FirstBank 관리 프로그램

[FirstBank.java]

```
import java.awt.*;
import java.awt.event.*;
import javax.swing.*;
import java.sql.*;

class AppFrame extends JFrame
{
//============= 메인 프레임/메뉴/status bar 선언 ===============//
       JDesktopPane desktop;
    JMenuBar xMenuBar;
    JPanel xStatusPanel;
    JLabel lbMessage;
    JPanel formPanel;

    JToolBar xToolBar;
    JButton btnMoveFirst, btnMovePrevious, btnMoveNext, btnMoveLast;
    JButton btnInsertItem, btnDeleteItem, btnSaveItem, btnCloseWindow;

//============= 메뉴 처리 선언 시작 ===============//
   frmCustomer        ifCustomer;          // 고객관리
   frmBranch          ifBranch;            // 지점관리
   frmDepositKind     ifDepositKind;       // 예금상품관리
   frmLoanKind        ifLoanKind;          // 대출상품관리
   frmDepositOrder    ifDepositOrder;      // 예금계좌 신청
   frmInOut           ifInOut;             // 예금 입/출금
   frmDepositStatement  ifDepositStatement; // 입/출금 내역 출력
   frmLoanOrder         ifLoanOrder;         // 대출계좌 신청
   frmPayBack           ifPayBack;           // 대출상환 처리
```

```
//============= 메뉴 처리 선언 끝 ===============//

//============= 데이터베이스 관련변수 선언 시작 ===============//
    static Connection conn = null;

    static String driver = "oracle.jdbc.driver.OracleDriver";
    static String url = "jdbc:oracle:thin:@192.1.1.1:1521:orcl";
    static String username = "test";
    static String passwd = "test11";

//============= 데이터베이스 관련변수 선언 끝 ===============//

    public AppFrame(String title) {
        super(title);
        Container cpane;  // AppFrame 의 desktop panel

        desktop = new JDesktopPane();
        setContentPane(desktop); //MDI 창으로 생성

        cpane = getContentPane();
        cpane.setLayout(new BorderLayout());

        initMenuBar(); //메뉴 생성
        initStatusBar();  //상태바 생성

        setJMenuBar(xMenuBar); //메뉴 붙이기
        cpane.add("South", xStatusPanel); //상태바 붙이기


        // db connection
        try {
            Class.forName(driver);
            conn = DriverManager.getConnection(url, username, passwd);
        } catch (ClassNotFoundException e) {
           System.out.println(e.getMessage());
        } catch (SQLException se) {
           System.out.println(se.getMessage());
        } catch (Exception ee) {
                System.out.println(ee.getMessage());
        }

        // 시스템에 필요한 기본적인 view객체 생성
        createViews();
```

```
        // 화면 스크롤의 속도를 빠르게 설정
        desktop.putClientProperty("JDEsktopPane.dragMode", "outLine");

    }

    //메뉴 생성 및 초기화
    void initMenuBar() {
        JMenu menu;


      /* 시스템 메뉴 */

      // 종료
        xMenuBar = new JMenuBar();
        menu = new JMenu("시스템");

        // 현재 시스템에서는 프린터 모듈을 구성하지 않습니다.
        menu.add(new JMenuItem("프린터설정"));

        menu.addSeparator();
        JMenuItem itemExit = new JMenuItem("종료");

        itemExit.addActionListener(new ActionListener()
        {
            public void actionPerformed(ActionEvent e) {
             menuExit();
            }
        });

        menu.add(itemExit);
        xMenuBar.add(menu);


        /* 고객관리 메뉴 */

        // 고객등록
        JMenuItem itemCustomer = new JMenuItem("고객등록");
        itemCustomer.addActionListener(new ActionListener() {
             public void actionPerformed(ActionEvent e) { menuCustomer(); }
        });

        // 지점관리
        JMenuItem itemBranch = new JMenuItem("지점관리");
```

```
itemBranch.addActionListener(new ActionListener() {
    public void actionPerformed(ActionEvent e) { menuBranch(); }
});

menu = new JMenu("고객/지점관리");

menu.add(itemCustomer);
menu.add(itemBranch);
xMenuBar.add(menu);

/* 예금 메뉴 */

// 예금거래 신청
JMenuItem itemDepositOrder = new JMenuItem("예금거래신청");
itemDepositOrder.addActionListener(new ActionListener() {
     public void actionPerformed(ActionEvent e)
     { menuDepositOrder(); }
});

// 입/출금
JMenuItem itemInOut = new JMenuItem("입/출금");
itemInOut.addActionListener(new ActionListener() {
    public void actionPerformed(ActionEvent e)
    { menuInOut(); }
});

// 입출금 내역
JMenuItem itemDepositStatement = new JMenuItem("입출금내역");
itemDepositStatement.addActionListener(new ActionListener() {
     public void actionPerformed(ActionEvent e)
     { menuDepositStatement(); }
});

        menu = new JMenu("예금");
menu.add(itemDepositOrder);
menu.add(itemInOut);
menu.add(itemDepositStatement);
xMenuBar.add(menu);


/* 대출 메뉴 */

// 대출거래 신청
JMenuItem itemLoanApply = new JMenuItem("대출거래신청");
```

```
        itemLoanApply.addActionListener(new ActionListener() {
            public void actionPerformed(ActionEvent e) { menuLoanOrder(); }
        });

        // 대출금 상환거래 내역..
        JMenuItem itemLoanPayback = new JMenuItem("대출상환");
        itemLoanPayback.addActionListener(new ActionListener() {
            public void actionPerformed(ActionEvent e) { menuLoanPayback(); }
        });

        menu = new JMenu("대출");
        menu.add(itemLoanApply);
        menu.add(itemLoanPayback);

        xMenuBar.add(menu);


        /* 상품관리 메뉴 */

        // 예금상품
        JMenuItem itemDepositKind = new JMenuItem("예금상품");
        itemDepositKind.addActionListener(new ActionListener() {
            public void actionPerformed(ActionEvent e) { menuDepositKind(); }
        });

        // 대출상품
        JMenuItem itemLoanKind = new JMenuItem("대출상품");
        itemLoanKind.addActionListener(new ActionListener() {
            public void actionPerformed(ActionEvent e) { menuLoanKind(); }
        });

        menu = new JMenu("상품관리");
        menu.add(itemDepositKind);
        menu.add(itemLoanKind);
        xMenuBar.add(menu);
    }

    /* 상태바 */
    void initStatusBar()
    {
        JLabel label;

        xStatusPanel = new JPanel();
        xStatusPanel.setLayout(new BorderLayout(10, 0));
```

```
        xStatusPanel.setBackground(Color.lightGray);

        lbMessage = new JLabel(" ");
        xStatusPanel.add("North", lbMessage);
    }

    public void createViews()
    {

        String tQuery = null;
        Statement stmt = null;
        ResultSet rs = null;

        // 고객 예금거래 신청 리스트 JTable에 보여질 내용 select하는 view
        tQuery = " create or replace view v_account_list ";
        tQuery+= " as ";
        tQuery+= " select a.a_no, a.a_item_name, b.c_no, b.c_name a.a_item_dist, ";
        tQuery+= "        to_char(a.a_open_date,'YYYY-MM-DD') as a_date ";
        tQuery+= "   from account a, customer b ";
        tQuery+= "  where a.a_c_no = b.c_no and a_serial_no = 1 ";
        tQuery+= "  order by a.a_date desc ";

        try {
            stmt = conn.createStatement();
            rs = stmt.executeQuery(tQuery);

            rs.close();
            stmt.close();
        } catch (SQLException se) {
            msgBox(se.toString(), "v_account_list View 생성 실패");
        }
    }

    public void msgBox(String strMsg, String title) {
        JOptionPane.showMessageDialog(this, strMsg, title, JOptionPane.ERROR_MESSAGE);
    }

    public void menuExit()
    {
        int ret = JOptionPane.showConfirmDialog(AppFrame.this, "종료하시겠습니까?");

        if(ret == JOptionPane.YES_OPTION)
        {
                    if(conn != null)
```

```
                try {
                    conn.close();
                } catch(SQLException se) {}
            System.exit(0);
        }
    }

    private void menuCustomer()
    {

        //개인고객관리 창 초기화
        ifCustomer = new frmCustomer("고객관리", conn, lbMessage);

        ifCustomer.pack();
        ifCustomer.setVisible(true);
        getContentPane().add(ifCustomer);
                try {
               ifCustomer.setSelected(true);
        } catch(java.beans.PropertyVetoException e) {}

    }

    private void menuBranch()
    {
        // 지점관리
        ifBranch = new frmBranch("지점관리", conn, lbMessage);
        ifBranch.pack();
        ifBranch.setVisible(true);
        getContentPane().add(ifBranch);
                try {
               ifBranch.setSelected(true);
        } catch(java.beans.PropertyVetoException e) {}
    }

    private void menuDepositOrder()
    {
        // 예금거래 신청
        ifDepositOrder = new frmDepositOrder("예금거래 신청", conn, lbMessage);
        ifDepositOrder.pack();
        ifDepositOrder.setVisible(true);
        getContentPane().add(ifDepositOrder);
                try {
               ifDepositOrder.setSelected(true);
        } catch(java.beans.PropertyVetoException e) {}
```

```
    }

    private void menuInOut()
    {
        // 예금 입/출금
        ifInOut = new frmInOut("예금 입금/출금", conn, lbMessage);

        ifInOut.pack();
        ifInOut.setVisible(true);
        getContentPane().add(ifInOut);
       try {
            ifInOut.setSelected(true);
        } catch(java.beans.PropertyVetoException e) {}
    }

    private void menuDepositStatement()
    {
        // 예금 입/출금
        ifDepositStatement = new frmDepositStatement("예금내역 조회/출력", conn, lbMessage);

        ifDepositStatement.pack();
        ifDepositStatement.setVisible(true);
        getContentPane().add(ifDepositStatement);
        try {
            ifDepositStatement.setSelected(true);
        } catch(java.beans.PropertyVetoException e) {}
    }


    private void menuOnlineTransfer()
    {
        // 온라인 송금 처리
    }

    private void menuLoanOrder()
    {
        // 대출계좌 신청
        ifLoanOrder = new frmLoanOrder("대출거래 신청", conn, lbMessage);
        ifLoanOrder.pack();
        ifLoanOrder.setVisible(true);
        getContentPane().add(ifLoanOrder);
        try {
            ifLoanOrder.setSelected(true);
        } catch(java.beans.PropertyVetoException e) {}
```

```
    }

    private void menuLoanPayback()
    {
        // 대출상환 처리
        ifPayBack = new frmPayBack("대출금 상환", conn, lbMessage);
        ifPayBack.pack();
        ifPayBack.setVisible(true);
        getContentPane().add(ifPayBack);
        try {
            ifPayBack.setSelected(true);
        } catch(java.beans.PropertyVetoException e) {}
    }

    private void menuDepositKind()
    {

        // 예금 상품 관리
        ifDepositKind = new frmDepositKind("예금상품 관리", conn, lbMessage);

        ifDepositKind.pack();
        ifDepositKind.setVisible(true);
        getContentPane().add(ifDepositKind);
                try {
                ifDepositKind.setSelected(true);
        } catch(java.beans.PropertyVetoException e) {}
    }

    private void menuLoanKind() {

        // 대출 상품 관리
        ifLoanKind = new frmLoanKind("대출상품 관리", conn, lbMessage);

        ifLoanKind.pack();
        ifLoanKind.setVisible(true);
        getContentPane().add(ifLoanKind);
                try {
                ifLoanKind.setSelected(true);
        } catch(java.beans.PropertyVetoException e) {}
    }
}

public class FirstBank
{
```

```
    public static void main(String args[])
    {
      AppFrame frame = new AppFrame("FirstBank Management System");

      // 시스템의 화면 설정 사이즈를 가져온다.
      Dimension screenSize = Toolkit.getDefaultToolkit().getScreenSize();

      Dimension frameSize = frame.getSize();

        if (frameSize.height > screenSize.height) {
            frameSize.height = screenSize.height;
      }
      if (frameSize.width > screenSize.width) {
            frameSize.width = screenSize.width;
      }

       // 메인 프레임 사이즈 설정 : 화면의 1/2
      frame.setSize((int)(screenSize.width / 1.4), (int)(screenSize.height / 1.4));

      //전체화면의 가운데 위치
      frame.setLocation((screenSize.width - frameSize.width)/4, (screenSize.height
      - frameSize.height)/4);

       WindowListener wl = new WindowAdapter()
       {
          public void windowClosing(WindowEvent e) {
                     try {
                     AppFrame.conn.close();
                } catch(SQLException se) {}
                System.exit(0);
          }
       };

       frame.addWindowListener(wl);
       frame.setVisible(true);
    }
}
```

frmCustomer.java

고객관리를 선택하면 모든 고객의 정보를 확인할 수 있다. 신규 고객을 등록하고, 기존 고객을 삭제할 수 있다.

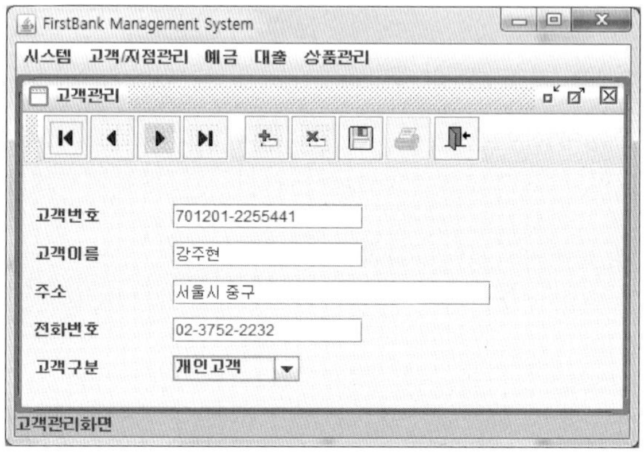

그림 11.13 고객관리

[frmCustomer.java]

```
import java.awt.*;
import java.awt.event.*;
import javax.swing.*;
import java.sql.*;

class frmCustomer extends JInternalFrame implements ActionListener, WindowListener
{
    //=============  데이터베이스 관련 변수들 ===============//
    static Connection conn = null;
    static String strQuery = "Select c_no, c_name, c_addr, c_phone, c_dist from customer";
    static ResultSet rs = null;
    static Statement stmt = null;

    //=============  ToolBar에 사용되는 관련 변수들 ===============//
    JToolBar xToolBar;
    JButton btnMoveFirst, btnMovePrev, btnMoveNext, btnMoveLast;
    JButton btnInsertItem, btnDeleteItem, btnSaveItem, btnPrintItem, btnCloseWindow;

    //=============  화면 하단의 status bar ===============//
    JLabel lbStatusMessage;

    // 데이터베이스와 연계하여 사용될 변수들
```

```
String strCno, strCname, strCaddr, strCphone, strDist;

// cursor의 현재 위치
long lCurrentRow;

// 추가버튼이 누려진후에 저장버튼이 눌렸는지 체크
// true: insert -> save, false : 내용 수정후 -> save
boolean bInsertFlag = false;

//=============  User Interface ===============//
static String customer_dist[] = { "개인고객", "기업고객" };
static JLabel label1 = new JLabel("고객번호");
static JLabel label2 = new JLabel("고객이름");
static JLabel label3 = new JLabel("주소");
static JLabel label4 = new JLabel("전화번호");
static JLabel label5 = new JLabel("고객구분");

static JTextField tf1 = new JTextField();
static JTextField tf2 = new JTextField();
static JTextField tf3 = new JTextField();
static JTextField tf4 = new JTextField();
JComboBox  jcb1 = new JComboBox();

frmCustomer(String title, Connection conn, JLabel lbMessage) {
    // JInternalFrame의 생성자 호출
    /* 매개변수의 값에 따라 창의 성질 변경
    1번째 : resizable
    2번째 : closable
    3번째 : maximizable
    4번째 : iconifiable
    */
    super(title, true, true, true, true);

    // AppFrame클래스에서 database Connection을 받아서 frmCustomer클래스의 connection에
    this.conn = conn;

    // 화면 하단에 '고객관리' display
    this.lbStatusMessage = lbMessage;

    lbStatusMessage.setText("고객관리화면");

    getContentPane().setLayout(new BorderLayout());

    // Toolbar 초기화
```

```
        initToolBar();

        getContentPane().add("North", xToolBar); // 툴바 붙이기

        // User Interface 초기화
        initContent();

        // 기본적으로 사용될 resultSet을 데이터베이스에서 Query
        // "Select c_no, c_name, c_addr, c_phone, c_dist from customer"
        initResultSet(strQuery);

        // 첫번째 cursor로 이동
        subMoveFirst();
    }

    /* 기본적으로 사용될 resultSet을 데이터베이스에서 Query    */
    public void initResultSet(String strQuery)
    {
        try {
            // update 가능하면서, 다른 사용자의 데이터 변경을 감지
            stmt = conn.createStatement(ResultSet.TYPE_SCROLL_SENSITIVE, ResultSet
            .CONCUR_UPDATABLE);
            rs = stmt.executeQuery(strQuery);
        } catch (SQLException se) {
            msgBox(se.toString(), "SQLException");
        }
    }

    /* User Interface 초기화         */
    private void initContent() {
       JPanel north = new JPanel();
       north.setLayout(null);

       label1.setBounds(10, 30, 100, 20);
       label2.setBounds(10, 60, 100, 20);
       label3.setBounds(10, 90, 100, 20);
       label4.setBounds(10, 120, 100, 20);
       label5.setBounds(10, 150, 100, 20);

       tf1.setBounds(120, 30, 150, 20);
       tf2.setBounds(120, 60, 150, 20);
       tf3.setBounds(120, 90, 250, 20);
       tf4.setBounds(120, 120, 150, 20);
       jcb1.setBounds(120, 150, 100, 20);
```

```
        north.add(label1);
        north.add(label2);
        north.add(label3);
        north.add(label4);
        north.add(label5);

        for(int i=0; i<customer_dist.length; i++) {
            jcb1.addItem(customer_dist[i]);
            }

        north.add(tf1);
        north.add(tf2);
        north.add(tf3);
        north.add(tf4);
        north.add(jcb1);

        getContentPane().add("Center", north);
    }

    /* 데이터베이스를 Navigate할수 있도록 앞/뒤,처음,끝으로 이동,
       추가,삭제,저장등의 툴바 */
    private void initToolBar() {
        xToolBar = new JToolBar(JToolBar.HORIZONTAL);
        xToolBar.setLayout(new FlowLayout(FlowLayout.LEFT, 1, 1));

        btnMoveFirst    = new JButton(new ImageIcon("./toolbar/first.gif"));
        btnMovePrev     = new JButton(new ImageIcon("./toolbar/prev.gif"));
        btnMoveNext     = new JButton(new ImageIcon("./toolbar/next.gif"));
        btnMoveLast     = new JButton(new ImageIcon("./toolbar/last.gif"));
        btnInsertItem   = new JButton(new ImageIcon("./toolbar/insert.gif"));
        btnDeleteItem   = new JButton(new ImageIcon("./toolbar/delete.gif"));
        btnSaveItem     = new JButton(new ImageIcon("./toolbar/save.gif"));
        btnPrintItem    = new JButton(new ImageIcon("./toolbar/print.gif"));
        btnCloseWindow  = new JButton(new ImageIcon("./toolbar/exit.gif"));

        // 인쇄 버튼을 disable
        btnPrintItem.setEnabled(false);

        xToolBar.add(btnMoveFirst);
        xToolBar.add(btnMovePrev);
        xToolBar.add(btnMoveNext);
        xToolBar.add(btnMoveLast);
        xToolBar.addSeparator();
```

```
        xToolBar.add(btnInsertItem);
        xToolBar.add(btnDeleteItem);
        xToolBar.add(btnSaveItem);
        xToolBar.add(btnPrintItem);
        xToolBar.add(Box.createHorizontalGlue());
        xToolBar.add(btnCloseWindow);

        btnMoveFirst.addActionListener(this);
        btnMovePrev.addActionListener(this);
        btnMoveNext.addActionListener(this);
        btnMoveLast.addActionListener(this);
        btnInsertItem.addActionListener(this);
        btnDeleteItem.addActionListener(this);
        btnSaveItem.addActionListener(this);
        btnPrintItem.addActionListener(this);
        btnCloseWindow.addActionListener(this);
    }

    /* 툴바의 버튼들의 clicked 이벤트에 따라 호출될 함수정의  */
    public void actionPerformed(ActionEvent evt) {
        if(evt.getSource() == btnSaveItem) {
                subSaveItem();
        } else if(evt.getSource() == btnInsertItem) {
            subInsertItem();
        } else if(evt.getSource() == btnDeleteItem) {
                subDeleteItem();
        } else if(evt.getSource() == btnMoveFirst) {
            subMoveFirst();
        } else if(evt.getSource() == btnMovePrev) {
                subMovePrev();
        } else if(evt.getSource() == btnMoveNext) {
                subMoveNext();
        } else if(evt.getSource() == btnMoveLast) {
                subMoveLast();
        } else if(evt.getSource() == btnPrintItem) {
            subPrintItem();
        } else if(evt.getSource() == btnCloseWindow) {
                subCloseWindow();
        }
    }

    /* 사용자에게 알려야 할 메시지 처리
       overload으로 매개변수에 따라 다른기능을 구현 */
    public void msgBox(String strMsg) {
```

```
        JOptionPane.showMessageDialog(this, strMsg, "알림", JOptionPane.INFORMATION_MESSAGE);
    }

    public void msgBox(String strMsg, String title) {
        JOptionPane.showMessageDialog(this, strMsg, title, JOptionPane.ERROR_MESSAGE);
    }

    public void msgBox(SQLException se) {
       lbStatusMessage.setText(se.toString());
    }

    public void msgBox(SQLException se, String title) {
        lbStatusMessage.setText(title + " : " + se.toString());
    }

    // 화면에 있는 User Interface들중에 textField들의 내용을 지운다.
    public void clearItems() {
          tf1.setText("");
          tf2.setText("");
          tf3.setText("");
          tf4.setText("");
    }

    /* 화면의 textField들에 현재 cursor의 내용을 setting */
    public void setItems() {
        try {
            // cursor에서 클래스 변수로 자료 이동
            strCno = rs.getString(1).trim();          // c_no
            strCname = rs.getString(2).trim();        // c_name
            strCaddr = rs.getString(3);               // c_addr
            strCphone = rs.getString(4);              // c_phone

            strDist = rs.getString(5).trim();         // c_dist
            lCurrentRow = rs.getRow();

            // 데이터 베이스에서 가져온 값들을 화면아래에 있는 statusbar에 표시
            //lbStatusMessage.setText("[row : " + lCurrentRow + "] [c_no : " + strCno
              + "] [c_name : " + strCname + "] [c_addr : " + strCaddr + "] [c_phone :
              " + strCphone + "] [c_dist : " + strDist + "]");

            // 클래스 변수에서 화면 Interface로 자료 복사
            tf1.setText(strCno);
            tf2.setText(strCname);
            tf3.setText(strCaddr);
```

```
            tf4.setText(strCphone);

            /* 고객구분코드의 값에 따라 setting
                00 : 개인고객 , 11 : 기업고객
                10 : 개인 사업자 (현재 구현되어 있지 않음).
            */
            if (strDist.equals("00")) {
                jcb1.setSelectedIndex(0);
            } else if (strDist.equals("11")) {
                jcb1.setSelectedIndex(1);
            }
        } catch(SQLException se) {
             msgBox(se, "setitems()");
        }
      }

/* 화면의 textField들의 내용을 클래스 변수에  */
public boolean getItems() {
    int intIndex;
     strCno = tf1.getText().trim();
     strCname = tf2.getText().trim();
     strCaddr = tf3.getText().trim();
     strCphone = tf4.getText().trim();
     intIndex = jcb1.getSelectedIndex();

     // 입력 textField의 값이 누락되었는 확인
     if (strCno == null) { msgBox("고객번호가 누락되었습니다."); return false; }
     if (strCno.length() < 12 ){msgBox("잘못된 고객번호 입니다."); return false; }
     if (strCname == null) {msgBox("고객성명이 누락되었습니다."); return false; }

     // combobox의 index값에 따라 고객구분코드로 변경
     switch(intIndex) {
         case 0 : strDist = "00";
         case 1 : strDist = "11";
     }

     // UserInterface로부터 클래스변수로 가져온 값을 statusbar에 display
     //lbStatusMessage.setText("[row : " + lCurrentRow + "] [c_no : " + strCno + "]
       [c_name : " + strCname + "] [c_addr : " + strCaddr + "] [c_phone : " +
       strCphone + "] [c_dist : " + strDist + "]");
     return true;
}

// cursor의 위치를 처음으로 이동
```

```
public void subMoveFirst() {
            try {
        if(!rs.isFirst()) {
              rs.first();
            setItems();
           }
    } catch(SQLException se) {
         msgBox(se);
    }
}

// cursor의 위치를 현재에서 이전으로 이동
public void subMovePrev() {
   try {
           if(!rs.isFirst()) {
               rs.previous();
            setItems();
           }
    } catch(SQLException se) {
         msgBox(se);
    }
}

// cursor의 위치를 현재에서 다음으로 이동
public void subMoveNext() {
    try {
        if(!rs.isLast()) {
               rs.next();
            setItems();
        }
    } catch(SQLException se) {
         msgBox(se);
    }
}

// cursor의 위치를 마지막으로 이동
public void subMoveLast() {
   try {
           if(!rs.isLast()) {
               rs.last();
             setItems();
        }
    } catch(SQLException se) {
         msgBox(se);
```

```
    }
}

// 클래스 변수에 들어 있는 내용들 database에 반영
public void subSaveItem() {
            // insert버튼이 눌렸었는지...
            // 즉 새로운 데이터인지, 현재 데이터의 수정인지
            // Insert버튼이 눌렸다면..
            if (bInsertFlag == true) {
            // User Interface의 내용을 클래스 변수에 저장
                 if (getItems()) {
                 try {
               // cursor의 위치를 insert buffer로 이동
                        rs.moveToInsertRow();

               // cursor의 내용을 클래스 변수로 setting
                        rs.updateString(1, strCno.trim());
                        rs.updateString(2, strCname.trim());
                        rs.updateString(3, strCaddr.trim());
                        rs.updateString(4, strCphone.trim());
                        rs.updateString(5, strDist.trim());

               // setting된 insert buffer내용을 데이터베이스에 반영
                        rs.insertRow();

               //msgBox("데이터를 저장하였습니다.");
                  bInsertFlag = false;

               lbStatusMessage.setText("insert completed!!");
               // 데이터 베이스를 commit
               conn.commit();
               rs.moveToCurrentRow();

                   } catch (SQLException se) {
               msgBox(se, "Database Insert Into error");
                   } //end try~catch
        }//end if(getItems())
    } else {
    // insert 버튼이 눌리지 않았다면
            if(getItems()) {
              try {
               // 클래스 변수의 내용을 cursor에 반영
                  rs.updateString(1, strCno.trim());
                  rs.updateString(2, strCname.trim());
```

```
                rs.updateString(3, strCaddr.trim());
                rs.updateString(4, strCphone.trim());
               rs.updateString(5, strDist.trim());

              // cursor의 변경사항을 데이터베이스에 반영
                rs.updateRow();

              lbStatusMessage.setText("update completed!!");
              //데이터베이스 commit
                conn.commit();
                 } catch(SQLException se) {
              msgBox(se, "입력자료 오류");
              se.printStackTrace();
             } // end try~catch
        } //end if(getItems())
     } // end if(bInsertFlag == true)
} // end subSaveItem()

// Insert버튼이 눌렸을 경우 처리
public void subInsertItem() {
            clearItems();
    bInsertFlag = true;
}

// Delete버튼이 눌렸을 경우 처리
public void subDeleteItem() {
            int rtnValue;
    //삭제 확인 메시지 창을 띄운다.
       rtnValue = JOptionPane.showConfirmDialog(null, "현재 데이터를 삭제 합니다.",
       "확인", JOptionPane.OK_CANCEL_OPTION, JOptionPane.QUESTION_MESSAGE);

            try {
        // 삭제 확인 버튼이 눌린경우
        if (rtnValue == 0) {

            // 현재 커서의 위치에 있는 데이터를 삭제
               rs.deleteRow();
            // 다음행으로 이동
            subMoveNext();

            lbStatusMessage.setText("delete completed!!");
            // 데이터 베이스 commit
            conn.commit();
        }
```

```
        } catch (SQLException se) {
            msgBox(se, "subDelteItem()");
        }
    }

    // 인쇄버튼이 눌렸을 경우 처리
    public void subPrintItem()
    {
        // 인쇄모듈 구성
    }

    // 닫기버튼이 눌렸을 경우 처리
       public void subCloseWindow() {
        try {
            stmt.close();
        } catch(SQLException e) {
            e.printStackTrace();
        }

        setVisible(false);
        dispose();
    }

    //  WindowListener를 implements 했을 경우 모든 Method를 overriding해야 한다.
    public void windowOpened(WindowEvent evt) {}
       public void windowClosed(WindowEvent evt) {}

    public void windowClosing(WindowEvent evt) {
                subCloseWindow();
       }
    public void windowIconified(WindowEvent evt) {}
       public void windowDeiconified(WindowEvent evt) {}
       public void windowActivated(WindowEvent evt) {}
       public void windowDeactivated(WindowEvent evt) {}
}
```

frmBranch.java

지점관리를 선택하면 모든 지점 정보를 볼 수 있으며 신규 지점을 삽입하거나 기존 지점을 삭제할 수 있다.

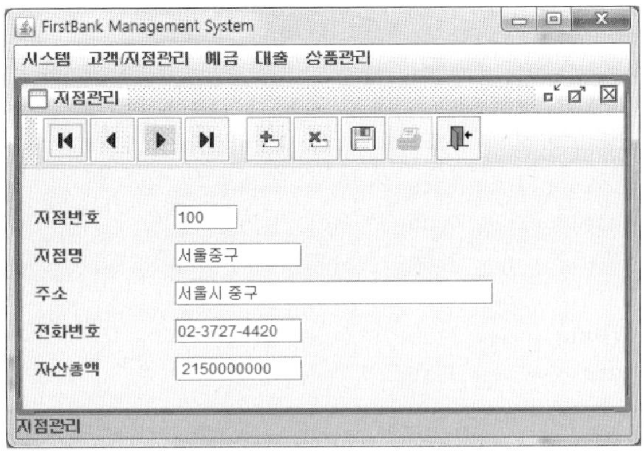

그림 11.14 지점관리

[frmBranch.java]

```
import java.awt.*;
import java.awt.event.*;
import javax.swing.*;
import java.sql.*;

class frmBranch extends JInternalFrame implements ActionListener, WindowListener
{
   //============  데이터베이스 관련 변수들 ===============//
    static Connection conn = null;
    static String strQuery = "Select b_no, b_name, b_addr, b_phone, b_assets from branch";
    static ResultSet rs = null;
    static Statement stmt = null;

    //============  ToolBar에 사용되는 관련 변수들 ===============//
    JToolBar xToolBar;
    JButton btnMoveFirst, btnMovePrev, btnMoveNext, btnMoveLast;
    JButton btnInsertItem, btnDeleteItem, btnSaveItem, btnPrintItem, btnCloseWindow;

    //============  화면 하단의 status bar ===============//
    JLabel lbStatusMessage;

    // 데이터베이스와 연계하여 사용될 변수들
```

```
    String strBno, strBname, strBaddr, strBphone;
    long lBassets;

    // cursor의 현재 위치
    long lCurrentRow;

    // 추가버튼이 누려진후에 저장버튼이 눌렸는지 체크
    // true: insert -> save, false : 내용 수정후 -> save
    boolean bInsertFlag = false;

    //=============  User Interface ===============//
    static JLabel label1 = new JLabel("지점번호");
    static JLabel label2 = new JLabel("지점명");
    static JLabel label3 = new JLabel("주소");
    static JLabel label4 = new JLabel("전화번호");
    static JLabel label5 = new JLabel("자산총액");

    static JTextField tf1 = new JTextField();
    static JTextField tf2 = new JTextField();
    static JTextField tf3 = new JTextField();
    static JTextField tf4 = new JTextField();
    static JTextField tf5 = new JTextField();

    frmBranch(String title, Connection conn, JLabel lbMessage) {
        // JInternalFrame의 생성자 호출
        /* 매개변수의 값에 따라 창의 성질 변경 */
        super(title, true, true, true, true);

        // AppFrame클래스에서 database Connection을 받아서 클래스의 connection에
        this.conn = conn;
        this.lbStatusMessage = lbMessage;

        // 화면 하단에 '지점관리' display
        lbStatusMessage.setText("지점관리");

        getContentPane().setLayout(new BorderLayout());

        // Toolbar 초기화
        initToolBar();

        getContentPane().add("North", xToolBar); // 툴바 붙이기

        // User Interface 초기화
        initContent();
```

```
        // 기본적으로 사용될 resultSet을 데이터베이스에서 Query
        // "Select b_code, b_name, b_addr, b_phone, b_assets from branch"
        initResultSet(strQuery);
        subMoveFirst();
    }

    /* 기본적으로 사용될 resultSet을 데이터베이스에서 Query      */
    public void initResultSet(String strQuery)
    {
        try {
            // update 가능하면서, 다른 사용자의 데이터 변경을 감지
            stmt = conn.createStatement(ResultSet.TYPE_SCROLL_SENSITIVE, ResultSet.
            CONCUR_UPDATABLE);
            rs = stmt.executeQuery(strQuery);
        } catch (SQLException se) {
            msgBox(se.toString(), "SQLException");
        }
    }

    /* User Interface 초기화          */
    private void initContent() {
       JPanel north = new JPanel();
       north.setLayout(null);

       label1.setBounds(10, 30, 100, 20);
       label2.setBounds(10, 60, 100, 20);
       label3.setBounds(10, 90, 100, 20);
       label4.setBounds(10, 120, 100, 20);
       label5.setBounds(10, 150, 100, 20);

       tf1.setBounds(120, 30, 50, 20);
       tf2.setBounds(120, 60, 100, 20);
       tf3.setBounds(120, 90, 250, 20);
       tf4.setBounds(120, 120, 100, 20);
       tf5.setBounds(120, 150, 100, 20);

       north.add(label1);
       north.add(label2);
       north.add(label3);
       north.add(label4);
       north.add(label5);

       north.add(tf1);
```

```
        north.add(tf2);
        north.add(tf3);
        north.add(tf4);
        north.add(tf5);

        getContentPane().add("Center", north);
    }

    /* 데이터베이스를 Navigate할수 있도록 앞/뒤,처음,끝으로 이동,
       추가,삭제,저장등의 툴바 */
    private void initToolBar() {
        xToolBar = new JToolBar(JToolBar.HORIZONTAL);
        xToolBar.setLayout(new FlowLayout(FlowLayout.LEFT, 1, 1));

        btnMoveFirst    = new JButton(new ImageIcon("./toolbar/first.gif"));
        btnMovePrev     = new JButton(new ImageIcon("./toolbar/prev.gif"));
        btnMoveNext     = new JButton(new ImageIcon("./toolbar/next.gif"));
        btnMoveLast     = new JButton(new ImageIcon("./toolbar/last.gif"));
        btnInsertItem   = new JButton(new ImageIcon("./toolbar/insert.gif"));
        btnDeleteItem   = new JButton(new ImageIcon("./toolbar/delete.gif"));
        btnSaveItem     = new JButton(new ImageIcon("./toolbar/save.gif"));
        btnPrintItem    = new JButton(new ImageIcon("./toolbar/print.gif"));
        btnCloseWindow  = new JButton(new ImageIcon("./toolbar/exit.gif"));

        btnPrintItem.setEnabled(false);

        xToolBar.add(btnMoveFirst);
        xToolBar.add(btnMovePrev);
        xToolBar.add(btnMoveNext);
        xToolBar.add(btnMoveLast);
        xToolBar.addSeparator();
        xToolBar.add(btnInsertItem);
        xToolBar.add(btnDeleteItem);
        xToolBar.add(btnSaveItem);
        xToolBar.add(btnPrintItem);
        xToolBar.add(Box.createHorizontalGlue());
        xToolBar.add(btnCloseWindow);

        btnMoveFirst.addActionListener(this);
        btnMovePrev.addActionListener(this);
        btnMoveNext.addActionListener(this);
        btnMoveLast.addActionListener(this);
        btnInsertItem.addActionListener(this);
        btnDeleteItem.addActionListener(this);
```

```
    btnSaveItem.addActionListener(this);
    btnPrintItem.addActionListener(this);
    btnCloseWindow.addActionListener(this);
}

/* 툴바의 버튼들의 clicked 이벤트에 따라 호출될 함수정의  */
public void actionPerformed(ActionEvent evt) {
    if(evt.getSource() == btnSaveItem) {
    subSaveItem();
    } else if(evt.getSource() == btnInsertItem) {
        subInsertItem();
    } else if(evt.getSource() == btnDeleteItem) {
            subDeleteItem();
    } else if(evt.getSource() == btnMoveFirst) {
        subMoveFirst();
    } else if(evt.getSource() == btnMovePrev) {
            subMovePrev();
    } else if(evt.getSource() == btnMoveNext) {
            subMoveNext();
    } else if(evt.getSource() == btnMoveLast) {
            subMoveLast();
    } else if(evt.getSource() == btnPrintItem) {
        subPrintItem();
    } else if(evt.getSource() == btnCloseWindow) {
            subCloseWindow();
    }
}

/* 사용자에게 알려야 할 메시지 처리
   overload으로 매개변수에 따라 다른기능을 구현 */
public void msgBox(String strMsg) {
    JOptionPane.showMessageDialog(this, strMsg, "알림", JOptionPane.INFORMATION_MESSAGE);
}

public void msgBox(String strMsg, String title) {
    JOptionPane.showMessageDialog(this, strMsg, title, JOptionPane.ERROR_MESSAGE);
}

public void msgBox(SQLException se) {
   lbStatusMessage.setText(se.toString());
}

public void msgBox(SQLException se, String title) {
    lbStatusMessage.setText(title + " : " + se.toString());
```

```
    }

    // 화면에 있는 User Interface들중에 textField들의 내용을 지운다.
    public void clearItems() {
          tf1.setText("");
          tf2.setText("");
          tf3.setText("");
          tf4.setText("");
          tf5.setText("0");
    }

    /* 화면의 textField들에 현재 cursor의 내용을 setting */
    public void setItems() {
        try {
            // cursor에서 클래스 변수로 자료 이동
            strBno = rs.getString(1).trim();      // b_no
            strBname = rs.getString(2).trim();    // b_name
            strBaddr = rs.getString(3);           // b_addr
            strBphone = rs.getString(4);          // b_phone
            lBassets = rs.getLong(5);             // b_assets
            lCurrentRow = rs.getRow();

            // 클래스 변수에서 화면 Interface로 자료 복사
                  tf1.setText(strBno);
                  tf2.setText(strBname);
                  tf3.setText(strBaddr);
                  tf4.setText(strBphone);
            tf5.setText(" " + lBassets);
        } catch(SQLException se) {
             msgBox(se, "setitems()");
        }
       }

    /* 화면의 textField들의 내용을 클래스 변수에  */
    public boolean getItems() {
       int intIndex;
        strBno = tf1.getText().trim();
        strBname = tf2.getText().trim();
        strBaddr = tf3.getText().trim();
        strBphone = tf4.getText().trim();
        lBassets = Long.parseLong(tf5.getText().trim());

        // 입력 textField의 값이 누락되었는 확인
        if (strBno == null) { msgBox("지점번호가 누락되었습니다."); return false; }
```

```
        if (strBno.length() < 3 ) { msgBox("잘못된 지점번호 입니다."); return false; }
        if (strBname == null) { msgBox("지점명이 누락되었습니다."); return false; }
        if (strBaddr == null) { msgBox("지점주소가 누락되었습니다."); return false; }
        if (strBphone == null) { msgBox("지점 전화번호가 누락되었습니다."); return false;
}
        if (lBassets == 0) { msgBox("지점자산이 누락되었습니다."); return false; }
                return true;
    }

    // cursor의 위치를 처음으로 이동
    public void subMoveFirst() {
                try {
            if(!rs.isFirst()) {
                rs.first();
                setItems();
              }
        } catch(SQLException se) {
            msgBox(se);
        }
    }

    // cursor의 위치를 현재에서 이전으로 이동
    public void subMovePrev() {
       try {
              if(!rs.isFirst()) {
                 rs.previous();
               setItems();
              }
        } catch(SQLException se) {
            msgBox(se);
        }
    }

    // cursor의 위치를 현재에서 다음으로 이동
    public void subMoveNext() {
        try {
            if(!rs.isLast()) {
                 rs.next();
               setItems();
            }
        } catch(SQLException se) {
            msgBox(se);
        }
    }
```

```
// cursor의 위치를 마지막으로 이동
public void subMoveLast() {
   try {
          if(!rs.isLast()) {
             rs.last();
           setItems();
      }
    } catch(SQLException se) {
         msgBox(se);
    }
}

// 클래스 변수에 들어 있는 내용들 database에 반영
public void subSaveItem() {
    // insert버튼이 눌렸었는지...
    // 즉 새로운 데이터인지, 현재 데이터의 수정인지
    // Insert버튼이 눌렸다면..
           if (bInsertFlag == true) {

        // User Interface의 내용을 클래스 변수에 저장
                 if (getItems()) {
            try {
                // cursor의 위치를 insert buffer로 이동
                       rs.moveToInsertRow();

                // cursor의 내용을 클래스 변수로 setting
                rs.updateString(1, strBno.trim());
                rs.updateString(2, strBname.trim());
                rs.updateString(3, strBaddr.trim());
                rs.updateString(4, strBphone.trim());
                rs.updateLong(5, lBassets);

                // setting된 insert buffer내용을 데이터베이스에 반영
                       rs.insertRow();

                  bInsertFlag = false;

                lbStatusMessage.setText("insert completed!!");

                // 데이터 베이스를 commit
                conn.commit();
                               rs.moveToCurrentRow();
            } catch (SQLException se) {
                msgBox(se, "Database Insert Into error");
```

```
                    } //end try~catch
            }//end if(getItems())
        } else {
        // insert 버튼이 눌리지 않았다면

                if(getItems()) {
                    try {
                     // 클래스 변수의 내용을 cursor에 반영
                     rs.updateString(1, strBno.trim());
                     rs.updateString(2, strBname.trim());
                     rs.updateString(3, strBaddr.trim());
                     rs.updateString(4, strBphone.trim());
                     rs.updateLong(5, lBassets);

                     // cursor의 변경사항을 데이터베이스에 반영
                        rs.updateRow();

                     lbStatusMessage.setText("update completed!!");
                     //데이터베이스 commit
                        conn.commit();
                          } catch(SQLException se) {
                     msgBox(se, "입력자료 오류");
                     se.printStackTrace();
                    } // end try~catch
            } //end if(getItems())
        } // end if(bInsertFlag == true)
    } // end subSaveItem()

    // Insert버튼이 눌렸을 경우 처리
    public void subInsertItem() {
                clearItems();
        bInsertFlag = true;
    }

    // Delete버튼이 눌렸을 경우 처리
    public void subDeleteItem() {
                int rtnValue;
        //삭제 확인 메시지 창을 띄운다.
            rtnValue = JOptionPane.showConfirmDialog(null, "현재 데이터를 삭제 합니다.",
"확인", JOptionPane.OK_CANCEL_OPTION, JOptionPane.QUESTION_MESSAGE);

                try {
            // 삭제 확인 버튼이 눌린경우
            if (rtnValue == 0) {
```

```
                // 현재 커서의 위치에 있는 데이터를 삭제
                    rs.deleteRow();
                // 다음행으로 이동
                subMoveNext();

                lbStatusMessage.setText("delete completed!!");
                // 데이터 베이스 commit
                conn.commit();
            }
        } catch (SQLException se) {
            msgBox(se, "subDelteItem()");
        }
    }

    // 인쇄버튼이 눌렸을 경우 처리
    public void subPrintItem()
    {
        // 인쇄모듈 구성
    }

    // 닫기버튼이 눌렸을 경우 처리
       public void subCloseWindow() {
        try {
            stmt.close();
        } catch(SQLException e) {
            e.printStackTrace();
        }

        setVisible(false);
        dispose();
    }

    //  WindowListener를 implements 했을 경우 모든 Method를 overriding해야 한다.
    public void windowOpened(WindowEvent evt) {}
       public void windowClosed(WindowEvent evt) {}

    public void windowClosing(WindowEvent evt) {
                subCloseWindow();
       }
    public void windowIconified(WindowEvent evt) {}
       public void windowDeiconified(WindowEvent evt) {}
       public void windowActivated(WindowEvent evt) {}
       public void windowDeactivated(WindowEvent evt) {}
}
```

frmDepositOrder.java

지점을 선택, 개인 고객인지 기업 고객인지를 선택하면 예금계좌번호는 자동으로 입력받고 예금 종류를 선택하여 계약기간, 고객번호를 입력하여 자료의 추가, 저장 등을 수행한다.

그림 11.15 예금거래신청

[frmDepositOrder.java]

```
import java.awt.*;
import java.awt.event.*;
import javax.swing.*;
import java.sql.*;

class frmDepositOrder extends JInternalFrame implements ActionListener, WindowListener
{
  //============= 데이터베이스 관련 변수들 ===============//
    static Connection conn = null;
    static String strQuery = null;
    static String strTableQuery = null;

    static ResultSet rs = null;
```

```
static Statement stmt = null;
   static PreparedStatement pstmt = null;
final int iColCount = 5;

//=============  ToolBar에 사용되는 관련 변수들 ===============//
JToolBar xToolBar = null;
JButton btnInsertItem, btnSaveItem,  btnPrintItem, btnCloseWindow;

//=============  화면 하단의 status bar ===============//
JLabel lbStatusMessage = null;
boolean bInsertFlag = true;

// 데이터베이스와 연계하여 사용될 변수들
String strAno, strAcno, strAname, strAbcode, strDcustno;
long lTerm, lSeq;

// 지점코드 기억시킬 배열
String sBcode[] = null;
long lCurrentRow;

//=============  User Interface ===============//
static JLabel label1 = new JLabel("지점");
static JLabel label2 = new JLabel("고객구분");
static JLabel label3 = new JLabel("계좌번호");
static JLabel label4 = new JLabel("예금종류");
static JLabel label5 = new JLabel("계약기간");
static JLabel label6 = new JLabel("고객번호");
static JLabel label7 = new JLabel("개월");
static String customer_dist[] = { "개인고객", "기업고객" };

static JTextField tf1 = new JTextField();
static JTextField tf2 = new JTextField("0");
static JTextField tf3 = new JTextField();

JComboBox  jcb1 = new JComboBox();
JComboBox  jcb2 = new JComboBox();
JComboBox  jcb3 = new JComboBox();
JTable jtAccoutList = null;

Object columnName[] = {"계좌번호", "예금상품명", "고객번호", "고객명", "개설일"};
Object dataTable[][] = null;

frmDepositOrder(String title, Connection conn, JLabel lbMessage) {
    // JInternalFrame의 생성자 호출
```

```
        /* 매개변수의 값에 따라 창의 성질 변경 */
        super(title, false, true, true, true);

        String query = null;
        // AppFrame클래스에서 database Connection을 받아서 클래스의 connection에
        this.conn = conn;
        this.lbStatusMessage = lbMessage;

        // 화면 하단에 '예금거래신청' display
        lbStatusMessage.setText("예금거래 신청");

        getContentPane().setLayout(new BorderLayout());

        // Toolbar 초기화
        initToolBar();

        // User Interface 초기화
        initContent();

        // 고객 예금거래 신청 리스트 JTable에 보여질 내용 select
        initTable();
        // 예금계좌번호 생성(지점코드, 개인 or 기업)
        subMakeAccountNumber(jcb1.getSelectedIndex(), jcb2.getSelectedIndex());
    }

    private void initTable() {
        int lRowCount = 0, i = 0;
        // AppFrame클래스의 createview()에서 생성한 view사용
        String query ="select A_NO, A_ITEM_NAME, C_NO, C_NAME, A_DATE from
        v_account_list where A_ITEM_DIST = 'A0' order by A_NO desc";

        try {
            stmt = conn.createStatement(ResultSet.TYPE_SCROLL_INSENSITIVE, ResultSet.
            CONCUR_READ_ONLY);
            rs = stmt.executeQuery(query);

            // 전체 row의 갯수+1을 얻어온다.
            rs.last();
            lRowCount = rs.getRow() + 1; // 현재cursor의 위치

            // JTable 생성시 필요한 Object array 생성
            dataTable = new Object[lRowCount][iColCount];

            // cursor의 위치를 처음이전의 위치로 이동
```

```
        rs.beforeFirst();

        // cursor에 있는 데이터를 배열에 저장
        while(rs.next()) {
            for(int j = 0; j < iColCount; j++) {
                // 각 컬럼의 갯수만큼 반복하여 배열에 저장
                dataTable[i][j] = rs.getObject(j+1);
            }
            i++;
        }

        // 현재 예금 계좌를 가지고 있는 고객 목록테이블 생성
           jtAccoutList = new JTable(dataTable, columnName);

        // 고객목록테이블(JTable)에 스크롤 바 붙여주기
          JScrollPane scrollpane = new JScrollPane(jtAccoutList);
              scrollpane.setPreferredSize(new Dimension(0, 200));

          getContentPane().add("South", scrollpane);

        // 사용한 resultSet을 close
        rs.close();
        //  사용한 statement를 close
        stmt.close();

    } catch (SQLException se) {
        msgBox(se);
        se.printStackTrace();
    }
}

/* User Interface 초기화        */
private void initContent() {
    JPanel center = new JPanel();
   center.setLayout(null);

   label1.setBounds(10, 30, 100, 20);
   label2.setBounds(10, 60, 100, 20);
   label3.setBounds(10, 90, 100, 20);
   label4.setBounds(10, 120, 100, 20);
   label5.setBounds(10, 150, 100, 20);
   label6.setBounds(10, 180, 100, 20);
   label7.setBounds(185, 150, 70, 20);
```

```
jcb1.setBounds(120, 30, 150, 20);
jcb2.setBounds(120, 60, 150, 20);
tf1.setBounds(120, 90, 150, 20);
jcb3.setBounds(120, 120, 150, 20);
tf2.setBounds(120, 150, 100, 20);
tf3.setBounds(120, 180, 150, 20);

center.add(label1);
center.add(label2);
center.add(label3);
center.add(label4);
center.add(label5);
center.add(label6);
center.add(label7);

// 지점코드, 지점명을 가져온다.
strQuery = "select b_no, b_name from branch";

try {
    stmt = conn.createStatement();
    rs = stmt.executeQuery(strQuery);
    int i=0;

    /* 지점이름이 저장되는 인덱스값에 따라 지점코드가 저장 */
    sBcode = new String[10];
    while(rs.next()) {
        jcb1.addItem(rs.getString("b_name").trim());
        sBcode[i] = rs.getString("b_no").trim();
        i++;
    }

    rs.close();
    stmt.close();
} catch (SQLException se) {
    msgBox(se);
}

// 고객구분 선택 콤보박스
for(int i=0; i<customer_dist.length; i++) {
    jcb2.addItem(customer_dist[i]);
}

jcb1.addActionListener(this);
jcb2.addActionListener(this);
```

```
    center.add(tf1);
    center.add(tf2);
    center.add(tf3);
    center.add(jcb1);
    center.add(jcb2);
    center.add(jcb3);

    getContentPane().add("Center", center);
}

/* 데이터베이스를 Navigate할수 있도록 앞/뒤,처음,끝으로 이동,
   추가,삭제,저장등의 툴바 */
private void initToolBar() {
    xToolBar = new JToolBar(JToolBar.HORIZONTAL);
    xToolBar.setLayout(new FlowLayout(FlowLayout.LEFT, 1, 1));

    btnInsertItem    = new JButton(new ImageIcon("./toolbar/insert.gif"));
    btnSaveItem      = new JButton(new ImageIcon("./toolbar/save.gif"));
    btnPrintItem     = new JButton(new ImageIcon("./toolbar/print.gif"));
    btnCloseWindow   = new JButton(new ImageIcon("./toolbar/exit.gif"));

    btnPrintItem.setEnabled(false);

    xToolBar.add(btnInsertItem);
    xToolBar.add(btnSaveItem);
    xToolBar.add(btnPrintItem);
    xToolBar.add(Box.createHorizontalGlue());
    xToolBar.add(btnCloseWindow);

    btnInsertItem.addActionListener(this);
    btnSaveItem.addActionListener(this);
    btnPrintItem.addActionListener(this);
    btnCloseWindow.addActionListener(this);

    getContentPane().add("North", xToolBar); // 툴바 붙이기
}
/* 툴바의 버튼들의 clicked 이벤트에 따라 호출될 함수정의  */
public void actionPerformed(ActionEvent evt) {
    if(evt.getSource() == btnSaveItem) {
            subSaveItem();
    } else if(evt.getSource() == btnInsertItem) {
        subInsertItem();
    } else if(evt.getSource() == btnCloseWindow) {
```

```
            subCloseWindow();
        } else if(evt.getSource() == btnPrintItem) {
            subPrintItem();
        } else if(evt.getSource() == jcb1) {
            subMakeAccountNumber(jcb1.getSelectedIndex(), jcb2.getSelectedIndex());
        } else if(evt.getSource() == jcb2) {
            subMakeAccountNumber(jcb1.getSelectedIndex(), jcb2.getSelectedIndex());
        }
    }

    /* 사용자에게 알려야 할 메시지 처리
       overload으로 매개변수에 따라 다른기능을 구현 */
    public void msgBox(String strMsg) {
        lbStatusMessage.setText(strMsg);
    }

    public void msgBox(String strMsg, String title) {
        JOptionPane.showMessageDialog(this, strMsg, title, JOptionPane.ERROR_MESSAGE);
    }

    public void msgBox(SQLException se) {
       lbStatusMessage.setText(se.toString());
    }

    public void msgBox(SQLException se, String title) {
        lbStatusMessage.setText(title + " : " + se.toString());
    }

    // 화면에 있는 User Interface들중에 textField들의 내용을 지운다.
    public void clearItems() {
        tf2.setText("0");
        tf3.setText("");
        jcb1.setSelectedIndex(0);
        jcb2.setSelectedIndex(0);
        jcb3.setSelectedIndex(0);
    }

    /* 화면의 textField들의 내용을 클래스 변수에 저장  */
    public boolean getItems() {
        strAbcode = sBcode[jcb1.getSelectedIndex()];          // 지점코드
        strAno    = tf1.getText().trim();                     // 예금계좌번호
        //intIndex = (String) jcb2.getSelectedIndex();        // 고객구분
        strAname = (String) jcb3.getSelectedItem();           // 예금계좌 상품명
        lSeq      = 1;
```

```
        lTerm     = Long.parseLong(tf2.getText().trim());        // 계약기간
        strDcustno = tf3.getText().trim();                        // 고객번호

        // 입력 textField의 값이 누락되었는 확인
        if (strAno.length() < 8) { msgBox("예금계좌번호가 잘못되었습니다."); return false; }
        if (strDcustno.equals("")) { msgBox("고객번호가 입력되지 않았습니다."); return false; }

        // 입력된 고객번호가 고객테이블에 존재하는 고객인지 확인
        strQuery = "select count(c_no) from customer where c_no = '" + strDcustno + "'";
        try {
            stmt = conn.createStatement();
            rs = stmt.executeQuery(strQuery);

            rs.next();
            if (rs.getInt(1) < 1) {
                msgBox("입력하신 고객번호는 고객대장에 없는 고객이거나 잘못된 고객번호입니다.", "알림");
                return false;
            }
        } catch(SQLException se) {
                msgBox(se);
        }

        // UserInterface로부터 클래스변수로 가져온 값을 statusbar에 display
        lbStatusMessage.setText("[strAno : " + strAno + "] [strDcustno : " +
        strDcustno + "] [strAbcode : " + strAbcode + "] [strAname : " + strAname + "]
        [lTerm : " + lTerm + "]");
        return true;
    }

    // 클래스 변수에 들어 있는 내용들 database에 반영
    public void subSaveItem() {
        // insert버튼이 눌렸었는지...
        // 즉 새로운 데이터인지, 현재 데이터의 수정인지
        // Insert버튼이 눌렸다면..
       if (bInsertFlag == true) {
            // User Interface의 내용을 클래스 변수에 저장
           if (getItems()) {
                try {
                    // 계좌테이블에 계좌데이터 insert
                    strQuery = "INSERT INTO account VALUES (?, ?, null, null,
                    sysdate, null, ?, 'A0', ?, ?, ?)";

                    pstmt = conn.prepareStatement(strQuery);
                    pstmt.setString(1, strAno);
```

```
                pstmt.setLong(2, lSeq);
                pstmt.setLong(3, lTerm);
                pstmt.setString(4, strAname);
                pstmt.setString(5, strAbcode);
                pstmt.setString(6, strDcustno);
                // 계좌테이블에 데이터가 정상적으로 insert되었으면
                // deposit테이블에 거래데이터 insert
                pstmt.executeUpdate();

                pstmt.close();

                bInsertFlag = false;
                lbStatusMessage.setText("insert completed!!");

                // 정상적으로 데이터 insert가 끝나면 commit
                conn.commit();

                initTable();
                clearItems();
            } catch (SQLException se) {
                msgBox(se, "Database Insert Into error");
            } //end try~catch
        }//end if(getItems())
    } else {
    // insert 버튼이 눌리지 않았다면
            if(getItems()) {
               try {
                  lbStatusMessage.setText("update completed!!");
                   conn.commit();
               } catch(SQLException se) {
                  msgBox(se, "입력자료 오류");
               }  // end try~catch
        } //end if(getItems())
    } // end if(bInsertFlag == true)
}  // end subSaveItem()

// Insert버튼이 눌렸을 경우 처리
public void subInsertItem() {
   clearItems();
    bInsertFlag = true;
}

// 지점변경, 고객구분 변경에 따라 계좌번호 생성
public void subMakeAccountNumber(int bcodeIndex, int distIndex) {
```

```
String c_dist = null, a_no = null, sTemp = null;

// 고객구분코드를 가져온다.
if (distIndex == 0) {
   c_dist = "P";
    sTemp = "00";
} else if(distIndex == 1) {
    c_dist = "E";
    sTemp = "11";
}

/* 계좌번호 생성 : A P 100 001
    A : account(예금)
    P : 개인 , E : 기업고객
    100 : 지점코드..
    001 : 일련번호...
*/
a_no = "A" + c_dist + sBcode[bcodeIndex];

/* 계좌번호 max값 가져오기.
    to_char(11, '09999')하면 '00011' 나온다.
    substr("100001", 5, 2) 하면 '01' 나온다.
    nvl : 지점이 최초로 생성된 코드라면.. max값이 null이 들어온다.
*/
strQuery = "select to_char(nvl(max(substr(a_no, 6,3)) + 1, 1), '099') from
account where a_no like '" + a_no + "%' and A_ITEM_DIST = 'A0'";
//msgBox(strQuery);

try {
    stmt = conn.createStatement();
    rs = stmt.executeQuery(strQuery);

    rs.next();
    a_no = a_no + rs.getString(1).trim();
    tf1.setText(a_no);
    //msgBox(a_no);
    rs.close();
    // sTemp값 : 개인(00), 기업(11)에 따라 예금종류를 가져온다.
    strQuery = "select item_name from item where item_dist = 'A0' and
    item_c_dist = '" + sTemp +"'";
    rs = stmt.executeQuery(strQuery);

    // combo box의 item들을 모두 삭제후 다시 insert하기 위해
    jcb3.removeAllItems();
```

```
            while(rs.next()) {
                jcb3.addItem(rs.getString(1).trim());
            }
            rs.close();
            stmt.close();
        } catch (SQLException se) {
            msgBox(se);
        }
    }

    // 인쇄버튼이 눌렸을 경우 처리
    public void subPrintItem()
    {
        // 인쇄모듈 구성
    }

    // 닫기버튼이 눌렸을 경우 처리
    public void subCloseWindow() {
        try {
            if (pstmt != null) pstmt.close();
            if (stmt != null) stmt.close();
        } catch(SQLException e) {
            e.printStackTrace();
        }

        setVisible(false);
        dispose();
    }

    //  WindowListener를 implements 했을 경우 모든 Method를 overriding해야 한다.
    public void windowOpened(WindowEvent evt) {}
       public void windowClosed(WindowEvent evt) {}

    public void windowClosing(WindowEvent evt) {
                subCloseWindow();
        }
    public void windowIconified(WindowEvent evt) {}
    public void windowDeiconified(WindowEvent evt) {}
    public void windowActivated(WindowEvent evt) {}
    public void windowDeactivated(WindowEvent evt) {}
}
```

frmInOut.java

고객번호를 입력하면 해당 고객이 가지고 있는 예금계좌를 선택할 수 있고 입금과 출금을 선택하여 금액을 입력한다. 해당 계좌의 거래 내역도 확인할 수 있다.

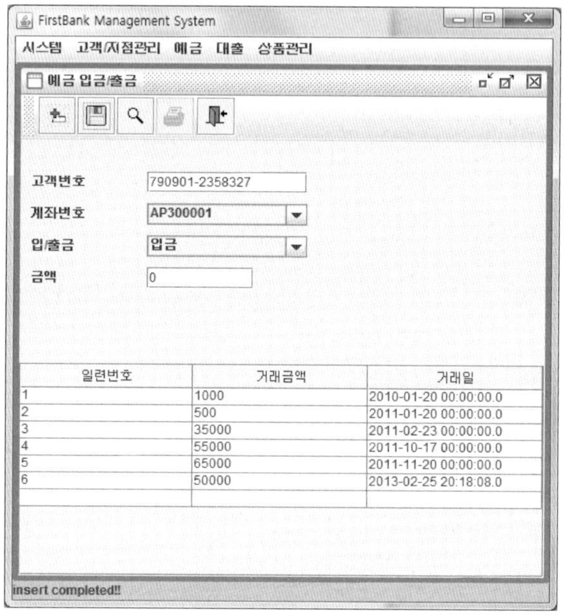

그림 11.16 입/출금

[frmInOut.java]

```
import java.awt.*;
import java.awt.event.*;
import javax.swing.*;
import java.sql.*;

class frmInOut extends JInternalFrame implements ActionListener, WindowListener
{
  //=============  데이터베이스 관련 변수들 ===============//
   static Connection conn = null;
   static String strQuery = null;
   static ResultSet rs = null;
   static Statement stmt = null;
   static PreparedStatement pstmt = null;
   final int iColCount = 3;
```

```
//=============  ToolBar에 사용되는 관련 변수들 ===============//
static JToolBar xToolBar = null;
static JButton btnInsertItem, btnSaveItem, btnSearchItem, btnPrintItem, btnCloseWindow;
JScrollPane scrollpane;

//=============  화면 하단의 status bar ===============//
JLabel lbStatusMessage = null;

boolean bIsFirst = true;

// 데이터베이스와 연계하여 사용될 변수들
String strAno, strCno;
int iSerialno = 0, iInout = 1;
long lAmount;

//=============  User Interface ===============//
static JLabel label1 = new JLabel("고객번호");
static JLabel label2 = new JLabel("계좌번호");
static JLabel label3 = new JLabel("입/출금");
static JLabel label4 = new JLabel("금액");
static String customer_dist[] = { "입금", "출금" };

JTextField tf1 = new JTextField();
JTextField tf2 = new JTextField();

JComboBox  jcb1 = new JComboBox();
JComboBox  jcb2 = new JComboBox();
JTable jtAccountList = null;

Object columnName[] = {"일련번호", "거래금액", "거래일"};
Object dataTable[][] = null;

frmInOut(String title, Connection conn, JLabel lbMessage) {
    // JInternalFrame의 생성자 호출
    /* 매개변수의 값에 따라 창의 성질 변경 */
    super(title, false, true, true, true);
    // AppFrame클래스에서 database Connection을 받아서 클래스의 connection에
    this.conn = conn;
    this.lbStatusMessage = lbMessage;

    // 화면 하단에 '예금거래신청' display
    lbStatusMessage.setText("예금거래 신청");

    getContentPane().setLayout(new BorderLayout());
```

```
        // Toolbar 초기화
        initToolBar();

        // User Interface 초기화
        initContent();
    }

    /* User Interface 초기화        */
    private void initContent() {
        JPanel center = new JPanel();
        center.setLayout(null);

        label1.setBounds(10, 30, 100, 20);
        label2.setBounds(10, 60, 100, 20);
        label3.setBounds(10, 90, 100, 20);
        label4.setBounds(10, 120, 100, 20);

        tf1.setBounds(120, 30, 150, 20);
        jcb1.setBounds(120, 60, 150, 20);
        jcb2.setBounds(120, 90, 150, 20);
        tf2.setBounds(120, 120, 100, 20);

        center.add(label1);
        center.add(label2);
        center.add(label3);
        center.add(label4);

        for(int i=0; i<customer_dist.length; i++) {
            jcb2.addItem(customer_dist[i]);
        }

        tf1.addActionListener(this);
        jcb1.addActionListener(this);

        center.add(tf1);
        center.add(tf2);
        center.add(jcb1);
        center.add(jcb2);

        getContentPane().add("Center", center);
    }

    /* 데이터베이스를 Navigate할수 있도록 앞/뒤,처음,끝으로 이동,
```

```
  추가,삭제,저장등의 툴바 */
private void initToolBar() {
    xToolBar = new JToolBar(JToolBar.HORIZONTAL);
    xToolBar.setLayout(new FlowLayout(FlowLayout.LEFT, 1, 1));

    btnInsertItem    = new JButton(new ImageIcon("./toolbar/insert.gif"));
    btnSaveItem      = new JButton(new ImageIcon("./toolbar/save.gif"));
    btnSearchItem    = new JButton(new ImageIcon("./toolbar/search.gif"));
    btnPrintItem     = new JButton(new ImageIcon("./toolbar/print.gif"));
    btnCloseWindow   = new JButton(new ImageIcon("./toolbar/exit.gif"));

    // Print버튼 disable
    btnPrintItem.setEnabled(false);

    xToolBar.add(btnInsertItem);
    xToolBar.add(btnSaveItem);
    xToolBar.add(btnSearchItem);
    xToolBar.add(btnPrintItem);
    xToolBar.add(Box.createHorizontalGlue());
    xToolBar.add(btnCloseWindow);

    btnInsertItem.addActionListener(this);
    btnSaveItem.addActionListener(this);
    btnSearchItem.addActionListener(this);
    btnPrintItem.addActionListener(this);
    btnCloseWindow.addActionListener(this);

    getContentPane().add("North", xToolBar); // 툴바 붙이기
}

/* 툴바의 버튼들의 clicked 이벤트에 따라 호출될 함수정의  */
public void actionPerformed(ActionEvent evt) {
    if(evt.getSource() == btnSaveItem) {
            subSaveItem();
    } else if(evt.getSource() == btnInsertItem) {
        subInsertItem();
    } else if(evt.getSource() == btnCloseWindow) {
        subCloseWindow();
    } else if(evt.getSource() == btnPrintItem) {
        subPrintItem();
    } else if(evt.getSource() == btnSearchItem) {
        // 검색버튼이 눌리면... datatable을 다시 뿌려준다.
        dataTable((String)jcb1.getSelectedItem(), tf1.getText().trim());
                //subSearchItem();
```

```
        } else if(evt.getSource() == tf1) {
            subQueryAccountNo();
        } else if(evt.getSource() == jcb1) {
            // 검색한 고객이 소요하고 있는 계좌가 여러개일경우 해당 계좌의 입출금내역을
                datatable에 display
            // msgBox(evt.getActionCommand(), "");
            // dataTable((String)jcb1.getSelectedItem(), tf1.getText().trim());
        }
    }

    /* 화면 resize : datatable이 재생성되어도 화면이 refresh되어야
      정확한 모습이 나타난다.
      정말 묘한 현상이다. swing에서만 그런지 모르겠다.
    */
    private void resize() {
        Dimension fsize = this.getSize();
        this.setSize(fsize.width - 1, fsize.height - 1);

        fsize = this.getSize();
        this.setSize(fsize.width + 1, fsize.height + 1);
    }

    /* 사용자에게 알려야 할 메시지 처리
       overload으로 매개변수에 따라 다른기능을 구현 */
    public void msgBox(String strMsg) {
        lbStatusMessage.setText(strMsg);
    }

    public void msgBox(String strMsg, String title) {
        JOptionPane.showMessageDialog(this, strMsg, title, JOptionPane.ERROR_MESSAGE);
    }

    public void msgBox(SQLException se) {
       lbStatusMessage.setText(se.toString());
    }
    public void msgBox(SQLException se, String title) {
        lbStatusMessage.setText(title + " : " + se.toString());
    }

    // 화면에 있는 User Interface들중에 textField들의 내용을 지운다.
    public void clearItems() {
        tf2.setText("0");
        jcb1.setSelectedIndex(0);
        jcb2.setSelectedIndex(0);
```

```
}

/* 화면의 textField들의 내용을 클래스 변수에  */
public boolean getItems() {
    strCno = tf1.getText().trim();                   // 고객번호
    strAno = (String)jcb1.getSelectedItem();         // 계좌번호
    lAmount = Long.parseLong(tf2.getText().trim());

    // 입력 textField의 값이 누락되었는 확인
    if(lAmount <= 0) {
        msgBox("입/출금액을 정확히 입력해주세요");
        return false;
    }

    // 입금인지 출금인지.. 입금일경우 +, 출금일경우 -값을 곱한다.
    if(jcb2.getSelectedIndex() == 0)
        lAmount = lAmount * 1;
    else if(jcb2.getSelectedIndex() == 1)
        lAmount = lAmount * -1;

    // UserInterface로부터 클래스변수로 가져온 값을 statusbar에 display
    lbStatusMessage.setText("[고객번호 : " + strCno + "] [계좌 : " + strAno + "] [금
    액 : " + lAmount + "]");
    return true;
}

// 클래스 변수에 들어 있는 내용들 database에 반영
public void subSaveItem() {
   if(getItems()) {
        long lTemp = 0;
        String openDate = "";
        long a_term = 0;
        String a_item_dist = "";
        String a_item_name = "";
        String a_b_no = "";
       try {
            // 통장에서 누적 d_serial_no의 맨 마지막 값 + 1 을 가져온다.
            strQuery = "select a_open_date, a_term, a_item_dist, a_item_name,
            a_b_no, max(a_serial_no)+1, sum(nvl(a_amount,0)) ";
            strQuery += " from account where a_c_no = ? and a_no = ? ";
            strQuery  +=  "  group  by  a_open_date,  a_term,  a_item_dist,
            a_item_name, a_b_no ";
            pstmt = conn.prepareStatement(strQuery);
            pstmt.setString(1, strCno);
```

```
pstmt.setString(2, strAno);
rs = pstmt.executeQuery();

/* Result Set의 반환 행수가 1개 밖에 없다.
   why? max(d_serial_no) 따라서 while문장이 필요없다. */
rs.next();

openDate = rs.getString(1);
a_term = rs.getLong(2);
a_item_dist = rs.getString(3);
a_item_name = rs.getString(4);
a_b_no = rs.getString(5);
iSerialno = rs.getInt(6);
lTemp = rs.getLong(7);

if( jcb2.getSelectedIndex() == 1) {
    if(lAmount * -1 > lTemp) {
       msgBox("잔액이 부족합니다. 현재 잔액은 : " + lTemp, "");
            return;
    }
}
rs.close();
pstmt.close();

// 계좌테이블에 입/출금 내역을 기록
strQuery  =  "INSERT  INTO  account  select  ?,  ?,  sysdate,  ?,
a.a_open_date,   null,   a.a_term,   a.a_item_dist,   a.a_item_name,
a.a_b_no, ? from account a where a.a_no = '" + strAno + "' and
a.a_c_no = '" + strCno + "' and a_serial_no = 1 ";
pstmt = conn.prepareStatement(strQuery);
pstmt.setString(1, strAno);
pstmt.setLong(2, iSerialno);
pstmt.setLong(3, lAmount);
pstmt.setString(4, strCno);

/* executeUpdate()의 리턴값은 insert문장에 의해 수행된 row의 수를 리턴함
   따라서 입력한 row가 한개 이므로 1인가를 체크하여 오류처리 */
pstmt.executeUpdate();

lbStatusMessage.setText("insert completed!!");
conn.commit();  // db에 commit;
pstmt.close();
clearItems();   // 저장한후 화면clear
```

```
            subSearchItem();
        } catch (SQLException se) {
            msgBox(se, "Database Insert Into error");
            se.printStackTrace();
        } //end try~catch
    }
}

// Insert버튼이 눌렸을 경우 처리
public void subInsertItem() {
    clearItems();
}

// search버튼이 눌렸을 경우 처리
public void subSearchItem() {
    dataTable((String)jcb1.getSelectedItem(), tf1.getText().trim());
}

/* 고객번호를 입력한후 검색버튼을 눌렀을경우
   해당 고객번호를 예금거래 테이블에서
   예금계좌번호만 select하여 화면 계좌번호 콤보박스에 additem
*/
public void subQueryAccountNo() {
    String strTemp = null;
    String strCustno = tf1.getText().trim();
    strQuery = "select A_NO, MAX(A_SERIAL_NO) from account where a_c_no = '" +
    strCustno + "' and a_item_dist = 'A0' group by A_NO";

    msgBox(strQuery);

    // 이전에 있던 계좌번호들을 clear
    jcb1.removeAllItems();

    try {
        stmt = conn.createStatement();
        rs = stmt.executeQuery(strQuery);
        // 예금계좌번호들을 콤보박스에 additem
        while(rs.next()) {
            strTemp = rs.getString(1).trim();
            jcb1.addItem(strTemp);
        }

        rs.close();
        stmt.close();
```

```
        } catch (SQLException se) {
            msgBox(se);
        }
    }

    /* 고객번호 입력 -> 조회버튼 -> 계좌번호 선택 후에
      JTable로 datatable을 생성하여 화면 하단에 display
    */
    public void dataTable(String strAccountno, String strCustno) {
        // 창을 띄운후 처음 datatable일 생성될때에는 content panel에서
        // 제거할 필요가 없다.
       if (!bIsFirst) {
            getContentPane().remove(scrollpane);
        }

        int lRowCount = 0, i = 0;

        // 해당고객번호, 해당 계좌번호를 만족하는 거래 내역을 select
        strQuery = "select a_serial_no, nvl(a_amount,0), a_date from account where
        a_no = '" + strAccountno + "' and a_c_no = '" + strCustno +"'";
       dataTable = null;

        try {
            stmt = conn.createStatement(ResultSet.TYPE_SCROLL_INSENSITIVE, ResultSet.
            CONCUR_READ_ONLY);
            rs = stmt.executeQuery(strQuery);

            rs.last();
            lRowCount = rs.getRow() + 1;

            // Object배열 선언
            dataTable = new Object[lRowCount][iColCount];

            rs.beforeFirst();
            while(rs.next()) {
                for(int j = 0; j < iColCount; j++) {
                    // Object 배열에 데이터 저장.
                    dataTable[i][j] = rs.getObject(j+1);
                }
                i++;
            }
           rs.last();

            // 맨 마지막의 serial번호를 가져온다.
```

```
            // 해당 계좌의 다음 거래 serial번호를 생성하기 위해
            //iSerialno = rs.getInt(1);

            // JTable 생성한다.
            jtAccountList = new JTable(dataTable, columnName);

            // scroll bar를 생성
            scrollpane = new JScrollPane(jtAccountList);
            scrollpane.setPreferredSize(new Dimension(0, 200));
            getContentPane().add("South", scrollpane);

            rs.close();
            stmt.close();
            bIsFirst = false;

            // 화면 refresh : 편법
            resize();

        } catch (SQLException se) {
            msgBox(se);
            se.printStackTrace();
        }
    }

    // 인쇄버튼이 눌렸을 경우 처리
    public void subPrintItem()
    {
        // 인쇄모듈 구성
    }

    // 닫기버튼이 눌렸을 경우 처리
    public void subCloseWindow() {
        try {
            if (pstmt != null) pstmt.close();
            if (stmt != null) stmt.close();
        } catch(SQLException e) {
            e.printStackTrace();
        }

        setVisible(false);
        dispose();
    }

    //  WindowListener를 implements 했을 경우 모든 Method를 overriding해야 한다.
```

```
    public void windowOpened(WindowEvent evt) {}
    public void windowClosed(WindowEvent evt) {}

    public void windowClosing(WindowEvent evt) {
       subCloseWindow();
    }

    public void windowIconified(WindowEvent evt) {}
    public void windowDeiconified(WindowEvent evt) {}
    public void windowActivated(WindowEvent evt) {}
    public void windowDeactivated(WindowEvent evt) {}
}
```

frmDepositStatement.java

고객번호를 입력하고 계좌를 선택하면 거래 내역과 통장의 잔액을 확인할 수 있다.

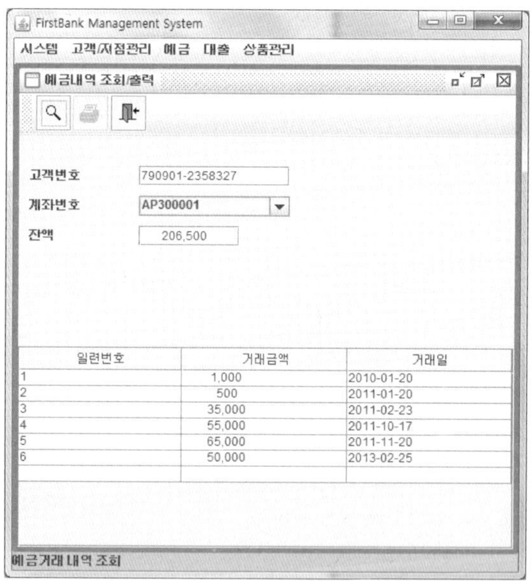

그림 11.17 입출금내역

[frmDepositStatement.java]

```
import java.awt.*;
import java.awt.event.*;
import javax.swing.*;
import java.sql.*;
```

```
class frmDepositStatement extends JInternalFrame implements ActionListener, WindowListener
{
   //=============  데이터베이스 관련 변수들 ===============//
    static Connection conn = null;
    static String strQuery = null;
    static String strTableQuery = null;
    static ResultSet rs = null;
    static Statement stmt = null;
    static PreparedStatement pstmt = null;
    final int iColCount = 3;

    //=============  ToolBar에 사용되는 관련 변수들 ===============//
    static JToolBar xToolBar = null;
    static JButton btnSearchItem, btnPrintItem, btnCloseWindow;
    JScrollPane scrollpane;

    //=============  화면 하단의 status bar ===============//
    JLabel lbStatusMessage = null;
    boolean bIsFirst = true;

    // 데이터베이스와 연계하여 사용될 변수들
    String strAno, strCno;
    int iSerialno = 0, iInout = 1;

    //=============  User Interface ===============//
    static JLabel label1 = new JLabel("고객번호");
    static JLabel label2 = new JLabel("계좌번호");
    static JLabel label3 = new JLabel("잔액");

    JTextField tf1 = new JTextField();
    JTextField tf2 = new JTextField();

    JComboBox  jcb1 = new JComboBox();

    JTable jtAccountList = null;
    Object columnName[] = {"일련번호", "거래금액", "거래일"};
    Object dataTable[][] = null;

    frmDepositStatement(String title, Connection conn, JLabel lbMessage) {
        // JInternalFrame의 생성자 호출
        /* 매개변수의 값에 따라 창의 성질 변경 */
        super(title, false, true, true, true);
```

```
        // AppFrame클래스에서 database Connection을 받아서 클래스의 connection에
        this.conn = conn;
        this.lbStatusMessage = lbMessage;

        // 화면 하단에 '예금거래 내역조회' display
        lbStatusMessage.setText("예금거래 내역 조회");

        getContentPane().setLayout(new BorderLayout());

        // Toolbar 초기화
        initToolBar();

        // User Interface 초기화
        initContent();
    }

    /* User Interface 초기화        */
    private void initContent() {
        JPanel center = new JPanel();
                center.setLayout(null);

        label1.setBounds(10, 30, 100, 20);
        label2.setBounds(10, 60, 100, 20);
        label3.setBounds(10, 90, 100, 20);

        tf1.setBounds(120, 30, 150, 20);
        jcb1.setBounds(120, 60, 150, 20);
        tf2.setBounds(120, 90, 100, 20);

        center.add(label1);
        center.add(label2);
        center.add(label3);


        tf1.addActionListener(this);
        jcb1.addActionListener(this);

                center.add(tf1);
                center.add(tf2);
        center.add(jcb1);

        getContentPane().add("Center", center);
    }
```

```
/* 데이터베이스를 Navigate할수 있도록 앞/뒤,처음,끝으로 이동,
   추가,삭제,저장등의 툴바 */
private void initToolBar() {
    xToolBar = new JToolBar(JToolBar.HORIZONTAL);
    xToolBar.setLayout(new FlowLayout(FlowLayout.LEFT, 1, 1));

    btnSearchItem     = new JButton(new ImageIcon("./toolbar/search.gif"));
    btnPrintItem      = new JButton(new ImageIcon("./toolbar/print.gif"));
    btnCloseWindow    = new JButton(new ImageIcon("./toolbar/exit.gif"));

    btnPrintItem.setEnabled(false);

    xToolBar.add(btnSearchItem);
    xToolBar.add(btnPrintItem);
    xToolBar.add(Box.createHorizontalGlue());
    xToolBar.add(btnCloseWindow);

    btnSearchItem.addActionListener(this);
    btnPrintItem.addActionListener(this);
    btnCloseWindow.addActionListener(this);

    getContentPane().add("North", xToolBar); // 툴바 붙이기
}

/* 툴바의 버튼들의 clicked 이벤트에 따라 호출될 함수정의  */
public void actionPerformed(ActionEvent evt) {
    if(evt.getSource() == btnCloseWindow) {
        subCloseWindow();
    } else if(evt.getSource() == btnSearchItem) {
      dataTable((String)jcb1.getSelectedItem(), tf1.getText().trim());
    } else if(evt.getSource() == btnPrintItem) {
        subPrintItem();
    } else if(evt.getSource() == tf1) {
        subQueryAccountNo();
    }
}

/* 화면 resize : datatable이 재생성되어도 화면이 refresh되어야
  정확한 모습이 나타난다.
  정말 묘한 현상이다. swing에서만 그런지 모르겠다.
*/
private void resize() {
    Dimension fsize = this.getSize();
    this.setSize(fsize.width - 1, fsize.height - 1);
```

```
        fsize = this.getSize();
        this.setSize(fsize.width + 1, fsize.height + 1);
    }

    /* 사용자에게 알려야 할 메시지 처리
       overload으로 매개변수에 따라 다른기능을 구현 */
    public void msgBox(String strMsg) {
        lbStatusMessage.setText(strMsg);
    }

    public void msgBox(String strMsg, String title) {
        JOptionPane.showMessageDialog(this, strMsg, title, JOptionPane.ERROR_MESSAGE);
    }

    public void msgBox(SQLException se) {
       lbStatusMessage.setText(se.toString());
    }

    public void msgBox(SQLException se, String title) {
        lbStatusMessage.setText(title + " : " + se.toString());
    }

    // 화면에 있는 User Interface들중에 textField들의 내용을 지운다.
    public void clearItems() {
        tf1.setText("");
        tf2.setText("0");
        jcb1.setSelectedIndex(0);
    }

    // 입력받은 고객번호와 계좌번호를 이용하여 거래내역 조회
    public void subSearchItem() {
        dataTable((String)jcb1.getSelectedItem(), tf1.getText().trim());
    }


    // 입력받은 고객번호를 이용하여 소유하고있는 계좌번호 조회
       public void subQueryAccountNo() {
                String strTemp = null;
                String strCustno = tf1.getText().trim();
        strQuery =  "select A_NO, MAX(A_SERIAL_NO) from account where a_c_no =  '" +
        strCustno + "' group by A_NO";

        //msgBox(strQuery);
```

```
    // 이전에 있던 계좌번호들을 clear
    jcb1.removeAllItems();

    try {
        stmt = conn.createStatement();
            rs = stmt.executeQuery(strQuery);

        // 예금계좌번호들을 콤보박스에 additem
        while(rs.next()) {
            strTemp = rs.getString(1).trim();
            jcb1.addItem(strTemp);
       }
       rs.close();
        stmt.close();
    } catch (SQLException se) {
        msgBox(se);
    }
}

/* 고객번호 입력 -> 조회버튼 -> 계좌번호 선택 후에
  JTable로 datatable을 생성하여 화면 하단에 display
*/
public void dataTable(String strAccountno, String strCustno) {
    // 창을 띄운후 처음 datatable일 생성될때에는 content panel에서
    // 제거할 필요가 없다.
    if (!bIsFirst) {
        getContentPane().remove(scrollpane);
    }

    int lRowCount = 0, i = 0;

    // 해당고객번호, 해당 계좌번호를 만족하는 거래 내역을 select
    strQuery  =  "select  a_serial_no,  to_char(a_amount,  '9,999,999,999'),
    to_char(a_date, 'yyyy-mm-dd') from account where a_no = '" + strAccountno +
    "' and a_c_no = '" + strCustno +"'";
   dataTable = null;

    try {
        stmt = conn.createStatement(ResultSet.TYPE_SCROLL_INSENSITIVE, ResultSet.
        CONCUR_READ_ONLY);
        rs = stmt.executeQuery(strQuery);

        rs.last();
```

```
lRowCount = rs.getRow() + 1;

// Object배열 선언
dataTable = new Object[lRowCount][iColCount];

rs.beforeFirst();
while(rs.next()) {
    for(int j = 0; j < iColCount; j++) {
        // Object 배열에 데이터 저장.
        dataTable[i][j] = rs.getObject(j+1);
    }
    i++;
}
            rs.last();

// 맨 마지막의 serial번호를 가져온다.
// 해당 계좌의 다음 거래 serial번호를 생성하기 위해
iSerialno = rs.getInt(1);

// JTable 생성한다.
jtAccountList = new JTable(dataTable, columnName);

// scroll bar를 생성
scrollpane = new JScrollPane(jtAccountList);
scrollpane.setPreferredSize(new Dimension(0, 200));
getContentPane().add("South", scrollpane);

rs.close();
stmt.close();

// 계좌 잔액 select
strQuery = "select to_char(sum(nvl(a_amount,0)), '9,999,999,999') from
account where a_no = ? and a_c_no = ? ";

pstmt = conn.prepareStatement(strQuery);
pstmt.setString(1, strAccountno);
pstmt.setString(2, strCustno);
rs = pstmt.executeQuery();

rs.next();

// 화면에 setting
tf2.setText((String)rs.getString(1));
```

```
            bIsFirst = false;

            // 화면 refresh : 편법
            resize();

        } catch (SQLException se) {
            msgBox(se);
            se.printStackTrace();
        }
    }

    // 인쇄버튼이 눌렸을 경우 처리
    public void subPrintItem()
    {
        // 인쇄모듈 구성
    }

    // 닫기버튼이 눌렸을 경우 처리
    public void subCloseWindow() {
        try {
            if (pstmt != null) pstmt.close();
            if (stmt != null) stmt.close();
        } catch(SQLException e) {
            e.printStackTrace();
        }

        setVisible(false);
        dispose();
    }

    //  WindowListener를 implements 했을 경우 모든 Method를 overriding해야 한다.
    public void windowOpened(WindowEvent evt) {}
       public void windowClosed(WindowEvent evt) {}

    public void windowClosing(WindowEvent evt) {
                subCloseWindow();
       }

    public void windowIconified(WindowEvent evt) {}
       public void windowDeiconified(WindowEvent evt) {}
       public void windowActivated(WindowEvent evt) {}
       public void windowDeactivated(WindowEvent evt) {}
}
```

frmLoanOrder.java

지점을 선택, 개인 고객인지 기업 고객인지 선택하면 대출번호는 자동으로 입력받고 대출종류를 선택, 대출금액을 입력하여 자료의 추가, 저장 등을 수행한다.

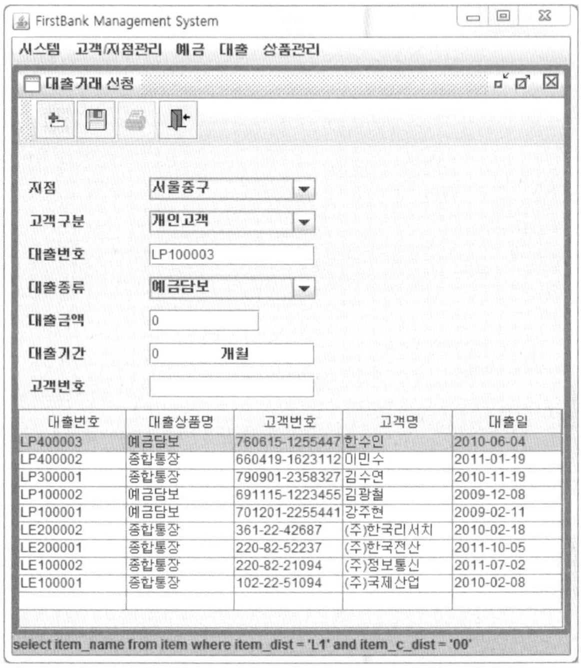

그림 11.18 대출거래신청

[frmLoanOrder.java]

```
import java.awt.*;
import java.awt.event.*;
import javax.swing.*;
import java.sql.*;

class frmLoanOrder extends JInternalFrame implements ActionListener, WindowListener
{
   //============= 데이터베이스 관련 변수들 ===============//
    static Connection conn = null;
    static String strQuery = null;
    static String strTableQuery = null;

    static ResultSet rs = null;
```

```
static Statement stmt = null;
static PreparedStatement pstmt = null;
final int iColCount = 5;

//============= ToolBar에 사용되는 관련 변수들 ===============//
JToolBar xToolBar = null;
JButton btnInsertItem, btnSaveItem, btnPrintItem, btnCloseWindow;

//============= 화면 하단의 status bar ===============//
JLabel lbStatusMessage = null;
boolean bInsertFlag = true;

// 데이터베이스와 연계하여 사용될 변수들
/* class 변수 선언
    strLno : 대출번호,
    strLname : 대출상품명,
    strLbcode : 대출지점명,
    strBcustno : 대출 고객코드,
    dLamount : 대출금액,
    lTerm : 대출기간
*/
String strLno, strLcno, strLname, strLbcode, strBcustno;
long lLamount;
long lTerm, lSeq;

// 지점코드 기억시킬 배열
String sBcode[] = null;
long lCurrentRow;

//============= User Interface ===============//
static JLabel label1 = new JLabel("지점");
static JLabel label2 = new JLabel("고객구분");
static JLabel label3 = new JLabel("대출번호");
static JLabel label4 = new JLabel("대출종류");
static JLabel label5 = new JLabel("대출금액");
static JLabel label6 = new JLabel("대출기간");
static JLabel label7 = new JLabel("고객번호");
static JLabel label8 = new JLabel("개월");
static String customer_dist[] = { "개인고객", "기업고객" };

static JTextField tf1 = new JTextField();
static JTextField tf2 = new JTextField("0");
static JTextField tf3 = new JTextField("0");
static JTextField tf4 = new JTextField();
```

```
JComboBox  jcb1 = new JComboBox();
JComboBox  jcb2 = new JComboBox();
JComboBox  jcb3 = new JComboBox();

/* 고객거래 자료를 나타낼 JTable과 헤더 & 데이터 배열*/
JTable jtLoanList = null;
Object columnName[] = {"대출번호", "대출상품명", "고객번호", "고객명", "대출일"};
Object dataTable[][] = null;

frmLoanOrder(String title, Connection conn, JLabel lbMessage) {
    // JInternalFrame의 생성자 호출
    /* 매개변수의 값에 따라 창의 성질 변경 */
    super(title, false, true, true, true);

    String query = null;
    // AppFrame클래스에서 database Connection을 받아서 클래스의 connection에
    this.conn = conn;
    this.lbStatusMessage = lbMessage;

    // 화면 하단에 '대출거래신청' display
    lbStatusMessage.setText("대출거래 신청");

    getContentPane().setLayout(new BorderLayout());

    // Toolbar 초기화
    initToolBar();

    // User Interface 초기화
    initContent();

    // 고객 대출거래 신청 리스트 JTable에 보여질 내용 select
    initTable();

    // 대출계좌번호 생성(지점코드, 개인 or 기업)
    subMakeLoanNumber(jcb1.getSelectedIndex(), jcb2.getSelectedIndex());
}

private void initTable() {
    int lRowCount = 0, i = 0;

    // AppFrame클래스의 createview()에서 생성한 view사용
   String  query  =  "  select  A_NO,  A_ITEM_NAME,  C_NO,  C_NAME,  A_DATE  from
   v_account_list where A_ITEM_DIST = 'L1' order by A_NO desc ";
```

```
try {

    stmt = conn.createStatement(ResultSet.TYPE_SCROLL_INSENSITIVE, ResultSet.
    CONCUR_READ_ONLY);
    rs = stmt.executeQuery(query);

    rs.last();
    // 전체 row의 갯수 + 1을 얻어온다.
    lRowCount = rs.getRow() + 1;

    // JTable 생성시 필요한 Object array 생성
    dataTable = new Object[lRowCount][iColCount];

    // cursor의 위치를 처음이전의 위치로 이동
    rs.beforeFirst();

    // cursor에 있는 데이터를 배열에 저장
    while(rs.next()) {
        for(int j = 0; j < iColCount; j++) {
            // 각 컬럼의 갯수만큼 반복하여 배열에 저장
            dataTable[i][j] = rs.getObject(j+1);
        }
        i++;
    }

    // 현재 대출 계좌를 가지고 있는 고객 목록테이블 생성
    jtLoanList = new JTable(dataTable, columnName);

    // 고객목록테이블(JTable)에 스크롤 바 붙여주기
    JScrollPane scrollpane = new JScrollPane(jtLoanList);
    scrollpane.setPreferredSize(new Dimension(0, 200));
   getContentPane().add("South", scrollpane);

    // 사용한 resultSet을 close
    rs.close();

    //  사용한 statement를 close
    stmt.close();

} catch (SQLException se) {
    msgBox(se);
    se.printStackTrace();
}
```

```
    }

    /* User Interface 초기화        */
    private void initContent() {
        JPanel center = new JPanel();
        center.setLayout(null);

        label1.setBounds(10, 30, 100, 20);
        label2.setBounds(10, 60, 100, 20);
        label3.setBounds(10, 90, 100, 20);
        label4.setBounds(10, 120, 100, 20);
        label5.setBounds(10, 150, 100, 20);
        label6.setBounds(10, 180, 100, 20);
        label7.setBounds(10, 210, 100, 20);
        label8.setBounds(185, 180, 50, 20);

        jcb1.setBounds(120, 30, 150, 20);
        jcb2.setBounds(120, 60, 150, 20);
        tf1.setBounds(120, 90, 150, 20);
        jcb3.setBounds(120, 120, 150, 20);
        tf2.setBounds(120, 150, 100, 20);
        tf3.setBounds(120, 180, 150, 20);
        tf4.setBounds(120, 210, 150, 20);

        center.add(label1);
        center.add(label2);
        center.add(label3);
        center.add(label4);
        center.add(label5);
        center.add(label6);
        center.add(label7);
        center.add(label8);

        // 지점코드, 지점명을 가져온다.
        strQuery = "select b_no, b_name from branch";

        try {
            stmt = conn.createStatement();
            rs = stmt.executeQuery(strQuery);
            int i=0;

            /*지점이름이 저장되는 인덱스값에 따라 지점코드가 저장 */
            sBcode = new String[10];
            while(rs.next()) {
```

```
            jcb1.addItem(rs.getString("b_name").trim());
            sBcode[i] = rs.getString("b_no").trim();
            i++;
        }
        rs.close();
        stmt.close();
    } catch (SQLException se) {
        msgBox(se);
    }

    // 대출상품 종류 선택 콤보박스
            for(int i=0; i<customer_dist.length; i++) {
        jcb2.addItem(customer_dist[i]);
    }

    jcb1.addActionListener(this);
    jcb2.addActionListener(this);

   center.add(tf1);
   center.add(tf2);
   center.add(tf3);
   center.add(tf4);
   center.add(jcb1);
   center.add(jcb2);
   center.add(jcb3);

    getContentPane().add("Center", center);
}

/* 데이터베이스를 Navigate할수 있도록 앞/뒤,처음,끝으로 이동,
   추가,삭제,저장등의 툴바 */
private void initToolBar() {
    xToolBar = new JToolBar(JToolBar.HORIZONTAL);
    xToolBar.setLayout(new FlowLayout(FlowLayout.LEFT, 1, 1));

    btnInsertItem    = new JButton(new ImageIcon("./toolbar/insert.gif"));
    btnSaveItem      = new JButton(new ImageIcon("./toolbar/save.gif"));
    btnPrintItem     = new JButton(new ImageIcon("./toolbar/print.gif"));
    btnCloseWindow   = new JButton(new ImageIcon("./toolbar/exit.gif"));

    btnPrintItem.setEnabled(false);

    xToolBar.add(btnInsertItem);
    xToolBar.add(btnSaveItem);
```

```
        xToolBar.add(btnPrintItem);
        xToolBar.add(Box.createHorizontalGlue());
        xToolBar.add(btnCloseWindow);

        btnInsertItem.addActionListener(this);
        btnSaveItem.addActionListener(this);
        btnPrintItem.addActionListener(this);
        btnCloseWindow.addActionListener(this);

        getContentPane().add("North", xToolBar); // 툴바 붙이기
    }

    /* 툴바의 버튼들의 clicked 이벤트에 따라 호출될 함수정의  */
    public void actionPerformed(ActionEvent evt) {
        if(evt.getSource() == btnSaveItem) {
           subSaveItem();
        } else if(evt.getSource() == btnInsertItem) {
            subInsertItem();
        } else if(evt.getSource() == btnPrintItem) {
            subPrintItem();
        } else if(evt.getSource() == btnCloseWindow) {
            subCloseWindow();
        } else if(evt.getSource() == jcb1) {
            subMakeLoanNumber(jcb1.getSelectedIndex(), jcb2.getSelectedIndex());
        } else if(evt.getSource() == jcb2) {
            subMakeLoanNumber(jcb1.getSelectedIndex(), jcb2.getSelectedIndex());
        }
    }

    /* 사용자에게 알려야 할 메시지 처리
       overload으로 매개변수에 따라 다른기능을 구현 */
    public void msgBox(String strMsg) {
        lbStatusMessage.setText(strMsg);
    }

    public void msgBox(String strMsg, String title) {
        JOptionPane.showMessageDialog(this, strMsg, title, JOptionPane.ERROR_MESSAGE);
    }
    public void msgBox(SQLException se) {
       lbStatusMessage.setText(se.toString());
    }

    public void msgBox(SQLException se, String title) {
        lbStatusMessage.setText(title + " : " + se.toString());
```

```
}

// 화면에 있는 User Interface들중에 textField들의 내용을 지운다.
public void clearItems() {
    tf2.setText("0");
    tf3.setText("0");
    tf4.setText("");
    jcb1.setSelectedIndex(0);
    jcb2.setSelectedIndex(0);
    jcb3.setSelectedIndex(0);
}

/* 화면의 textField들의 내용을 클래스 변수에 저장  */
public boolean getItems() {
    strLbcode = sBcode[jcb1.getSelectedIndex()];            // 지점코드
    strLno    = tf1.getText().trim();                       // 예금계좌번호
    //strLcno  = (String) jcb2.getSelectedIndex();          // 고객구분
    strLname = (String) jcb3.getSelectedItem();             // 예금계좌 상품명
    lSeq      = 1;
    lTerm    = Long.parseLong(tf3.getText().trim());        // 계약기간
    lLamount = Long.parseLong(tf2.getText().trim());        // 대출금액
    strBcustno = tf4.getText().trim();                      // 고객번호


    /* 데이터의 무결성을 보장위한 데이터 체크 */
    // 대출계좌번호가 8자리 미만.
    // 즉 자동생성된 계좌번호를 변경했을경우 false리턴
    if (strLno.length() < 8) { msgBox("대출계좌번호가 잘못되었습니다.", ""); return false; }

    // 대출금액이 0, 즉 초기치 그대로 일경우 false 리턴
    if (lLamount == 0) { msgBox("대출금액이 누락되었습니다.", ""); return false; }

    // 대출기간이 1개월 미만, 즉 초기치 그대로 이거나, 60개월 이상(최대치 초과) 체크
    if (lTerm > 60 || lTerm < 1) {
            msgBox("대출기간은 최초 1개월, 최대 60개월입니다.", "");
        tf3.setText("0");
        return false;
    }
    // 고객번호가 최소한 12자리 이상이며(사업자번호:12자리)
    // 최대한 14자리(개인고객(주민번호) : 14자리)를 넘길수 없다.
    if (strBcustno.length() < 12 || strBcustno.length() > 14) {
        msgBox("고객번호가 잘못되었습니다. 올바른 고객번호를 입력하시기 바랍니다.", "");
        return false;
    }
```

```
        strQuery = "select count(c_no) from customer where c_no = '" + strBcustno + "'";
        try {
            stmt = conn.createStatement();
            rs = stmt.executeQuery(strQuery);

            rs.next();
            if (rs.getInt(1) < 1) {
                msgBox("입력하신 고객번호는 고객대장에 없는 고객이거나 잘못된 고객번호입니
                다.\n고객등록을 먼저 하시기 바랍니다.", "알림");
                return false;
            }
        } catch(SQLException se) {
                msgBox(se);
        }

        // UserInterface로부터 클래스변수로 가져온 값을 statusbar에 display
        lbStatusMessage.setText("[strAno : " + strLno + "] [strBcustno : " +
        strBcustno + "] [strLbcode : " + strLbcode + "] [strLname : " + strLname + "]
        [lLamount : " + lLamount + "] [lTerm : " + lTerm + "]");
        return true;
    }

    // 클래스 변수에 들어 있는 내용들 database에 반영
    public void subSaveItem() {
        // insert버튼이 눌렸었는지...
        // 즉 새로운 데이터인지, 현재 데이터의 수정인지
        // Insert버튼이 눌렸다면..
        if (bInsertFlag == true) {

            // User Interface의 내용을 클래스 변수에 저장
          if (getItems()) {
                try {
                    // loan 테이블에 대출계좌 생성 : 대출정보 테이블
                    strQuery = "INSERT INTO account VALUES (?, ?, null, null,
                    sysdate, ?, ?, 'L1', ?, ?, ?)";
                    pstmt = conn.prepareStatement(strQuery);
                    pstmt.setString(1, strLno);
                    pstmt.setLong(2, lSeq);
                    pstmt.setLong(3, lLamount);
                    pstmt.setLong(4, lTerm);
                    pstmt.setString(5, strLname);
                    pstmt.setString(6, strLbcode);
                    pstmt.setString(7, strBcustno);
```

```
                pstmt.executeUpdate();
                pstmt.close();

                bInsertFlag = false;
                lbStatusMessage.setText("insert completed!!");

                // 정상적으로 데이터 insert가 끝나면 commit
                conn.commit();

                initTable();
                clearItems();
            } catch (SQLException se) {
                msgBox(se, "Database Insert Into error");
            } //end try~catch
        }//end if(getItems())
    } else {

    // insert 버튼이 눌리지 않았다면
            if(getItems()) {
               try {
                lbStatusMessage.setText("update completed!!");
                   conn.commit();
                    } catch(SQLException se) {
                msgBox(se, "입력자료 오류");
               }  // end try~catch
        } //end if(getItems())
    } // end if(bInsertFlag == true)
}  // end subSaveItem()

// Insert버튼이 눌렸을 경우 처리
public void subInsertItem() {
   clearItems();
    bInsertFlag = true;
}

/* 지점변경, 고객구분 변경에 따라 대출번호 생성 method*/
public void subMakeLoanNumber(int bcodeIndex, int distIndex) {
    String c_dist = null, l_no = null, sTemp = null;

    // 고객구분코드를 가져온다.
    if (distIndex == 0) {
       c_dist = "P";
        sTemp = "00";
```

```
} else if(distIndex == 1) {
    c_dist = "E";
    sTemp = "11";
}

/* 대출계좌번호 생성 : L P 100 001
    L : loan(대출)
    P : 개인 , E : 기업고객
    100 : 지점코드..
    001 : 일련번호...
*/
l_no = "L" + c_dist + sBcode[bcodeIndex];
strQuery = "select to_char(nvl(max(substr(a_no, 6,3)) + 1, 1), '099') from
account where a_no like '" + l_no + "%' and A_ITEM_DIST = 'L1'";
//msgBox(strQuery);

try {
    stmt = conn.createStatement();
    rs = stmt.executeQuery(strQuery);

    rs.next();
    l_no = l_no + rs.getString(1).trim();
    tf1.setText(l_no);
    //msgBox(l_no);
    rs.close();

    // 대출 가능 종류를 SELECT 고객 구분에 따라서.
    strQuery = "select item_name from item where item_dist = 'L1' and
    item_c_dist = '" + sTemp +"'";
    rs = stmt.executeQuery(strQuery);

    msgBox(strQuery);

    // 대출계좌 종류 combo box 초기화
    // combo box의 item들을 모두 삭제후 다시 insert하기 위해
    jcb3.removeAllItems();

    while(rs.next()) {
        jcb3.addItem(rs.getString(1).trim());
    }
    rs.close();
    stmt.close();
} catch (SQLException se) {
    msgBox(se);
```

```
        }
    }

    // 인쇄버튼이 눌렸을 경우 처리
    public void subPrintItem()
    {
        // 인쇄모듈 구성
    }

    // 닫기버튼이 눌렸을 경우 처리
    public void subCloseWindow() {
        try {
            if (pstmt != null) pstmt.close();
            if (stmt != null) stmt.close();
        } catch(SQLException e) {
            e.printStackTrace();
        }

        setVisible(false);
        dispose();
    }

    //  WindowListener를 implements 했을 경우 모든 Method를 overriding해야 한다.
    public void windowOpened(WindowEvent evt) {}
    public void windowClosed(WindowEvent evt) {}

    public void windowClosing(WindowEvent evt) {
        subCloseWindow();
    }

    public void windowIconified(WindowEvent evt) {}
    public void windowDeiconified(WindowEvent evt) {}
    public void windowActivated(WindowEvent evt) {}
    public void windowDeactivated(WindowEvent evt) {}
}
```

frmPayBack.java

고객번호를 입력, 조회를 원하는 대출번호를 선택하고 상환 금액을 입력 후 저장하면 상환 잔액은 자동으로 입력받고 조회를 수행한다.

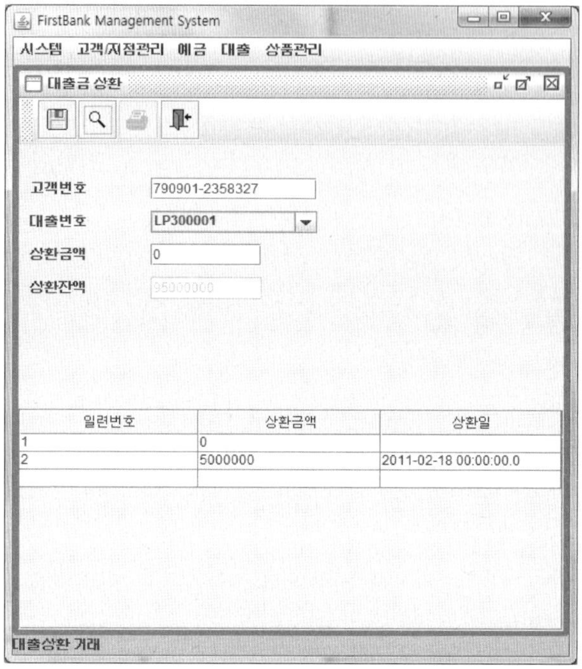

그림 11.19 대출상환

[frmPayBack.java]

```
import java.awt.*;
import java.awt.event.*;
import javax.swing.*;
import java.sql.*;

class frmPayBack extends JInternalFrame implements ActionListener, WindowListener
{
   //============  데이터베이스 관련 변수들 ==============//
    static Connection conn = null;
    static String strQuery = null;
    static ResultSet rs = null;
    static Statement stmt = null;
    static PreparedStatement pstmt = null;
    final int iColCount = 3;

    //============  ToolBar에 사용되는 관련 변수들 ==============//
    static JToolBar xToolBar = null;
    static JButton btnSaveItem, btnSearchItem, btnPrintItem, btnCloseWindow;
    JScrollPane scrollpane;
```

```
//=============  화면 하단의 status bar ===============//
JLabel lbStatusMessage = null;
boolean bIsFirst = true;

// 데이터베이스와 연계하여 사용될 변수들
/* class 변수 선언
    strLno : 대출번호,
    strCno : 대출 고객코드,
    dLamount : 대출상환금액,
    iSerialno : 대출상환 일련번호
*/

String strLno, strCno;
int iSerialno = 0;
long lLamount;

//=============  User Interface ===============//
static JLabel label1 = new JLabel("고객번호");
static JLabel label2 = new JLabel("대출번호");
static JLabel label3 = new JLabel("상환금액");
static JLabel label4 = new JLabel("상환잔액");
static JLabel label5 = new JLabel("대출상환일");

JTextField tf1 = new JTextField();
JTextField tf2 = new JTextField("0");
JTextField tf3 = new JTextField("0");

JComboBox  jcb1 = new JComboBox();

   /* 고객거래 자료를 나타낼 JTable과 헤더 & 데이터 배열*/
JTable jtAccountList = null;
Object columnName[] = {"일련번호", "상환금액", "상환일"};
Object dataTable[][] = null;

frmPayBack(String title, Connection conn, JLabel lbMessage) {
    // JInternalFrame의 생성자 호출
    /* 매개변수의 값에 따라 창의 성질 변경 */
    super(title, false, true, true, true);

    // AppFrame클래스에서 database Connection을 받아서 클래스의 connection에
    this.conn = conn;
    this.lbStatusMessage = lbMessage;

    // 화면 하단에 '대출상환 거래' display
```

```
        lbStatusMessage.setText("대출상환 거래");

        getContentPane().setLayout(new BorderLayout());

        // Toolbar 초기화
        initToolBar();

        // User Interface 초기화
        initContent();
    }

    /* User Interface 초기화        */
    private void initContent() {
        JPanel center = new JPanel();
        center.setLayout(null);

        label1.setBounds(10, 30, 100, 20);
        label2.setBounds(10, 60, 100, 20);
        label3.setBounds(10, 90, 100, 20);
        label4.setBounds(10,120, 80, 20);

        tf1.setBounds(120, 30, 150, 20);
        jcb1.setBounds(120, 60, 150, 20);
        tf2.setBounds(120, 90, 100, 20);
        tf3.setBounds(120, 120, 100, 20);

        tf3.setEnabled(false);

        center.add(label1);
        center.add(label2);
        center.add(label3);
        center.add(label4);

        tf1.addActionListener(this);
        jcb1.addActionListener(this);

        center.add(tf1);
        center.add(tf2);
        center.add(tf3);
        center.add(jcb1);

        getContentPane().add("Center", center);
    }
```

```
    /* 데이터베이스를 Navigate할수 있도록 앞/뒤,처음,끝으로 이동,
        추가,삭제,저장등의 툴바 */
    private void initToolBar() {
        xToolBar = new JToolBar(JToolBar.HORIZONTAL);
        xToolBar.setLayout(new FlowLayout(FlowLayout.LEFT, 1, 1));

        btnSaveItem      = new JButton(new ImageIcon("./toolbar/save.gif"));
        btnSearchItem    = new JButton(new ImageIcon("./toolbar/search.gif"));
        btnPrintItem     = new JButton(new ImageIcon("./toolbar/print.gif"));
        btnCloseWindow   = new JButton(new ImageIcon("./toolbar/exit.gif"));

                btnSaveItem.setEnabled(false);
        btnPrintItem.setEnabled(false);

        xToolBar.add(btnSaveItem);
        xToolBar.add(btnSearchItem);
        xToolBar.add(btnPrintItem);
        xToolBar.add(Box.createHorizontalGlue());
        xToolBar.add(btnCloseWindow);

        btnSaveItem.addActionListener(this);
        btnSearchItem.addActionListener(this);
        btnPrintItem.addActionListener(this);
        btnCloseWindow.addActionListener(this);

        getContentPane().add("North", xToolBar); // 툴바 붙이기
    }

    /* 툴바의 버튼들의 clicked 이벤트에 따라 호출될 함수정의  */
    public void actionPerformed(ActionEvent evt) {
        if(evt.getSource() == btnSaveItem) {
                subSaveItem();
        } else if(evt.getSource() == btnCloseWindow) {
            subCloseWindow();
        } else if(evt.getSource() == btnSearchItem) {
            subSearchItem();
        } else if(evt.getSource() == btnPrintItem) {
            subPrintItem();
        } else if(evt.getSource() == tf1) {
            subQueryLoanNo();
        } else if(evt.getSource() == jcb1) {
        // 대출번호 선택 콤보 박스
//            dataTable((String)jcb1.getSelectedItem(), tf1.getText().trim());
//            subSearchItem();
```

```
        }
    }

    /* 화면 resize : datatable이 재생성되어도 화면이 refresh되어야
      정확한 모습이 나타난다.
      정말 묘한 현상이다. swing에서만 그런지 모르겠다.
    */
    private void resize() {
        Dimension fsize = this.getSize();
        this.setSize(fsize.width - 1, fsize.height - 1);

        fsize = this.getSize();
        this.setSize(fsize.width + 1, fsize.height + 1);
       }

    /* 사용자에게 알려야 할 메시지 처리
       overload으로 매개변수에 따라 다른기능을 구현 */
    public void msgBox(String strMsg) {
        lbStatusMessage.setText(strMsg);
    }

    public void msgBox(String strMsg, String title) {
        JOptionPane.showMessageDialog(this, strMsg, title, JOptionPane.ERROR_MESSAGE);
    }

    public void msgBox(SQLException se) {
       lbStatusMessage.setText(se.toString());
    }

    public void msgBox(SQLException se, String title) {
        lbStatusMessage.setText(title + " : " + se.toString());
    }

    // 화면에 있는 User Interface들중에 textField들의 내용을 지운다.
    public void clearItems() {
        tf2.setText("0");
        tf3.setText("0");
        jcb1.setSelectedIndex(0);
    }

    /* 화면의 textField들의 내용을 클래스 변수에  */
    public boolean getItems() {
        strCno = tf1.getText().trim();                  // 고객번호번호
        strLno = (String)jcb1.getSelectedItem();        // 계좌번호
```

```
    lLamount = Long.parseLong(tf2.getText().trim()); //상환금액

    // 입력 textField의 값이 누락되었는 확인
    if(lLamount <= 0) {
        msgBox("상환액을 정확히 입력해주세요","");
        return false;
    }

    // UserInterface로부터 클래스변수로 가져온 값을 statusbar에 display
    lbStatusMessage.setText("[고객번호 : " + strCno + "] [계좌 : " + strLno + "] [상
    환액 : " + lLamount + "]");
    return true;
}

// 클래스 변수에 들어 있는 내용들 database에 반영
public void subSaveItem() {
   if(getItems()) {
        long lTemp = 0;
        String openDate = "";
        long a_term = 0;
        String a_item_dist = "";
        String a_item_name = "";
        String a_b_no = "";
       try {
            // 통장에서 누적 b_serial_no의 맨 마지막 값 + 1 을 가져온다.
            //strQuery = "select max(b_serial_no)+1 from borrow where b_cust_no
            = ? and b_loan_no = ?";
            strQuery = "select a_open_date, a_term, a_item_dist, a_item_name,
            a_b_no, max(a_serial_no)+1, sum(nvl(a_amount,0)) ";
            strQuery += " from account where a_c_no = ? and a_no = ? ";
            strQuery += " group by a_open_date, a_term, a_item_dist,
            a_item_name, a_b_no ";
            pstmt = conn.prepareStatement(strQuery);
            pstmt.setString(1, strCno);
            pstmt.setString(2, strLno);
            rs = pstmt.executeQuery();

            /* Result Set의 반환 행수가 1개 밖에 없다.
               why? max(d_serial_no) 따라서 while문장이 필요없다. */
            rs.next();
            openDate = rs.getString(1);
            a_term = rs.getLong(2);
            a_item_dist = rs.getString(3);
            a_item_name = rs.getString(4);
```

```
            a_b_no = rs.getString(5);
            iSerialno = rs.getInt(6);
            //lTemp = Long.parseLong(tf3.getText().trim());

            // 상환 잔액 : ltemp
            lTemp = Long.parseLong(tf3.getText().trim());

            if(lLamount > lTemp) {
                msgBox("상환잔액을 초과 합니다. 현재 상환잔액은 : " + lTemp + "입니다", "");
                return;
            }
            rs.close();
            pstmt.close();

            // borrow테이블에 대출상환 내역을 기록
            strQuery = "INSERT INTO account select ?, ?, sysdate, ?,
            a.a_open_date, a.a_total_amount, a.a_term, a.a_item_dist,
            a.a_item_name, a.a_b_no, ? from account a where a.a_no = '" + strLno
            + "' and a.a_c_no = '" + strCno + "' and a_serial_no = 1 ";
           pstmt = conn.prepareStatement(strQuery);
            pstmt.setString(1, strLno);
            pstmt.setLong(2, iSerialno);
            pstmt.setLong(3, lLamount);
            pstmt.setString(4, strCno);

            pstmt.executeUpdate();

            lbStatusMessage.setText("insert completed!!");
            conn.commit();  // db에 commit;
            pstmt.close();
            clearItems();   // 저장한후 화면clear
            dataTable((String)jcb1.getSelectedItem(), tf1.getText().trim());
        } catch (SQLException se) {
           msgBox(se, "Database Insert Into error");
            se.printStackTrace();
        } //end try~catch
    }
  }

// search버튼이 눌렸을 경우 처리
public void subSearchItem() {
    dataTable((String)jcb1.getSelectedItem(), tf1.getText().trim());
}
```

```
/* 고객번호를 입력한후 검색버튼을 눌렀을경우
   해당 고객번호를 대출거래 테이블에서
   대출계좌번호만 select하여 화면 대출계좌번호 콤보박스에 additem
*/
public void subQueryLoanNo() {
            String strTemp = null;
            String strCustno = tf1.getText().trim();
    strQuery =  "select A_NO, MAX(A_SERIAL_NO) from account where a_c_no =  '" +
    strCustno + "' and a_item_dist = 'L1' group by A_NO";

    // 이전에 있던 계좌번호들을 clear
    jcb1.removeAllItems();

    try {
        stmt = conn.createStatement();
        rs = stmt.executeQuery(strQuery);

        // 대출계좌번호들을 콤보박스에 additem
        while(rs.next()) {
            strTemp = rs.getString(1).trim();
            jcb1.addItem(strTemp);
        }
        rs.close();
        stmt.close();
    } catch (SQLException se) {
        msgBox(se);
    }
}

/* 고객번호 입력 -> 조회버튼 -> 대출계좌번호 선택 후에
  JTable로 datatable을 생성하여 화면 하단에 display
*/
public void dataTable(String strLoanno, String strCustno) {
    // save(저장)버튼을 활성화 시킨다.
    btnSaveItem.setEnabled(true);

    // 처음에 화면 실행했을때는 bIsFirst 값이 true,
    // 다음 수행시부터는 bIsFirst 값이 false
    // 값을 갖는다. 따라서 두번째 수행될때부터는 계속수행된다.
    if (!bIsFirst) {
        getContentPane().remove(scrollpane);
    }

    int lRowCount = 0, i = 0;
```

```
  // 대출금 상환 내역을 리스트
  strQuery = "select a_serial_no, nvl(a_amount,0), a_date from account where
  a_no = '" + strLoanno + "' and a_c_no = '" + strCustno +"'";

 dataTable = null;
  try {
      stmt = conn.createStatement(ResultSet.TYPE_SCROLL_INSENSITIVE, ResultSet.
      CONCUR_READ_ONLY);
      rs = stmt.executeQuery(strQuery);

      rs.last();
      lRowCount = rs.getRow() + 1;

      // Object배열 선언
      dataTable = new Object[lRowCount][iColCount];

      rs.beforeFirst();
      while(rs.next()) {
          for(int j = 0; j < iColCount; j++) {
              // Object 배열에 데이터 저장.
              dataTable[i][j] = rs.getObject(j+1);
          }
          i++;
      }
               rs.last();

      // 맨 마지막의 serial번호를 가져온다.
      // 해당 계좌의 다음 거래 serial번호를 생성하기 위해
      //iSerialno = rs.getInt(1);

      // JTable 생성한다.
      jtAccountList = new JTable(dataTable, columnName);

      // scroll bar를 생성
      scrollpane = new JScrollPane(jtAccountList);
      scrollpane.setPreferredSize(new Dimension(0, 200));
      getContentPane().add("South", scrollpane);

      rs.close();
      stmt.close();
      bIsFirst = false;

      long lSumRepAmount, lLoanAmount, lRemainAmount;
```

```
    // 상환 총액 구하기.
    strQuery = "select sum(nvl(a_amount,0)) from account where a_no = ? and
    a_c_no = ? ";
    pstmt = conn.prepareStatement(strQuery);
    pstmt.setString(1, strLoanno);
    pstmt.setString(2, strCustno);
    rs = pstmt.executeQuery();
    rs.next();
    lSumRepAmount = rs.getLong(1);

    rs.close();
    pstmt.close();

    // 대출금액 조회
    strQuery = "select a_total_amount from account where a_no = ? and
    a_amount is null and rownum = 1 ";
    pstmt = conn.prepareStatement(strQuery);
    pstmt.setString(1, strLoanno);
    rs = pstmt.executeQuery();
    rs.next();
    lLoanAmount = rs.getLong(1);

    lRemainAmount = lLoanAmount - lSumRepAmount;

    // 상환 완료 된 경우
    if (lRemainAmount == 0) {
        btnSaveItem.setEnabled(false);
    }

    // 상환해야할 잔액이 남아 있는 경우
    if (lRemainAmount > 0) {
        tf3.setText("" + lRemainAmount);
        btnSaveItem.setEnabled(true);
    }

    rs.close();
    pstmt.close();
    // 화면 refresh : 편법
       resize();
} catch (SQLException se) {
    msgBox(se);
    se.printStackTrace();
}
```

```
    }

    // 인쇄버튼이 눌렸을 경우 처리
   public void subPrintItem()
    {
        // 인쇄모듈 구성
    }

    // 닫기버튼이 눌렸을 경우 처리
    public void subCloseWindow() {
        try {
            if (pstmt != null) pstmt.close();
            if (stmt != null) stmt.close();
        } catch(SQLException e) {
            e.printStackTrace();
        }

        setVisible(false);
        dispose();
    }

    //  WindowListener를 implements 했을 경우 모든 Method를 overriding해야 한다.
    public void windowOpened(WindowEvent evt) {}
       public void windowClosed(WindowEvent evt) {}

    public void windowClosing(WindowEvent evt) {
                subCloseWindow();
       }

    public void windowIconified(WindowEvent evt) {}
       public void windowDeiconified(WindowEvent evt) {}
       public void windowActivated(WindowEvent evt) {}
       public void windowDeactivated(WindowEvent evt) {}
}
```

frmDepositKind.java

예금 상품 관리는 조회를 원하는 예금상품명을 입력하면 상품에 해당되는 자료를 자동으로 입력받고 자료의 추가, 삭제, 저장 등을 수행한다.

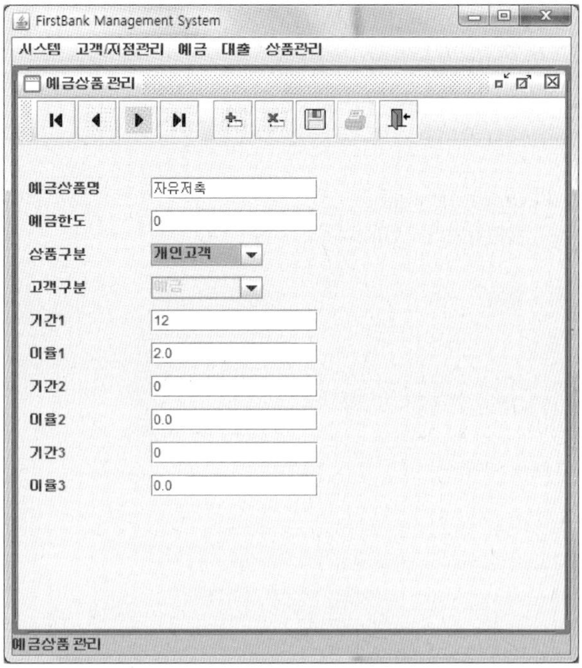

그림 11.20 예금상품

[frmDepositKind.java]

```
import java.awt.*;
import java.awt.event.*;
import javax.swing.*;
import java.sql.*;

class frmDepositKind extends JInternalFrame implements ActionListener, WindowListener
{
  //============= 데이터베이스 관련 변수들 ===============//
    static Connection conn = null;
    static String strQuery = "select item_name, item_limit, item_dist, item_c_dist,
    term1, rate1, term2, rate2, term3, rate3 from item where ITEM_DIST = 'A0'";
    static ResultSet rs = null;
    static Statement stmt = null;

    //============= ToolBar에 사용되는 관련 변수들 ==============//
    JToolBar xToolBar;
    JButton btnMoveFirst, btnMovePrev, btnMoveNext, btnMoveLast;
    JButton btnInsertItem, btnDeleteItem, btnSaveItem, btnPrintItem, btnCloseWindow;

    //============= 화면 하단의 status bar ===============//
```

```
JLabel lbStatusMessage;

// 데이터베이스와 연계하여 사용될 변수들 (상품명, 상품구분, 고객구분)
String strDkname, strDkdist, strDkcdist;
long  lDklimit;
int iDkterm1, iDkterm2, iDkterm3;
float fDkrate1,  fDkrate2,  fDkrate3;

 // cursor의 현재 위치
long lCurrentRow;

// 추가버튼이 누려진후에 저장버튼이 눌렸는지 체크
// true: insert -> save, false : 내용 수정후 -> save
boolean bInsertFlag = false;

//=============  User Interface ===============//
static JLabel label1 = new JLabel("예금상품명");
static JLabel label2 = new JLabel("예금한도");
static JLabel label3 = new JLabel("상품구분");
static JLabel label4 = new JLabel("고객구분");
static JLabel label5 = new JLabel("기간1");
static JLabel label6 = new JLabel("이율1");
static JLabel label7 = new JLabel("기간2");
static JLabel label8 = new JLabel("이율2");
static JLabel label9 = new JLabel("기간3");
static JLabel label10 = new JLabel("이율3");

static String customer_dist[] = { "개인고객", "기업고객" };
static String item_dist[] = { "예금", "대출" };

static JTextField tf1 = new JTextField();
static JTextField tf2 = new JTextField();
static JTextField tf3 = new JTextField();
static JTextField tf4 = new JTextField();
static JTextField tf5 = new JTextField();
static JTextField tf6 = new JTextField();
static JTextField tf7 = new JTextField();
static JTextField tf8 = new JTextField();

JComboBox  jcb1 = new JComboBox();
JComboBox  jcb2 = new JComboBox();

frmDepositKind(String title, Connection conn, JLabel lbMessage) {
    // JInternalFrame의 생성자 호출
```

```
        /* 매개변수의 값에 따라 창의 성질 변경 */
        super(title, true, true, true, true);

        // AppFrame클래스에서 database Connection을 받아서 클래스의 connection에
        this.conn = conn;
        this.lbStatusMessage = lbMessage;


        // 화면 하단에 '예금상품 관리' display
        lbStatusMessage.setText("예금상품 관리");

        getContentPane().setLayout(new BorderLayout());

        // Toolbar 초기화
        initToolBar();

        getContentPane().add("North", xToolBar); // 툴바 붙이기

        // User Interface 초기화
        initContent();

        // 기본적으로 사용될 resultSet을 데이터베이스에서 Query
        // "select dk_name, dk_limit, dk_dishi, dk_term1, dk_rate1,
        //  dk_term2, dk_rate2, dk_term3, dk_rate3 from deposit_kind";
        initResultSet(strQuery);
        subMoveFirst();
    }

    /* 기본적으로 사용될 resultSet을 데이터베이스에서 Query    */
    public void initResultSet(String strQuery)
    {
        try {
            // update 가능하면서, 다른 사용자의 데이터 변경을 감지
            stmt = conn.createStatement(ResultSet.TYPE_SCROLL_SENSITIVE, ResultSet.
            CONCUR_UPDATABLE);
            rs = stmt.executeQuery(strQuery);
        } catch (SQLException se) {
            msgBox(se.toString(), "SQLException");
        }
    }

    /* User Interface 초기화        */
    private void initContent() {
        JPanel north = new JPanel();
```

```
north.setLayout(null);

label1.setBounds(10, 30, 100, 20);
label2.setBounds(10, 60, 100, 20);
label3.setBounds(10, 90, 100, 20);
label4.setBounds(10, 120, 100, 20);
label5.setBounds(10, 150, 100, 20);
label6.setBounds(10, 180, 100, 20);
label7.setBounds(10, 210, 100, 20);
label8.setBounds(10, 240, 100, 20);
label9.setBounds(10, 270, 100, 20);
label10.setBounds(10, 300, 100, 20);

tf1.setBounds(120, 30, 150, 20);
tf2.setBounds(120, 60, 150, 20);
jcb1.setBounds(120, 90, 100, 20);
jcb2.setBounds(120, 120, 100, 20);
tf3.setBounds(120, 150, 150, 20);
tf4.setBounds(120, 180, 150, 20);
tf5.setBounds(120, 210, 150, 20);
tf6.setBounds(120, 240, 150, 20);
tf7.setBounds(120, 270, 150, 20);
tf8.setBounds(120, 300, 150, 20);

north.add(label1);
north.add(label2);
north.add(label3);
north.add(label4);
north.add(label5);
north.add(label6);
north.add(label7);
north.add(label8);
north.add(label9);
north.add(label10);

for(int i=0; i<customer_dist.length; i++) {
    jcb1.addItem(customer_dist[i]);
   }

for(int i=0; i<item_dist.length; i++) {
    jcb2.addItem(item_dist[i]);
   }

jcb2.disable();
```

```
        north.add(tf1);
        north.add(tf2);
        north.add(tf3);
        north.add(jcb1);
        north.add(jcb2);
        north.add(tf4);
        north.add(tf5);
        north.add(tf6);
        north.add(tf7);
        north.add(tf8);

        getContentPane().add("Center", north);
    }

    /* 데이터베이스를 Navigate할수 있도록 앞/뒤,처음,끝으로 이동,
        추가,삭제,저장등의 툴바 */
    private void initToolBar() {
         xToolBar = new JToolBar(JToolBar.HORIZONTAL);
         xToolBar.setLayout(new FlowLayout(FlowLayout.LEFT, 1, 1));

         btnMoveFirst    = new JButton(new ImageIcon("./toolbar/first.gif"));
         btnMovePrev     = new JButton(new ImageIcon("./toolbar/prev.gif"));
         btnMoveNext     = new JButton(new ImageIcon("./toolbar/next.gif"));
         btnMoveLast     = new JButton(new ImageIcon("./toolbar/last.gif"));
         btnInsertItem   = new JButton(new ImageIcon("./toolbar/insert.gif"));
         btnDeleteItem   = new JButton(new ImageIcon("./toolbar/delete.gif"));
         btnSaveItem     = new JButton(new ImageIcon("./toolbar/save.gif"));
         btnPrintItem    = new JButton(new ImageIcon("./toolbar/print.gif"));
         btnCloseWindow  = new JButton(new ImageIcon("./toolbar/exit.gif"));

         btnPrintItem.setEnabled(false);

         xToolBar.add(btnMoveFirst);
         xToolBar.add(btnMovePrev);
         xToolBar.add(btnMoveNext);
         xToolBar.add(btnMoveLast);
         xToolBar.addSeparator();
         xToolBar.add(btnInsertItem);
         xToolBar.add(btnDeleteItem);
         xToolBar.add(btnSaveItem);
         xToolBar.add(btnPrintItem);
         xToolBar.add(Box.createHorizontalGlue());
         xToolBar.add(btnCloseWindow);
```

```
        btnMoveFirst.addActionListener(this);
        btnMovePrev.addActionListener(this);
        btnMoveNext.addActionListener(this);
        btnMoveLast.addActionListener(this);
        btnInsertItem.addActionListener(this);
        btnDeleteItem.addActionListener(this);
        btnSaveItem.addActionListener(this);
        btnPrintItem.addActionListener(this);
        btnCloseWindow.addActionListener(this);
    }

    /* 툴바의 버튼들의 clicked 이벤트에 따라 호출될 함수정의  */
    public void actionPerformed(ActionEvent evt) {
        if(evt.getSource() == btnSaveItem) {
                subSaveItem();
        } else if(evt.getSource() == btnInsertItem) {
            subInsertItem();
        } else if(evt.getSource() == btnDeleteItem) {
                subDeleteItem();
        } else if(evt.getSource() == btnMoveFirst) {
            subMoveFirst();
        } else if(evt.getSource() == btnMovePrev) {
                subMovePrev();
        } else if(evt.getSource() == btnMoveNext) {
                subMoveNext();
        } else if(evt.getSource() == btnMoveLast) {
                subMoveLast();
        } else if(evt.getSource() == btnPrintItem) {
            subPrintItem();
        } else if(evt.getSource() == btnCloseWindow) {
                subCloseWindow();
        }
    }

    /* 사용자에게 알려야 할 메시지 처리
       overload으로 매개변수에 따라 다른기능을 구현 */
    public void msgBox(String strMsg) {
        JOptionPane.showMessageDialog(this, strMsg, "알림", JOptionPane.INFORMATION_MESSAGE);
    }

    public void msgBox(String strMsg, String title) {
        JOptionPane.showMessageDialog(this, strMsg, title, JOptionPane.ERROR_MESSAGE);
    }
```

```
public void msgBox(SQLException se) {
   lbStatusMessage.setText(se.toString());
}

public void msgBox(SQLException se, String title) {
    lbStatusMessage.setText(title + " : " + se.toString());
}

// 화면에 있는 User Interface들중에 textField들의 내용을 지운다.
public void clearItems() {
      tf1.setText("");      // 예금상품명
      tf2.setText("0");     // 예금한도
      tf3.setText("0");     // 기간1
      tf4.setText("0.0");   // 이율1
      tf5.setText("0");     // 기간2
      tf6.setText("0.0");   // 이율2
      tf7.setText("0");     // 기간3
      tf8.setText("0.0");   // 이율3
      jcb1.setSelectedIndex(0); // 고객구분
      jcb2.setSelectedIndex(0); // 상품구분
}

/* 화면의 textField들에 현재 cursor의 내용을 setting */
public void setItems() {
    try {
        // cursor에서 클래스 변수로 자료 이동
        strDkname  = rs.getString(1).trim();      // 예금상품명
        lDklimit = rs.getLong(2);                 // 예금한도액
        strDkdist = rs.getString(3).trim();       // 상품구분 A0, L1
        strDkcdist = rs.getString(4).trim();      // 고객구분 00 개인, 11 기업
        iDkterm1 = rs.getInt(5);                  // 기간 1(개월)
        fDkrate1 = rs.getFloat(6);                // 이율 1
        iDkterm2 = rs.getInt(7);                  // 기간 2(개월)
        fDkrate2 = rs.getFloat(8);                // 이율 2
        iDkterm3 = rs.getInt(9);                  // 기간 3(개월)
        fDkrate3 = rs.getFloat(10);               // 이율 3

        lCurrentRow = rs.getRow();

        // 클래스 변수에서 화면 Interface로 자료 복사
        tf1.setText(strDkname);
        tf2.setText("" + lDklimit);
        tf3.setText("" + iDkterm1);
```

```
            tf4.setText("" + fDkrate1);
            tf5.setText("" + iDkterm2);
            tf6.setText("" + fDkrate2);
            tf7.setText("" + iDkterm3);
            tf8.setText("" + fDkrate3);

            if (strDkcdist.equals("00")) {
                jcb1.setSelectedIndex(0);
            } else if (strDkcdist.equals("11")) {
                jcb1.setSelectedIndex(1);
            }

            jcb2.setSelectedIndex(0);

        } catch(SQLException se) {
             msgBox(se, "setitems()");
        }
       }

    /* 화면의 textField들의 내용을 클래스 변수에  */
    public boolean getItems() {
       int intIndex;
       int intIndex2;

        strDkname    = tf1.getText().trim();            // 예금상품명
        lDklimit     = Long.parseLong(tf2.getText().trim());    // 예금한도액
        iDkterm1     = Integer.parseInt(tf3.getText().trim()); // 기간 1(개월)
        fDkrate1     = Float.parseFloat(tf4.getText().trim()); // 이율 1
        iDkterm2     = Integer.parseInt(tf5.getText().trim()); // 기간 2(개월)
        fDkrate2     = Float.parseFloat(tf6.getText().trim()); // 이율 2
        iDkterm3     = Integer.parseInt(tf7.getText().trim()); // 기간 3(개월)
        fDkrate3     = Float.parseFloat(tf8.getText().trim()); // 이율 3

        intIndex = jcb1.getSelectedIndex();

        // 입력 textField의 값이 누락되었는 확인
        if (strDkname == null) { msgBox("예금상품명이 누락되었습니다.");
                return false; }
        if (iDkterm1 > 60 ) { msgBox("가능 기간은 60개월 미만입니다.");
                return false; }
        if (iDkterm2 > 60 ) { msgBox("가능 기간은 60개월 미만입니다.");
                return false; }
        if (iDkterm3 > 60 ) { msgBox("가능 기간은 60개월 미만입니다.");
                return false; }
```

```
    // 고객구분
    switch(intIndex) {
        case 0 : strDkcdist = "00";
        case 1 : strDkcdist = "11";
    }

      strDkdist = "A0";
    return true;
}

// cursor의 위치를 처음으로 이동
public void subMoveFirst() {
    try {
        if(!rs.isFirst()) {
            rs.first();
            setItems();
        }
    } catch(SQLException se) {
         msgBox(se);
    }
}

// cursor의 위치를 현재에서 이전으로 이동
public void subMovePrev() {
    try {
        if(!rs.isFirst()) {
            rs.previous();
            setItems();
        }
    } catch(SQLException se) {
         msgBox(se);
    }
}

// cursor의 위치를 현재에서 다음으로 이동
public void subMoveNext() {
    try {
        if(!rs.isLast()) {
            rs.next();
            setItems();
        }
    } catch(SQLException se) {
         msgBox(se);
```

```
        }
    }

    // cursor의 위치를 마지막으로 이동
    public void subMoveLast() {
        try {
                if(!rs.isLast()) {
                    rs.last();
                setItems();
            }
        } catch(SQLException se) {
            msgBox(se);
        }
    }

    // 클래스 변수에 들어 있는 내용들 database에 반영
    public void subSaveItem() {
        // insert버튼이 눌렸었는지...
        // 즉 새로운 데이터인지, 현재 데이터의 수정인지
        // Insert버튼이 눌렸다면..
        if (bInsertFlag == true) {

            // User Interface의 내용을 클래스 변수에 저장
                    if (getItems()) {
                try {

                    // cursor의 위치를 insert buffer로 이동
                            rs.moveToInsertRow();

                    // cursor의 내용을 클래스 변수로 setting
                    rs.updateString(1, strDkname.trim());
                    rs.updateLong(2, lDklimit);
                    rs.updateString(3, strDkdist.trim());
                    rs.updateString(4, strDkcdist.trim());
                    rs.updateInt(5, iDkterm1);
                    rs.updateFloat(6, fDkrate1);
                    rs.updateInt(7, iDkterm2);
                    rs.updateFloat(8, fDkrate2);
                    rs.updateInt(9, iDkterm3);
                    rs.updateFloat(10, fDkrate3);

                    // setting된 insert buffer내용을 데이터베이스에 반영
                    rs.insertRow();
```

```
                    bInsertFlag = false;

                lbStatusMessage.setText("insert completed!!");

                // 데이터 베이스를 commit
                conn.commit();
                rs.moveToCurrentRow();
                    } catch (SQLException se) {
                msgBox(se, "Database Insert Into error");
                    } //end try~catch
        }//end if(getItems())
    } else {
    // insert 버튼이 눌리지 않았다면
            if(getItems()) {
               try {
                // 클래스 변수의 내용을 cursor에 반영
                rs.updateString(1, strDkname.trim());
                rs.updateLong(2, lDklimit);
                rs.updateString(3, strDkdist.trim());
                rs.updateString(4, strDkcdist.trim());
                rs.updateInt(5, iDkterm1);
                rs.updateFloat(6, fDkrate1);
                rs.updateInt(7, iDkterm2);
                rs.updateFloat(8, fDkrate2);
                rs.updateInt(9, iDkterm3);
                rs.updateFloat(10, fDkrate3);

                // cursor의 변경사항을 데이터베이스에 반영
                rs.updateRow();

                lbStatusMessage.setText("update completed!!");
                //데이터베이스 commit
                   conn.commit();
                     } catch(SQLException se) {
                msgBox(se, "입력자료 오류");
                   System.out.println("hi");
               }  // end try~catch
         } //end if(getItems())
     } // end if(bInsertFlag == true)
}  // end subSaveItem()

// Insert버튼이 눌렸을 경우 처리
public void subInsertItem() {
            clearItems();
```

```
        bInsertFlag = true;
    }

    // Delete버튼이 눌렸을 경우 처리
    public void subDeleteItem() {
                int rtnValue;

        //삭제 확인 메시지 창을 띄운다.
           rtnValue = JOptionPane.showConfirmDialog(null, "현재 데이터를 삭제 합니다.",
           "확인", JOptionPane.OK_CANCEL_OPTION, JOptionPane.QUESTION_MESSAGE);

                try {
            // 삭제 확인 버튼이 눌린경우
            if (rtnValue == 0) {
                // 현재 커서의 위치에 있는 데이터를 삭제
                rs.deleteRow();

                // 다음행으로 이동
                subMoveNext();

                lbStatusMessage.setText("delete completed!!");
                // 데이터 베이스 commit
                conn.commit();
            }
        } catch (SQLException se) {
            msgBox(se, "subDelteItem()");
        }
    }

    // 인쇄버튼이 눌렸을 경우 처리
    public void subPrintItem()
    {
        // 인쇄모듈 구성

    }

    // 닫기버튼이 눌렸을 경우 처리
       public void subCloseWindow() {
        try {
            stmt.close();
        } catch(SQLException e) {
            e.printStackTrace();
        }
```

```
        setVisible(false);
      }

   //  WindowListener를 implements 했을 경우 모든 Method를 overriding해야 한다.
   public void windowOpened(WindowEvent evt) {}
      public void windowClosed(WindowEvent evt) {}

   public void windowClosing(WindowEvent evt) {
              subCloseWindow();
      }

   public void windowIconified(WindowEvent evt) {}
      public void windowDeiconified(WindowEvent evt) {}
      public void windowActivated(WindowEvent evt) {}
      public void windowDeactivated(WindowEvent evt) {}
}
```

frmLoanKind.java

대출 상품 관리는 조회를 원하는 대출상품명을 입력하면 상품에 해당되는 자료를 자동으로 입력받고 자료의 추가, 삭제, 저장 등을 수행한다.

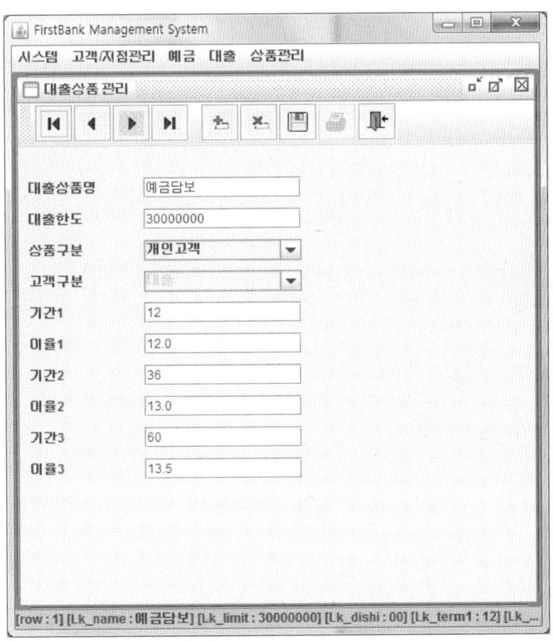

그림 11.21 대출상품

[frmLoanKind.java]

```
import java.awt.*;
import java.awt.event.*;
import javax.swing.*;
import java.sql.*;

class frmLoanKind extends JInternalFrame implements ActionListener, WindowListener
{
  //=============  데이터베이스 관련 변수들 ===============//
   static Connection conn = null;
   static String strQuery = "select item_name, item_limit, item_dist, item_c_dist,
   term1, rate1, term2, rate2, term3, rate3 from item where ITEM_DIST = 'L1'";
   static ResultSet rs = null;
   static Statement stmt = null;

   //=============  ToolBar에 사용되는 관련 변수들 ===============//
   JToolBar xToolBar;
   JButton btnMoveFirst, btnMovePrev, btnMoveNext, btnMoveLast;
   JButton btnInsertItem, btnDeleteItem, btnSaveItem, btnPrintItem, btnCloseWindow;


   //=============  화면 하단의 status bar ===============//
   JLabel lbStatusMessage;

   // 데이터베이스와 연계하여 사용될 변수들
   String strLkname, strLkdist, strLkcdist;
   //String strLkname, strLkdishi;
   long  lLklimit;
   int iLkterm1, iLkterm2, iLkterm3;
   float fLkrate1,  fLkrate2,  fLkrate3;

    // cursor의 현재 위치
   long lCurrentRow;

   // 추가버튼이 누려진후에 저장버튼이 눌렸는지 체크
   // true: insert -> save, false : 내용 수정후 -> save
   boolean bInsertFlag = false;

   //=============  User Interface ===============//
   static JLabel label1 = new JLabel("대출상품명");
   static JLabel label2 = new JLabel("대출한도");
   static JLabel label3 = new JLabel("상품구분");
   static JLabel label4 = new JLabel("고객구분");
   static JLabel label5 = new JLabel("기간1");
```

```
static JLabel label6 = new JLabel("이율1");
static JLabel label7 = new JLabel("기간2");
static JLabel label8 = new JLabel("이율2");
static JLabel label9 = new JLabel("기간3");
static JLabel label10 = new JLabel("이율3");
static String customer_dist[] = { "개인고객", "기업고객" };
static String item_dist[] = { "예금", "대출" };

static JTextField tf1 = new JTextField();
static JTextField tf2 = new JTextField();
static JTextField tf3 = new JTextField();
static JTextField tf4 = new JTextField();
static JTextField tf5 = new JTextField();
static JTextField tf6 = new JTextField();
static JTextField tf7 = new JTextField();
static JTextField tf8 = new JTextField();

JComboBox  jcb1 = new JComboBox();
JComboBox  jcb2 = new JComboBox();

frmLoanKind(String title, Connection conn, JLabel lbMessage) {
    // JInternalFrame의 생성자 호출
    /* 매개변수의 값에 따라 창의 성질 변경 */
    super(title, true, true, true, true);

    // AppFrame클래스에서 database Connection을 받아서 클래스의 connection에
    this.conn = conn;
    this.lbStatusMessage = lbMessage;

    // 화면 하단에 '대출상품 관리' display
    lbStatusMessage.setText("대출상품 관리");

    getContentPane().setLayout(new BorderLayout());

    // Toolbar 초기화
    initToolBar();

    getContentPane().add("North", xToolBar); // 툴바 붙이기

    // User Interface 초기화
    initContent();

    // 기본적으로 사용될 resultSet을 데이터베이스에서 Query
    // "select Lk_name, Lk_limit, Lk_dishi, Lk_term1, Lk_rate1,
```

```
    //          Lk_term2, Lk_rate2, Lk_term3, Lk_rate3 from loan_kind";
    initResultSet(strQuery);
    subMoveFirst();
}

/* 기본적으로 사용될 resultSet을 데이터베이스에서 Query     */
public void initResultSet(String strQuery)
{
    try {
        // update 가능하면서, 다른 사용자의 데이터 변경을 감지
        stmt = conn.createStatement(ResultSet.TYPE_SCROLL_SENSITIVE, ResultSet.CONCUR_UPDATABLE);
        rs = stmt.executeQuery(strQuery);
    } catch (SQLException se) {
        msgBox(se.toString(), "SQLException");
    }
}

/* User Interface 초기화        */
private void initContent() {
   JPanel north = new JPanel();
   north.setLayout(null);

   label1.setBounds(10, 30, 100, 20);
   label2.setBounds(10, 60, 100, 20);
   label3.setBounds(10, 90, 100, 20);
   label4.setBounds(10, 120, 100, 20);
   label5.setBounds(10, 150, 100, 20);
   label6.setBounds(10, 180, 100, 20);
   label7.setBounds(10, 210, 100, 20);
   label8.setBounds(10, 240, 100, 20);
   label9.setBounds(10, 270, 100, 20);
   label10.setBounds(10, 300, 100, 20);

   tf1.setBounds(120, 30, 150, 20);
   tf2.setBounds(120, 60, 150, 20);
   jcb1.setBounds(120, 90, 150, 20);
   jcb2.setBounds(120, 120, 150, 20);
   tf3.setBounds(120, 150, 150, 20);
   tf4.setBounds(120, 180, 150, 20);
   tf5.setBounds(120, 210, 150, 20);
   tf6.setBounds(120, 240, 150, 20);
   tf7.setBounds(120, 270, 150, 20);
   tf8.setBounds(120, 300, 150, 20);
```

```
    north.add(label1);
    north.add(label2);
    north.add(label3);
    north.add(label4);
    north.add(label5);
    north.add(label6);
    north.add(label7);
    north.add(label8);
    north.add(label9);
    north.add(label10);

    for(int i=0; i<customer_dist.length; i++) {
        jcb1.addItem(customer_dist[i]);
       }

    for(int i=0; i<item_dist.length; i++) {
        jcb2.addItem(item_dist[i]);
       }

    jcb2.disable();

    north.add(tf1);
    north.add(tf2);
    north.add(tf3);
    north.add(jcb1);
    north.add(jcb2);
    north.add(tf4);
    north.add(tf5);
    north.add(tf6);
    north.add(tf7);
    north.add(tf8);

    getContentPane().add("Center", north);
  }

  /* 데이터베이스를 Navigate할수 있도록 앞/뒤,처음,끝으로 이동,
    추가,삭제,저장등의 툴바 */
  private void initToolBar() {
     xToolBar = new JToolBar(JToolBar.HORIZONTAL);
     xToolBar.setLayout(new FlowLayout(FlowLayout.LEFT, 1, 1));

     btnMoveFirst     = new JButton(new ImageIcon("./toolbar/first.gif"));
     btnMovePrev      = new JButton(new ImageIcon("./toolbar/prev.gif"));
     btnMoveNext      = new JButton(new ImageIcon("./toolbar/next.gif"));
```

```
        btnMoveLast       = new JButton(new ImageIcon("./toolbar/last.gif"));
        btnInsertItem     = new JButton(new ImageIcon("./toolbar/insert.gif"));
        btnDeleteItem     = new JButton(new ImageIcon("./toolbar/delete.gif"));
        btnSaveItem       = new JButton(new ImageIcon("./toolbar/save.gif"));
        btnPrintItem      = new JButton(new ImageIcon("./toolbar/print.gif"));
        btnCloseWindow    = new JButton(new ImageIcon("./toolbar/exit.gif"));

        btnPrintItem.setEnabled(false);

        xToolBar.add(btnMoveFirst);
        xToolBar.add(btnMovePrev);
        xToolBar.add(btnMoveNext);
        xToolBar.add(btnMoveLast);
        xToolBar.addSeparator();
        xToolBar.add(btnInsertItem);
        xToolBar.add(btnDeleteItem);
        xToolBar.add(btnSaveItem);
        xToolBar.add(btnPrintItem);
        xToolBar.add(Box.createHorizontalGlue());
        xToolBar.add(btnCloseWindow);

        btnMoveFirst.addActionListener(this);
        btnMovePrev.addActionListener(this);
        btnMoveNext.addActionListener(this);
        btnMoveLast.addActionListener(this);
        btnInsertItem.addActionListener(this);
        btnDeleteItem.addActionListener(this);
        btnSaveItem.addActionListener(this);
        btnPrintItem.addActionListener(this);
        btnCloseWindow.addActionListener(this);
    }

    /* 툴바의 버튼들의 clicked 이벤트에 따라 호출될 함수정의  */
    public void actionPerformed(ActionEvent evt) {
        if(evt.getSource() == btnSaveItem) {
                subSaveItem();
        } else if(evt.getSource() == btnInsertItem) {
            subInsertItem();
        } else if(evt.getSource() == btnDeleteItem) {
                subDeleteItem();
        } else if(evt.getSource() == btnMoveFirst) {
            subMoveFirst();
        } else if(evt.getSource() == btnMovePrev) {
                subMovePrev();
```

```
    } else if(evt.getSource() == btnMoveNext) {
            subMoveNext();
    } else if(evt.getSource() == btnMoveLast) {
            subMoveLast();
    } else if(evt.getSource() == btnPrintItem) {
        subPrintItem();
    } else if(evt.getSource() == btnCloseWindow) {
            subCloseWindow();
    }
}

/* 사용자에게 알려야 할 메시지 처리
   overload으로 매개변수에 따라 다른기능을 구현 */
public void msgBox(String strMsg) {
    JOptionPane.showMessageDialog(this, strMsg, "알림", JOptionPane.INFORMATION_MESSAGE);
}

public void msgBox(String strMsg, String title) {
    JOptionPane.showMessageDialog(this, strMsg, title, JOptionPane.ERROR_MESSAGE);
}

public void msgBox(SQLException se) {
   lbStatusMessage.setText(se.toString());
}

public void msgBox(SQLException se, String title) {
    lbStatusMessage.setText(title + " : " + se.toString());
}

// 화면에 있는 User Interface들중에 textField들의 내용을 지운다.
public void clearItems() {
      tf1.setText("");       // 대출상품명
      tf2.setText("0");      // 대출한도
      tf3.setText("0");      // 기간1
      tf4.setText("0.0");    // 이율1
      tf5.setText("0");      // 기간2
      tf6.setText("0.0");    // 이율2
      tf7.setText("0");      // 기간3
      tf8.setText("0.0");    // 이율3
      jcb1.setSelectedIndex(0); // 고객구분
      jcb2.setSelectedIndex(1); // 상품구분
}

/* 화면의 textField들에 현재 cursor의 내용을 setting */
```

```
public void setItems() {
    try {
        // cursor에서 클래스 변수로 자료 이동
        strLkname  = rs.getString(1).trim();     // 예금상품명
        lLklimit = rs.getLong(2);                // 예금한도액
        strLkdist = rs.getString(3).trim();      // 상품구분 A0, L1
        strLkcdist = rs.getString(4).trim();     // 고객구분 00 개인, 11 기업
        iLkterm1 = rs.getInt(5);                 // 기간 1(개월)
        fLkrate1 = rs.getFloat(6);               // 이율 1
        iLkterm2 = rs.getInt(7);                 // 기간 2(개월)
        fLkrate2 = rs.getFloat(8);               // 이율 2
        iLkterm3 = rs.getInt(9);                 // 기간 3(개월)
        fLkrate3 = rs.getFloat(10);              // 이율 3

        lCurrentRow = rs.getRow();

        // 데이터 베이스에서 가져온 값들을 화면아래에 있는 statusbar에 표시
        lbStatusMessage.setText("[row : " + lCurrentRow + "] [Lk_name : " +
        strLkname + "] [Lk_limit : " + lLklimit + "] [Lk_dishi : " + strLkcdist +
        "] [Lk_term1 : " + iLkterm1 + "] [Lk_rate1 : " + fLkrate1 + "] [Lk_term2
        : " + iLkterm2 + "] [Lk_rate2 : " + fLkrate2 + "] [Lk_term3 : " + iLkterm3
        + "] [Lk_rate3 : " + fLkrate3 + "] ");

        // 클래스 변수에서 화면 Interface로 자료 복사
        tf1.setText(strLkname);
        tf2.setText("" + lLklimit);
        tf3.setText("" + iLkterm1);
        tf4.setText("" + fLkrate1);
        tf5.setText("" + iLkterm2);
        tf6.setText("" + fLkrate2);
        tf7.setText("" + iLkterm3);
        tf8.setText("" + fLkrate3);

        if (strLkcdist.equals("00")) {
            jcb1.setSelectedIndex(0);
        } else if (strLkcdist.equals("11")) {
            jcb1.setSelectedIndex(1);
        }

        jcb2.setSelectedIndex(1);
    } catch(SQLException se) {
         msgBox(se, "setitems()");
    }
   }
```

```
/* 화면의 textField들의 내용을 클래스 변수에  */
public boolean getItems() {
   int intIndex;

    strLkname    = tf1.getText().trim();                    // 대출상품명
    lLklimit     = Long.parseLong(tf2.getText().trim());     // 대출한도액
    iLkterm1     = Integer.parseInt(tf3.getText().trim());   // 기간 1(개월)
    fLkrate1     = Float.parseFloat(tf4.getText().trim());   // 이율 1
    iLkterm2     = Integer.parseInt(tf5.getText().trim());   // 기간 2(개월)
    fLkrate2     = Float.parseFloat(tf6.getText().trim());   // 이율 2
    iLkterm3     = Integer.parseInt(tf7.getText().trim());   // 기간 3(개월)
    fLkrate3     = Float.parseFloat(tf8.getText().trim());   // 이율 3

    intIndex = jcb1.getSelectedIndex();

    // 입력 textField의 값이 누락되었는 확인
    if (strLkname == null) { msgBox("대출상품명이 누락되었습니다.");
                   return false; }
    if (iLkterm1 > 60 ) { msgBox("가능 기간은 60개월 미만입니다.");
                   return false; }
    if (iLkterm2 > 60 ) { msgBox("가능 기간은 60개월 미만입니다.");
                   return false; }
    if (iLkterm3 > 60 ) { msgBox("가능 기간은 60개월 미만입니다.");
                   return false; }

    // 고객구분
    switch(intIndex) {
        case 0 : strLkcdist = "00";
        case 1 : strLkcdist = "11";
    }

      strLkdist = "L1";

    // UserInterface로부터 클래스변수로 가져온 값을 statusbar에 display
    lbStatusMessage.setText("[row : " + lCurrentRow + "] [Lk_name : " + strLkname
    + "] [Lk_limit : " + lLklimit + "] [Lk_dishi : " + strLkcdist + "] [Lk_term1
    : " + iLkterm1 + "] [Lk_rate1 : " + fLkrate1 + "] [Lk_term2 : " + iLkterm2 +
    "] [Lk_rate2 : " + fLkrate2 + "] [Lk_term3 : " + iLkterm3 + "] [Lk_rate3 : "
    + fLkrate3 + "] ");
    return true;
}

// cursor의 위치를 처음으로 이동
```

```
public void subMoveFirst() {
            try {
        if(!rs.isFirst()) {
               rs.first();
            setItems();
           }
    } catch(SQLException se) {
         msgBox(se);
    }
}

// cursor의 위치를 현재에서 이전으로 이동
public void subMovePrev() {
   try {
           if(!rs.isFirst()) {
               rs.previous();
            setItems();
           }
    } catch(SQLException se) {
         msgBox(se);
    }
}

// cursor의 위치를 현재에서 다음으로 이동
public void subMoveNext() {
    try {
        if(!rs.isLast()) {
               rs.next();
            setItems();
        }
    } catch(SQLException se) {
         msgBox(se);
    }
}

// cursor의 위치를 마지막으로 이동
public void subMoveLast() {
   try {
           if(!rs.isLast()) {
               rs.last();
            setItems();
       }
    } catch(SQLException se) {
         msgBox(se);
```

```
    }
}

// 클래스 변수에 들어 있는 내용들 database에 반영
public void subSaveItem() {
    // insert버튼이 눌렸었는지...
    // 즉 새로운 데이터인지, 현재 데이터의 수정인지
    // Insert버튼이 눌렸다면..
    if (bInsertFlag == true) {

        // User Interface의 내용을 클래스 변수에 저장
                if (getItems()) {
            try {

                // cursor의 위치를 insert buffer로 이동
                        rs.moveToInsertRow();

                // cursor의 내용을 클래스 변수로 setting
                rs.updateString(1, strLkname.trim());
                rs.updateLong(2, lLklimit);
                rs.updateString(3, strLkdist.trim());
                rs.updateString(4, strLkcdist.trim());
                rs.updateInt(5, iLkterm1);
                rs.updateFloat(6, fLkrate1);
                rs.updateInt(7, iLkterm2);
                rs.updateFloat(8, fLkrate2);
                rs.updateInt(9, iLkterm3);
                rs.updateFloat(10, fLkrate3);

                // setting된 insert buffer내용을 데이터베이스에 반영
                rs.insertRow();

                //msgBox("[row : " + lCurrentRow + "] [Lk_name : " + strLkname +
                "] [Lk_limit : " + lLklimit + "] [Lk_dishi : " + strLkcdist + "]
                [Lk_term1 : " + iLkterm1 + "] [Lk_rate1 : " + fLkrate1 + "]
                [Lk_term2 : " + iLkterm2 + "] [Lk_rate2 : " + fLkrate2 + "]
                [Lk_term3 : " + iLkterm3 + "] [Lk_rate3 : " + fLkrate3 + "] ", "다
                음데이터를 저장합니다.");
                   bInsertFlag = false;

                lbStatusMessage.setText("insert completed!!");

                // 데이터 베이스를 commit
                conn.commit();
```

```
                rs.moveToCurrentRow();
                //rs.refreshRow();
                    } catch (SQLException se) {
                msgBox(se, "Database Insert Into error");
                    } //end try~catch
            }//end if(getItems())
        } else {
        // insert 버튼이 눌리지 않았다면

            if(getItems()) {
               try {
                // 클래스 변수의 내용을 cursor에 반영
                rs.updateString(1, strLkname.trim());
                rs.updateLong(2, lLklimit);
                rs.updateString(3, strLkdist.trim());
                rs.updateString(4, strLkcdist.trim());
                rs.updateInt(5, iLkterm1);
                rs.updateFloat(6, fLkrate1);
                rs.updateInt(7, iLkterm2);
                rs.updateFloat(8, fLkrate2);
                rs.updateInt(9, iLkterm3);
                rs.updateFloat(10, fLkrate3);

                // cursor의 변경사항을 데이터베이스에 반영
                rs.updateRow();

                lbStatusMessage.setText("update completed!!");

                //데이터베이스 commit
                   conn.commit();
                    } catch(SQLException se) {
                msgBox(se, "입력자료 오류");
                   System.out.println("hi");
               }  // end try~catch
            } //end if(getItems())
        } // end if(bInsertFlag == true)
    }  // end subSaveItem()

    // Insert버튼이 눌렸을 경우 처리
    public void subInsertItem() {
            clearItems();
        bInsertFlag = true;
    }
```

```
    // Delete버튼이 눌렸을 경우 처리
    public void subDeleteItem() {
                int rtnValue;

        //삭제 확인 메시지 창을 띄운다.
        rtnValue = JOptionPane.showConfirmDialog(null, "현재 데이터를 삭제 합니다.", "확
인", JOptionPane.OK_CANCEL_OPTION, JOptionPane.QUESTION_MESSAGE);

                try {

            // 삭제 확인 버튼이 눌린경우
            if (rtnValue == 0) {

                // 현재 커서의 위치에 있는 데이터를 삭제
                    rs.deleteRow();

                // 다음행으로 이동
                subMoveNext();

                lbStatusMessage.setText("delete completed!!");

                // 데이터 베이스 commit
                conn.commit();
            }
        } catch (SQLException se) {
            msgBox(se, "subDelteItem()");
        }
    }

    // 인쇄버튼이 눌렸을 경우 처리
    public void subPrintItem()
    {
        // 인쇄모듈 구성
    }

    // 닫기버튼이 눌렸을 경우 처리
       public void subCloseWindow() {
        try {
            stmt.close();
        } catch(SQLException e) {
            e.printStackTrace();
        }

        setVisible(false);
```

```
        dispose();
    }

    //  WindowListener를 implements 했을 경우 모든 Method를 overriding해야 한다.
    public void windowOpened(WindowEvent evt) {}
      public void windowClosed(WindowEvent evt) {}

    public void windowClosing(WindowEvent evt) {
              subCloseWindow();
      }

    public void windowIconified(WindowEvent evt) {}
      public void windowDeiconified(WindowEvent evt) {}
      public void windowActivated(WindowEvent evt) {}
      public void windowDeactivated(WindowEvent evt) {}
}
```

부 록

<부록 1 퍼스널 오라클 11g 설치>

1. Windows 7에서 퍼스널 오라클 설치

우선 설치하기 전에 오라클 데이터베이스가 잘 작동할 수 있는 시스템의 사양에 관해 알아보자. 물론 여기에서 언급하는 내용이라든가 사양은 최소 사양이라는 것을 잊지 말자.

메모리는 많을수록 CPU는 빠를수록 좋다는 것은 이 책을 읽고 있는 독자라면 더 잘 알고 있을 것이다.

요구 사항	세부 사항
운영체제	Windows NT Server 4.0 service pack 6이상, Windows 2000 service pack 1이상, Windows Server 2003, Windows XP Professional, Windows 7
CPU	550 MHz 이상
RAM	2G램 (최소 사양 : 1GB)
HDD	Oracle Home : 2.96GB, Data Files : 1.6GB, Total : 4.76GB

Oracle 11g 설치 준비 과정

먼저, http://www.oracle.com에 접속하여 오라클을 다운받는다. 오라클이 설치될 컴퓨터의 비트 수에 맞게 받아야 한다. Microsoft Windows(32-bit) File1을 클릭한다.

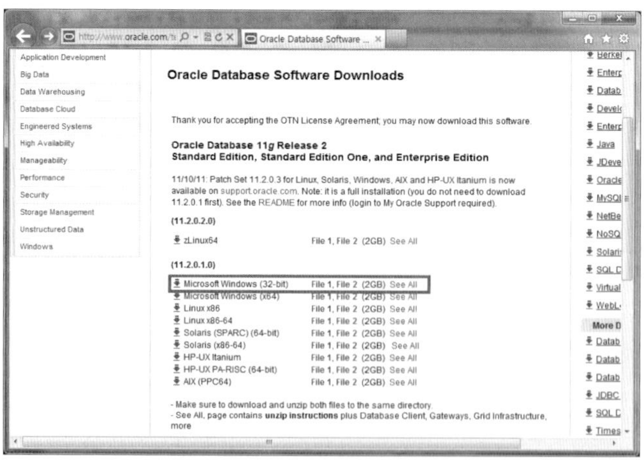

그림 A.1 오라클 11g 다운로드1

두 파일을 모두 다운로드 받는다.

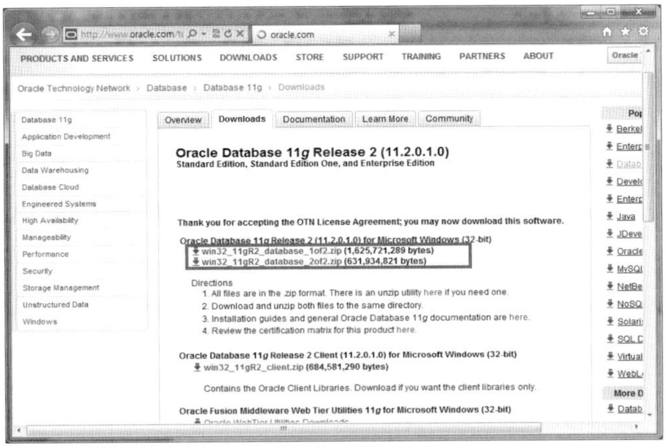

그림 A.2 오라클 11g 다운로드2

두 파일을 모두 다운로드 받고 win32_11gR2_database_2of2₩database₩stage 폴더의 내용을 win32_11gR2_database_1of2₩database₩stage 폴더에 복사한다.

오라클 11g는 XP 버전까지 나오기 때문에 Windows 7에서 사용하기 위해서는 속성을 바꿔서 사용해야 한다. 즉, XP에 설치한다면 속성 바꾸는 작업은 하지 않아도 된다.

database 폴더로 이동하면 setup.exe 파일을 선택하고 마우스 오른쪽을 클릭하여 속성창을 연다. 아래 화면과 같이 호환성 탭을 선택한 후 호환 모드를 아래와 같이 선택한 후 확인 버튼을 클릭한다.

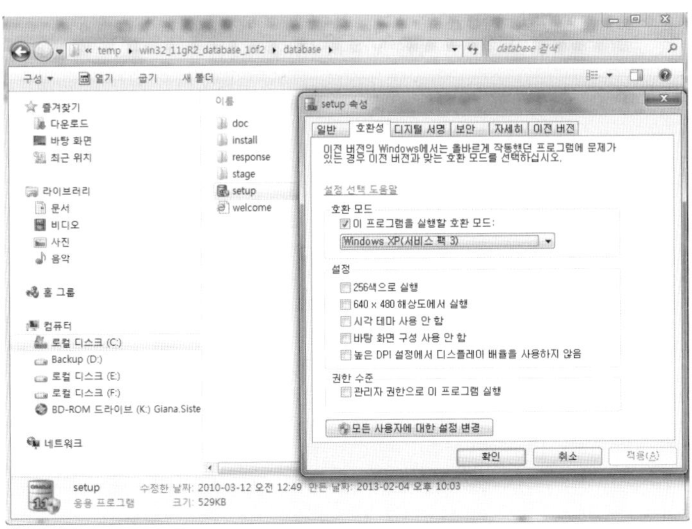

그림 A.3 setup 속성 설정

다음은 유동 IP 환경 설정이다. 이것은 오라클이 DHCP 할당 방식 IP 주소를 사용하는 시스템에서 설치를 지원하기 위해서 한다. 고정 IP라면 IP 설정 작업은 불필요하다.

시작 → 실행 → hdwwiz 입력한 후 확인을 클릭한다.

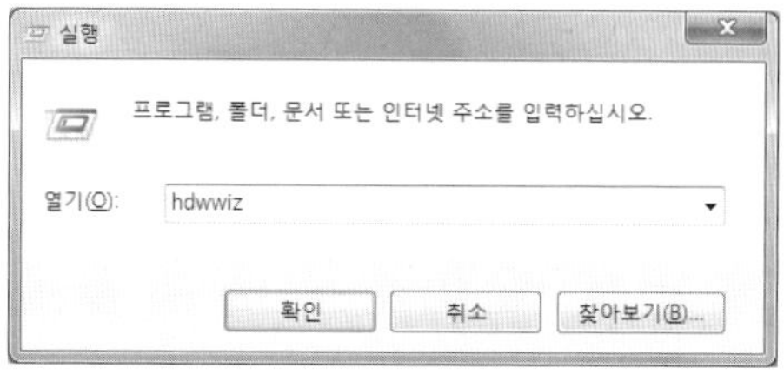

그림 A.4 실행 창에 hdwwiz 입력

하드웨어 추가 마법사 창이 화면에 나오면 다음을 클릭한다.

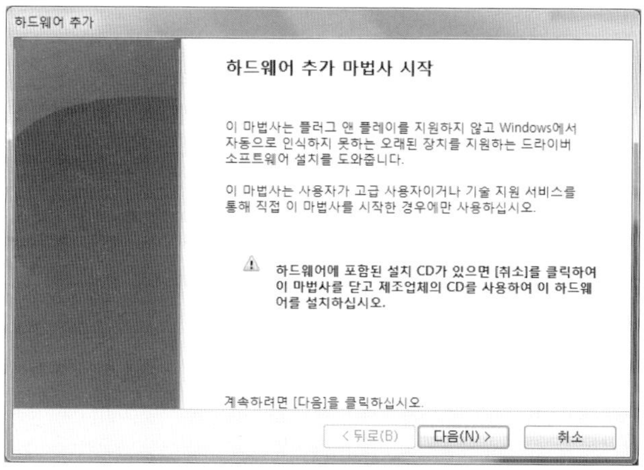

그림 A.5 하드웨어 추가 마법사

[그림 A.6]과 같이 목록에서 직접 선택한 하드웨어 설치(고급)라는 라디오 박스를 클릭한다.

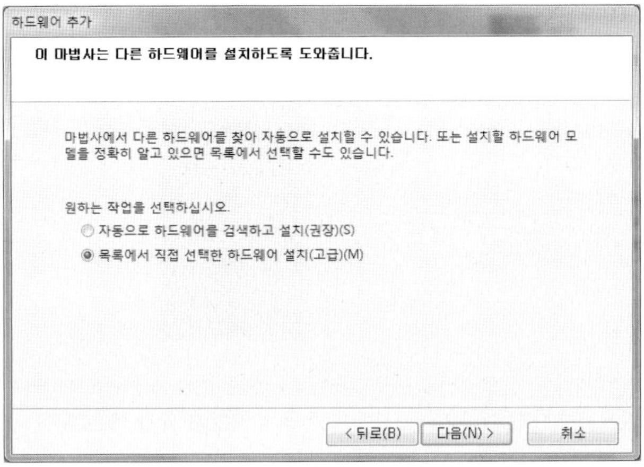

그림 A.6 하드웨어 추가

추가할 하드웨어 종류를 선택하는 화면이 나오는데 여기에서 네트워크 어댑터를 선택한 후 다음을 클릭한다.

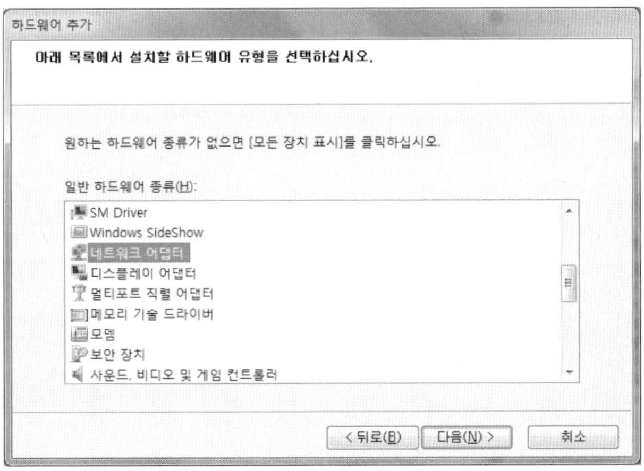

그림 A.7 하드웨어 유형 선택

네트워크 어댑터 선택하는 화면에서 제조사를 'Microsoft', 네트워크 어댑터를 'Microsoft Loopback Adapter'를 선택하고 다음을 클릭한다. 또 다시 다음을 선택하면 해당 하드웨어가 설치되었다는 화면이 나온다.

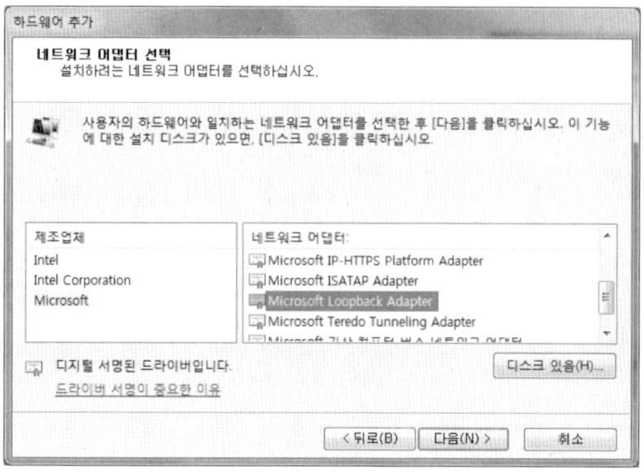

그림 A.8 네트워크 어댑터 선택

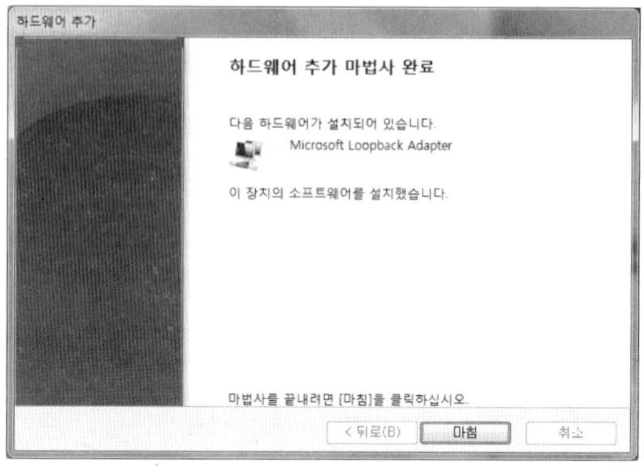

그림 A.9 하드웨어 추가 마법사 완료

이제 설치된 어댑터에 IP를 설정해 주어야 한다. 일단 IP 설정을 하기 위해서 제어판 → 네트워크 및 인터넷 → 네트워크 및 공유센터 → 어댑터 설정 변경을 선택한다.

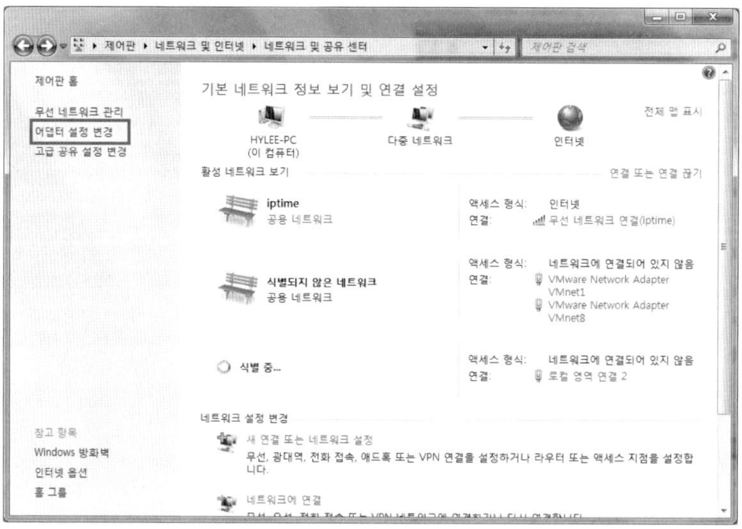

그림 A.10 어댑터 설정 변경 선택

어댑터 선택 화면이 나오면 위에서 추가한 'Microsoft Loopback Adapte'r를 선택하고 마우스 오른쪽 클릭 후 속성창을 띄운다.

그림 A.11 Microsoft Loopback Adapter 선택

속성창에서 'Internet Protocol Version 4(Tcp/ipv4)'를 선택한 후 속성 버튼을 클릭한다.

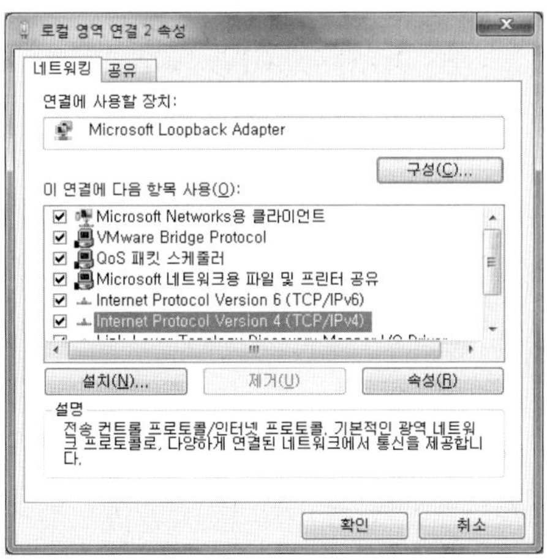

그림 A.12 Internet Protocol Version 4(Tcp/ipv4)를 선택

속성창이 나오면 [그림 A.13]과 같이 IP를 수정한 후 '확인' 버튼을 클릭한다.

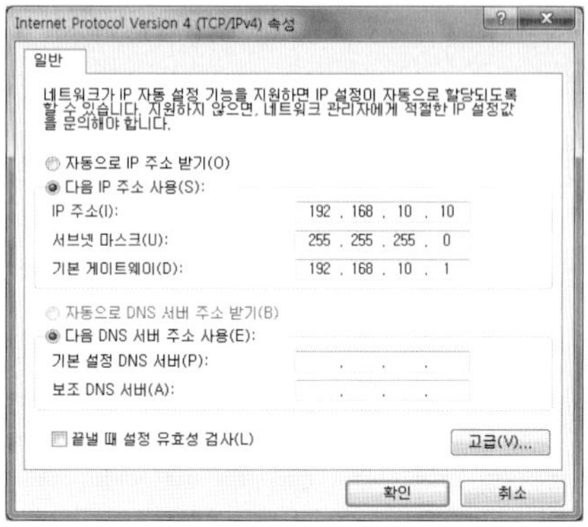

그림 A.13 IP 설정

이제 해당 네트워크 config를 설정해 준다. 일단 수정해 줘야 할 파일의 위치는 C:₩Windows₩System32₩drivers₩etc₩hosts라는 파일이다.

먼저 메모장을 관리자 권한으로 실행한다.

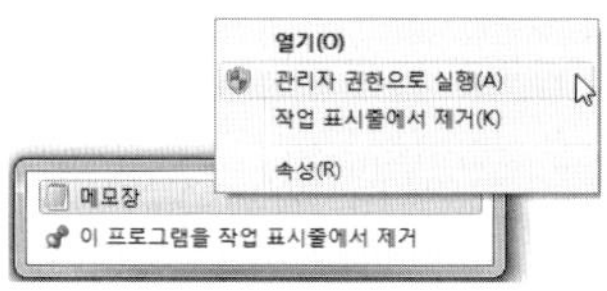

그림 A.14 관리자 권한으로 메모장 실행

해당 파일을 메모장으로 열고 내용은 아래 화면과 같이 아까 설정한 IP와 해당 PC 이름을 입력하여 주면 된다.

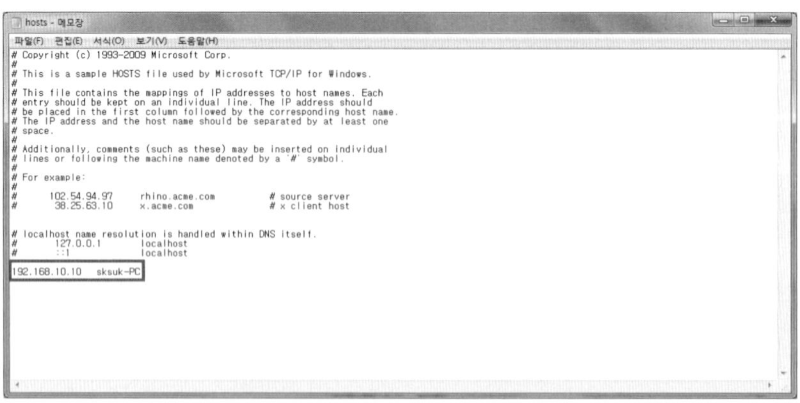

그림 A.15 hosts라는 파일 수정

이제 설치를 위한 과정은 모두 끝이 났다.

Oracle Universal Installer

오라클 8i 버전부터는 자바 기반 그래픽 사용자 인터페이스(GUI) 도구이고 다국어 언어를 지원하는 유니버설 인스톨러를 사용하여 설치한다. 여기서 다국어 언어란 한글 윈도우에 설치하면 한글 유니버설 인스톨러가 자동으로 실행되는 것을 의미한다.

설치를 시작하기 위해 먼저, Administrator 권한이 있는 계정으로 로그인하여야 하며 계정 이름이 한글이면 안 된다. setup.exe를 클릭하면 된다.

프로그램 설치를 시작하면 [그림 A.16]을 볼 수 있다.

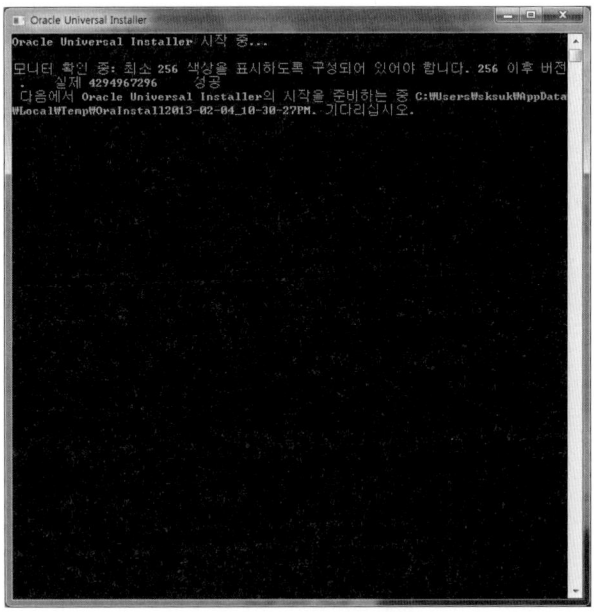

그림 A.16 setup 실행

전자 메일은 선택 사항이며 넣지 않아도 된다.

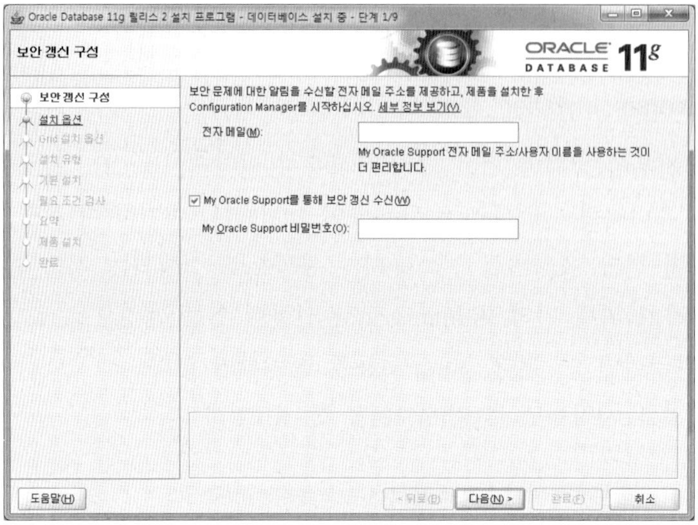

그림 A.17 전자 메일 선택

[그림 A.18]에서 '예'를 선택한다.

설치 옵션은 '데이터베이스 생성 및 구성'을 선택하고 '다음'을 클릭한다.

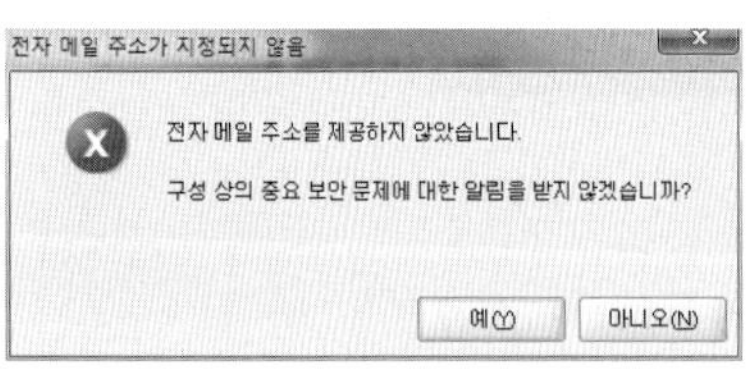

그림 A.18 전자 메일 선택에 대한 경고

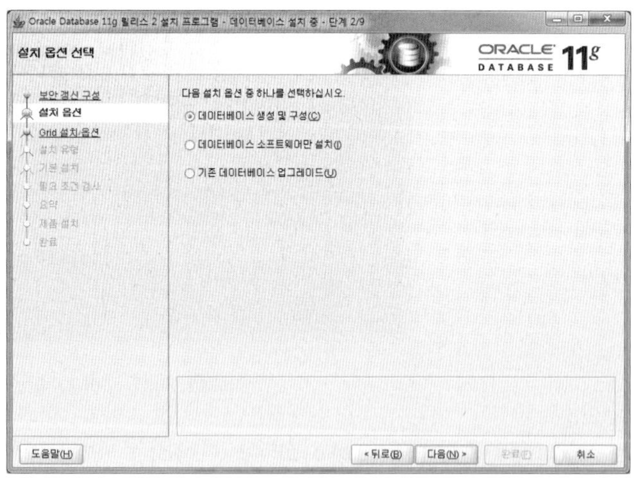

그림 A.19 설치 옵션 선택

간단한 설치를 원한다면 '데스크톱 클래스'를 선택하고 실제 서버에 운영 환경으로 설치할 경우 '서버 클래스'를 선택한다.

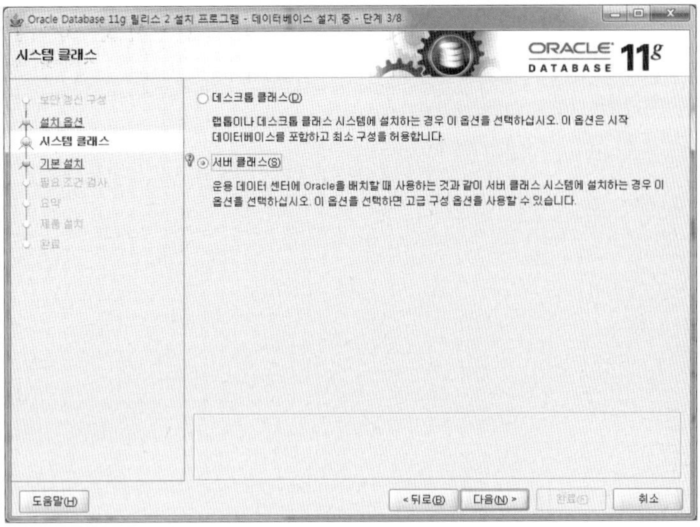

그림 A.20 기본 설치 선택

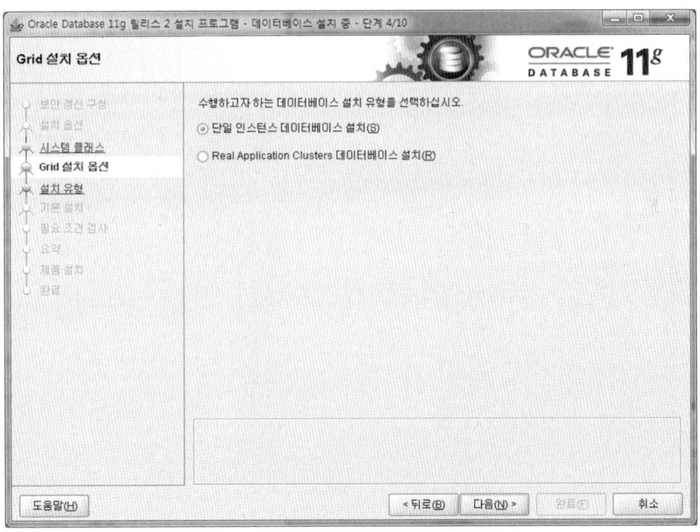

그림 A.21 데이터베이스 설치 유형 선택

표준설치는 최소 입력을 요구하는 표준 구성으로 설치를 수행하며 고급설치는 SYS, SYSTEM 계정에 대한 서로 다른 암호, 사용자 정의 설치 등 여러 가지 고급 설치 항목을 지정하여 설치하는 방법이다.

설치를 계속 진행하려면 [다음]을 클릭한다.

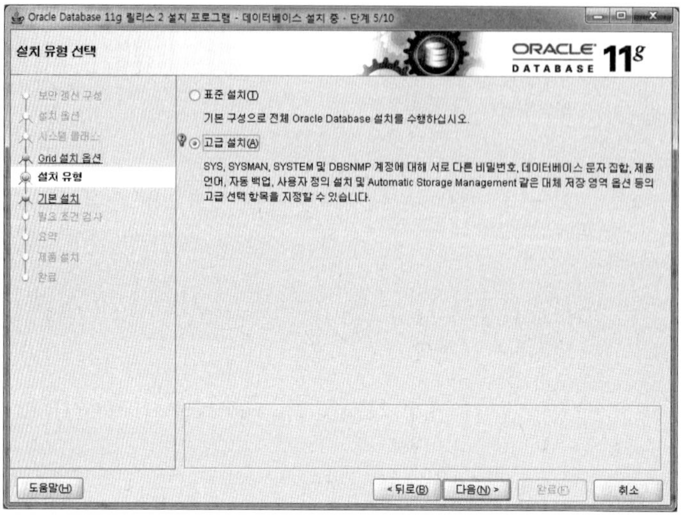

그림 A.22 설치 방식 선택

데이터베이스 문자 집합 선택은 영어, 한국어를 선택한다.

그림 A.23 데이터베이스 문자 집합 선택

사용 목적에 따라 필요한 유형을 선택할 수 있다. Enterprise Edition은 대규모 구현을 목적으로 하고 Standard Edition에 비해 많은 플랫폼을 지원하며 고급관리, 네트워킹, DW 기능을 포함하고 있어 특정 목적을 지닌 다양한 옵션을 선택할 수 있다. Standard Edition은 적은 수의 사용자를 지원하는 다중 사용자와 소규모 환경에 적합하며 Personal

Edition은 Enterprise Edition의 단일 사용자 버전으로 단일 머신에서 개발 작업을 가능하게 하므로 주로 개발자들이 사용한다.

[다음]을 선택하면 설치 경로를 지정할 수 있다.

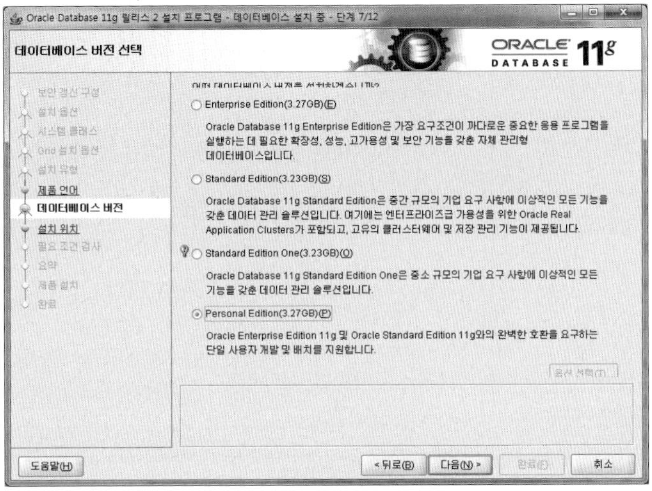

그림 A.24 설치 유형 선택

오라클 홈의 이름 및 경로를 설정하는데 디폴트를 사용하거나 원하는 디렉토리로 변경할 수 있다. 설치 경로를 변경하려면 변경 경로를 직접 입력하거나 [찾아보기]를 클릭한 후 경로를 선택하면 변경된다. 단, 디렉토리 이름에 한글이 들어가면 안 된다.

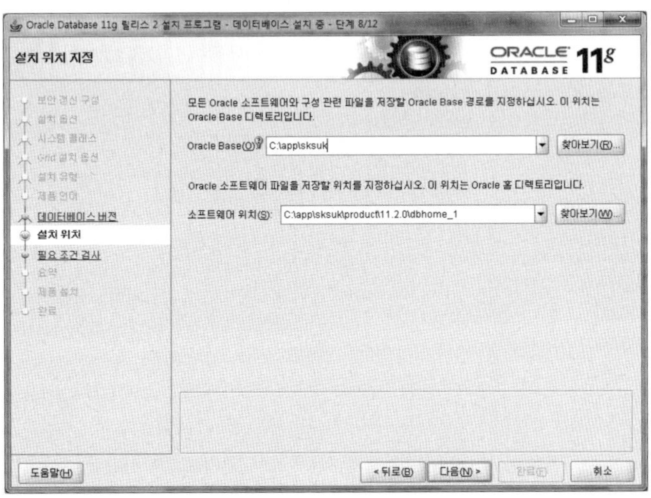

그림 A.25 설치 경로 선택

[다음]을 클릭하여 사용할 용도에 맞게 데이터베이스 구성을 선택한다. [일반용]을 선택하고 [다음]을 클릭한다.

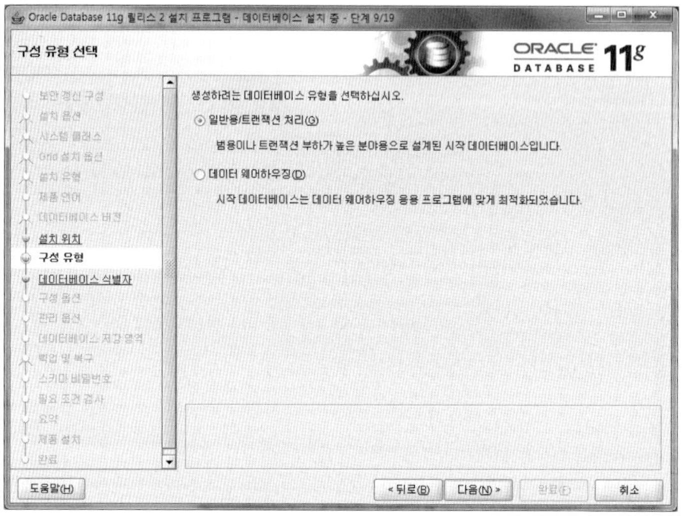

그림 A.26 데이터베이스 구성 선택

데이터베이스 구성 옵션 지정에서는 전역 데이터베이스 이름과 SID 이름을 부여한다. SID는 네트워크 상에서 오라클 인스턴스를 식별하기 위해 사용하며 전역 데이터베이스 이름은 SID와 동일하게 준다.

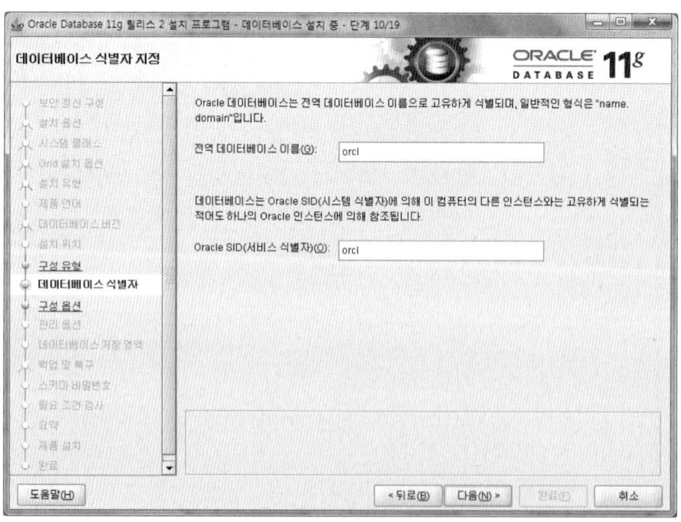

그림 A.27 데이터베이스 구성 옵션 지정

관리 옵션에서 [다음]을 선택한다.

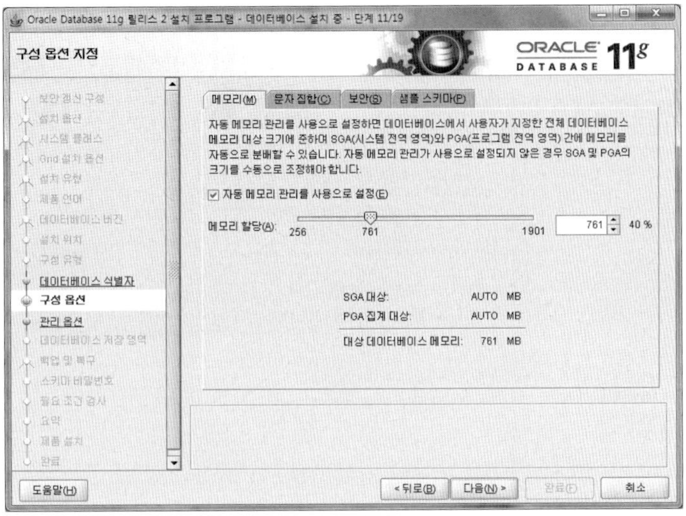

그림 A.28 관리 옵션 선택

경보에 대한 통지를 메일로 받으려면 전자 메일 통지 활성화를 선택하고 송신 메일 (SMTP) 서버와 전자 메일 주소를 입력한다.

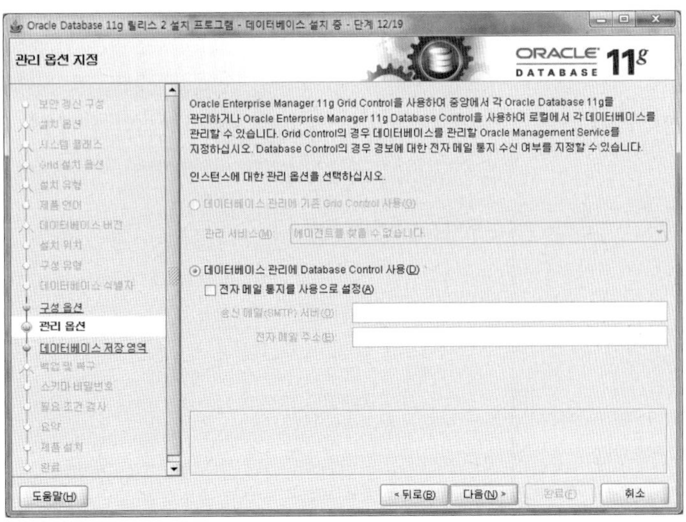

그림 A.29 데이터베이스 관리 옵션 선택

[다음]을 클릭하여 데이터베이스 저장 영역 옵션을 지정한다. 일반적으로 파일 시스템

을 이용하며 두 개 이상의 디스크를 사용하는 경우, 오라클 소프트웨어가 설치되는 디스크가 아닌 다른 디스크에 물리적인 파일을 저장한다.

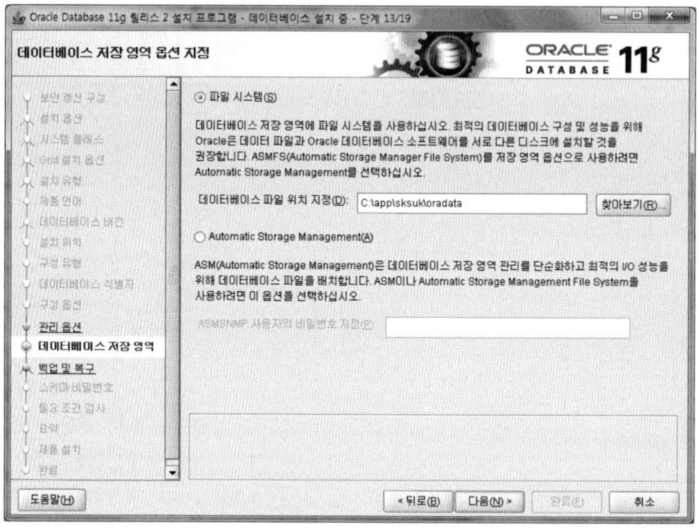

그림 A.30 데이터베이스 저장 영업 옵션 지정

[다음]을 클릭하여 백업 및 복구 옵션에서 데이터베이스의 자동 복구 옵션을 선택한다.

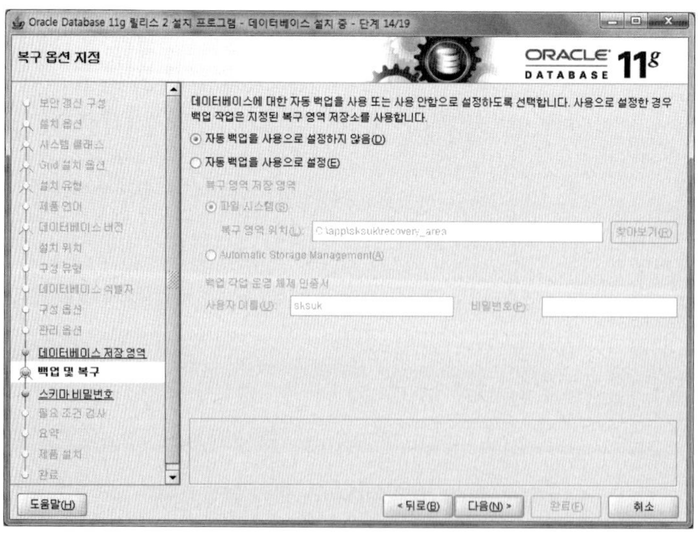

그림 A.31 백업 및 복구 옵션 지정

[다음]을 클릭하여 데이터베이스 스키마 암호를 지정한다. 사용자 이름마다 다른 암호를 지정하거나, 모든 사용자 이름에 동일한 암호를 지정할 수 있다.

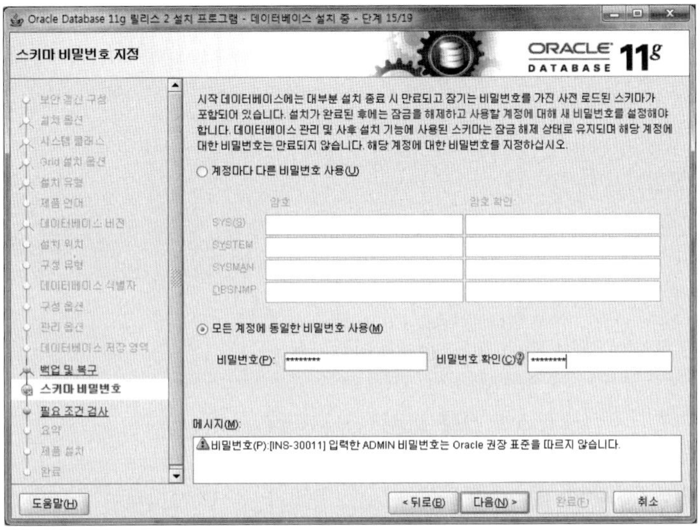

그림 A.32 암호 지정

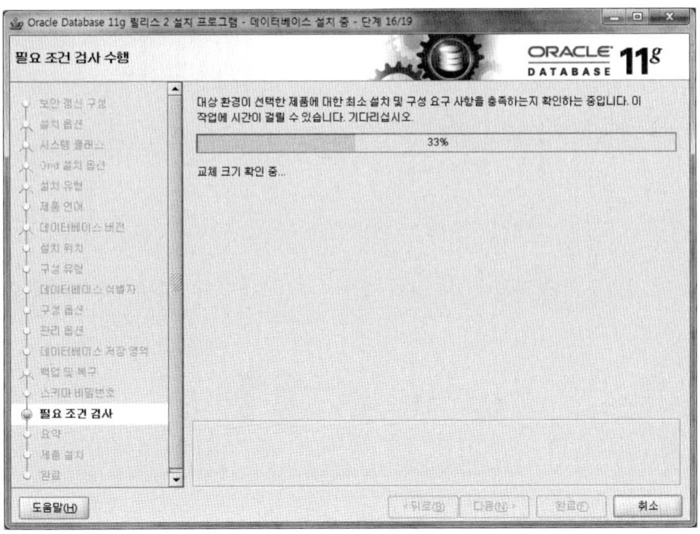

그림 A.33 필요 조건 검사

설치할 프로그램의 내역을 화면에 보여 준다.

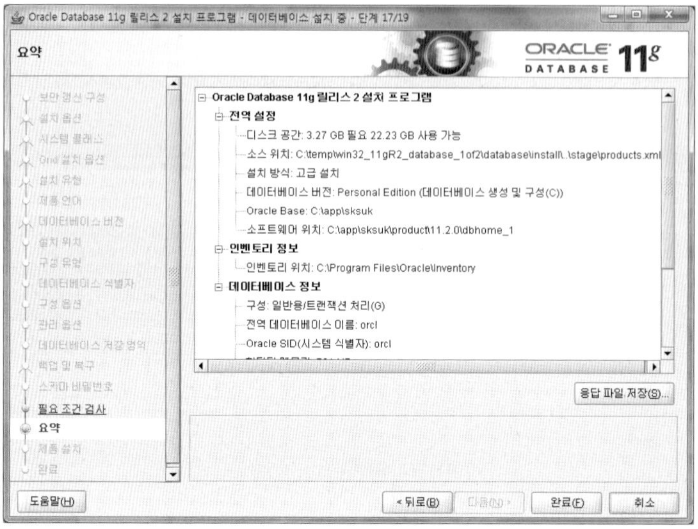

그림 A.34 설치 정보 요약

[완료]를 클릭하면 설치 화면이 나오고 오라클 11g 데이터베이스 설치가 시작된다.

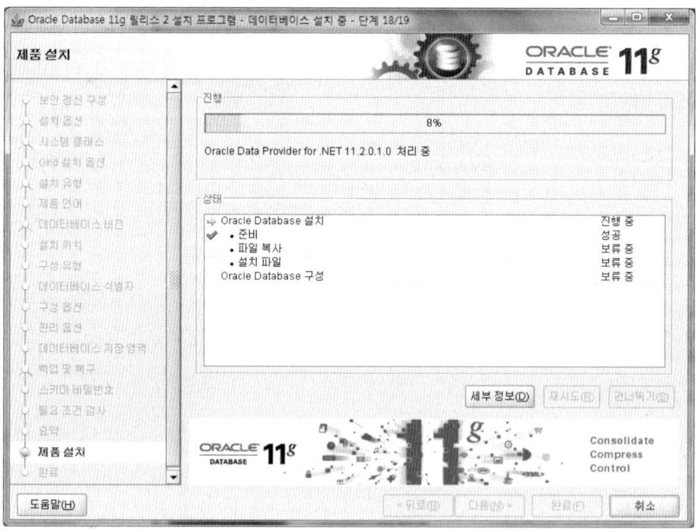

그림 A.35 제품 설치

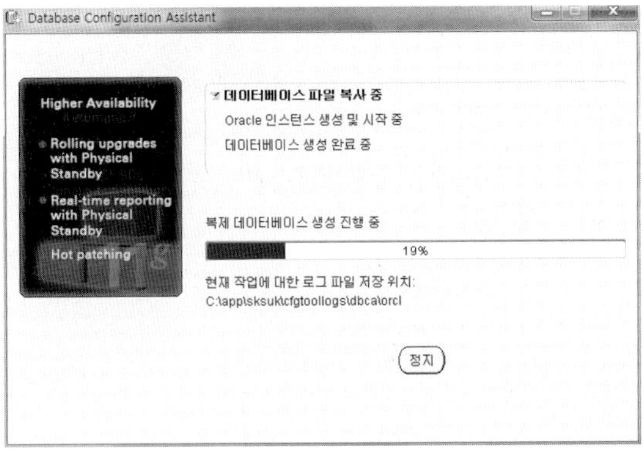

그림 A.36 설치 화면

[그림 A.37]의 화면에서 볼 수 있듯이 데이터베이스 생성이 완료되면 전역 데이터베이스 이름과 SID를 확인하고 기본적으로 제공하는 관리 계정 SYS와 SYSTEM은 비밀번호 관리를 눌러 암호 변경이 가능하다.

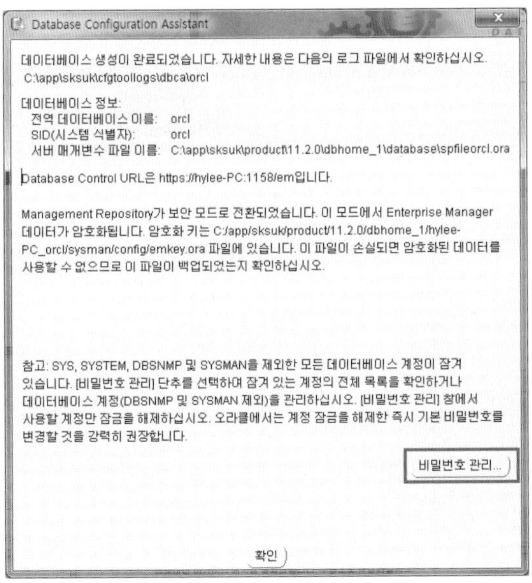

그림 A.37 데이터베이스 생성 완료

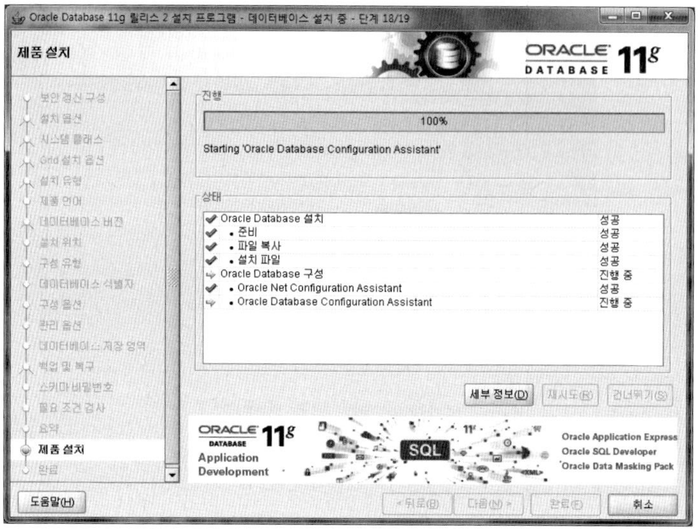

그림 A.38 설치 화면

[확인]을 클릭하면 설치 종료창이 나타난다.

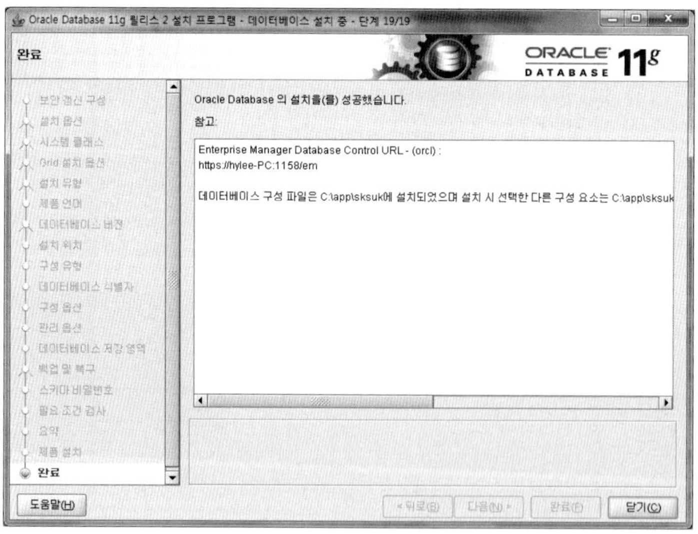

그림 A.39 설치 종료

〈부록 2 오라클 11g 클라이언트 설치〉

1. Oracle 11g Client for Windows 7

탐색기를 띄워서 setup.exe 프로그램을 실행시키면 [그림 B.1]의 설치 화면이 나타난다.

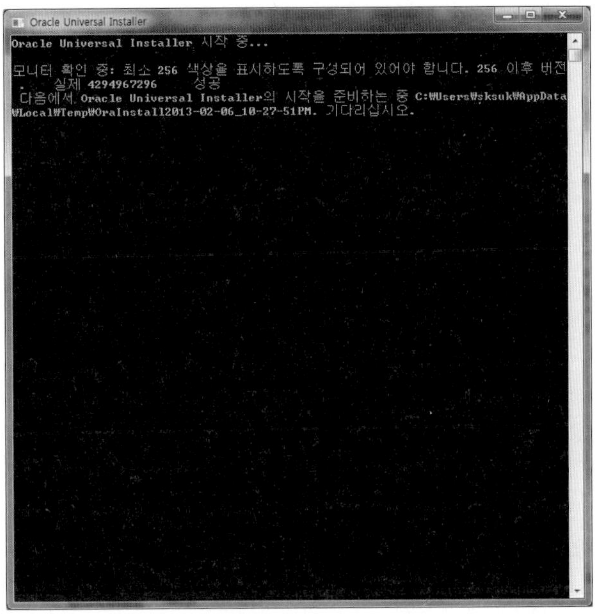

그림 B.1 setup 실행

설치 유형 선택 대화상자가 나타나면 '관리자'를 선택한 후 [다음]을 클릭한다.

Instant Client는 표준 Oracle 클라이언트를 설치하지 않은 환경에서 OCI, OCCI, ODBC, JDBC 애플리케이션을 수정없이 실행할 수 있도록 한다. Instant Client를 적용하는 경우 디스크 사용량을 상당 수준 절감할 수 있다. Instant Client를 이용하여 SQL*Plus를 실행할 수도 있다.

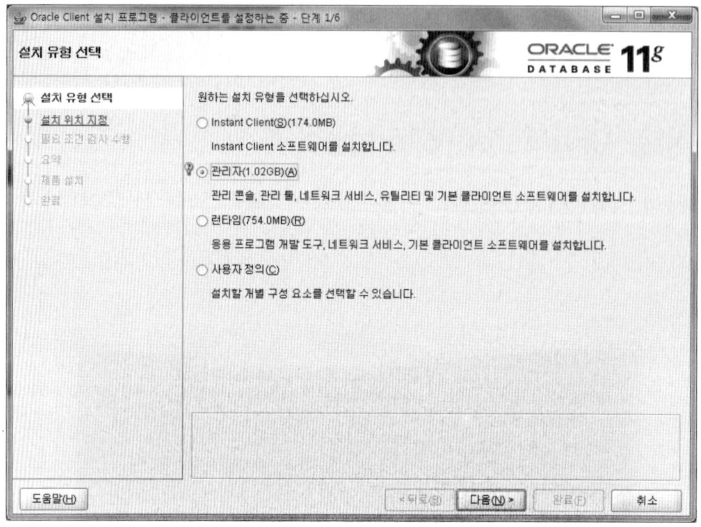

그림 B.2 설치 유형 선택

데이터베이스 문자 집합 선택은 영어, 한국어를 선택한다.

그림 B.3 데이터베이스 문자 집합 선택

오라클 데이터베이스를 설치할 곳의 디렉토리를 지정한다.

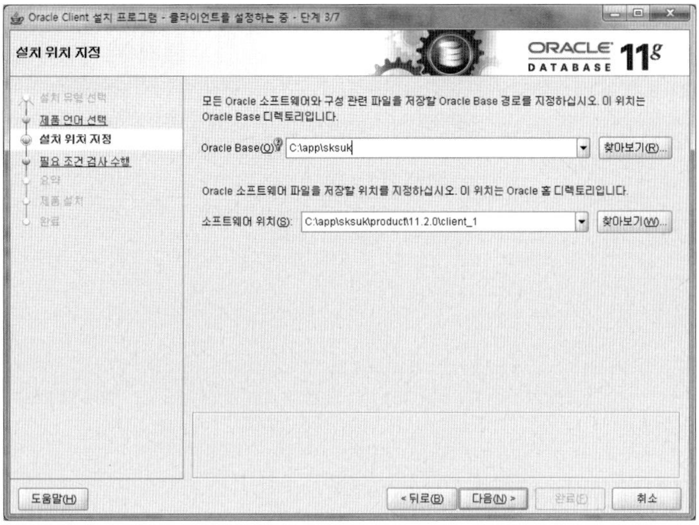

그림 B.4 설치 경로 선택

[다음]을 클릭한다. 제품별 필요 조건 검사 대화상자를 확인할 수 있다.

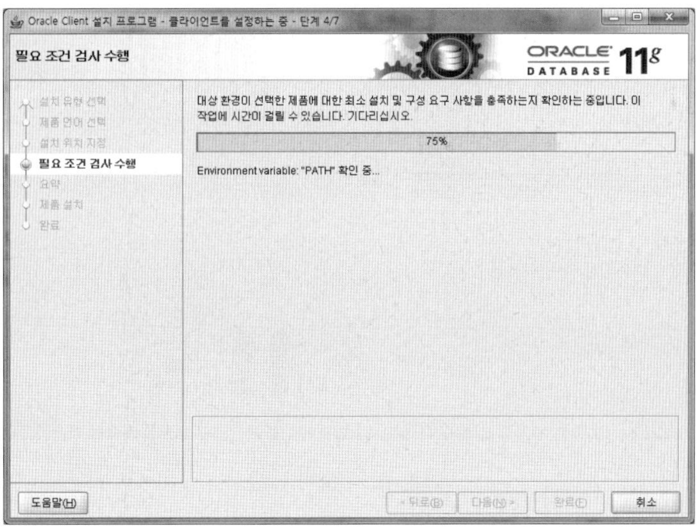

그림 B.5 필요 조건 검사 수행

[다음]을 클릭하면 설치할 프로그램의 내역을 화면에 보여준다.

이제 [설치]를 클릭하면 설치 화면이 나오고 오라클 11g 데이터베이스의 설치가 시작된다.

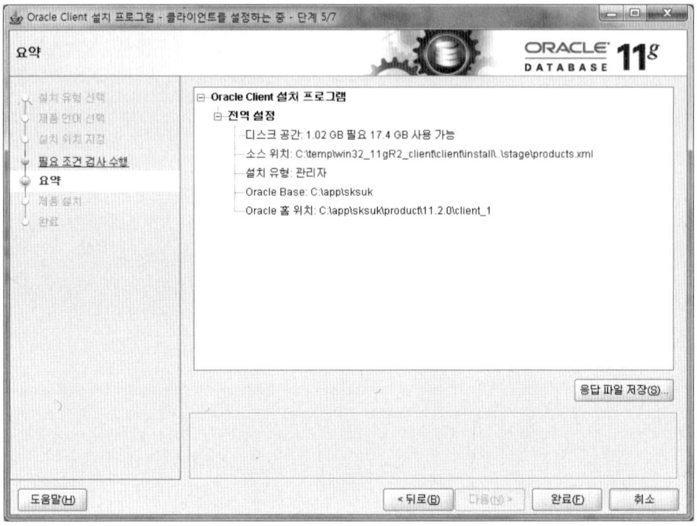

그림 B.6 설치 정보 요약

그림 B.7 설치 진행

프로그램 설치가 완료되었다.

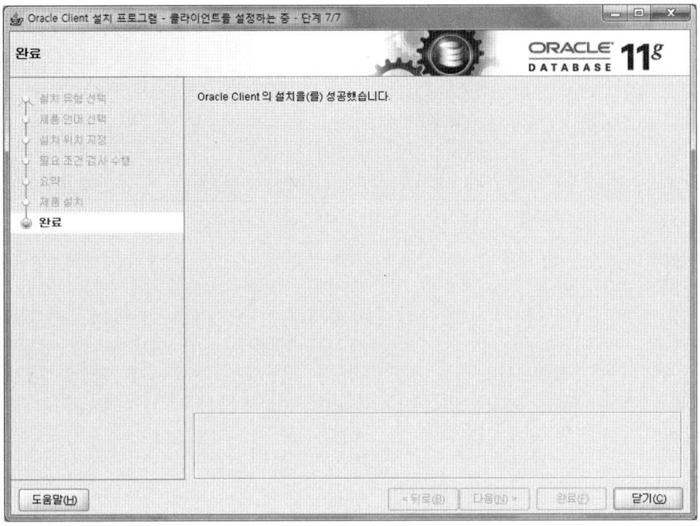

그림 B.8 Client 설치 완료

〈부록 3 샘플 데이터 인스턴스〉

테이블 명	고 객		테이블 ID	customer
c_no (고객번호)	c_name (고객명)	c_addr (주소)	c_phone (전화번호)	c_dist (고객구분)
701201-2255441	강주현	서울시 중구	02-3752-2232	00
691115-1223455	김광철	서울시 중구	02-3742-7742	00
790901-2358327	김수연	경기도 구리시	031-834-4527	00
660419-1623112	이민수	서울시 용산구	02-4436-6761	00
760615-1255447	한수인	경기도 성남시	031-562-2265	00
220-82-52237	(주)한국전산	서울시 용산구	02-4436-2424	11
361-22-42687	(주)한국리서치	서울시 용산구	02-4436-8237	11
102-22-51094	(주)국제산업	서울시 중구	02-3720-8782	11
363-52-45172	성남의원	경기도 성남시	031-563-2573	11
220-82-21094	(주)정보통신	서울시 중구	02-3733-5567	11

테이블 명	지점		테이블 ID	branch
b_no (지점번호)	b_name (지점명)	b_addr (주소)	b_phone (전화번호)	b_assets (자산총액)
100	서울중구	서울시 중구	02-3727-4420	2150000000
200	서울용산	서울시 용산구	02-4437-4420	2980000000
300	경기구리	경기도 구리시	031-834-4420	850000000
400	경기성남	경기도 성남시	031-562-4420	1350000000

테이블 명	서비스	테이블 ID	service
serv_c_no (고객번호)		serv_b_no (지점번호)	
701201-2255441		100	
691115-1223455		200	
790901-2358327		300	
660419-1623112		400	
760615-1255447		100	
220-82-52237		200	
361-22-42687		300	
102-22-51094		400	
363-52-45172		100	
220-82-21094		200	

테이블 명		상품		테이블 ID		item			
item_name (상품명)	item_limit (한도액)	item_dist (상품구분)	item_c_dist (고객구분)	term1 (기간1)	rate1 (이율1)	term2 (기간2)	rate2 (이율2)	term3 (기간3)	rate3 (이율3)
자유저축	null	A0	00	12	2	null	null	null	null
정기예금	null	A0	00	12	6.5	36	7.5	60	8
장기주택마련	200000000	A0	00	12	8	null	null	null	null
기업신탁	null	A0	11	12	1	null	null	null	null
기업정기적금	null	A0	11	12	5.5	36	6.5	60	7.5
예금담보	30000000	L1	00	12	12	36	13	60	13.5
단골고객신용	30000000	L1	00	12	12	36	13	60	13.5
부동산담보	100000000	L1	00	12	10	36	11.5	60	12.5
종합통장	300000000	L1	11	12	12.5	24	13	36	13.5

테이블 명		계좌		테이블 ID			account			
a_no (계좌번호)	a_serial_no (일련번호)	a_date (날짜1)	a_amount (금액1)	a_open_date (날짜2)	a_total_amount (금액2)	a_term (계약기간)	a_item_dist (상품구분)	a_item_name (상품명)	a_b_np (지점번호)	a_c_no (고객번호)
AP100001	1	2011.10.1	100000	2011.10.1	null	null	A0	자유저축	100	701201-2255441
AP100001	2	2011.11.19	800000	2011.10.1	null	null	A0	자유저축	100	701201-2255441
AP100001	3	2011.11.21	-700000	2011.10.1	null	null	A0	자유저축	100	701201-2255441
AP100001	4	2011.12.1	200000	2011.10.1	null	null	A0	자유저축	100	701201-2255441
AE100001	1	2010.12.10	15000000	2010.12.10	null	null	A0	기업신탁	100	102-22-51094
AE100001	2	2011.1.25	35000000	2010.12.10	null	null	A0	기업신탁	100	102-22-51094
AE100001	3	2011.10.14	-45000000	2010.12.10	null	null	A0	기업신탁	100	102-22-51094
AE100001	4	2011.12.4	-160000000	2010.12.10	null	null	A0	기업신탁	100	102-22-51094
AP100002	1	2011.11.20	250000	2011.11.20	null	30	A0	장기주택마련	100	691115-1223455
AP100002	2	2011.12.20	250000	2011.11.20	null	30	A0	장기주택마련	100	691115-1223455
AP200001	1	2010.11.4	20000000	2010.11.4	null	null	A0	자유저축	200	691115-1223455
AP200001	2	2011.11.20	-800000	2010.11.4	null	null	A0	자유저축	200	691115-1223455
AP200001	3	2011.11.24	-800000	2010.11.4	null	null	A0	자유저축	200	691115-1223455
AP200001	4	2011.12.20	1000000	2010.11.4	null	null	A0	자유저축	200	691115-1223455
AP200001	5	2011.12.23	-800000	2010.11.4	null	null	A0	자유저축	200	691115-1223455
AP200002	1	2010.12.15	800000	2010.12.15	null	24	A0	정기예금	200	660419-1623112
AP200002	2	2011.1.15	800000	2010.12.15	null	24	A0	정기예금	200	660419-1623112
AP200002	3	2011.2.10	800000	2010.12.15	null	24	A0	정기예금	200	660419-1623112
AE200001	1	2010.10.5	15000000	2010.10.5	null	null	A0	기업신탁	200	220-82-52237
AE200002	1	2011.11.1	35000000	2011.11.1	null	null	A0	기업신탁	200	361-22-42687
AE200002	2	2011.12.2	35000000	2011.11.1	null	null	A0	기업신탁	200	361-22-42687
AE200003	1	2010.12.5	20000000	2010.12.5	null	12	A0	기업정기적급	200	220-82-52237
AE200003	2	2011.1.5	20000000	2010.12.5	null	12	A0	기업정기적금	200	220-82-52237
AP300001	1	2010.1.20	1000	2010.1.20	null	null	A0	자유저축	300	790901-2358327
AP300001	2	2011.1.20	500	2010.1.20	null	null	A0	자유저축	300	790901-2358327
AP300001	3	2011.2.23	35000	2010.1.20	null	null	A0	자유저축	300	790901-2358327
AP300001	4	2011.10.17	55000	2010.1.20	null	null	A0	자유저축	300	790901-2358327
AP300001	5	2011.11.20	65000	2010.1.20	null	null	A0	자유저축	300	790901-2358327
AP300002	1	2009.1.4	150000	2009.1.4	null	null	A0	자유저축	300	790901-2358327
AE400001	1	2010.11.15	20000000	2010.11.15	null	null	A0	기업신탁	400	363-52-45172
AE400001	2	2010.12.15	20000000	2010.11.15	null	null	A0	기업신탁	400	363-52-45172

테이블 명		계좌			테이블 ID			account		
a_no (계좌번호)	a_serial _no (일련 번호)	a_date (날짜1)	a_amount (금액1)	a_open _date (날짜2)	a_total _amount (금액2)	a_term (계약 기간)	a_item _dist (상품 구분)	a_item _name (상품명)	a_b_np (지점 번호)	a_c_no (고객 번호)
AE400001	3	2011.1.15	20000000	2010.11.15	null	null	A0	기업신탁	400	363-52-45172
LP100001	1	null	null	2009.2.11	20000000	36	L1	예금담보	100	701201-2255441
LP100001	2	2011.2.11	2000000	2009.2.11	20000000	36	L1	예금담보	100	701201-2255441
LP400003	1	null	null	2010.6.4	8000000	10	L1	예금담보	400	760615-1255447
LP400003	2	2011.1.4	500000	2010.6.4	8000000	10	L1	예금담보	400	760615-1255447
LP100002	1	null	null	2009.12.8	27000000	20	L1	예금담보	300	691115-1223455
LP100002	2	2010.12.8	10000000	2009.12.8	27000000	20	L1	예금담보	300	691115-1223455
LE100001	1	null	null	2010.2.8	200000000	24	L1	종합통장	100	102-22-51094
LE100001	2	2011.2.8	10000000	2010.2.8	200000000	24	L1	종합통장	100	102-22-51094
LE100002	1	null	null	2011.7.2	150000000	20	L1	종합통장	100	220-82-21094
LE100002	2	2011.12.2	100000000	2011.7.2	150000000	20	L1	종합통장	100	220-82-21094
LE200001	1	null	null	2011.10.5	300000000	36	L1	종합통장	200	220-82-52237
LE200001	2	2011.12.15	100000000	2011.10.5	300000000	36	L1	종합통장	200	220-82-52237
LE200002	1	null	null	2010.2.18	250000000	30	L1	종합통장	200	361-22-42687
LE200002	2	2011.8.18	150000000	2010.2.18	250000000	30	L1	종합통장	200	361-22-42687
LP300001	1	null	null	2010.11.19	100000000	12	L1	종합통장	300	790901-2358327
LP300001	2	2011.2.18	5000000	2010.11.19	100000000	12	L1	종합통장	300	790901-2358327
LP400002	1	null	null	2011.1.19	12000000	12	L1	종합통장	400	660419-1623112
LP400002	2	2011.11.19	5000000	2011.1.19	12000000	12	L1	종합통장	400	660419-1623112

색인

ㄹ

ㅁ

ㅂ

ㅍ

ㅎ